IRAN

FRÜHE KULTUREN ZWISCHEN
WASSER UND WÜSTE

IRAN

FRÜHE KULTUREN ZWISCHEN WASSER UND WÜSTE

HERAUSGEGEBEN VON DER
KUNST- UND AUSSTELLUNGSHALLE DER BUNDESREPUBLIK DEUTSCHLAND
UND BARBARA HELWING

BUNDESKUNSTHALLE **HIRMER**

Impressum

Diese Publikation erscheint anläßlich der Ausstellung

Iran. Frühe Kulturen zwischen Wasser und Wüste

in der Bundeskunsthalle, Bonn, die vom 13. April bis 20. August 2017 stattfindet.

Eine Ausstellung in Kooperation mit dem National Museum of Iran, Teheran, und der Iranian Cultural Heritage, Handicrafts and Tourism Organization

Kunst- und Ausstellungshalle der Bundesrebublik Deutschland

Intendant:
Rein Wolfs

Kaufmännischer Geschäftsführer:
Bernhard Spies

Ausstellungsleitung:
Susanne Annen

Kuratorin:
Barbara Helwing

BUNDESKUNSTHALLE

www.bundeskunsthalle.de

National Museum of Iran

Generaldirektor:
Jebrael Nokandeh

Abteilungsleitung Kultur:
Fereidoun Biglari

Ausstellungsabteilung:
Nina Rezaei, Sepideh Moghaddam, Maryam Panahi und Ameneh Koohi

Fachkuratoren:
Javad Nasiri, Nina Rezaei, Anahita Hematipour, Nasrin Zehtab, Nayereh Nazari, Kobra Dehghanzejad, Reihaneh Lesani-Goya, Sedigheh Piran und Zahra Akbari

Konservierungs- und Restaurierungsabteilung:
Mahnaz Abdollah Khan Gorji, Parvaneh Soltani, Farzad Goshayesh, Maral Dadashzadeh, Mahnaz Mard-Fekri und Ehsan Sanei Nejad

Forschungsabteilung:
Hossein Azizi Kharanaghi, Nahid Ghafouri, Yousef Hasanzadeh, Roshanak Jahromi und Sepideh Moghaddam

Abteilung für internationale Beziehungen:
Masoumeh Ahmadi und Mehrzad Khodaei

Leiterin des Iran Bastan Museums:
Firouzeh Sepidnameh

موزه ملی ایران
National Museum of Iran

Iranian Cultural Heritage, Handicrafts and Tourism Organization

Vize-Präsidentin der Islamischen Republik Iran und Präsidentin von ICHTO:
Zahra Ahmadipoor

Staatssekretär für Kulturerbe:
Mohammad Hassan Talebian

Generaldirektor der Staatlichen Museen und Kulturgüter:
Mohammad Reza Kargar

Fachkommission ICHTO:
Mohammad Hassan Semsar, Faegh Touhidi, Manoushehr Kalantari, Khalil Mostofi, Hassan Gharakhani, Mohammad Reza Zahedi, Omolbanin Gorgani

Leitung der Provinzabteilungen von ICHTO:
Mahmood Vafaei (Kerman), Khosrow Neshan (Chusistan), Fereidoun Allah-Yari (Esfahan), Jalil Jabbari (West Aserbaidschan)

Kuratoren der Provinzmuseeen von ICHTO: Nafiseh Izadi (Kerman), Masoud Rekabi (Chusistan), Saghar Hamidi (Esfahan), Nahid Rezaei (West Aserbaidschan)

ICHTO

Publikation

Herausgeber:
Kunst- und Ausstellungshalle der Bundesrepublik Deutschland GmbH, Bonn, und Barbara Helwing

Konzept und Redaktion:
Barbara Helwing

Koordination:
Jutta Frings

Lektorat:
Helga Willinghöfer

Rechteeinholung:
Eva Assenmacher

Buchdesign:
Studio Carmen Strzelecki, Köln

Übersetzungen aus dem Englischen:
Katrin Boskamp-Priever, Petra Westphal

Übersetzung aus dem Französischen:
Petra Westphal

Übersetzungen aus dem Persischen:
Hamid Fahimi, Nuschin Maryam Memeghanian-Prenzlow

Projektmanagement Verlag:
Kerstin Ludolph

Produktion Verlag:
Katja Durchholz

Lithografie:
Repromayer Medienproduktion, Reutlingen

Druck und Bindung:
Westermann Druck Zwickau GmbH

Papier:
Profisilk 150g

Schrift:
Nobel, Dolly Pro

Printed in Germany

ISBN 978-3-774-2809-3

www.hirmerverlag.de

Bibliografische Information der Deutschen Nationalbibliothek

Die Deutsche Nationalbibliothek verzeichnet diese Publikation in der Deutschen Nationalbibliografie; detaillierte bibliografische Daten sind im Internet über http://www.dnb.de abrufbar.

Weitere Abbildungen siehe Bildnachweis auf S. 296

Die Kunst- und Ausstellungshalle der Bundesrepublik Deutschland GmbH, Bonn, ist eine Einrichtung des Bundes und der Länder und wird gefördert durch

Die Beauftragte der Bundesregierung für Kultur und Medien

Kaspisches Meer
Persischer Golf
Haftawan
Tappe Hasanlu
Rabat
Ziwiye
Kaluraz
Marlik
Kelar Dascht
Garmabak
Tappe Sang-e Tschachmaq
Tappe Hesar
Tappe Esmailabad
Gheitariyeh
Tappe Zagheh
Tappe
Ghabrestan
Tappe Pardis
Tappe Godin
Najafabad
Sar-e Pol-e Zohab
Bisotun
Tappe Nusch-e Dschan
Tappe Sarab
Tappe Giyan
Dom'avize
Tappe Nurabad
Tappe Sialk
Tappe Guran
Tappe Baba Dschan
Arisman
Sorchdom-e Lori
Tschigha Sabz
Kamtarlan
Tappe Tula'i
Tschogha Bonut
Susa
Tschogha Misch
Haft Tappe
Kul-e Farah
Tschogha Zanbil
Eschkaft-e Salman
Dschubadschi
Schahdad
Schahr-e Suchte
Kurangun
Naqsch-e Rostam
Tal-e Malyan
Tal-e Gap
Tacht-e Dschamschid
Tal-e Bakun
Dschiroft
Tappe Yahya

GRUSSWORT

ZAHRA AHMADIPOUR

Kultur und kulturelles Erbe sind althergebrachte und wichtige Kommunikationsmittel zwischen unterschiedlichen Gesellschaften, und sie haben diese Rolle nach wie vor und weltweit beibehalten. Die Kommunikation zwischen den verschiedenen Gesellschaften hat stets den Reichtum und die Entwicklung der Kulturen gefördert.

Das kulturelle Erbe bietet heutzutage den unterschiedlichen Nationen die Möglichkeit, sich außerhalb eines politischen Rahmens auf die gemeinsamen menschlichen Wurzeln und deren tausendjährige materiellen und geistigen Manifestationen zu beziehen. In einer Zeit, in der die Welt an unterschiedlichen Orten mit zahlreichen menschlichen und natürlichen Katastrophen konfrontiert ist, spornt uns das gemeinsame Erbe der Menschheit zu mehr Zusammenarbeit und zur gemeinsamen Suche nach Lösungen für einen Ausweg aus dieser Krise an.

Heute unterstützt die kulturelle Diplomatie die Länder durch das Augenmerk auf die kulturellen Gemeinsamkeiten der Nationen, ähnliche Interessen und die gemeinsame Geschichte der Menschen der verschiedenen Länder, sich auf gemeinsame kulturell-historische Kontexte zu konzentrieren und das gegenseitige Verständnis zu verstärken. Ein solches Verständnis kann aus politischen Sackgassen heraus zu Frieden und Freundschaft führen.

Die Islamische Republik Iran und die Bundesrepublik Deutschland, die eine lange Tradition auf dem Gebiet des kulturell-historischen Austausches haben, verbindet eine alte Freundschaft und eine fruchtbare Geschichte der kulturellen Beziehungen. Um ihre nationalen Interessen voranzutreiben, haben beide Länder in den letzten Jahren sich bemüht, kulturelle Werkzeuge neben politischen, wirtschaftlichen und anderen zu nutzen. Ausstellungen dieser Art können für die Förderung der Kulturdiplomatie zwischen den beiden Ländern enorm hilfreich sein.

Wir hoffen, dass diese Ausstellung ein wirksamer Schritt ist, herauszustellen, in welchem Maße die Bewohner dieses Landes seit der Vor- und Frühgeschichte bis zu den historischen Epochen zum Wachstum und zur Bildung der Menschheitsgeschichte beigetragen haben, und ebenfalls die deutschen und internationalen Besucher zu inspirieren, nach dem Besuch der Ausstellung selbst eine Reise zur Wiege dieser reichen Kultur, d.h. nach Iran, zu unternehmen.

Zahra Ahmadipour

Vizepräsidentin der islamischen Republik Iran und
Direktorin der Iranische Behörde für Kulturelles Erbe,
Handwerk und Tourismus (ICHTO)

GRUSSWORT

JEBRAEL NOKANDEH
MOHAMMAD REZA KARGAR
MOHAMMAD HASSAN TALEBIAN

Das Iranische Nationalmuseum ist das älteste Museum des Landes und präsentiert seit etwa einem Jahrhundert Sammlungen der Archäologie und der Geschichte Irans. Momentan beherbergt das Museum fast 3 Millionen Objekte aus der Zeitspanne vom Paläolithikum (vor mehr als einer Million Jahren) bis zur neuzeitlichen islamischen Epoche.

Eines der spezifischen Merkmale dieser Sammlungen ist, dass ein großer Anteil dieser Objekte das Ergebnis wissenschaftlicher Ausgrabungen ist. Eine der wichtigen Aufgaben des Iranischen Nationalmuseums ist, die antike Kultur und Kunst dieses Landes vorzustellen. Infolgedessen veranstaltet das Museum wie andere renommierte Museen der Welt thematische, fach- und epochenspezifische Ausstellungen im In- und Ausland.

Das Ausrichten derartiger Ausstellungen im Ausland, die Präsentation des historischen Hintergrundes Irans im Prozess der Entwicklung und Vollendung der menschlichen Kultur sowie die bedeutende Rolle Irans in verschiedenen Bereichen bietet einer großen Anzahl von Besuchern die Möglichkeit, diese Inhalte kennenzulernen. Museen spielen durch eines ihrer wichtigsten Ziele – Ausstellung und Bildung – eine Schlüsselrolle bei der Entstehung von Verbindungen zwischen den verschiedenen Nationen und Kulturen. Das iranische Nationalmuseum hat als Hauptmuseum des Landes seit seiner Gründung neben seinen ständigen Ausstellungen sehr erfolgreiche internationale Ausstellungen ausgerichtet.

Die bahnbrechende Ausstellung mit dem Titel Iran. Frühe Kulturen zwischen Wasser und Wüste wird in der Bundeskunsthalle in der Stadt Bonn in Deutschland gezeigt. Sie versucht, den kulturgeschichtlichen Hintergrund Irans seit dem Neolithikum (vor etwa 10 000 Jahren) bis zum Ende der Eisenzeit und die Bildung von lokalen und nationalen Regierungen auf narrative Weise und durch die Werke verschiedener Epochen zu zeigen. Die Ausstellung zeigt über 400 antike Exponate, die Lehm-, Ton-, Stein-, Stoff-, Elfenbein- und Metallobjekte von verschiedenen Fundorten umfassen und die im Laufe von Untersuchungen und archäologischen Grabungen identifiziert und bestimmt wurden. Hierbei wurde der Fokus auf die Vielfalt der klimatischen, geografischen und kulturellen Regionen des Iran in den oben genannten Zeiträumen gerichtet.

Die passende Wahl der Wörter Wasser und Wüste für den Titel der Ausstellung spiegelt die Wechselwirkung zwischen den Menschen in diesem Teil der Welt und den Begrenzungen bzw. den vorhandenen Ressourcen in den verschiedenen Regionen, die in den ausgewählten Ausstellungsobjekten sehr gut sichtbar werden.

Neben der Ausstellung im Museum werden die iranischen Werke, die zur internationalen Liste des Weltkulturerbes gehören, in Filmen und Fotografien vorgestellt, die die Vielfalt des iranischen Kulturerbes in der Weltarena verdeutlichen.

Die Ehre, dass das Land Iran Erbe und Bewahrer eines Teils des Weltkulturerbes der Menschheit ist, berührt den wertvollen Gedanken, dass die Objekte dieser Ausstellung nicht nur die Menschen in Iran betreffen, sondern auch die in Deutschland, die den Inhalt dieser Ausstellung als Teil ihrer Geschichte und Identität betrachten sollten. Schließlich ist es unabdingbar, allen unseren Mitarbeiterinnen und Mitarbeitern des Iranischen Nationalmuseums und der Iranischen Behörde für Kulturelles Erbe, Handwerk und Tourismus für ihre selbstlosen Bemühungen zu danken. Ebenso danken wir den Kolleginnen und Kollegen der Bundeskunsthalle in Bonn, insbesondere den beiden Geschäftsführern Rein Wolfs und Bernhard Spies, der Ausstellungsleiterin Susanne Annen, der Kuratorin Barbara Helwing und der Restauratorin Ulrike Klein. Eine solche wegweisende Ausstellung kann nur durch die vertrauensvolle Zusammenarbeit vieler auf den Weg gebracht werden. Ihnen allen sprechen wir unseren tiefen Dank und unsere Wertschätzung aus.

Jebrael Nokandeh
Direktor des Iranischen Nationalmuseums

Mohammad Reza Kargar
Generaldirektor der Museen Irans

Mohammad Hassan Talebian
Stellvertretender Direktor der Behörde für Kulturelles Erbe

GRUSSWORT

MONIKA GRÜTTERS

Die gefährlichste Weltanschauung sei die Weltanschauung derer, die die Welt nie angeschaut haben, soll Alexander von Humboldt einmal gesagt haben. Auch wenn es niemals einfacher und komfortabler war als heute, ferne Länder zu bereisen und sich mit ihrer Geschichte und Kultur vertraut zu machen, gefährden Weltanschauungen, die Zäune und Mauern propagieren, Abschottung und Ausgrenzung fordern und Hass und Feindseligkeit schüren, auch heute das friedliche Zusammenleben. Umso wichtiger sind Museen, die mit ihren Ausstellungen und einem interessanten Veranstaltungsprogramm ein breites Publikum dazu einladen, die Welt im Humboldt'schen Sinne anzuschauen – so wie die Kunst- und Ausstellunghalle der Bundesrepublik Deutschland in Bonn.

Die Ausstellung *Iran – Frühe Kulturen zwischen Wasser und Wüste* verspricht eine Reise in eine der ältesten und vielfältigsten Hochkulturen der Welt, die vor rund 10 000 Jahren auf dem Gebiet des heutigen Iran entstand. Viele ihrer monumentalen Zeugnisse finden sich heute auf der Liste des Weltkulturerbes der UNESCO. Zwischen den Kulturen Asiens, vor allem Chinas und Indiens, und denen des Vorderen Orients, später auch des Mittelmeerraumes gelegen, hatte Iran über Jahrtausende die Rolle eines Kulturvermittlers in beide Richtungen inne. Die rund 400 Exponate der Ausstellung illustrieren nicht nur, wie die vielfältigen und wechselseitigen Einflüsse Kulturen beleben, sondern offenbaren darüber hinaus auch die gemeinsamen kulturellen Wurzeln der Menschheit. So erzählt die Ausstellung auch vom Beitrag des Iran zu einer übernationalen Kulturgeschichte, die Menschen auf der ganzen Welt jenseits der heutigen kulturellen Unterschiede und Konflikte verbindet.

Es freut mich sehr, dass die Kuratoren dabei an die Ausstellung *7000 Jahre Kunst aus dem Iran* aus dem Jahr 2001 anknüpfen und die damalige, von Vertrauen und gegenseitigem Respekt getragene fruchtbare Zusammenarbeit der beteiligten Institutionen in beiden Ländern fortsetzen konnten.

Mein herzlicher Dank gilt den zuständigen staatlichen Stellen Irans und dem iranischen Nationalmuseum: Es ist großartig, dass die wertvollen Leihgaben so zahlreich und vielfach erstmalig in Deutschland gezeigt werden können und die Ausstellung damit zu einem Meilenstein in der Geschichte der deutsch-iranischen Kulturbeziehungen machen – zumal in schwierigen weltpolitischen Zeiten. Dafür danke ich auch dem Team der Bundeskunsthalle, das die Ausstellung über mehrere Jahre geplant und vorbereitet hat.

Ich bin überzeugt: Der kulturelle Austausch zwischen der Bundesrepublik Deutschland und der Islamischen Republik Iran trägt hier wie dort zu mehr Weltoffenheit und zur Auseinandersetzung mit dem gemeinsamen kulturellen Erbe der Menschheit bei. Deshalb wünsche ich der Ausstellung viele interessierte Besucherinnen und Besucher, die sich – ganz im Sinne Alexander von Humboldts – die Welt anschauen und sich ein eigenes Bild von ihr machen wollen. Mögen die beeindruckenden Exponate dieses Bild um neue Facetten ergänzen und das Interesse wecken für den kulturellen Reichtum Irans!

Prof. Monika Grütters MdB
Staatsministerin bei der Bundeskanzlerin

GRUSSWORT

PETER STROHSCHNEIDER
DOROTHEE DZWONNEK

Die Landschaft des heutigen Iran zählt zu den historisch bedeutendsten Kulturlandschaften, in denen Spuren menschlicher Sesshaftwerdung bis ins frühe Neolithikum zurückreichen. Die naturräum-lichen Gegebenheiten machten die Region schon früh zu einem zentralen Kreuzungspunkt antiker Handelswege und zu einer bedeutenden Ressource für Rohstoffe, die vor allem in den iranischen Bergregionen gewonnen wurden und für das Entstehen erster Territorialstaaten wichtig waren.

Die zahlreichen archäologischen Relikte antiker Stätten haben bereits um die Mitte des 19. Jahrhunderts das Interesse der Wissenschaft gefunden. Zu den ersten deutschen Archäologen, die im Iran tätig wurden, gehörten Ernst Herzfeld, Friedrich Krefter und Erich F. Schmidt, die mit systematischen Ausgrabungen zwischen 1931 und 1939 die altpersische Residenzstadt Persepolis erforschten. In den 1960er Jahren arbeiteten Wissenschaftlerinnen und Wissenschaftler des Deutschen Archäologischen Instituts (DAI) in den heutigen Welterbe-Stätten von Bisotun und Tacht-i Suleiman.

Nach einer von 1980 bis 2000 dauernden weitgehenden Isolation wurden recht bald erfolgreich internationale Forschungsvorhaben im Iran durchgeführt, auch mit Unterstützung der Deutschen Forschungsgemeinschaft. Dazu zählen Unternehmungen des Deutschen Bergbau-Museums in Bochum und verschiedener deutscher Universitäten.

Heute ist das Land auf dem Wege, sich weiter für multilaterale Wissenschaftskooperation zu öffnen. Die steigende Zahl altertumswissenschaftlicher Forschungsvorhaben ist hierfür ein sichtbares Zeugnis. Zudem wurden 2015 die antike Stadt Susa mit ihrer 6000-jährigen Siedlungsgeschichte sowie das historische Höhlendorf Maymand und 2016 Teile eines weitverzweigten historischen Bewässerungssystems, sogenannte Qanate, zu Welterbestätten der UNESCO erklärt.

Auch neue deutsch-iranische Forschungsprojekte bemühen sich um die weitere Erschließung des bedeutenden Kulturerbes. Die Deutsche Forschungsgemeinschaft ist hierbei ein wichtiger Förderer. Viele dieser interdisziplinären Forschungsergebnisse haben Eingang in die Ausstellung Iran. Frühe Kulturen zwischen Wasser und Wüste gefunden. Sie spannt einen beeindruckenden zeitlichen Bogen von den frühesten Siedlungsstrukturen des 8. Jahrtausends v. Chr. bis zum Aufstieg des achämenidischen Großreiches, das sich von der Mitte des 6. Jahrhunderts v. Chr. bis zum späten 4. Jahrhundert v. Chr. vom Bosporus bis zum Hindukusch erstreckte.

Diese Ausstellung erweitert nicht nur unsere Kenntnisse über die frühen Zivilisationen dieser Region und ihre Interaktion mit europäischen Kulturen, sondern wird auch dazu beitragen, Wissenschaftlerinnen und Wissenschaftler in ihrem Bemühen um die weitere Erforschung unserer gemeinsamen Geschichte neue Impulse zu geben.

In diesem Sinne gratulieren wir im Namen der Deutschen Forschungsgemeinschaft der Bundeskunsthalle und ihren iranischen Partnern zu der beindruckenden Präsentation und wünschen der Ausstellung viele interessierte Besucherinnen und Besucher.

Professor Dr. Peter Strohschneider
Präsident der Deutschen Forschungsgemeinschaft

Dorothee Dzwonnek
Generalsekretärin der Deutschen Forschungsgemeinschaft

VORWORT

REIN WOLFS

Scheinbar selbstverständlich beginnen die Erzählungen über die Geschichte Irans mit dem Aufstieg der Achämeniden und der Gründung des persischen Großreiches vor 2500 Jahren. Mitnichten sind die frühen persischen Herrschaftskulturen jedoch aus dem Nichts hervorgegangen – im Gegenteil: Kulturell komplexe und zivilisatorisch teils weit fortgeschrittene Gesellschaften hatten sich bereits zur elamischen Zeit im Gebiet des heutigen Iran herausgebildet und können heute als Grundlage und Vorläufer der persischen Kultur gelten. Die Ausstellung *Iran. Frühe Kulturen zwischen Wasser und Wüste* lüftet den Schleier, der lange Zeit über den verborgenen Schätzen der iranischen Frühzeit lag. Neueste archäologischer Grabungsfunde und Forschungsergebnisse machen deutlich, dass der Übergang vom elamischen Reich zu den Achämeniden keinen rigorosen und gewaltsamen Umbruch bedeutete, sondern durchaus von einer gewissen Kontinuität geprägt war. Viele Aspekte des kulturellen und gesellschaftlichen Miteinanders wurden übernommen und der neuen Herrschaftsform angepasst, wie etwa Schrift und Sprache, religiöse Rituale und nicht zuletzt die zentralisierte Organisation der Wirtschaft.

Im internationalen Handel liegt wohl auch der kontinuierlichste gemeinsame Nenner iranischer Kultur und Gesellschaft, die durch diese Form des Austauschs sowohl wirtschaftlich als auch kulturell enorme Entwicklungsprozesse durchlebten. Der Handel mit Lapislazuli, Alabaster und Chlorit der bronzezeitlichen Städte lässt auf intensive Kontakte rund um den Persischen Golf schließen, Baumwollfunde auf Verbindungen nach Indien, und insgesamt weisen die vielen kostbaren Edelmetalle auf ein weit verzweigtes, florierendes Handelsnetz hin. Innerhalb dieser Dynamik spielen verschiedenste Aspekte eine Rolle, wie etwa die Einführung standardisierter Zahlungsmittel oder auch die Nutzung von Schiffen, aber auch Eseln und Kamelen als wüstentaugliche Fortbewegungs- und Transportmittel. Generell darf die Natur als wesentlicher Faktor bei allen zivilisatorischen Errungenschaften, die die iranischen Kulturen auszeichnen, und allen historischen Zeugnissen, die diese belegen und untermauern, nicht aus dem Blickfeld rücken. Klimatisch wie landschaftlich ist der Iran ein Gebiet der Extreme: Vom ewigen Schnee auf den Gipfeln von Alborz und Zagros über fruchtbare Täler und Oasen bis in die Gluthitze der Wüste Lut hat das Land seinen Bewohnern stets eine immense Anpassungsfähigkeit abverlangt, die sich offensichtlich auch in der beachtenswerten Widerstandsfähigkeit der kulturellen Zeugnisse äußert: In den verschiedenen ökologischen Nischen entstanden Festungen und Zitadellen, Dörfer und Tempel, ebenso wie Landwirtschaft, Handelsplätze und Herrschaftszentren. Hier wurzeln die iranischen Zivilisationen, deren Entwicklung im Aufstieg der Achämeniden, im persischen Großreich, gipfelte.

Es ist der Forschungsarbeit der wissenschaftlichen Kuratorin und führenden Archäologin Barbara Helwing zu verdanken, dass wir dieses spannende Thema nun in Form einer Ausstellung in der Bundeskunsthalle präsentieren können. Den Autoren dieses Katalogs gilt mein großer Dank für die erhellenden Artikel, die einen wichtigen Beitrag zur Forschung auf diesem Themenfeld leisten.

Auch im Namen von Bernhard Spies, der das Projekt entscheidend mitgetragen hat, danke ich der iranischen Behörde für Kulturerbe, traditionelles Handwerk und Tourismus (ICHTO) mit ihrem Präsidenten Masoud Soltanifar und seiner Nachfolgerin Zahra Ahmadipour sowie Mohammad Hassan Talebian, dem stellvertretenden Direktor der Behörde für Kulturelles Erbe, und Mohammad Reza Kargar, Direktor der Staatlichen Museen Irans, für ihre großartige Unterstützung. Besonderer Dank gilt Jebrael Nokandeh, dem Generaldirektor des Nationalmuseums in Teheran, und seinen Mitarbeitern für die gute Zusammenarbeit und die großzügigen Leihgaben, die diese Schau überhaupt ermöglichen. Aus dieser Kooperation sind bereits neue Projekte hervorgegangen, für deren Förderung wir der Gerda-Henkel-Stiftung zu großem Dank verpflichtet sind. Mein weiterer Dank gilt der Unterstützung durch die Deutsche Forschungsgemeinschaft und das Auswärtige Amt.

Des Weiteren gilt mein Dank dem gesamten Team der Bundeskunsthalle, das für dieses Projekt ganz besondere Anstrengungen auf sich genommen hat. Als Ausstellungskuratorin hat Susanne Annen mit großem diplomatischen Geschick und interkultureller Kompetenz die gesamte Projektleitung übernommen, sämtliche Recherchen vor Ort koordiniert und gemeinsam mit der leitenden Restauratorin Ulrike Klein die Bearbeitung der über 400 Exponate durchgeführt. Dem künstlerisch-technischen Produktionsleiter Hossein Maghsoudi danke ich für die Idee zur Ausstellungsarchitektur sowie seinem gesamten Team für die technische Umsetzung und dem Atelier Schubert für die detaillierte Ausarbeitung der Architektur und die grafische Gestaltung der Ausstellung, sowie den Landschaftsarchitekten Georg Verhas und Francisco Molina für die Gestaltung und architektonische Umsetzung des Persischen Gartens.

Rein Wolfs
Intendant der Bundeskunsthalle

EINLEITUNG

SUSANNE ANNEN
BARBARA HELWING

Die Ausstellung *Iran. Frühe Kulturen zwischen Wasser und Wüste* nimmt Sie mit auf eine Reise durch die frühe Geschichte eines in Europa wenig bekannten Landes. Im Mittelpunkt steht die Landschaft, denn das von Gebirgen umschlossene Hochland Irans stellte eine enorme Herausforderung für die Entwicklung menschlicher Kulturen dar und bot zugleich einzigartige Möglichkeiten. Die geografischen Bedingungen erforderten Anpassungen an die örtliche Ökologie und kreative Ingenieurskunst, um Siedlungs- und Lebensraum für menschliche Gesellschaften zu gewinnen. Es standen reiche Ressourcen, Gesteine und Metalle, zur Verfügung. Und die Berge gewährten den frühen Völkern Schutz gegen Übergriffe und Begehrlichkeiten fremder Eindringlinge.

Im iranischen Hochland fanden Menschen seit ihrer Sesshaftwerdung ein Auskommen, hier gründeten sie Dörfer, später Städte, hier entstanden Werkstätten und Industrien, in denen die reichen Bodenschätze des Landes verarbeitet wurden. Karawanenrouten rund um die großen Wüsten verbanden diese Orte untereinander und durchquerten die Gebirgsschranken auf wenigen zugänglichen Passagen. Die frühen Kulturen in Iran entwickelten ihren eigenen Charakter und eine originelle Bildsprache, in die sie Motive ihrer natürlichen Umwelt aufnahmen, und überlieferten damit ihre Geschichte und Mythen über Jahrtausende. Diese Traditionen waren stark genug, auch die im 2. und 1. Jahrtausend v. Chr. nach Iran einwandernden Stämme zu absorbieren. Aus dieser Synthese entstand die persische Kultur, die im Aufstieg des Achämenidenreiches ihren Höhepunkt fand.

Das Thema der Ausstellung ist der Weg, den die im Westen wenig bekannten frühen Kulturen Irans vor der Gründung des achämenidischen Reiches beschritten. Sie öffnet den Blick auf eine Ästhetik, die dem Naturraum entlehnt ist, und zeigt die starke Verbindung der frühen Kulturen zu ihrer Umwelt. Die Objekte sind bewusst als Beispiele für kulturhistorische Sachverhalte ausgewählt und werden in ihrem archäologischen und wissenschaftlichen Kontext präsentiert.

Als wir vor einigen Jahren den Kollegen in Iran den Grundgedanken dieser Ausstellung vortrugen, fanden wir offene Ohren und viel Interesse. Seither ist eine vertrauensvolle Zusammenarbeit entstanden, für die wir allen Beteiligten von Herzen danken.

In Iran danken wir der Behörde für Kulturerbe, traditionelles Handwerk und Tourismus und ihren Präsidenten, Masoud Soltanifar, sowie seiner Nachfolgerin Zahra Ahmadipour. Mohammad Hassan Talebian, der stellvertretende Direktor der Behörde für Kulturelles Erbe, und Mohammad Reza Kargar, Direktor der Staatlichen Museen Irans, haben die Ausstellung gefördert und begleitet. Jebrael Nokandeh, Generaldirektor des Iranischen Nationalmuseums in Teheran, wie auch sein Mitarbeiter Hossein Azizi Kharanaghi, haben sich persönlich um die Auswahl und Dokumentation der Stücke verdient gemacht. Die einzelnen Fachkuratorinnen und -kuratoren, Restauratoren und Restauratorinnen am Nationalmuseum haben uns mit Sachverstand und Enthusiasmus unterstützt. Die komplexe Organisation der internationalen Reisen lag in den Händen von Maryam Mehran. Große Hilfe fanden wir auch bei den Reisen in die einzelnen Provinzmuseen, die zusammen mit dem

Nationalmuseum Objekte für die Ausstellung zur Verfügung gestellt haben. Die vollständige fotografische Neuaufnahme der Objekte in Teheran verdanken wir Neda Tehrani und Nima Mohammadi Fakoorzadeh.

Dem Auswärtigen Amt haben wir nicht nur für die Unterstützung durch die Deutsche Botschaft zu danken, sondern auch für die Finanzierung einer Besucherreise unserer iranischen Gäste.

Zahlreiche internationale Fachkollegen haben mit ihren Beiträgen im Katalog dazu beigetragen, die Bedeutung der ausgestellten Objekte in einen kulturhistorischen Kontext einzuordnen und dem Publikum nahezubringen. Abbas Alizadeh, Holly Pittman, Wouter Henkelman, Behzad Mofidi Nasrabadi und Rémy Boucharlat halfen uns darüber hinaus bei zahlreichen Einzelfragen zu den ausgestellten Objekten weiter. Ansprechpartner bei Fragen zur persischen Fachterminologie war Hamid Fahimi, der auch die Übersetzung der persischen Katalogtexte übernommen hat.

Viele Fotografien und Abbildungen in Katalog und Ausstellung wurden von Kollegen, Freunden und Fachinstitutionen zur Verfügung gestellt. Persönlicher Dank geht an Baoquan Song, Peter Pfälzner, Mohammad Karami, Wouter Henkelman, Javier Álvarez-Mon, Nima Nezafati, Farzin Rezaian und Arman Shishegar. Ebenso Dank gebührt dem Forschungsprojekt SOJAS (South of Jiroft Archaeological Surveys, Iranische Behörde für Kulturerbe ICHTO in Zusammenarbeit mit der Universität Tübingen), dem Oriental Institute der Universität Chicago (OI), dem Deutschen Archäologischen Institut (DAI) und der Belgischen Archäologischen Mission in Iran (BAMI) für die Erlaubnis, ihr Bildmaterial zu verwenden.

Dem gesamten Team der Bundeskunsthalle danken wir für die professionelle Unterstützung und gute kollegiale Zusammenarbeit. Besonderer Dank gilt Ulrike Klein für ihre unermüdliche Mitarbeit vor Ort in Iran und in Bonn, die weit über ihre Aufgaben hinausging.

Im Ergebnis sehen Sie nun eine Ausstellung, die Ihnen die frühe Geschichte und Kultur eines im Westen wenig bekannten Landes nahebringt. Wir sind überzeugt, dass das Verständnis für Fremde nur aus dem Wissen um die Geschichte der anderen erwachsen kann. Wissen kann Gegensätze überbrücken und ist der Schlüssel für das Zusammenleben der Völker. In diesem Sinne wünschen wir der Ausstellung gutes Gelingen!

Susanne Annen und Barbara Helwing

DIE LANDSCHAFTEN IRANS

IRAN: EIN HOCHLAND AM PERSISCHEN GOLF

MOHSEN MAKKI

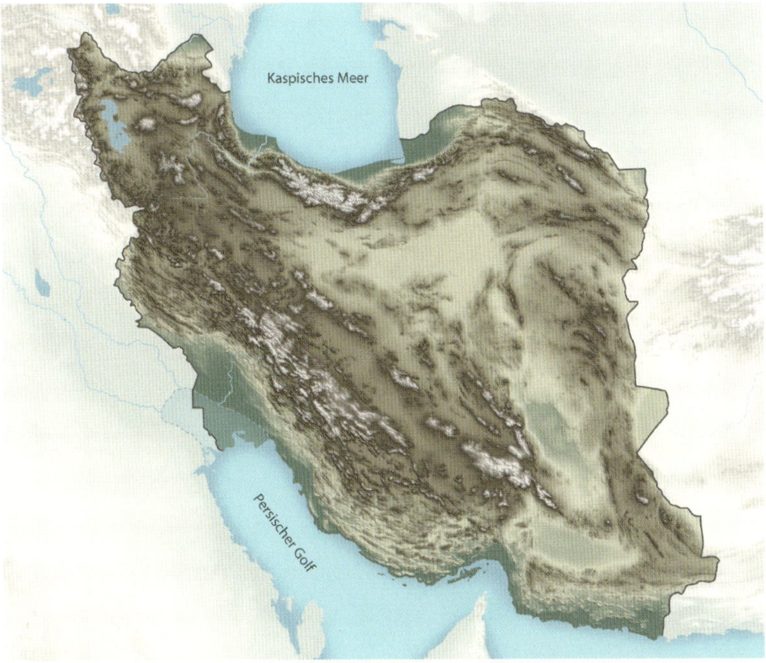

Das iranische Hochland zwischen dem Persischen Golf und dem Kaspischen Meer bildet eine Brücke zwischen Mittel- und Westasien, deren Niederungen im Norden das innere Asien mit dem Hochland Kleinasiens und mit Europa verbinden.

Die geografische Lage des iranischen Hochlandes bestimmt dessen besondere Mission während der letzten 10 000 Jahre in der Entwicklung der Menschheit. Iran (Abb. 1), früher auch Persien genannt, grenzt im Westen an Irak und die Türkei. Im Norden liegen die Nachbarstaaten Armenien, Aserbaidschan, das Kaspische Meer und, östlich davon, Turkmenistan. Die östlichen Nachbarn sind Afghanistan und Pakistan. Mit einer Fläche von rund 1 531 500 km² ist Iran größer als jedes westeuropäische Land. Es vereint Wüsten und Hochgebirge, subtropisches Küstentiefland und Oasen – eine Landschaft der Kontraste, Extreme und der Vielfalt, die zugleich zahlreiche Nischen für die Entwicklung menschlicher Kulturen bot.

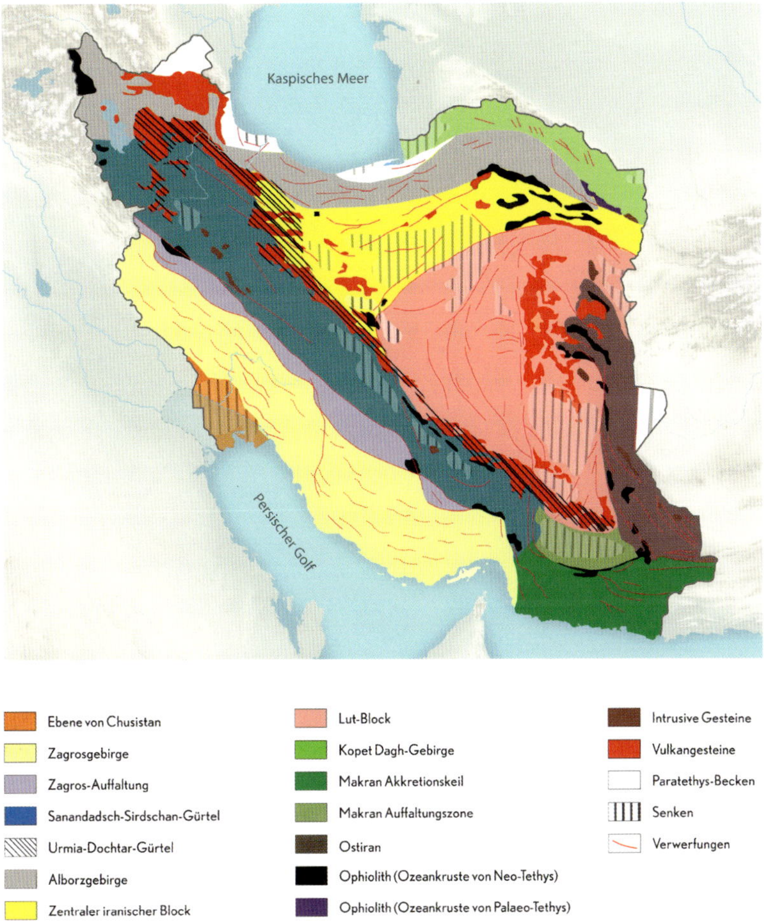

Geologie und Geomorphologie

Iran ist ein illustratives Beispiel für den Einfluss natürlicher Strukturen auf die Kulturentwicklung.[1] Morphologisch betrachtet ist er ein Hochplateau im mittleren Teil des Alpen-Himalaya-Gebirgsgürtels (Abb. 2). Dieser Gürtel teilt sich in seinem Verlauf von Europa nach Asien in Iran in zwei Arme, in eine nördliche Kette, den Alborz, und eine südöstlich verlaufende, das Zagrosgebirge (Abb. 3a und b). Gemeinsam umfassen diese beiden Bergketten fast die gesamte Fläche Zentralirans mit seinen Plateau- und Beckenlandschaften. Die Gebirge bilden zugleich natürliche Trennmauern zu den benachbarten Gebieten, die Kaspische Senke im Norden und Karakorum und Charasm im Osten. Diese natürlichen Barrieren haben entscheidend dazu beigetragen, dass die alten iranischen Kulturen über die Jahrtausende eine eigenständige und ungewöhnliche Ausprägung erfuhren.

1 (oben)
Die Geografie Irans

2 (unten)
Orografische Gliederung Irans

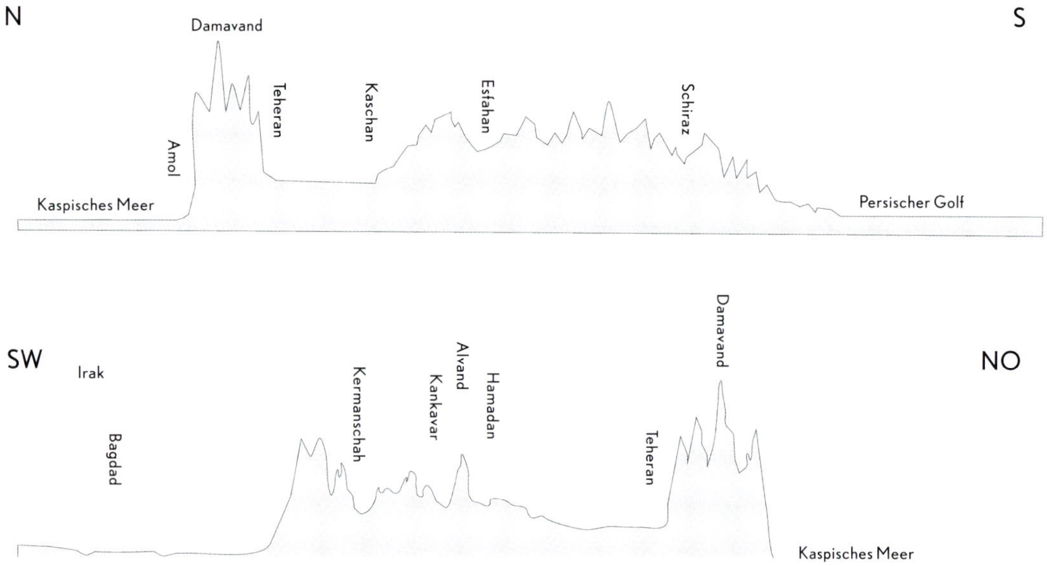

3a+b
Zwei Höhenprofile durch das Iranische Hochland

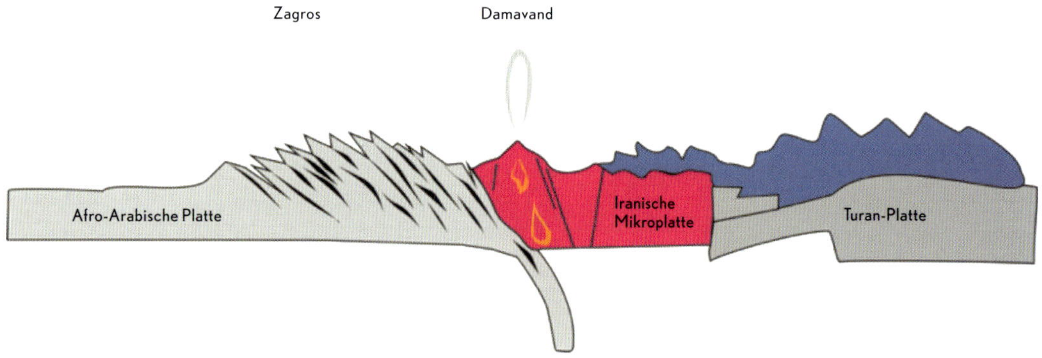

4
Modell der Plattentektonik in Iran: Die Arabische Platte schiebt sich unter die Iranische Mikroplatte, das Zagrosgebirge faltet sich auf

Die Entstehung des iranischen Hochlandes ist der aktiven Plattentektonik geschuldet. Die Afro-Arabische Platte taucht im Süden unter die Iranische Mikroplatte und drückt diese gegen die Turan-Platte, die wiederum Teil der Eurasischen Platte ist. Wie das Schema der plattentektonischen Verhältnisse zeigt (Abb. 4), gehört das Zagrosgebirge zur Afro-Arabischen Platte – es wurde bei der Kollision der Arabischen und der Eurasischen Platte nach oben gedrückt. Durch das Abtauchen des ozeanischen Teils der Arabischen Platte und das Wiederaufschmelzen des Ozeanbodens stieg das Magma durch die Iranische Mikroplatte nach oben. So entstanden Vulkane im Zagros- und im Alborzgebirge. Der höchste Berg und Vulkan in Iran und ganz Westasien mit einer Höhe von 5610 m über NN ist der Damavand nahe Teheran, ein ruhender, leicht rauchender Vulkan.

Gliederung der Landschaft

Die gewaltige Landmasse Irans lässt sich in drei große natürliche Landschaftstypen gliedern: Im Zentrum des Landes liegen die Plateau- und Beckenlandschaften Zentralpersiens; die Gebirgszüge des Alborz im Norden und des Zagros im Westen und Südwesten grenzen Zentraliran von Zentralasien und Mesopotamien ab; die Küstensäume des Kaspischen Tieflandes sowie die Tiefländer und Schwemmlandebenen der Golfregion sind die dritte Landschaftsform.

Eine Besonderheit der Plateau- und Beckenlandschaften Zentralpersiens sind die zahlreichen abflusslosen Becken: Die Flüsse und Wasserläufe, die am Gebirgsrand entspringen, münden häufig nur in einen See am tiefsten Punkt oder versickern auf ihrem Weg dorthin. Von den elf abflusslosen Regionen im Inneren des Hochlandes ist die Große Zentralwüste Dascht-e-Kawir mit etwa 200 000 km² die größte und das Damghan-Becken mit etwa 20 000 km² die kleinste. Das Becken von Qom liegt mit rund 92 000 km² im mittleren Größenbereich, das in seinen Teilbecken meist noch permanent Wasser führt. Eine weitere geomorphologische Besonderheit in Iran ist die Bildung von Gebirgsfußflächen mit ausgedehnten Schotterfächern zwischen den Beckenlandschaften Zentralpersiens und den inneren Flanken der beiden Gebirgszüge (Abb. 5). Diese bedecken den Fuß der Gebirge, so dass der Eindruck entsteht, die Berge würden in ihrem eigenen Schutt versinken.

Die beiden großen Gebirgsketten Irans, Alborz und Zagros, bilden den mittleren Teil des Eurasischen Hochgebirgsgürtels. Der Zagros zeigt in der Hauptachse eine regelmäßige, einfache, sogenannte alpinotype Faltung. Unter geologisch-tektonischen Gesichtspunkten handelt es sich um gestaffelte Abfolgen von Mulden und Sätteln, wobei die Mulden mit alluvialem Sediment gefüllt sind. In diesen intermontanen Becken, die meist eine Länge von 50 bis 100 km und eine Breite von 10 bis 20 km haben, wuchsen in höheren Lagen Mischwälder mit Eichen-, Walnuss-, Pistazien- und wilden Mandelbäumen, in niedrigeren Feigen- und Granatapfelbäume sowie Weintrauben. Seit der Sesshaftwerdung der Menschen verbreiteten sich durch die Landwirtschaft Weizen, Gerste, Schlafmohn, Baumwolle und Tabak.

Die sommerliche Hitze in den Niederungen zwingt die Menschen, sich mit ihren Tierherden in höhere Lagen zu begeben. Durch diese klimatischen Bedingungen ist hier ein Großteil der Talbewohner zu einer nomadischen Lebensweise gezwungen. In den Tälern lebten seit alter Zeit Völker, die auf der historischen Bühne Westasiens als Nachbarn, Partner oder Feinde der mesopotamischen Staaten auftraten.

Im Zagrosgebirge gibt es außerdem einzigartige Salzdome bzw. Salzstöcke. Sobald die Mächtigkeit der Salzschicht ausreichend groß ist, bewegt sich die durch den Druck elastisch werdende Salzschicht nach oben und durchbricht die darüberliegenden Sedimentgesteine. Bei einer mäßigen Hangneigung bewegt sich ein Salzstock wie ein Gletscher nach unten, in der Literatur werden sie deshalb treffend als Salzgletscher bezeichnet (Abb. 6).

Die Landschaften des Nordens werden von dem in west-östlicher Richtung verlaufenden Alborz dominiert. Das aus mehreren parallel verlaufenden Ketten bestehende Gebirge zieht sich an der Südgrenze des Kaspischen Meeres entlang und stößt im Osten auf den Kopet Dagh. An den steil abfallenden Nordhängen liegen umfangreiche Mischwälder aus Buchen und Persischem Eisenholzbaum. Diese urwaldartige Vegetationsdecke verdankt ihre Existenz der Morphologie des Gebirges.

5
Ein Trockental im Südzagros endet in einem Schotterfächer; hier ist Grundwasser durch Brunnen erreichbar und bewässert die Felder, Aufnahme des ASTER-Satelliten, 12.10.2004

6
Entlang der tektonischen Verwerfungen im Zagros tritt Salz aus und bildet gletscherartige Zungen. Digitales Höhenmodell kombiniert mit Aufnahmen des ASTER-Satelliten, 28.2.2006

Die feuchten Luftmassen regnen ihre Wasserfracht auf der Nordseite ab, um dann das Gebirge zu überqueren.

Das Alborzgebirge spielt in der iranischen Mythologie eine besondere Rolle. Bereits in *Avesta* und *Schahname* (»Königsbuch«) findet es oft Erwähnung. Der Zaubervogel Simorgh rettete Sal, nachdem sein Vater ihn auf dem Berg Damavand ausgesetzt hatte, und zog ihn in seinem Nest auf. Auch Rostam, der legendäre Sagenheld der persischen Mythologie aus dem *Königsbuch*, wuchs im Schutz dieses Gebirges auf.

Obwohl das Alborzgebirge als Schutzwall für die iranische Kultur wirkte, konnten viele Völker über einzelne Gebirgspässe und Täler im Nordwesten nach Iran eindringen, ihn besiedeln oder auch gewaltsam erobern. Im Osten bildet es die Khorrasanketten, die nicht so hoch sind wie der übrige Alborz. Seine Täler sind sehr fruchtbar und für den Getreideanbau des gesamten Iran von enormer Bedeutung – hier werden Weizen, Gerste, Reis, Baumwolle, Weintrauben und Schlafmohn kultiviert. Morphologisch ist das Gebiet mit seinen breiten Tälern ein leichter Übergang von Zentralasien ins Innere Irans, und dies wurde häufig von angriffslustigen Völkern aus Zentralasien genutzt. Von solchen Auseinandersetzungen bis zum Ende des 19. Jahrhunderts berichteten die Turkmenen. Morphologisch bildeten auch die Gorgan-Ebene und das Atrak-Tal eine sehr gute Möglichkeit für Siedler, das Innere Persiens zu erreichen. Die Gebirge im Osten des Landes reichen vom Nordkhorasan bis in den Sistan-Belutschistan im Süden und setzen sich im Makran fort. Diese Formationen sind nicht nahtlos miteinander verbunden. Der Taftan ist mit 3941 m der höchste Berg dieser in Nord-Süd-Richtung verlaufenden Gebirgszüge.

Als iranisches Tiefland bezeichnet man das Gebiet im Norden am südlichen Ufer des Kaspischen Meers, das ca. 600 km lang, aber nur wenige Kilometer breit ist. An dieses Küstentiefland schließt sich im Osten die turkmenische Steppe und im Westen die Moghansteppe an. Im Südwesten des Landes erstreckt sich ein Teil des mesopotamischen Tieflandes als schmaler, flacher Küstensaum entlang des Persischen Golfes. In dieser fruchtbaren Schwemmlandebene entwickelte sich der Handel zwischen Persien und Mesopotamien. Susa, die Hauptstadt des elamischen Reiches, war vom 4. bis zum 1. Jahrtausend v. Chr. dort ein bedeutendes urbanes Zentrum.

Klima

Iran gehört zum Trockengürtel der Alten Welt, und dies bestimmt die klimatischen Verhältnisse des Landes und das Wetter in seinen verschiedenen Regionen. Einerseits verhindert das Hochgebirge fast vollständig den Zustrom mediterraner oder kaspischer feuchterer Luft in Richtung Hochland und verursacht damit die extreme Trockenheit in weiten Teilen Zentralirans. Andererseits erhalten die Außenflanken der Gebirge zum Teil beträchtliche Niederschlagsmengen. Man spricht in Iran häufig von vier Jahreszeiten, die gleichzeitig vorkommen.

Die unterschiedlichen Klimazonen Irans bestimmten seit alters die Bedingungen für menschliche Ansiedlungen. Heute ist das Klima weitgehend trocken oder halbtrocken. Im Winter beeinflusst das Zusammenspiel von Kaltluftströmungen aus Zentralasien und Sibirien einerseits und feuchtwarmen mediterranen Luftmassen andererseits das Klima. Im Sommer weht konstant ein nordöstlicher Passatwind aus dem trocken-heißen Zentralasien. Feuchte Westströmungen im Spätherbst und Winter bringen in den Bergregionen Niederschläge zwischen 250 bis 600 mm/a mit sich. Mit zunehmender Höhe nimmt hier auch die Feuchtigkeit zu. In den höheren Lagen sind die Winter sehr kalt und die Sommer sehr heiß.

Im iranischen Hochland herrschen fast aride Klimaverhältnisse: Es liegt im Regenschatten der Gebirge, deshalb ist extreme Hitze im Sommer keine Seltenheit. In der Wüste Lut ist mit 70,7° C die weltweit höchste Temperatur gemessen worden. Der mittlere Jahresniederschlag in diesen trockenen Zonen liegt zwischen 30 und 250 mm/a.

Der schmale Streifen zwischen dem Kaspischem Meer und dem Alborz-Gebirge, mit einer jährlichen Niederschlags-menge zwischen 600 und 2000 mm, bildet eine Ausnahme. Diese Region ist ganzjährig humid mit sehr hoher Luftfeuchtigkeit. Entlang der Golfküste und in Chusistan sind die Winter mild und die Sommer sehr heiß, dort ist die Luftfeuchtigkeit das ganze Jahr hindurch sehr hoch, doch fallen extrem selten Niederschläge. Die heutigen, teils extremen Klimaverhältnisse sind seit mehreren tausend Jahren stabil, doch gab es im Altertum auch mildere Zeiten. Bisher hat es jedoch lediglich punktuelle Untersuchungen zum Paläoklima gegeben.[2] Zu Beginn des Holozäns kann man mit deutlich günstigeren – vor allem feuchteren – Verhältnissen rechnen. Dies machte die Hochtäler des Zagros zu geeigneten Gunsträumen für die Sesshaftwerdung und Neolithisierung. Erst seit etwa 3000 v. Chr. wurde es heiß und trocken. Im Südosten des Landes blieb es hingegen feucht und warm, solange hier die jährlichen Monsunwinde Niederschläge vom Indischen Ozean brachten.

Gewässer

Durch die morphologischen Bedingungen in Iran entwässern die Flüsse in vier verschiedene Richtungen. Im Norden in das Kaspische Meer, im Süden in den Persischen Golf, im Zentrum in das Zentralbecken Irans und im Westen in die mesopotamische Ebene. Ins Kaspische Meer entwässern ca. 1 300 fast parallel und gerade verlaufende Flüsse, die ihr Wasser aus den Nordflanken des Alborzgebirges beziehen. Die größten Flüsse, die in das Kaspischen Meer münden, sind Gorganrud und Atrak im Osten, Tschalus im Westen von Mazandaran und Sefidrud bei Rascht. Ganz im Westen verläuft der berühmte Fluss Aras oder Araxes, der in Ostanatolien, südlich von Erzurum, entspringt. Dieser Fluss bildet gleichzeitig die Grenze zwischen Iran und Armenien sowie Aserbaidschan. In Aserbaidschan durchfließt er die Moghansteppe und mündet in die Kura. In den Persischen Golf münden aus dem Zagros kommende Flüsse wie Arwandrud, Karun, Karcheh und Dez.

Im Inneren Irans entspringen zahlreiche Flüsse im Zagros- und Alborzgebirge und entwässern in das zentrale Hochlandbecken, wo sie versickern. So entspringt z. B. der Zayandehrud im Zagrosgebirge und endet im 400 km entfernten Gawchuni-Salzsee. Solche Salzseen bilden im Inneren des Beckens wichtige Sumpfgebiete und ökologische Nischen für Tiere und Pflanzen.

Ökologische Nischen

Als ökologische Nischen gelten Lebensräume, die in überregionalen Beschreibungen, besonderes unter großklimatischen Bedingungen wie in Iran, nicht berücksichtigt werden. So kann mitten in der Wüste durch einen kleinen Salzsee ein Biotop entstehen, das Lebensraum für Flora und Fauna bietet, z. B. für viele Vogelarten, wie den Grauen Kranich, Gänse, Möwen, und im Wasser für die Artemia (Salzwasserkrebse, »Artemia urmiana«). Allgemein gilt, dass für eine Besiedlung des iranischen Hochlandes durch Tiere, Pflanzen und Menschen günstige geoökologischen Faktoren ausschlaggebend sind, vor allem die Verfügbarkeit von Wasser in Form von Quellen und Karstwasser. Eine weitere wichtige Rolle spielt die Geomorphologie: das Relief der Landschaft und die Neigung der Hänge, die Wegsamkeit sowie die Art der Sedimente. Natürlich machte auch die Beschaffenheit des Bodens einzelne Landschaften für die menschliche Besiedlung attraktiv, wenn sie außerdem durch ein mildes und abwechslungsreiches Klima begünstigt werden. Die tief eingeschnittenen Täler am Gebirgsrand hin zum zentraliranischen Becken, die in den regenreichen Zeiten zwischen den letzten Eiszeiten entstanden sind, bringen mikroregional auch heute wichtige und günstige Lebensräume sowie Biotope hervor. Hier führen die Bäche nach der Schneeschmelze Wasser, so dass durch morphologische und mikroklimatische Bedingungen sehr günstige Standorte für eine Besiedlung entstehen. Besonders für Nomaden sind die Randbereiche zwischen Gebirge und den iranischen Wüstengebieten ein wichtiger Lebensraum.

Die intermontanen Becken Irans waren Gunsträume für die Pflanzen- und Tierwelt; auch Menschen besiedelten diese Zonen frühzeitig. Heute zählt man in Iran 250 Biotope mit einer Gesamtfläche von 2,5 Millionen km²; 22 von ihnen mit einer Gesamtfläche von 1,4 Millionen km² sind nach der Ramsar-Konvention als wichtige internationale Biotope registriert.[3]

Qanate

Die Besiedlungsgeschichte Irans ist eng mit seinen geografischen und klimatischen Verhältnissen verknüpft. Wasser spielte in den mitunter extrem ariden Gebieten eine entscheidende Rolle, und der sorgsame Umgang der Menschen mit den Wasser- und Grundwasserressourcen war lebenswichtig. Die frühen sesshaften Gemeinschaften suchten die Hochtäler im Zagros auf – Tappe Sarab ist hierfür ein gutes Beispiel. Später erschlossen die neolithischen Siedler auch Oasenlagen im zentralen Hochland, wie in Tappe Sialk. Doch erst mit der Entwicklung von Qanaten – einem raffinierten System unterirdischer Kanäle zur Aufnahme des dort zirkulierenden Wassers – wurden darüber hinaus auch klimatisch extremere Lagen für die menschliche Besiedlung und Bewirtschaftung nutzbar.

Es gehört ganz sicher zu den größten kulturellen Leistungen der frühen Bevölkerung im Hochland Irans, Techniken der Grundwassererschließung und -nutzung erfunden und ausgebaut zu haben (s. auch Boucharlat, hier S. 228ff.). Die Entwicklung des Qanats[4] im Verlauf des 1. Jahrhunderts v. Chr. war ein wichtiger Schritt zur Erschließung neuer Siedlungsgebiete: Mit ihrer Hilfe konnten Siedlungen aus dem Gebirgsvorland bzw. dem Einzugsgebiet von Dauerflüssen in die Weidegebiete des trockenen Hochlandes verlagert werden. Qanate dienten bis Anfang der 1960er Jahre der Bewässerung der Felder und Gärten im iranischen Hochland, und auch die Trinkwasserversorgung großer Städte wie Teheran und fast aller Dörfer erfolgte bis zum Zweiten Weltkrieg gänzlich oder überwiegend durch Qanate. Die Gesamtlänge des Qanatsystems wird auf über 125 000 km geschätzt, einzelne erreichen bis zu 70 km Länge. Der Qanat von Zartsch, 15 km westlich von Yazd, erstreckt sich sogar über eine Länge von 100 km. Diese Art der Wasserversorgung unter extrem ariden Bedingungen hatte mehrere Vorteile: verdunstungsarme Wasservorräte, salzarmes Wasser im Gegensatz zur heutigen Nutzung des salzhaltigen Grundwassers, ganzjährig verfügbares Wasser und das Verhindern einer Versalzung der Böden, die durch das salzarme Qanatwasser gespült wurden.

Flora

Aufgrund der Lage Irans auf dem Trockengürtel der Erde ist die Artenvielfalt der Flora begrenzt. An Bedecktsamern (Laubbäumen) gibt es ca. 70 bis 100 verschiedene Gattungen, von der Gruppe der Koniferen (Nadelhölzer) nur vier. Die einzigen Feuchtwälder Irans, der »Kaspische« oder »Hyrkanische Wald«, erstrecken sich entlang des Kaspischen Meeres am Fuße des Alborzgebirges. Dort wachsen Kastanien, Eichen, der Persische Eisenbaum, Ulmen, Buchen, Ahorn, Buchsbäume sowie Brombeeren. Im Westen Irans säumen Trockenwälder die Westflanken

des Zagrosgebirges; die Ostflanken sind stark erodiert oder gar nicht mehr vorhanden. Sie tragen meist Eichen und Hainbuchen sowie kälteresistente Sträucher wie Wacholder, Oleander und Myrten. Diese werden begleitet von Granatapfelsträuchern, Weißdorn, Zwergmispeln und Rosengewächsen. Mit zunehmender Trockenheit breiten sich Bergmandel-Pistazien-Wälder aus, in den Wüsten und Halbwüsten Wermutsträucher, *Rheum ribes*, verschiedenen Tragant-Arten (mehr als 200 Gattungen), *Prosopis farcta* und Federgräser.

Fauna

Aufgrund der heterogenen Lebensräume sind heute in Iran 160 Säugetier-, 500 Vogel- sowie 175 Fischarten bekannt. Unter dem Aspekt der Artenvielfalt kann man Iran als eine Kombination der europäischen, afrikanischen und asiatisch-iranischen Tierwelt betrachten. Zu den europäischen Tierarten zählen Rothirsch, Reh, Maulwurf sowie der Siebenschläfer, die im Norden und Nordwesten Irans verbreitet sind. Honigdachs, Äthiopischer Igel, Flughund, der Heilige Ibis und der Afrikanische Schlangenhalsvogel haben afrikanische Ahnen. Das Nördliche Palmenhörnchen, Mangusten, der Kragenbär oder der Asiatische Schwarzbär und das Wachtelfrankolin im Südosten Irans sind indischer Herkunft. Steppenfuchs und Zieselmaus stammen aus Mittelasien. Das Kaukasische Eichhörnchen, der Mesopotamische Damhirsch, der Asiatische Gepard, der Persische Halbesel sowie der Pleskehäher sind speziell in Iran vorkommende Tiere.

In der jüngeren Vergangenheit sind einige Tierarten, wie der Iranische Löwe und Tiger, im Südwesten sowie im Norden Irans ausgestorben. Durch ein verändertes Klima und menschliche Eingriffe in die Landschaft wurden die Lebensräume vieler Tiere so verändert, dass weitere Arten vom Aussterben bedroht sind. Besonders gefährdet sind der Persische Halbesel und der Asiatische Gepard. Die besondere Morphologie Irans, entstanden durch zwei Gebirgszüge und das zentrale Becken, führte zur Entstehung diverser Lebensräume, z. B. Gletscher, Schneefelder, Feuchtgebiete, Salzseen, Hyrkanische Wälder, Palmenhaine und am Persischen Golf Mangrovenwälder. Aus diesem Grund hat Iran eine große Artenvielfalt an Vögeln, obwohl das Land keine speziellen einheimischen Vögel kennt. Das Land beherbergt darüber hinaus 197 verschiedene Reptilienarten, von denen sich zwei Gruppen am und im Salzwasser weiterentwickelt haben. Besonders bedroht sind das Iranische Krokodil sowie verschiedene Meeresschildkröten. Auch viele Fischarten sind wegen der starken Überfischung des Kaspischen Meers und des Persischen Golfs vom Aussterben bedroht.

7
Chloritgefäß mit der Darstellung von Palmen, Dschiroft, 3. Jt. v. Chr., Kat.-Nr. 32

8
Protom aus Bitumenmastix in Form eines Widders, Susa, Beginn 2. Jt. v. Chr., Kat.-Nr. 347

Erdbeben

Aufgrund der aktiven Plattentektonik ist Iran eines der Länder mit der weltweit größten Erdbebenhäufigkeit. Die geologischen und geophysikalischen Ursachen der starken seismischen Bewegungen in Iran liegen vor allem in den bis heute anhaltenden Horizontal- und Vertikalverschiebungen der Erdkruste entlang der Verwerfungen und Bruchzonen. Dabei sind weniger die sich langsam vollziehenden Deformationen der Erdkruste als vielmehr die plötzliche und ruckartige Freisetzung von Spannungen in der Iranischen Mikroplatte Ursache von heftigen Beben, meist begleitet von gravierenden Verlusten an Menschenleben, Schäden an Gebäuden, Verkehrswegen, Bewässerungseinrichtungen sowie dem Sterben von Vieh und Zerstörungen in der Landwirtschaft. Bei dem Erdbeben in der Stadt Rascht im Jahr 1990 starben ca. 50 000 Menschen. Im Jahr 2003 bebte die Erde in der Nähe von Bam und forderte bis zu 250 000 Menschenleben (Abb. 9). Auch im Altertum haben Erdbeben teilweise verheerende Schäden angerichtet, die im archäologischen Fundbild durch Verschiebungen von Schichten und verkippte Mauern sichtbar werden.[5] Auch in der Zukunft ist mit schweren Erdbeben zu rechnen.

Bodenschätze

Der geologische Aufbau Irans beeinflusste auch das Vorkommen und die Verbreitung verschiedener Rohstoffe (vgl. Abb. 2).[6] Für die frühen Perioden der menschlichen Besiedlung waren besonders Metalle[7] und Steine wichtig. Lagerstätten von qualitativ hochwertigem Feuerstein und roten Radiolariten gibt es im Zagros, und sie wurden bereits im Neolithikum ausgebeutet. Auch Obsidian, ein vulkanisches Glas, wurde für die Herstellung von Werkzeugen verwendet. Es gibt kleinere Vorkommen in Nordwest-Iran, allerdings von minderer Qualität, deshalb stammt das Ausgangsmaterial für die wenigen Obsidianfunde in Iran meist aus dem Kleinen Kaukasus. Buntmetalllagerstätten konzentrieren sich in den Randgebieten der großen Wüsten, in der jüngsten Auffaltung von Zagros- und Alborzgebirge. Seit dem Chalkolithikum spielte der Abbau von Kupfer eine wichtige Rolle, und im 4. und frühen 3. vorchristlichen Jahrtausend versorgten die Lagerstätten im iranischen Hochland die frühen Staaten im Tiefland Mesopotamiens mit Kupfer und Silber.[8] Im 3. Jahrtausend v. Chr. entwickelte sich in Ost-Iran die Kunst der Steinbearbeitung, bei der aus Chloriten und Alabaster oder Kalzit einzigartige Gefäße entstanden (Abb. 7). Unter den bedeutenden Schmucksteinen ist der Türkis zu nennen, der seit dem 5. Jahrtausend v. Chr. verarbeitet wird. Die größten Vorkommen dieses Minerals liegen im Nordosten Irans in der Provinz Khorrasan auf eine Höhe von 2012 m. Das Bergwerk von Ali-Mersai gehört zu den ältesten bekannten Türkislagerstätten.[9]

Heute gehören Erdöl und Erdgas zu den wichtigsten Rohstoffen Irans. Sie werden in großem Umfang gefördert. Der Ursprung der Nutzung des oberflächennahen oder an der Oberfläche austretenden Erdöls und Erdgases liegt bereits in vorchristlicher Zeit (Abb. 10). Erdpech oder Bitumen diente zur Abdichtung von Booten und Hausdächern; Bitumenmastix – ein Gemisch aus Teer und fein zermahlenen Mineralien – wurde modelliert, geschnitzt und durch Erhitzen gehärtet (Abb. 8). Das im Jahre 1908 in Masdsched-e-Solaiman entdeckte Erdöl war auch der Grund für die Errichtung der großen vorchristlichen zoroastrischen Feuertempel.

Anmerkungen S. 258

9
Die Stadt Bam nach dem Erdbeben 2004

10
Natürliche Bitumenquelle in Chusistan

DAS ZEITALTER DER INNOVATIONEN

DIE FRÜHE BESIEDLUNG IRANS

JÄGER, SAMMLER, BAUERN UND HIRTEN: DIE JUNGSTEINZEIT IN IRAN

BARBARA HELWING
HASSAN FAZELI NASHLI

Als das Klima auf der Erde gegen Ende der letzten Eiszeit begann, sich zu erwärmen, wurden auch die Temperaturen in Westasien kontinuierlich milder. Die Meeresspiegel stiegen an, und Wälder breiteten sich aus. In dieser Zeit des beginnenden Klimaoptimums herrschten ideale Bedingungen für die Sesshaftwerdung der Menschen, die bis dahin als umherschweifende Wildbeuter lebten.

Im sogenannten »Fruchtbaren Halbmond«, der die Gebirgshänge von Zagros und Taurus sowie die levantinische Mittelmeerküste umfasst, wuchsen reichlich Wildgetreide, Beeren und Nussbäume, und große Herden von Wildtieren zogen durch Täler und Ebenen. Diese optimalen Bedingungen machten es für Menschen leicht und attraktiv, länger an einem Ort zu verweilen. Im iranischen Zagrosgebirge, das die östliche Begrenzung des fruchtbaren Halbmondes bildet, sind schon im 11. Jahrtausend v. Chr. langfristig genutzte Basislager und kurzlebige Stationen belegt. Noch waren die Menschen Jäger und Sammler, doch begannen sie nun mit der Ernte von Wildgetreide und der Jagd auf Wildziegen und -schweine. Über mehrere Jahrtausende kam es durch diese Eingriffe der Menschen in ihre natürliche Umwelt zu einer Selektion bestimmter Arten: Die Samen von Wildgetreide fallen in reifem Zustand vom Halm ab; die gezielte Ernte und ihr Transport in die Ansiedlungen machte es nun wahrscheinlich, dass die nächste Aussaat mit solchen Körnern erfolgte, die besonders fest am Halm hafteten, so den Transport in die Siedlung überstanden und auch gut gelagert werden konnten. Ebenso führte die Jagd auf Wildtiere in der Nähe der Lager zu einer Selektion von weniger scheuen und leichter zähmbaren Individuen. Es dauerte mehrere tausend Jahre, bis diese Entwicklung zu signifikanten morphologischen Unterschieden zwischen den wilden und den domestizierten Arten führte. Die Domestikation ist also das Ergebnis eines Jahrtausende währenden Selektionsprozesses, bei dem sich die Menschen wie auch die Tiere und Pflanzen in ihrer speziellen Umwelt gemeinsam entwickelten.

Domestizierte Tiere und Pflanzen sind die Voraussetzung für die Entwicklung von Ackerbau und Viehzucht und die schrittweise Herausbildung einer bäuerlichen Lebensweise.[1] An den Hängen des Zagrosgebirges lässt sich die schrittweise Kultivierung von Getreide beispielsweise in dem Ort Tschogha Golan über einen Zeitraum von mehr als 2 000 Jahren nachvollziehen.[2] Auch Ziegen wurden sehr wahrscheinlich an mehreren Stellen im Zagros domestiziert, wie man aus DNA-Analysen von modernen Ziegen weiß.[3] Andere Tiere, wie das Rind, wurden erst später eingeführt.[4]

Die frühen sesshaften Bauerngemeinschaften im Zagros wählten günstige Plätze, zumeist in der Nähe einer Quelle, für ihre Ansiedlungen aus. Dort bauten sie ihre Häuser aus Stein oder Stampflehm, meist einfache Hütten von nur 2 bis 3 m Seitenlänge (Abb. 6). Vielfach wurden viele kleine Räume wie Bienenwaben direkt aneinandergebaut (agglutinierende Bauweise), wobei die kleineren Räume zur Vorratshaltung dienten. Es wurden aber auch Räume mit meterdicken Ablagerungen von organischem Material ausgegraben, wahrscheinlich Schichten von Tierdung. Dies zeigt, dass nun nicht nur Menschen in ortsfesten Siedlungen lebten, sondern auch Tiere dort gehalten wurden. Mensch und Tier rückten näher zusammen – eine Entwicklung mit Vor- und Nachteilen: Der Mensch konnte so problemlos Fleisch, Milch und Fell der Tiere für sich nutzen, doch mit dem engen Zusammenleben entstanden zugleich hygienische Probleme. Menschen steckten sich mit Krankheiten an, deren Keime zuvor nur Tiere befallen hatten.

Archäologische Hinweise auf den Ackerbau liefern verschiedene Gerätschaften, besonders Sichelklingen aus Feuerstein, an deren Schneiden sich Silikate aus abgeschnittenen Getreidehalmen anlagern konnten, der sogenannte »Sichelglanz«. Diese Klingen waren in Griffe aus Holz oder Knochen eingelassen, die – wie ein Beispiel aus Tappe Sialk (Abb. 2) zeigt – künstlerisch gestaltet sein konnten. Während das Getreide positiv zum Proteinhaushalt der neolithischen Menschen beitrug, brachte es jedoch auch neue Probleme mit sich: Karies war bei der neolithischen Bevölkerung viel weiter verbreitet als bei den älteren Jäger-Sammler-Kulturen. Langfristig veränderte sich mit der Sesshaftwerdung auch die Bevölkerungsstruktur: Die Frauen brachten mehr Kinder zur Welt, denn die Abstände zwischen den Geburten waren nun deutlich kürzer als bei umherschweifenden Gruppen; dies begünstigte eine nach Geschlechtern getrennte Arbeitsteilung und brachte bald ein rasches Bevölkerungswachstum mit sich. Bei einer kritischen Größe teilten sich die Gruppen auf, und es entstanden Siedlungsgruppen mit einer »Muttersiedlung« und umliegenden Satelliten. Trotz der fortgeschrittenen Sesshaftigkeit pflegten die neolithischen Bewohner des Zagros auch weiterhin Kontakte über große Entfernungen: Obsidian, ein natürlich vorkommendes vulkanisches Glas, das man im Kleinen Kaukasus abbaute, wurde noch immer über tausende von Kilometern gehandelt.

Man weiß bisher nur wenig über die Vorstellungen, die sich die frühen Bauerngemeinschaften im westiranischen Zagros von ihrem Platz in der Welt machten. Nur einige Orte sind wissenschaftlich untersucht worden, deshalb kennt man bisher nur wenige Zeugnisse religiösen Denkens: In der Siedlung Scheich-e Abad waren vier Schädel von Wildziegen in die Wand eines Hauses eingelassen (Abb. 1) – Zeugnis vergangener Festmahle oder Jagdrituale? Ähnliches entdeckte man an zeitgleichen Fundorten in Nordirak und in der Südosttürkei: Schädel von wilden Ziegen oder Rindern wurden im Inneren des Hauses in die Wände eingelassen und wie eine Skulptur in den Wandverputz integriert. Auch Vögel scheinen eine besondere Rolle gespielt zu haben: in einem Raum in Scheich-e Abad[5] fand man den kompletten Flügel eines großen Vogels. Möglicherweise war er Teil eines Kostüms bei bestimmten Ritualen. Aber jenseits dieser Beobachtungen sind die Kenntnisse über die spirituelle Welt in Iran während dieser frühen Phase der Sesshaftwerdung noch sehr spärlich, und es gibt kaum Darstellungen oder andere Zeugnisse. Zu den ältesten Bildwerken gehören Tonfiguren in Form eines umgedrehten T, bei denen auf eine langovalen Basis ein säulenförmiger, schematisierter Kopf aufgesetzt ist. Diese Basis stellt eine abstrahierte sitzende Figur dar: Auf der Vorderseite sind die Beine lang ausgestreckt, auf dem Rücken lässt sich ein gebauschtes Tuch oder Kleidungsstück erahnen. Diese Details sind bei den Figuren aus Tschogha Bonut und Tappe Tula'i nicht immer gut zu erkennen, nur selten zeigen solche Statuetten eine deutliche Modellierung der Kleidung (Abb. 3).

Die frühen sesshaften Gemeinschaften im fruchtbaren Halbmond stellten noch keine Keramik her. Während Jäger-Sammler-Gemeinschaften in Ostasien und Nordostafrika, wohl unabhängig voneinander, schon vor 10 000 v. Chr. Keramik kannten, kam diese Technik in Westasien erst Jahrtausende nach der Sesshaftwerdung auf, ab etwa 7000 v. Chr. Die Archäologen sprechen deshalb von einem »akeramischen« oder Proto-Neolithikum. In Iran liegen protoneolithische Fundorte in den klimatisch günstigen Hochtälern am Südwestabhang des Zagros und im Gebirgsvorland. Es gibt jedoch auch einen Fundort im Nordosten des Landes, Tappe Sang-e Tschachmaq West in der Provinz Schahrud. Man weiß noch

1
Der neolithische Fundort Scheich-e Abad im westlichen Zagros: Schädel von Wildziegen schmücken die Wände von Gebäude 2

2
Sichelgriff aus Elfenbein/Knochen, Tappe Sialk Nord, 6. Jt. v. Chr., Kat.-Nr. 296

3
T-förmige Figurine, Tappe Tula'i, 6800–6500 v. Chr., Kat.-Nr. 378

4
Figurine, Wildschwein, Tappe Sarab, 7000–6100 v. Chr., Kat.-Nr. 262

5
Figurine, Hund, Tappe Sarab, 7000–6100 v. Chr., Kat.-Nr. 265

6
Hausmodell, Sang-e Tschachmaq Ost, 6. Jt. v. Chr., Kat.-Nr. 261

nicht, ob dieser Ort eine Ansiedlung von frühen Bauern war, die ursprünglich aus dem Zagros stammten, oder ob hier eine individuelle Entwicklung stattfand, aus der die neolithischen Kulturen von Nordost-Iran und Turkmenistan entstanden.

Gegen 7000 v. Chr. finden sich die ersten Tongefäße. Die frühe Keramik scheint teilweise ältere Steingefäße nachzuahmen. Bald begann man jedoch auch mit der Produktion von Grobkeramik für die Vorratshaltung. Die Feinkeramik hingegen entwickelte schnell regional unterschiedliche Dekorationsstile, was sie für Archäologen zu einem wertvollen Mittel der Zuordnung und Datierung macht. Man kann vermuten, dass die Herstellung von Keramik in dieser frühen Zeit den Frauen oblag. Wahrscheinlich gab es im Jahresverlauf Perioden, in denen die Frauen eines Dorfes gemeinsam Tongefäße formten und bemalten; junge Mädchen lernten von den älteren erfahrenen Frauen, und so tradierten sich Formen und Muster.

Der leicht formbare Ton wurde auch zur Herstellung von Statuetten verwendet. In Tappe Sarab fanden amerikanische Archäologen zahlreiche Tier- und Menschenfiguren. Ein Stück stellt einen wilden Eber dar, ein anderes wohl einen liegenden Hund (Abb. 4 und 5). Vielleicht waren dies magische Objekte, mit denen der Wunsch der Jäger nach einer erfolgreichen Jagd beschworen wurde.

Eine Frauenfigurine aus Tappe Sarab bietet einen besonderen Blick auf den weiblichen Körper (Abb. 7): Die sitzende Gestalt ist aus einzelnen kolbenförmigen Tonrollen zusammengefügt. Die Beine sind weit ausgestreckt, der Oberkörper gerade aufgerichtet. Zwei schwere Brüste liegen auf dem Bauch auf. Ein Tonstreifen mit Einritzungen oberhalb des Gesäßes ist die einzige Andeutung von Bekleidung. Die Frau hat weder Füße noch Arme, und auch der Kopf ist auf eine gerade, dünne Säule reduziert. Im Aufbau ähnlich, zeigt eine zweite Figur vom selben Fundort die schematische Darstellung einer sitzenden, korpulenten Frau.

Menschengestaltige Figuren kommen an zahlreichen neolithischen Fundorten in ganz Westasien vor, ihre Bedeutung ist lange und intensiv diskutiert worden. Die üppigen Körper wurden vielfach als Hinweis auf eine Verbindung mit »Fruchtbarkeitskulten« interpretiert. Die Archäologen sind heute jedoch der Auffassung,[6] dass die zahlreichen unterschiedlichen Darstellungen auch verschiedenen Zwecken dienten: Manche waren vielleicht magische Objekte, andere mögen eine Schutzfunktion besessen haben. Darüber hinaus ist denkbar, dass die Statuetten im Zusammenhang mit weiblichen Initiationsriten standen.

Erst nach 6000 v. Chr. breitete sich die neolithische Lebensweise auch auf dem Hochplateau Irans aus. Dieser plötzliche Prozess lässt sich auch in anderen Regionen des fruchtbaren Halbmonds beobachten: Neben dem Hochland Irans wurden nun auch der südliche Kaukasus und das Tiefland zwischen Euphrat und Tigris besiedelt. Als Ursache hierfür vermutet man heute demografische Verschiebungen oder, vielleicht in Kombination damit, eine kurzfristige Klimaverschlechterung um etwa 6200 v. Chr. Bei diesem sogenannten 6,2 ka-Ereignis wurde es kurzfristig kälter und trockener, und die bereits sesshaften Bauerngemeinschaften mussten neue Strategien entwickeln, um sich diesem weniger günstigen Klima anzupassen.

Auch im Hochland Irans siedelten sich bäuerliche Gemeinschaften in fruchtbaren Zonen an, in der Nähe von Quellen oder in solchen Gebieten, in denen das Schmelzwasser der Gebirge im Frühjahr längerfristig Feuchtigkeit garantierte. Zu den früh besiedelten Orten gehören Tappe Zaghe in der Qazvin-Ebene und Tappe Sialk (Sialk Nord) in der Oase von Kaschan, nahe einer ergiebigen Karstquelle, die heute den berühmten Fin-Garten bewässert. Hier bauten die neolithischen Bewohner eine Siedlung über die andere, bis ein Hügel von mehr als 6 m Höhe entstanden war. Diese Schichtabfolge dokumentiert eine Entwicklung von einfachen Schilfhütten über Gebäude aus Stampflehm, bis sich schließlich die neue Technik der handgeformten Lehmziegel etablierte. Die Verstorbenen begrub man im neolithischen Sialk im Inneren der Häuser unter dem Fußboden, eine im Neolithikum weitverbreitete Tradition, die vermutlich mit dem Wunsch zusammenhing, die ehemaligen Mitglieder der Gemeinschaft weiterhin in der Nähe zu wissen und sie als Vorfahren und Teil der Geschichte der einzelnen Häuser bei sich zu behalten. In Sialk sind sowohl Erwachsene als auch Kinder bestattet, die Körper liegen in Schlafposition. Roter Ocker wurde über den Körper gestreut, und manchmal trugen die Verstorbenen Schmuck oder persönliche Gegenstände bei sich. In anderen Fällen hat man die Körper auch verbrannt.

Auch am Tappe Sang-e Tschachmaq in Nordost-Iran entstand eine neue Siedlung, der Osthügel. Der hiesige regionale Keramikstil unterscheidet sich deutlich von dem der Fundorte auf dem westlichen Plateau und zeigt stattdessen eine engere Verbindung mit den Siedlungen am Kopet Dagh in Turkmenistan. Das Tonmodell eines Hauses (Abb. 6) illustriert, wie ein neolithisches Dorf ausgesehen haben mag: Ein einzelnes rechteckiges Gebäude mit einem flachen, leicht durchhängenden Dach; Licht kam durch eine kleine Öffnungen im Dach in das Hausinnere. Rote und schwarze Farbreste aus der Grabung in Sang-e Tschachmaq belegen darüber hinaus, dass zumindest einige der Innenräume auch farbig ausgemalt waren.

In Tappe Zaghe wurden zahlreiche kleine Tonobjekte gefunden, die die Archäologen als »Token«, Zählsteine, bezeichnen: Sie haben die Form von Kugeln, Stiften und Kegeln, hinzu kommen stark schematisierte Figurinen. Diese Stücke verraten den Wunsch, durch das Zählen den Güterverkehr stärker zu kontrollieren. Hier zeigen sich erste Tendenzen zu einer stärkeren sozialen Ausdifferenzierung der Gesellschaft. Dieser Prozess findet im bruchlos anschließenden Chalkolithikum, der Kupfersteinzeit, seine unmittelbare Fortsetzung.

Anmerkungen S. 258

7
Figurine, Frau, Tappe Sarab, 7000–6100 v. Chr., Kat.-Nr. 263

TÖPFER, HANDWERKER UND HÄNDLER IN DER KUPFERSTEINZEIT

BARBARA HELWING
JEBRAEL NOKANDEH

Schon kurz nach der Ausbreitung der neolithischen Lebensweise auf das Iranische Hochland nahm die Anzahl der Siedlungen deutlich zu. Die erhöhte Bevölkerungsdichte erforderte zunächst eine Steigerung der Nahrungsmittelproduktion. Der Ackerbau wurde intensiviert, und im späten 6. Jahrtausend v. Chr. finden sich erste Kanäle zur Bewässerung von Feldern und Gärten.

Auch bei der Tierhaltung kann man nun eine Weiterentwicklung feststellen: Neben Fleisch und Fell nutzten die Menschen zunehmend auch nachwachsende tierische Produkte, z. B. Milch. Die ältesten Nachweise für die Lagerung von Milcherzeugnissen in verschiedenen Gegenden Westasiens stammen aus dem späten 6. Jahrtausend v. Chr.[1] Die zunehmende Komplexität des Lebens führte bald zu einer stärkeren sozialen Differenzierung innerhalb der einzelnen Gemeinschaften: Es gab jetzt Spezialisten für die Nahrungsproduktion und das Handwerk. Vermutlich waren Teile der Bevölkerung mit der Pflege der Herden beschäftigt, die sie zu bestimmten Jahreszeiten auf weit entfernte Weiden trieben. Und da die Schafe, schon lange domestiziert, im 5. Jahrtausend einer folgenreichen Mutation unterlagen und erst so zum Wollschaf wurden, gab es nun auch einen neuen, nachwachsenden Rohstoff, der die Grundlage für einen der wichtigsten Handwerkszweige in Westasien lieferte: die Textilwirtschaft, nachgewiesen durch kleine runde Spinnwirtel (Abb. 3), die nun zahlreich an den Fundplätzen des 5. Jahrtausends vorhanden sind.

Die Keramikherstellung, das Alphabet der Archäologen, erfuhr im Chalkolithikum ebenfalls einige wichtige technische Innovationen. Es entstanden neue Öfen, in denen Temperaturen von mehr als 1000° C erreicht werden konnten. Zwei regionale Traditionen bestanden nebeneinander: Im Nordosten von Iran und am nördlichen Rand der großen Zentralwüste baute man kammerförmige Rechtecköfen; in diesen schichtete man das Brenngut zusammen mit dem Brennmaterial auf, zündete ein Feuer an und verschloss ihn. Einen solchen Ofen haben iranische Archäologen in Tappe Pardis ausgegraben.[2] Im Südwesten bauten man stattdessen Doppelkammeröfen mit einer unterirdischen Kammer (Feuerkeller) für das Brennmaterial und darüber, durch eine Lochtenne abgetrennt, einem Raum für das Brenngut (Abb. 1). Diese Technik ist aus Fars in Tal-e Bakun und anderen Orten bekannt. Sie findet sich außer in Südwest-Iran auch im Tiefland von Mesopotamien, und man weiß nicht, wo sie ursprünglich entstand. In Süd-Iran brannte man in diesen Öfen eine hellbeigefarbene Keramik mit eleganter dunkler Bemalung (Abb. 5), während die Keramik aus den Rechtecköfen im Norden beim Brennen eine rötliche Färbung annahm und später poliert wurde (Abb. 6).

Eine wichtige Neuerung war zugleich namengebend für die gesamte Epoche:[3] das Kupfer. Die Archäologen nennen diese Zeit Chalkolithikum oder Kupfersteinzeit, und sie dauerte in Iran von etwa 5600 bis 3400 v. Chr. Zu dem schon lange bekannten Werkstoff Stein kam damit ein neues Material. Der Werkzeugkasten der prähistorischen Bewohner des Iranischen Hochlandes war zwar noch immer mit Steingeräten gefüllt, doch nun kannte man das Kupfer, und es wurde vor allem für die Herstellung prestigeträchtiger Objekte verwendet. Zu den ältesten Werkstücken aus diesem Metall gehören Dolche, Schmuck und kleine, stabförmige Geräte. Die Technologie zu seiner Verarbeitung entwickelte sich rasch, woran sicherlich auch die Kenntnis der neuartigen Töpferöfen ihren Anteil hatte: Bereits im 5. Jahrtausend v. Chr. konnten die Menschen Kupfer verhütten und in Formen gießen, und man experimentierte mit unterschiedlichen Legierungen – Kupfer und Arsen, Kupfer und Blei. Das Iranische Hochland spielte bei der Entwicklung dieser frühen Technologie eine ganz entscheidende Rolle:[4] Hier befinden sich einige der wichtigsten Kupfererzlagerstätten Westasiens, und es waren die Menschen in ihrer Umgebung, die dieses neue Material erprobten. Die im Iranischen Hochland hergestellten Kupferäxte fanden ihren Weg in das Tiefland von Chusistan und darüber hinaus.

Heute versteht man unter dem Begriff Chalkolithikum nicht nur die Epoche, in der Kupfer als neuer Werkstoff auftauchte, sondern auch einen Zeitabschnitt mit menschlichen Gesellschaften, die sich in vieler

1
Zwei chalkolithische Töpferöfen, ausgegraben im Bolaghi-Tal in Fars, 5. Jt. v. Chr.

Hinsicht noch egalitär verhielten, in denen jedoch ein gewisses Maß an sozialer und handwerklicher Spezialisierung sichtbar wird und einzelne Personen besonderes Ansehen und damit Macht und Einfluss genossen. Dieses auf persönlichem Verdienst, Charisma und Rang aufbauende System wurde durch Tauschhandel zwischen einzelnen Gemeinschaften und Siedlungen, aber auch zwischen Individuen gestützt. Exotische Materialien zirkulierten teils über weite Entfernungen: Lapislazuli aus Afghanistan, Obsidian aus dem Kleinen Kaukasus, Muscheln vom Persischen Golf, auch Kupfer und andere Rohstoffe wurden getauscht. Ihre Gewinnung und Verarbeitung lag in den Händen der Spezialisten. Der Ökonom Karl Polanyi hat diese frühen Stufen als Tauschhandel charakterisiert,[5] der zugleich ein Mittel zur Festigung der sozialen Beziehungen war: Er diente der Bestätigung von Freundschaften und Allianzen, es ging also nicht unbedingt um ökonomische Vorteile. Zur Sicherung ihrer Transaktionen über weite Strecken setzten die Menschen nun Siegel ein: Stempel waren schon seit dem Neolithikum bekannt, sie dienten als magische Amulette ebenso wie als persönliche Unterschrift. Im Rahmen des Tauschhandels gewannen sie eine neue Bedeutung zur Markierung von Sendungen. Zu Beginn des Chalkolithikums finden sich in Iran meist einfache, mit geometrischen Formen verzierte Stempel, doch im Lauf der Zeit wurden die Muster komplexer, und es gab dann auch figürliche Darstellungen (Abb. 2). Mit der Erfindung des Rollsiegels im 4. Jahrtausend v. Chr. entstand schließlich ein weitverbreitetes System zur Handelskontrolle auch über weite Entfernungen.

In Iran zeigt sich die Binnendifferenzierung der Gesellschaften an verschiedenen Punkten. Die Architektur in den Siedlungen bestand meistens aus einzeln stehenden, kleineren Gebäuden mit mehreren Innenräumen. Diese waren jedoch so eng, dass sie sicherlich eher als Vorratslager denn zum Wohnen dienten. Manchmal, zum Beispiel in Tal-e Bakun in der Provinz Fars in Süd-Iran, waren die Einzelgebäude auch Wand an Wand gebaut und ergaben so eine geschlossene Struktur, in der Werkstätten und Vorratsräume Platz fanden (Abb. 7 und 8, links). Von einigen Fundorten kennt man Gebäude, die nicht als Wohnhäuser oder Vorratsspeicher dienten, sondern vermutlich eine besondere rituelle Funktion hatten. Ein solches Gebäude wurde in Tappe Zaghe ausgegraben: Das sogenannte »bemalte Gebäude« (»Painted Building«)[6] zeichnet sich durch seine Größe und die komplexe Gestaltung der mit einem Mäandermuster bemalten Innenwände aus; seine Bedeutung wird noch dadurch betont, dass in einem Halbkreis um das Haus acht junge Frauen bestattet wurden, jeweils mit dem Blick auf das Gebäude. Einige Gräber waren reich mit Schmuck ausgestattet, manche enthielten mehr als 1000 Perlen aus Stein, Muscheln und Fritte.

Eine andere außergewöhnliche Anlage wurde in Tschogha Misch in Chusistan ausgegraben, das sogenannte »verbrannte Gebäude« (»Burned Building«), das von einem Feuer zerstört wurde (Abb. 8, rechts). Es war deutlich größer als die umliegenden Wohnhäuser und könnte eine rituelle Funktion gehabt haben. Somit war es auch wichtiger als die anderen Häuser und wurde vermutlich deshalb Ziel eines feindlichen Angriffs, der schließlich das ganze Viertel in Schutt und Asche legte.

In Susa, ebenfalls in Chusistan gelegen, entdeckten die französischen Ausgräber eine große Lehmziegelterrasse, das sogenannte »massif funéraire«, in der vermutlich mehr als 2000 Personen bestattet waren. Viele dieser Gräber enthielten

2
Stempelsiegel, Stein, Susa, 4. Jt. v. Chr., Kat.-Nr. 329

3
3 Spinnwirtel, Ton, Tol-e Gap, 5. Jt. v. Chr., Kat.-Nr. 114

4
3 Spinnwirtel, Ton, Tschogha Misch, 4. Jt. v. Chr., Kat.-Nr. 230–232

links

5
Konische Schale, Tal-e Bakun A, 4500–4050 v. Chr., Kat.-Nr. 14

6
Gefäß auf hohem Fuß, Tappe Esmailabad, 5. Jt. v. Chr., Kat.-Nr. 112

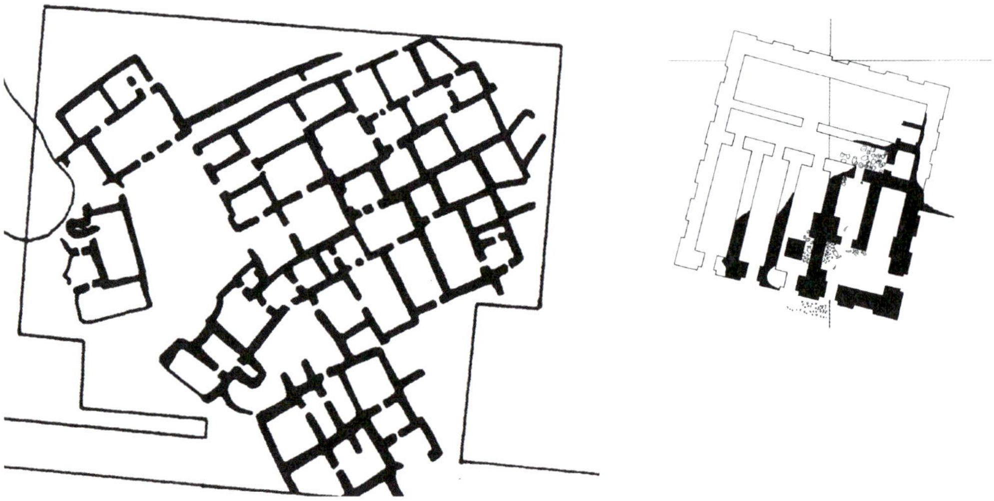

7 (oben)
Luftbild von Tal-e Bakun in der Ebene von Marv-Dascht, Fars: Links Hügel B, rechts Hügel A; Spuren der alten Ausgrabungen sind deutlich zu sehen

8 (rechts)
Entwicklung der chalkolithischen Architektur: Links das sog. »Verwaltungsviertel« von Tal-e Bakun A mit aneinandergebauten vielräumigen Einheiten (um 4400 v. Chr.); rechts das monumentale »Burned Building« aus Tschogha Misch (um 4800 v. Chr.)

reiche Beigaben, und der Zustand der Skelette – der leider nur sehr ungenügend dokumentiert wurde – deutet darauf hin, dass viele schon vor längerer Zeit Verstorbene anlässlich einer besonderen Zeremonie teilweise aus größerer Entfernung hierher gebracht und ein zweites Mal beigesetzt wurden, oftmals nur in Form eines Knochenbündels mit einigen Beigaben, vor allem elegant bemalte Keramikbecher (Abb. 15). Im Vergleich zu den neolithischen Bestattungssitten, wo die Verstorbenen nach Möglichkeit innerhalb des Hauses beigesetzt wurden, konzentrierte sich die Aufmerksamkeit nun auf ein zentrales öffentliches Monument. Der dorthin verbrachte Leichnam war eindeutig nicht mehr Teil einer Gruppe von Lebenden, sondern gehörte nun zur Gemeinschaft der Toten.

Die Sondergebäude im Zentrum der Siedlungen standen bei Ritualen und Festen im Mittelpunkt der Aufmerksamkeit. Die Darstellungen auf den Keramiken geben Hinweise auf solche gemeinschaftlichen Aktivitäten: Man sieht Reihen von Tanzenden, manchmal sehr naturalistisch dargestellt, wie in der Fußschale aus Tappe Esmailabad (Abb. 12), oder auf einer Schale aus Tappe Tschigha Sabz (Abb. 13), manchmal auch stark abstrahiert. Leider kann man die zugehörige Musik nicht rekonstruieren, doch liefern andere archäologische Funde interessante Details: An vielen Orten fanden sich tönerne Vorratsgefäße mit einem gewaltigen Fassungsvermögen. Die Analysen der darin befindlichen Rückstände zeigten z. B. in Tappe Hadschi Firuz in Nordwest-Iran, dass in einigen fermentierte Getränke aufbewahrt wurden – eine Art »Ur-Bier«, das sicherlich im Rahmen bestimmter Feste konsumiert wurde.[7] Die Archäologen glauben heute, dass solche Rituale eine wichtige Rolle für die Konsolidierung sozialer Beziehungen spielten. Wie die Darstellungen der Tanzenden zeigen, waren bei einem solchen Ereignis viele Personen beteiligt, aber nirgendwo sticht eine Einzelperson aus der Menge hervor. Dies könnte darauf hindeuten, dass man es nun mit Gesellschaften zu tun hat, in denen Statusfragen zwar eine wichtige Rolle spielten, diese Stellung jedoch durch persönliche Verdienste und Charisma erworben wurde und nicht, wie später üblich, ererbt war. So präsentiert sich hier bis ins frühe 4. Jahrtausend v. Chr. noch immer eine weitgehend egalitäre Gesellschaft. Dies änderte sich in der 2. Hälfte des 4. Jahrtausends schlagartig, als im Tiefland von Mesopotamien die ersten Staaten entstanden, eine gesellschaftliche Umwälzung, deren Auswirkungen auch im Hochland Irans zu spüren waren. Diese bringen mit ihrer gesellschaftlichen Hierarchie auch zentrale Institutionen hervor, in denen Siegel nun der Waren- und Güterkontrolle dienen (Abb. 9). Ebenso gibt es neue Formen der zentralisierten Verteilung von Nahrungsmitteln und neue Trinksitten, die in speziellen transportablen Ausgussflaschen (Abb. 16) ihren Ausdruck finden. Die Auswirkungen dieser gesellschaftlichen Umwälzungen waren auch im Hochland Irans zu spüren, wo Siegel und Keramik aber dennoch eine eigene Form beibehalten (Abb. 10 und 14).

Anmerkungen S. 258/259

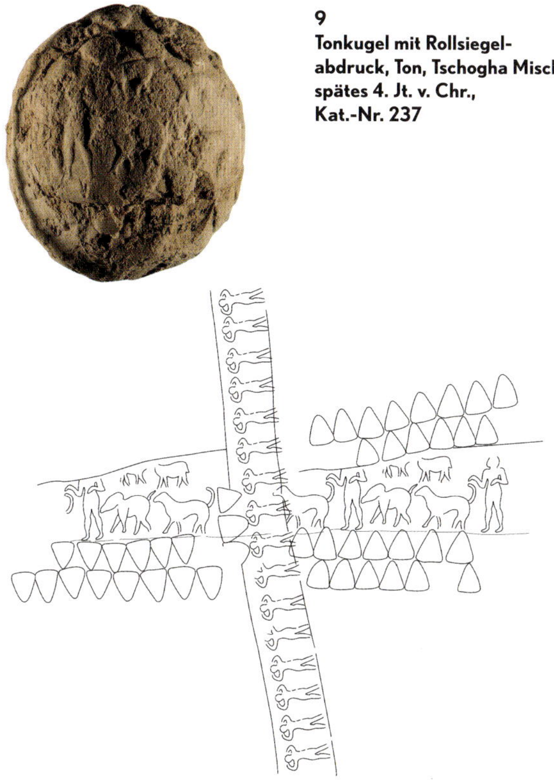

9
Tonkugel mit Rollsiegelabdruck, Ton, Tschogha Misch, spätes 4. Jt. v. Chr., Kat.-Nr. 237

10
Stempelsiegel und Abdruck, Stein, Tappe Sialk Süd, 3950–3750 v. Chr., Kat.-Nr. 298

11
Stempelsiegel und Abdruck, Stein, Tappe Hesar, 3750–3350 v. Chr., Kat.-Nr. 161

Folgende Doppelseite

12
Schale mit der Darstellung einer Tanzszene, Tschigha Sabz, 5. Jt. v. Chr., Kat.-Nr. 257

13
Fußschale, Tappe Esmailabad, 5. Jt. v. Chr., Kat.-Nr. 111

14
Becher, Tappe Sialk Süd, 4. Jt. v. Chr., Kat.-Nr. 299

15
Becher, Susa, 4300–4000 v. Chr., Kat.-Nr. 318

16
Flasche mit Krummtülle, Tschogha Misch, 4. Jt. v. Chr., Kat.-Nr. 233

Fundorte

Tschogha Bonut, Tappe Tula'i, Tappe Sarab, Tappe Sang-e Tschachmaq West und Ost, Tappe Sialk, Sagzabad-Gruppe und andere Orte auf dem Zentralplateau, Tal-e Bakun und Tol-e Gap, Tschogha Misch, Susa, Tschigha Sabz, Tappe Hesar I–IIA

Tschogha Bonut

Der frühneolithische Fundort Tschogha Bonut in Chusistan war über einen langen Zeitraum, vom akeramischen Neolithikum bis in das 5. Jt. v. Chr., besiedelt. Der nahe Tschogha Misch gelegene Platz wurde 1976 von Helene Kantor, der Ausgräberin von Tschogha Misch, entdeckt. Zu diesem Zeitpunkt waren die oberen 2 m der archäologischen Schichten bereits dem Bulldozer zum Opfer gefallen, der den ganzen Ort vollständig planieren sollte. Die Aufzeichnungen von Kantors zwei archäologischen Grabungskampagnen 1976 bis 1978 gingen allerdings in den Kriegswirren der 1980er Jahre verloren. Ihre Grabungen legten auf großer Fläche zwei übereinanderliegende Bauschichten des 5. Jts. v. Chr. (Middle Susiana) frei. Die Befunde bestehen aus freistehenden, unregelmäßig angeordneten rechteckigen Häuser, die in fünf bis acht kleine Rechteckräume unterteilt sind. In Gebäude III fand sich die kleine T-Figurine *(Kat.-Nr. 15)*, die eine mit ausgestreckten Beinen sitzende Frau darstellt. 1996 nahm Abbas Alizadeh, ebenfalls vom Oriental Institute Chicago, Nachuntersuchungen vor, anhand derer sich nun die Schichtabfolge besser bestimmen und eine ungebrochene Besiedlung vom 8. bis ins 5. Jt. v. Chr. nachweisen lässt.

15

H. J. Kantor, Chogha Mish and Chogha Bonut, in: *Iran* 16, 1978, S. 189–191
A. Alizadeh, *Excavations at the prehistoric mound of Chogha Bonut, Khuzestan, Iran. Seasons 1976/77, 1977/78, and 1978/79*, Chicago: The Oriental Institute of the University of Chicago, 2003 (Oriental Institute Publications, 120)

Tappe Tula'i

Tappe Tula'i ist ein kleiner frühneolithischer Siedlungshügel in der Ebene von Chusistan. Der Platz wurde 1973 durch Frank Hole von der Yale University untersucht. Leider hatten Tiergänge tiefe Zerstörungen angerichtet, deshalb ließen sich keine Hausgrundrisse und ähnliches feststellen. Im Feld nördlich des Hügels legte Hole mehrere Steinsetzungen frei. Diese interpretierte er als Befestigungen für Zelte und vermutete, dass die Bevölkerung in Tula'i möglicherweise nomadisch lebte und der Ort nur ein saisonaler Lagerplatz war. Dieser Ansicht ist vielfach widersprochen worden, vor allem aufgrund der Tierknochenanalysen. Es wurden domestizierte Ziegen gehalten. Da es keine Jungtiere in der Herde gab, hält es die Zoologin für wahrscheinlich, dass es sich bei Tula'i um eine Hütestation handelte, die allerdings zu einem sesshaften Dorf gehörte und kein reines Nomadencamp war. Die T-Figurine, an deren Hals Einstiche eine Halskette andeuten *(S. 39, Abb. 3)*, stammt aus Schicht 5.

F. Hole, Tepe Tula'i, an early campsite in Khuzistan, Iran, in: *Paléorient* 2, 1974, S. 219–242
J. W. Pires-Ferreira, Tepe Tula'i: Faunal remains from an early campsite in Khuzistan, Iran, in: *Paléorient* 3, 1975, S. 275–280

Tappe Sarab

Tappe Sarab ist ein kleiner neolithischer Siedlungshügel wenige Kilometer nordöstlich von Kermanschah. Im Frühjahr 1960 untersuchten Robert Braidwood und sein Team vom Oriental Institute Chicago den Hügel, dessen Besiedlung in das 7. Jt. v. Chr. datiert. Zwei größere Flächen wurden freigelegt: Eine lag wohl außerhalb der ehemals bewohnten Fläche, die zweite, die sogenannte Operation I, ergab die Reste von sechs oder sieben, nur wenig in die Erde eingegrabenen Hütten. Die Erdfüllung in diesen Grubenhäusern war sehr weich und mit organischem Material durchsetzt, deshalb waren die Erhaltungsbedingungen exzellent: Insgesamt wurden etwa 2400 Tonobjekte geborgen. Von diesen werden hier einige der schönsten gezeigt: zwei Frauen- und zwei Tierfigurinen *(S. 39, Abb. 4 und 5; 41, Abb. 7; S. 280, Kat.-Nr. 264)*. Andere typische Objekte sind Erntemesser aus Feuerstein sowie handgemachte Keramik mit einer roten Musterung.

R. J. Braidwood/B. Howe/C. A. Reed, The Iranian Prehistoric Project, in: *Science* 133, 1961/3469, S. 2008–2010

V. Broman Morales, *Figurines and other clay objects from Sarab and Cayönü*, Chicago: The Oriental Institute of the University of Chicago, 1990 (Oriental Institute Communications, 25)

Tappe Sang-e Tschachmaq West und Ost

Die beiden benachbarten neolithischen Fundstellen Sang-e Tschachmaq (»Feuersteinhügel«) Ost und West wurden in den 1970er Jahren durch ein japanisches Team untersucht. Die erst 2013 erschienene Übersetzung des japanischen Grabungsberichtes zeigt im späten 8. Jt. v. Chr. am Westhügel eine akeramische neolithische Besiedlung mit insgesamt fünf Bauschichten aus großen, aus Lehmziegeln gebauten Häusern, teils mit rot bemaltem Fußboden, darunter lagen Bestattungen in Schlafposition. Typische Funde sind Sicheln mit figürlich verziertem Griff, und auch eine T-förmige Figurine stammt vom Westhügel. Diese Elemente deuten Verbindungen mit dem Zagros an. Die jüngst erfolgten Nachuntersuchungen durch K. Roustaei vom Iranian Center for Archaeological Research zeigen inzwischen ein differenzierteres Bild von den Fernbeziehungen und den lokalen Kulturentwicklungen. Nach einer langen Unterbrechung setzte am Ende des 7. Jts. v. Chr. eine erneute Besiedlung ein, deren Resultat der größere Osthügel war. Dort sind sechs Bauschichten dokumentiert, die Häuser aus handgeformten, »zigarrenförmigen« Lehmziegeln folgten einander mit ähnlichen Grundplänen und waren jeweils um einen zentralen Herd herum gebaut. Das Hausmodell *(Abb. S. 39)* gibt einen Eindruck vom Aussehen dieser Häuser. Die Toten wurden nun ausgestreckt auf dem Rücken liegend beigesetzt. Der Osthügel gehört bereits in das keramische Neolithikum, mit einer charakteristischen schwarz oder braun auf rotem Grund bemalten Keramik *(Kat.-Nr. 260)*. Auch Menschen- und Tierfiguren sind belegt *(Kat.-Nr. 258 und 259)*.

258

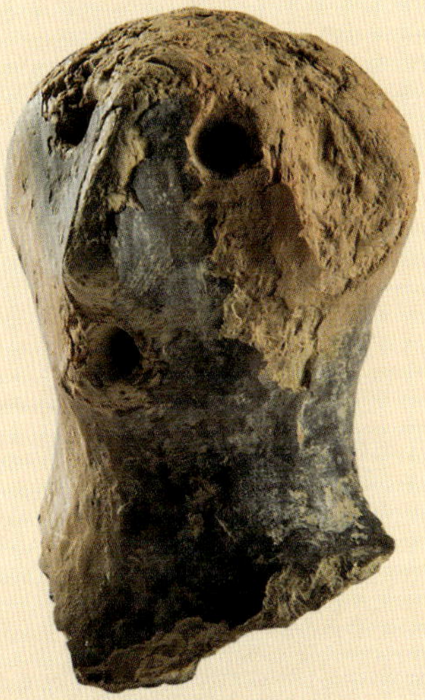

259

260

S.-I. Masuda, Tappe Sang-e Chakhmaq: investigations of a neolithic site in northeastern Iran, in: *The Neolithisation of Iran: the formation of new societies*, hrsg. von Roger J. Matthews und Hassan Fazeli Nashli, Oxford/Oakville: Oxbow Books, 2013, S. 201–240 (Themes from the ancient Near East BANEA publication, series 3)
K. Roustaei/M. Mashkour/M. Tengberg, Tappeh Sang-e Chakhmaq and the beginning of the Neolithic in north-east Iran, in: *Antiquity* 89, 345, Juni 2015, S. 573–595. doi:10.15184/aqy.2015.26.

Tappe Sialk

Die beiden Siedlungshügel von Tappe Sialk, nahe der Karstquelle im berühmten Fin-Garten gelegen, wurden in den 1930er Jahren unter der Leitung von Roman Ghirshman untersucht und bilden mit einer Abfolge von sechs großen Siedlungsperioden bis heute einen Eckpfeiler der prähistorischen Forschung auf dem Iranischen Plateau. Die ältesten Schichten (Sialk I und II) beginnen im 6. Jt. v. Chr. im Hügel Sialk Nord. Sie repräsentieren allerdings nicht die älteste Besiedlung in der Oase, denn es sind einige Fundstellen mit älterer unverzierter Keramik bekannt. Die Architektur in den frühen Schichten war mit handgeformten Lehmziegeln gebaut, auch organisches Baumaterial wie Schilf kam zum Einsatz, an einigen Stellen waren die Fußböden rot bemalt. Tote wurden unter den Häusern in Schlafposition bestattet, aus jüngsten Nachuntersuchungen sind außerdem Brandbestattungen belegt. Typisch für die frühste Phase sind Sicheln mit figür-lichem Griff *(S. 39, Abb. 2)* und eine handgemachte, mit korbartigen Mustern bemalt Keramik. Diese wird in der chalkolithischen Periode II durch eine elegante rote Keramik mit dunkler Bemalung ersetzt, die sich ähnlich auch an anderen Orten auf dem Plateau – wie Tappe Zaghe, Tappe Esmailabad und Tappe Pardis – findet.

Im späten 5. Jt. v. Chr. verlagerte sich die Besiedlung von Tappe Sialk auf den Südhügel. Dort entstanden im Verlauf nur eines Jahrtausends mehr als 10 m Siedlungsschichten, welche die späte Kupfersteinzeit (Sialk III, 4100–3350 v. Chr.) und die protoelamische Zeit (Sialk IV, 3350–2900 v. Chr.) umfassen. Die Architektur zeigt eine zunehmende Dichte der Besiedlung. Die kupferzeitlichen Innovationen – Keramikbrennöfen, Metallverarbeitung und Stempelsiegel *(S. 52, Kat.-Nr. 297; S. 47, Abb. 10)* – kamen in Sialk III voll zum Tragen. Die Keramik war hier auf dem zentralen Plateau auch im 4. Jt. v. Chr. noch fantasievoll bemalt *(Kat.-*

301

300

Nr. 300; S. 49, Abb. 14). Teilweise wurden sehr große Vorratsgefäße hergestellt *(Kat.-Nr. 301)*, aus denen zahlreiche Menschen bewirtet werden konnten. Erzeugnisse aus der Kupfer- und Silberindustrie wurden über weite Distanzen, bis in die

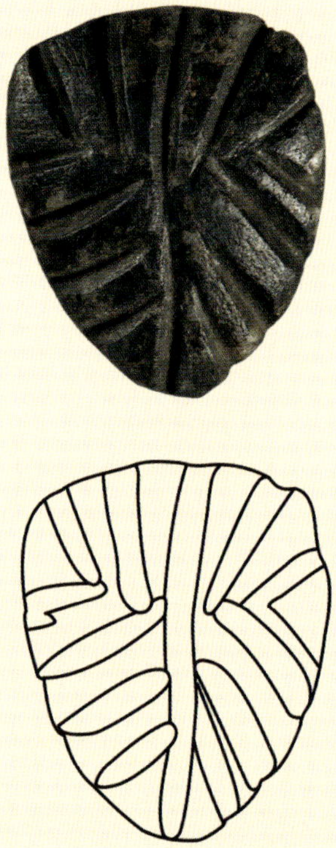

297

urukzeitlichen Städte im mesopotamischen Tiefland gehandelt.

R. Ghirshman, *Fouilles de Sialk, près de Kashan 1933, 1934, 1937 (I)*, Paris: Geuthner, 1938
S. Malek Shahmirzadi, *Sialk. The oldest fortified village of Iran. Sialk Reconsideration Project, Final report*, Teheran: Ganjineh Naghsh-e Jahan, 2006
N. Nezafati/E. Pernicka, The smelters of Sialk. Outcomes of the first stage of archaeometallurgical researches at Tappeh Sialk, in: *The fishermen of Sialk. Sialk Reconsideration Project, Report 4*, hrsg. von S. Malek Shahmirzadi, Archaeological Report Monograph Series, Teheran 2006, S. 79–102
J. Nokandeh, Neue Untersuchungen zur Sialk III-Periode im zentraliranischen Hochland auf der Grundlage der Ergebnisse des »Sialk Reconsideration Project«, Diss. Berlin 2010
A. Soltysiak/H. Fazeli Nashli, Evidence of Late Neolithic Cremation at Tepe Sialk, Iran, in: *Iranica Antiqua* 51, 2016, S. 1–19. doi:10.2143/IA.51.0.3117826.

Sagzabad-Gruppe und andere Orte auf dem Zentralplateau

Der Name Sagzabad bezeichnet eine Gruppe von drei Siedlungshügeln, die dicht beieinander nahe der Ortschaft

248

Sagzabad in der Ebene von Qazvin liegen: Tappe Zaghe, Tappe Ghabrestan und Tappe Sagzabad. Diese Hügel wurden in den 1960er Jahren von der Universität Teheran unter der Leitung von E. O. Negahban ausgegraben. Die ältesten Schichten wurden am Tappe Zaghe erfasst, sie reichen bis in das 6. Jt. v. Chr. hinab und laufen bis in das 5. Jt. v. Chr., als rottonige Keramik mit schwarzer Bemalung aufkommt *(Kat.-Nr. 382 und 383, Abb. S. 286)*. Tappe Ghabrestan war im ausgehenden 5. und frühen 4. Jt. v. Chr. bewohnt und erbrachte wichtige Befunde zur frühen Kupferverarbeitung. Aus der gleichen Zeit stammen rottonige bemalte Gefäße mit stilisierten Tierdarstellungen *(Kat.-Nr. 116 und 117)*. Tappe Sagzabad gehört bereit in die Bronzezeit.

Vergleichbare Funde hat der Tappe Esmailabad nahe Teheran geliefert. Dort führte Ali Hakemi in den Jahren 1961 bis 1962 Rettungsgrabungen im Auftrag des Iranian Antiquities Office durch, bei denen etwa 150 vollständige Gefäße geborgen wurden *(Abb. S. 44, unten; S. 48, unten; S. 272, Kat.-Nr. 110)*.

Die jüngsten Ausgrabungen auf dem Tappe Pardis, nahe der Stadt

117

116

Varamin südöstlich von Teheran, haben Siedlungsschichten des 5. Jts. v. Chr. und einen vollständigen kammerförmigen Töpferofen erbracht, in dem rottonige Gefäße mit schwarzer Bemalung *(Kat.-Nr. 248)* gebrannt werden konnten.

H. Fazeli Nashli, *Socioeconomic transformation of the Qazvin Plain: Excavations of Tepe Ghabristan report 2006. Season Three,* Archaeological Reports Monograph Series, Teheran 2006

H. Tala'i, Stratigraphical sequence and architectural remains at Ismailabad – the Central Plateau of Iran, in: *Archäologische Mitteilungen aus Iran* 16, 1983, S. 57–68

13

Tal-e Bakun und Tol-e Gap

Tal-e Bakun A und B bezeichnet zwei nebeneinanderliegende prähistorische Siedlungshügel in der Marv Dascht-Ebene, in Sichtweite von Persepolis. Der größere Tal-e Bakun A wurde 1928 von Ernst Herzfeld angegraben und kurze Zeit später als »steinzeitliches Persepolis« publiziert, tatsächlich datiert er in das 5. Jt. v. Chr. Systematische Untersuchungen 1932 und 1937 eröffneten neue Perspektiven auf die kupferzeitlichen Kulturen Südirans, die auch als »Bakun-Zeit« bezeichnet werden. In dieser Zeit kam es in der Alten Welt zu einer Häufung technischer Innovationen, die Handwerk und Wirtschaftsweise nachhaltig veränderten.

Siedlungsreste fanden sich in Bakun A in vier übereinanderliegenden Schichten, von denen die am besten erhaltene Schicht III auf größerer Fläche ausgegraben wurde. Ein Komplex aus mehreren eng aneinandergebauten Mehrraumhäusern *(S. 46, Abb. 8, links)* lässt unterschiedliche funktionale Bereiche erkennen. Im Inneren der Häuser wurden in verschließbaren Räumen Vorräte gelagert, an anderen Stellen fanden sich Reste von Werkstätten. Eine ähnliche Sequenz wie Tal-e Bakun ergab der Siedlungshügel Tol-e Gap, etwa 20 km nördlich von Persepolis, der in den 1960er Jahren unter der Leitung von N. Egami untersucht wurde.

Zu den wichtigen Innovationen jener Zeit gehörte das Wollschaf und damit verbunden eine neue Textilfaser, die mit Hilfe kleiner Spinnwirtel aus Ton *(S. 45, Abb. 3)* verarbeitet wurde. Ebenfalls neu waren zweikammrige Töpferöfen, in denen man Temperaturen bis 1100° C erreichte. Die darin gebrannte Keramik zeichnet sich durch eine dunkle Bemalung mit hochgradig stilisierten Motiven aus *(S. 44, Abb. 5; Kat.-Nr. 13)*. Die spitzkegeligen feinen Schalen aus Tal-e Bakun mit den übertrieben riesigen Ziegenhörnern gehören zu den typischen Formen des 5. Jts. v. Chr. im Hochland von Fars. Sie finden sich ebenso in anderen Fundorten, wie Tol-e Gap, während das hohe Gefäß mit dem zähnefletschenden Tier *(Kat.-Nr. 113)* eine ungewöhnliche Form darstellt. Ebenso wichtig waren

113

die hohen Temperaturen für die neu aufkommende Kupferindustrie. Außerdem wurden in Bakun A zahlreiche Abdrücke von Stempelsiegeln wie auch Siegel gefunden. Archäologen interpretieren diesen Befund als Hinweis auf eine im Entstehen begriffene Form bürokratischer Kontrolle des Warenaustauschs.

E. Herzfeld, Prehistoric Persia I. A neolithic settlement at Persepolis. Remarkable new discoveries, in: *Illustrated London News* 174, 25.5.1929/4701, S. 892–893
A. Langsdorff/D. E. McCown, *Tall-i Bakun A: Season of 1932*, Chicago: The University of Chicago Press, 1942 (Oriental Institute Publications, 59)
A. Alizadeh, Socio-economic complexity in Southwestern Iran during the Fifth and Fourth Millennia B.C.: The evidence from Tell-i Bakun, in: *Iran* 26, 1988, S. 17–33
A. Alizadeh, *The origins of state organizations in Prehistoric Highland Fars, Southern Iran. Excavations at Tall-e Bakun*, Chicago: The Oriental Institute of the University of Chicago, 2006 (Oriental Institute Publications, 128)
N. Egami/T. Sono, Marv-Dasht II. The excavation at Tall-i Gap 1959, in: *The Tokyo University Iraq-Iran Archaeological Expedition Report*, Tokio 1962

Tschogha Misch

Tschogha Misch ist ein großer prähistorischer Siedlungshügel in der nördlichen Susiana, zwischen den beiden Flüssen Dez und Karun. Der nördliche Teil ist ein 27 m hoher Hügel von 200 × 150 m Ausdehnung, an ihn schließt sich nach Süden ein niedrigerer Hügel an, die sogenannte Terrasse. Insgesamt elf Grabungskampagnen zwischen 1961 und 1978 durch das Oriental Institute Chicago haben eine Besiedlung seit dem 6. Jt. dokumentiert. Schicht um Schicht entstanden Wohnhäuser und Speichergebäude, in den frühen Phasen aus großen, zigarrenförmigen Lehmziegeln errichtet. Zu diesen Bauschichten gehören jeweils zeittypische Keramikgefäße *(Kat.-Nr. 223–225)* Durch alle frühen Perioden bis an das Ende des 5. Jts. v. Chr. war Tschogha Misch einer der größten Fundorte der Region.

Mit zunehmender sozialer Differen-zierung entstanden hier im 5. Jt. auch monumentale Gebäude: Das jüngste ist das »Verbrannte Gebäude« (»Burned Building«) im Osten der

224

223

225

Terrasse. Es zeichnet sich durch eine Fassadengestaltung mit Vor- und Rücksprüngen und extrem dicke Außenmauern aus. In einem Raum standen große Vorratsgefäße, in einem anderen waren Schalen gestapelt; zum Fundgut gehörten außerdem Feuersteinklingen und -kerne. Das zentrale Sammeln von Vorräten und wertvollen Materialien war eine Funktion früher Sondergebäude – Wohnsitz oder Speichergebäude einer einflussreichen Familie oder ein Tempel? Über die Ursachen des Brandes – möglicherweise Konflikte – kann man nur spekulieren. Doch läutete dieses Katastrophe eine mehrere Jahrhunderte währende Phase ein, in der Tschogha Misch verlassen lag

236

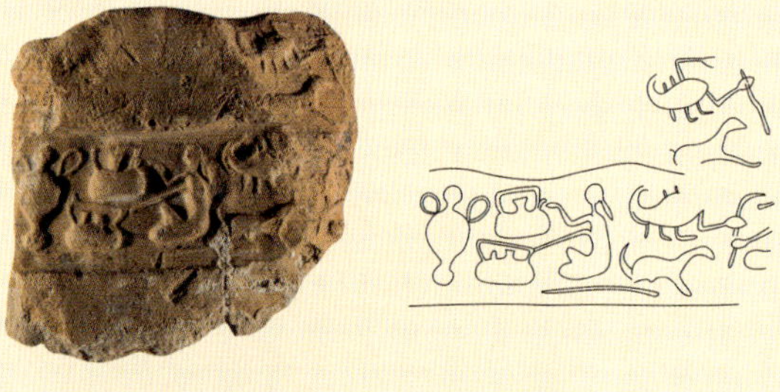

241

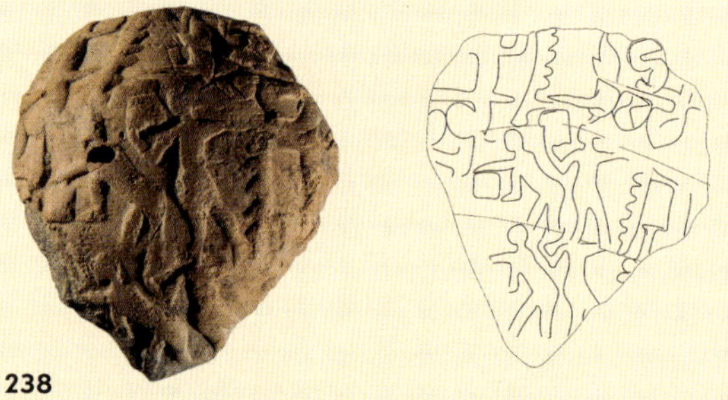

238

240

242

227–229

und sich der Siedlungsschwerpunkt in den Westen der Susiana verschob, wo Susa zum neuen Zentrum wurde.

In der Urukzeit (4000–3400 v. Chr.) wurde Tschogha Misch erneut besiedelt. Aus dieser Epoche sind Teile eines monumentalen Gebäudes im Osten der Terrasse erhalten, dessen Grundriss als »Mittelsaalhaus« auch im urukzeitlichen Mesopotamien eine Standardform ist. Zahlreiche Siegelabrollungen auf hohlen Tonkugel und auf Türsicherungen dienten der Authentifizierung von wirtschaftlichen Transaktionen und belegen die Existenz komplexer bürokratischer Strukturen (*S. 47, Abb. 9; Kat.-Nr. 236, 238, 240, 241*). Die wichtigste Neuerung in dieser Phase ist die soziale Umstrukturierung in eine hierarchische, von zentralen Institutionen kontrollierte Gesellschaft. In zentralisierten Manufakturen wurden serienmäßig landwirtschaftliche Produkte und Textilien hergestellt, wie die Funde von Spinnwirteln zeigen (*S. 45, Abb. 4*). Die Funde deuten eine enge Verbindung mit der kulturellen Entwicklung in Mesopotamien an: Rollsiegel, Zählsteine (*S. 278, Kat.-Nr. 226, 227, 239*) und frühe Schrifttafeln sind dokumentiert, ebenso typische Keramikformen (*S. 49, Abb. 16; S. 278, Kat.-Nr. 234*). In Tschogha Misch wurde auch ein Töpferofen freigelegt, in einem Gebäude waren zahlreiche grobe Schalen aufgestapelt: Diese in Massenproduktion hergestellten Gefäße dienten vermutlich der Verteilung von Rationen an Arbeiter, die in den nun zentral kontrollierten Manufakturen arbeiteten.

P. Delougaz/H. J. Kantor/A. Alizadeh, *Choga Mish*, Bd. 1: *The first five seasons of excavations, 1961–1971*, Chicago: Oriental Institute, 1996 (Oriental Institute Publication, 101)
A. Alizadeh, *Chogha Mish II. A prehistoric regional center in lowland Susiana, southwestern Iran. Final report on the last six seasons, 1972–1978*, Chicago: The Oriental Institute, 2008 (Oriental Institute Publications 130)

Susa

Die UNESCO-Weltkulturerbestätte Susa ist der größte Fundort der Susiana, ein altes Siedlungszentrum und später zeitweilig Hauptstadt von Elam, mit einer seit dem ausgehenden 5. Jt. v. Chr. durchgängigen Besiedlung. Erst nach der mongolischen Eroberung im 13. Jh. n. Chr. verlor Susa allmählich an Bedeutung, im 15. Jh. wurde es aufgegeben. Die Ruinen haben frühzeitig das Interesse von Forschungsreisenden geweckt. In den 1870er Jahren setzten erste systematische Untersuchungen ein, die mit Unterbrechungen bis 1979

319

317

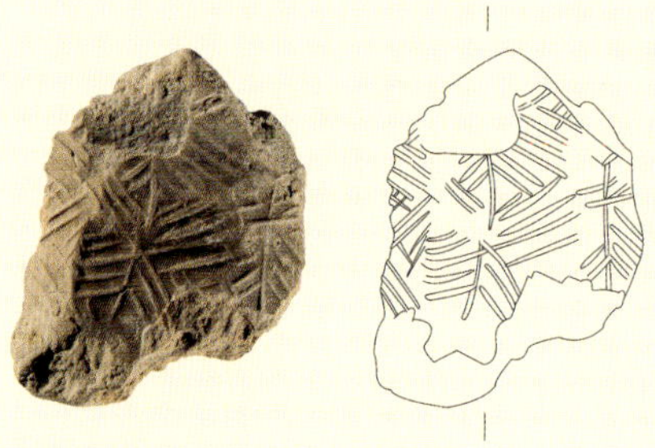

324

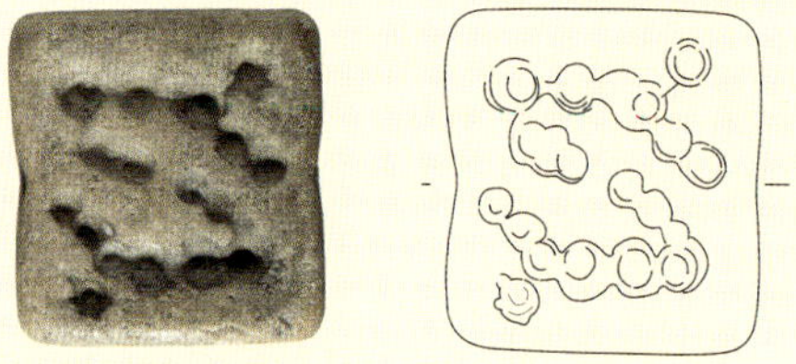

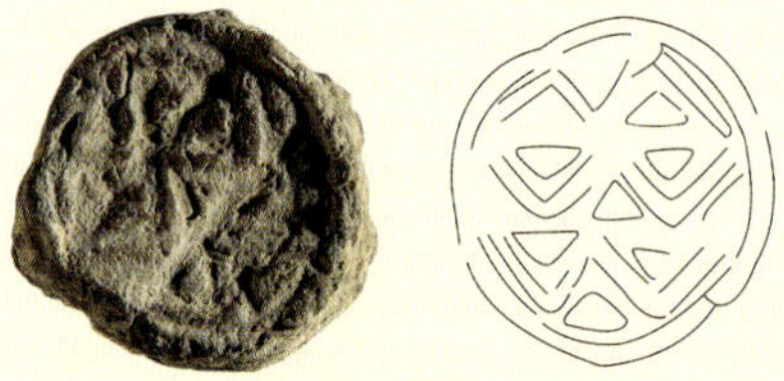

325

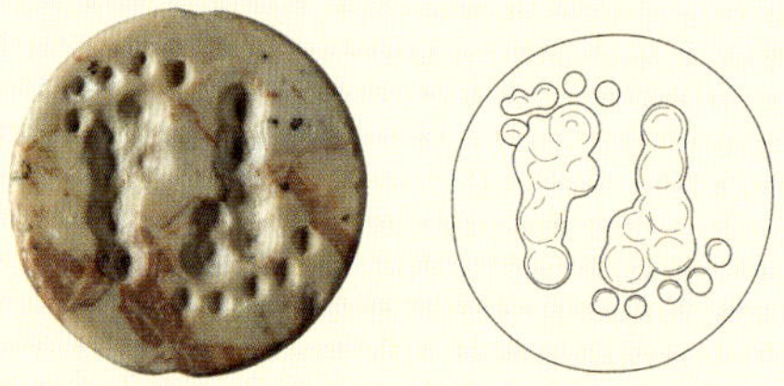

326

331

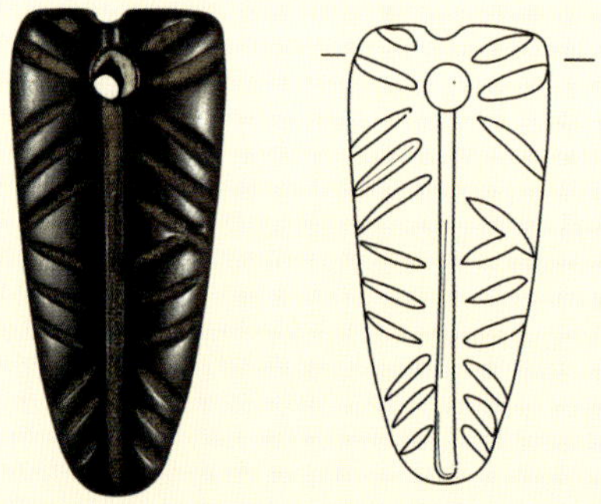

323

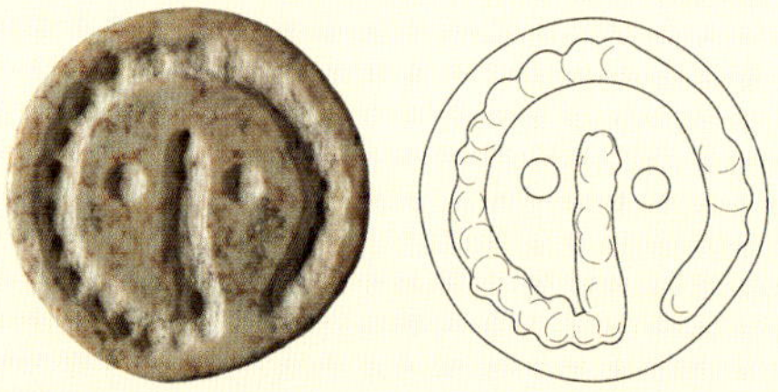

327

321

336

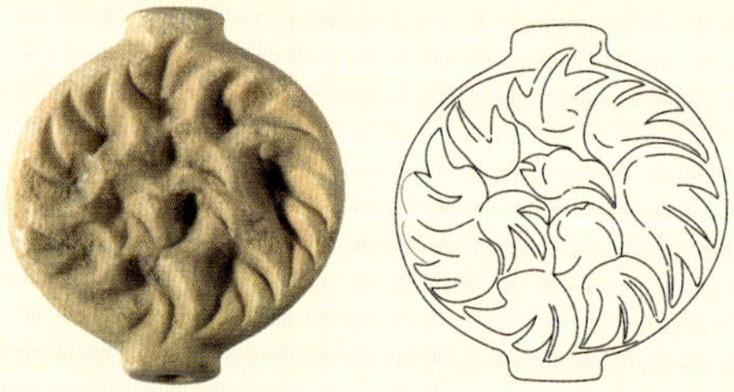

322

330

320

fortgesetzt wurden. Die Beobachtung von Schichtzusammenhängen und Architektur war in den frühen Jahren lückenhaft, so dass die Rekonstruktion von Grabungskontexten vielfach problematisch bleibt. Doch haben seit den späten 1960er Jahren neue Grabungen dazu beigetragen, dass man auch ältere Befunde in einen größeren Rahmen einordnen und Belege für die frühe Besiedlung von Susa und seiner Umgebung erfassen kann.

Susa löste gegen Ende des 5. Jts. v. Chr. Tschogha Misch als größtes Siedlungszentrum der Susiana ab. Während Architekturbefunde nur spärlich dokumentiert sind, zeigen die Bestattungssitten einen tiefgreifenden ideologischen Wandel, der sich in Bestattungen an zentralen Plätzen manifestiert und damit die zuvor üblichen Beisetzungen unter den Fußböden der Häuser ablöst. Auf der sog. Akropolis mit dem »massif funéraire«, gefolgt von der »terrace haute«, wurden schätzungsweise 2000 Bestattungen ergraben, die mit bemalter Keramik *(S. 49, Abb. 15; S. 55, Kat.-Nr. 317 und 319)* und manchmal auch mit schweren Kupfergeräten ausgestattet waren, die in Werkstätten auf dem Iranischen Hochland produziert wurden. Ganz selten werden auch narrative Szenen abgebildet, wie die Darstellung eines Jägers *(Kat.-Nr. 320)*. Untersuchungen der Tonwaren machen deutlich, dass die Verstorbenen aus verschiedenen Regionen der Susiana zentral nach Susa gebracht worden waren.

Zahlreiche Stempelsiegel zeigen, wie wichtig schon seit dem 5. Jt. v. Chr. die Authentifikation von Transaktionen war *(Kat.-Nr. 321–325)* Gut sichtbar ist hier der Einsatz des Kugelbohrers, mit dem grobe Umrisse vorgezeichnet wurden *(Kat.-Nr. 326, 327, 330; S. 283, Kat.-Nr. 328)*

Im Verlauf des 4. Jts. v. Chr. wurden die meisten Orte in der Susiana entweder aufgegeben oder schrumpften stark. Dies gilt auch für Susa, das gegen Ende der Urukzeit um 3350 v. Chr. nur noch etwa 10% seiner ursprünglichen Größe besaß. Die Besiedlung auf der sog. Akropolis von Susa zeigt auf begrenzter Fläche eine Abfolge von Gebäuden mit zentralem Saal, eine typische Bauform der Urukzeit. Susa und Tschogha Misch bildeten etwa 200 Jahre lang zusammen mit einem dritten Zentrum, Abu Fanduweh, ein Gleichgewicht der politischen Macht in der Susiana.

D. Canal, La haute terrasse de l'acropole de Suse, in: *Paléorient* 4, 1978, S. 169–176
F. Hole, Cemetery or mass grave: Reflections on Susa I, in: *Contribution à l'histoire de l'Iran. Mélanges offerts à Jean Perrot,* hrsg. von F. Vallat, Paris: Editions Recherche sur les Civilisations, 1990, S. 1–14
R. Dittmann, Seals, sealings and tablets: thoughts on the changing pattern of administrative control from the Late Uruk to Proto-Elamite period in Susa, in: *Gamdat Nasr. Period or Regional Style,* hrsg. von U. Finkbeiner und W. Röllig, Wiesbaden: Dr. Ludwig Reichert Verlag, 1986, S. 332–366 (Beihefte zum Tübinger Atlas des Vorderen Orients, Reihe B, Geisteswissenschaften, 62)
Prehistoric Susa, 25–46; Protoliterate Susa, 47–80, in: P. O. Harper/J. Aruz/F. Tallon (Hrsg.), *The royal city of Susa: Ancient Near Eastern treasures in the Louvre,* New York: The Metropolitan Museum of Art, 1992
P. Delougaz/H. J. Kantor/A. Alizadeh, *Choga Mish,* Bd. 1: *The first five seasons of excavations, 1961–1971,* Chicago: Oriental Institute, 1996 (Oriental Institute Publications, 101)

Tschigha Sabz

Die in Chusistan rund um Susa verbreitete helltonige bemalte Keramik findet sich auch bis weit ins Bergland. Der Fundort Tschigha Sabz liegt im bergigen Lorestan und wurde in den 1930er Jahren durch die von Erich Schmidt geleitete Holmes-Expedition aufgenommen. Bemerkenswert sind hier mehrere figürlich bemalte Gefäßscherben *(Kat.-Nr. 256; S. 48, Abb. 12)*

256

M. van Loon, Chiga Sabz, in: E. F. Schmidt/M. van Loon/H. H. Curvers (Hrsg.), *The Holmes expeditions to Luristan,* Chicago: Oriental Institute, 1989, S. 23–29 (Oriental Institute Publications, 108)

Godin Tappe VI

Godin Tappe im Kangavartal wurde in den 1960er bis 70er Jahren durch ein Team der Universität Toronto untersucht. Der Platz liegt strategisch günstig und kontrolliert den Zugang vom Osttigrisland zum zentralen Hochland Irans. Seit prähistorischer Zeit besiedelt, bildete Godin im ausgehenden 4. Jt. v. Chr. einen Kontaktpunkt zwischen den Kulturen des Zagros und den mesopotamischen Stadtkulturen. Das sog. »Ovale Gebäude« der Schicht VI enthielt ein umfangreiches Fundinventar mit lokaler bemalter und mit fremdartiger, Uruk-affiner Keramik, dazu Feuersteingeräte und Hinweise auf Metallurgie.

127

126

Numerische Tafeln *(Kat.-Nr. 126)* und zwei protoelamische Rollsiegel *(S. 57, Kat.-Nr. 127)* belegen, dass Godin Tappe in ein Netz von Orten integriert war, die ihre Güterverteilung und den Handel bürokratisch kontrollierten.

H. Gopnik/M. S. Rothman (Hrsg.), *On the High Road: The history of Godin Tepe, Iran*, Costa Mesa: Mazda Publishers in association with Royal Ontario Museum, 2011 (Bibliotheca Iranica: archaeology, art & architecture, series 1)

Tappe Hesar I–IIA

Das aus mehreren Hügeln bestehende Ruinenfeld von Tappe Hesar am Nordrand der Zentralwüste Dascht-e Kawir nahe der Stadt Damghan wurde erstmals 1931/32 durch eine von Erich E. Schmidt geleitete Expedition erforscht, es folgten Nachuntersuchungen unter der Leitung von Robert Dyson 1976, Rettungsgrabungen durch Esmail Yaghmaie 1995 und erneute systematische Aufnahmen durch die Iranische Behörde für Kulturerbe seit 2004. Schmidts Untersuchungen führten zu einer chronologischen Gliederung der Kulturabfolge in drei große Zeitabschnitte: Hesar I–III, jeweils mit Unterphasen, die vom 5. bis zum frühen 2. Jt. v. Chr. reichen; diese Abfolge wurde jüngst durch A. Gürsan-Salzman geprüft und insbesondere die stratigrafische Zuweisung der über 1600 ausgegrabenen Bestattungen revidiert. Eine eisenzeitliche Nutzung wurde erst in den iranischen Untersuchungen an der Peripherie der Siedlung erkannt.

Die älteste Schicht, Hesar I A–C (4300–3700 v. Chr.), war mit einem Durchmesser von 200 m zugleich die größte Siedlung auf dem Hügel mit einer dichten Bebauung mit mehrräumigen Häusern, die um einen zentralen Hof herum lagen. In der sog. »Painted Pottery Flat« bestanden die Mauern zunächst aus Stampflehm, der bald durch Ziegel aus ungebranntem Lehm ersetzt wurde, denn die Häuser wurden immer wieder erneuert oder umgebaut. Zahlreiche Bestattungen in einfachen Gruben fanden sich innerhalb der Gebäude und

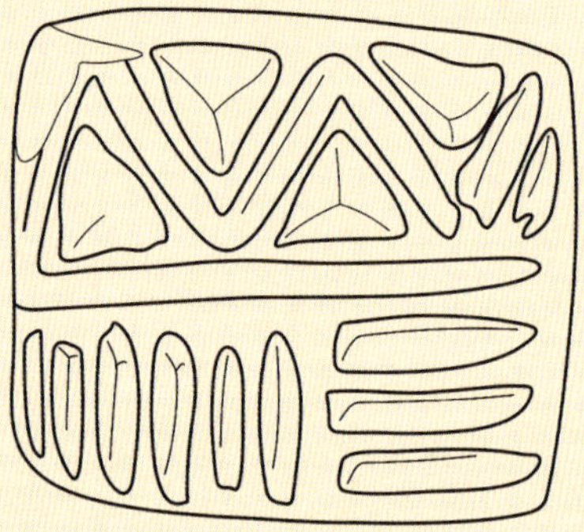

162

166

164

165

unter den Fußböden, die Toten waren mit Perlenschmuck und Keramikgefäßen ausgestattet. Die Keramik der Phase I war zu einem großen Teil bemalt *(Kat.-Nr. 166, S. 70, Abb. 2; S. 73, Abb. 5)*, ca. 40% war jedoch monochrom grau.

Siedlungsdichte und Schichtmächtigkeit nahmen in Hesar II (3700–3350 v. Chr.) ab, doch konnte Schmidt auf dem Südhügel noch vier Hauskomplexe dokumentieren. Bei den Nachuntersuchungen wurden zudem separate Werkstattkomplexe erkannt, in denen man Metall oder Halbedelsteine verarbeitet hatte. Weiterhin fanden sich Bestattungen innerhalb der Häuser, zumeist in einfachen Gruben. Im Grabinventar waren nun neben Schmuck auch deutlich mehr Metallobjekte vertreten. Außerdem wurden den Verstorbenen Keramikgefäße und gelegentlich Knopfsiegel *(S. 47, Abb. 11; Kat.-Nr. 162, S. 275, Kat.-Nr. 163)* beigegeben. Die für Phase II typische Keramik umfasst weiterhin bemalte Keramik *(Kat.-Nr. 165)*, aber auch hochpolierte graue Waren *(Kat.-Nr. 164)*, die jeweils für gleichartige Gefäßformen verwendet wurden.

E. F. Schmidt, *Excavations at Tepe Hissar, Damghan*, Philadelphia: University of Pennsylvania Press for the University Museum, 1937
R. H. Dyson/S. M. Howard, *Tappeh Hesar: Reports of the Restudy Project, 1976*, Florenz: Casa Editrice Le Lettre, 1989
A. Gürsan-Salzman, *The new chronology of the Bronze Age settlement of Tepe Hissar, Iran*, Philadelphia: University Museum, 2016 (University Museum Monograph 142)

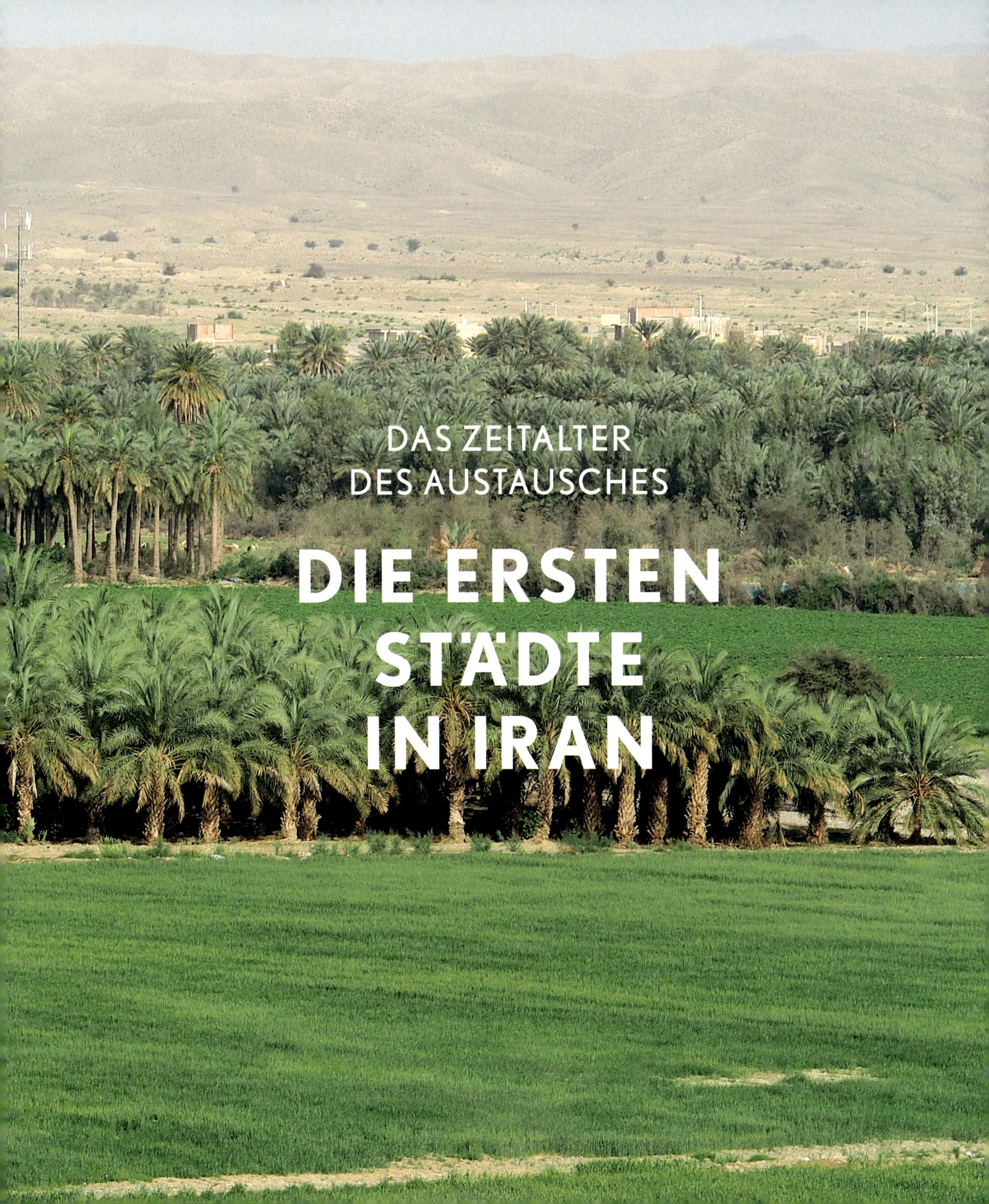

DAS ZEITALTER
DES AUSTAUSCHES

DIE ERSTEN STÄDTE IN IRAN

DIE PROTOELAMISCHE ZIVILISATION IM ANTIKEN IRAN

ABBAS ALIZADEH

»Damals führten Amrafel, der König von Schinar, Arjoch, der König von Ellasar, Kedor-Laomer, der König von Elam ...«

GENESIS 14,1

In der 2. Hälfte des 4. Jahrtausends v. Chr. vollzogen sich eine Reihe sozio-ökonomischer Entwicklungen, die den vorangegangenen Veränderungen – wie der Domestizierung von Wildtieren, der Landwirtschaft und der Sesshaftigkeit in Dorfgemeinschaften – 4000 Jahre zuvor in ihrer Bedeutung in nichts nachstanden.

Das 4. Jahrtausend v. Chr. war die Zeit früher Staatenbildung, der Entstehung von Städten und der ersten frühen Anfänge in der Entwicklung der Schrift. Eine bedeutende Erfindung, die hauptsächlich in den Schwemmlandebenen des südlichen Mesopotamien (südlicher Irak) und im Tiefland der Susiana (heute Provinz Chusistan, südwestlicher Iran) ihren Anfang nahm. Schließlich entstanden um etwa 3000 v. Chr. Stadtzentren in einer Reihe weiterer Regionen im alten Vorderasien.

Eine der frühen Städte im Südwesten Irans in der Provinz Chusistan (Abb. 2) war der Hügel von Tschogha Misch. Außer in Susa etablierten und entwickelten sich hier Stadtplanung und die frühe Strukturierung von Staaten. Eine Besonderheit des städtischen Tschogha Misch war seine Verwaltungstechnik, zur Authentifizierung verwendete Lehmkugeln mit Rollsiegelabdrücken, die verschiedene Symbole zeigten, welche die Menge und/oder den Typ der gelagerten oder gehandelten Waren bezeichneten.[1]

Diese frühe Form wurde wenig später durch flache Tontafeln ersetzt, die ein Siegel trugen. Die Symbole waren nun in die Tafeln eingeprägt, die man einfacher herstellen und lagern konnte. Bahnbrechend war der nächste Entwicklungsschritt zur Erfindung des Proto-Keilschrift- und protoelamischen Schriftsystems. Zu jener Zeit, um 3100 v. Chr., wurde Tschogha Misch aufgegeben, und Susa war zunächst das einzige städtische Zentrum im Tiefland. Eine kurze Beschreibung dieser als Susa III oder protoelamische Periode bekannten Phase folgt hier im Anschluss.

Aus der biblischen *Genesis* war der Name Elam als Region und politische Einheit bekannt, lange bevor die Sprache entschlüsselt, seine genaue geografische Lage festgestellt und seine historische Entwicklung nachvollzogen werden konnten. Dies war erst in der Mitte des 19. Jahrhunderts möglich, nachdem die monumentale, von Dareios I. (522–486 v. Chr.) stammende dreisprachige Inschrift auf dem Felsen von Bisotun (s. Jacobs, hier S. 220ff.), nahe der modernen Stadt Kermanschah (West-Iran), entziffert worden war und viele Jahrzehnte lang Ausgrabungen durch französische Archäologen in Susa (seit 1897) stattgefunden hatten.

Die in drei Sprachen verfasste Inschrift von Bisotun und der Stein von Rosette sind wohl die wichtigsten Schriftdokumente im gesamten alten Vorderen Orient. Der Stein von Rosette war der Schlüssel zur Entzifferung der ägyptischen Hieroglyphen, und ohne Bisotun wäre die Keilschrift bis heute nicht entschlüsselt. Die Inschrift von Bisotun ist ein Propagandabericht: Sie erzählt von Dareios I. und schildert die Ereignisse, die zu seiner Machtübernahme und zum Sieg über die Anführer der Aufstände führten, die bald nach dem Tod des Kambyses II. (530–522 v. Chr.), Sohn und Nachfolger von Kyros II., dem Großen (559–530 v. Chr.), ausbrachen. Der lange Text ist in drei in Keilschrift geschriebenen Sprachen verfasst, Babylonisch?, Elamisch und Altpersisch. Die Verwendung des Altpersischen – wie beim Stein von Rosette die Version in Altgriechisch – als der jeweils frühen Form einer lebendigen Sprache (modernes Persisch) ermöglichte den Gelehrten die Entzifferung des Akkadischen und des Elamischen.

Zwar stellte die Verwendung des Begriffs »elamisch« für die Sprache eines Volkes, das über Jahrtausende mit anderen Ethnien in West- und Südwest-Iran lebte, keinerlei Problem dar, doch als Bezeichnung für ein bestimmtes Territorium und eine geografisch definierte Einheit ist der Name »Elam« durchaus problematisch; ebenso die Verwendung von »Elamer« für eine spezifische Volksgruppe. Heute geht man davon aus, dass Elam wahrscheinlich ein allgemeiner Begriff war, den die mesopotamischen Schreiber auf ein weitläufiges und heterogenes Gebiet anwendeten, das die Südhänge des Zagrosgebirges, die Region Fars und das Chusistan-Tiefland in Südwest-Iran umfasste (Abb. 1). Die Elamer selbst nannten ihr Land hingegen Haltamti, gelobtes oder freundliches Land. Dasselbe trifft auf den Begriff »Elamer« zu, der eine Reihe ethnischer Gruppen an den Ostgrenzen Mesopotamiens bezeichnen kann.

Die Franzosen, die im späten 18. Jahrhundert mit ihren umfangreichen Ausgrabungen in Susa, dem wichtigsten Zentrum Elams, begannen, waren durch die Entzifferung der elamischen Sprache in der Lage, tausende elamischer Keilschrifttexte zu lesen und zu übersetzen,

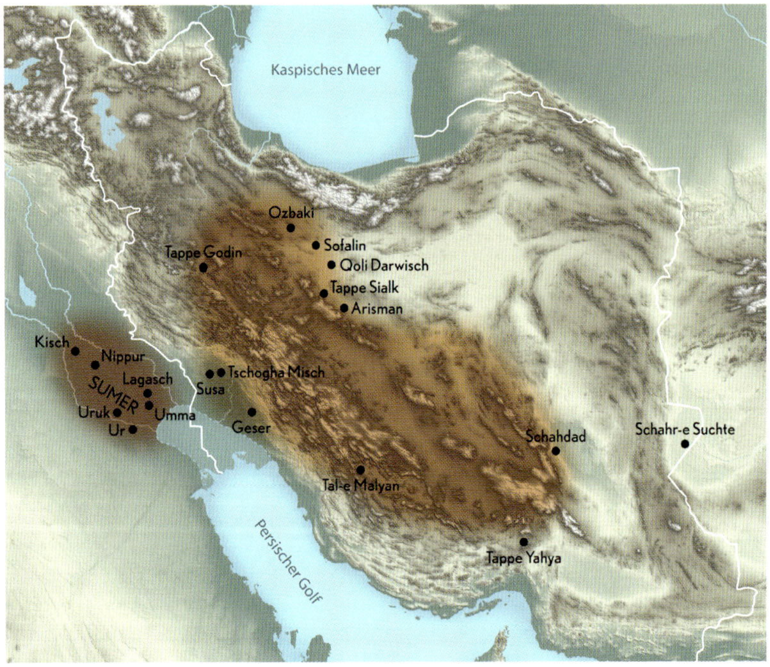

1
Historische Landschaften Irans

2
Protoelamische Fundorte in Iran

die hier und an anderen Fundstätten in Iran ans Licht gekommen waren. Sie gaben Aufschluss über Geschichte und Kultur der zahlreichen Dynastien, die etwa 2500 Jahre lang in Süd- und Südwest-Iran geherrscht hatten.

Die antike Stadt Susa, wo sich der größte Teil der elamischen Texte fand, wurde jedoch lange vor den historischen Elamern gegründet. Ihre Anfänge gehen bis auf das 5. Jahrtausend v. Chr. zurück. So entdeckten die französischen Archäologen, als sie in Susa die Besiedlungsschichten des 3. Jahrtausends v. Chr. vom Hügel abgetragen hatten, neben anderen Funden einige urtümliche piktografische und logografische Tontafeln. Weil die Schichten mit diesen Tafeln unterhalb der Schichten mit den Texten in elamischer Sprache lagen, nannte der Ausgräber und Philologe Jean-Vincent Scheil diese frühen Texte zunächst »protoelamisch«.[2] Archäologisch wurde der Begriff erstmals von Donald McCown[3] zur Beschreibung der Schichten des 3. Jahrtausends v. Chr. in Tall-e Geser, in der Ram-Hormuz-Region (Südwest-Iran) verwendet. In der Folge benutzten auch J. Caldwell[4] und C. C. Lamberg-Karlovsky[5] diesen Terminus für ähnliches Text- und Fundmaterial.

So, wie man nicht weiß, ob die Sprache der in Sumer gefundenen Proto-Keilschrifttafeln Sumerisch ist oder die Sumerer diese Tafeln überhaupt hergestellt haben, so wenig gibt es Beweise dafür, dass die protoelamische Schrift eine frühe Version des Elamischen ist oder dass die frühen Elamer die Verfasser der protoelamischen Texte waren. Ebenso wenig lässt sich nachweisen, dass es eine andere ethnische Gruppe gab, von der diese archaischen Texte stammen könnten.

Zahlreiche Ausgrabungen, Entdeckungen und Untersuchungen in den letzten drei Jahrzehnten haben zu einem deutlicheren Bild der Kultur geführt, die man heute als protoelamisch bezeichnet (Abb. 1). Jetzt weiß man, dass die protoelamische Zeit eine Epoche großer künstlerischer Kreativität in Skulptur und Glyptik wie auch enger ökonomischer und sozialer Interaktion sowie einer homogenen materiellen Kultur war. Hierzu gehören eine qualitativ außergewöhnliche Gruppe mono- und polychrom bemalter Keramik (Abb. 5) Skulpturen (Abb. 6), Steingefäße, numerische, piktografische und logografische Verwaltungsdokumente auf Tontafeln (Abb. 4), ein spezieller Stil in der Glyptik sowie Bauplanung und -technik.

Die Keramik wurde auf der Töpferscheibe hergestellt, unter den Ton in vielen Fällen fein gehäckseltes Stroh gemischt. Markante Formen sind Vierösengefäße,

3
Tall-e Geser, Vorder- und Rückseite einer Tontafel mit Zahlen, B 4,5 cm, Oriental Institute of the University of Chicago

4
Schrifttafel, Susa, spätes 4. Jt. v. Chr., Kat.-Nr. 332

meistens mit scharfem Knick und einem oder zwei Graten auf der Schulter, Gefäße mit Ausguss, Flaschen- und zylindrische Formen mit oder ohne Ausguss und mit Nasenöse, Kelche mit hohem oder flachem Fuß, glockenförmige oder ausladende Schüsseln, hohe Glockentöpfe und flache Platten. Das wichtigste Merkmal der protoelamischen Keramik ist die Oberflächenbehandlung: Die Töpfer trugen einen Überzug in mindestens zwei verschiedenen Farben auf die äußere Gefäßwand auf, offene Gefäße erhielten sowohl auf der Innen- wie der Außenseite einen Überzug. Die Farben variierten von Hellrot über Kastanien- und Hellbraun bis hin zu Dunkelbraun, manchmal auch Graubraun. Der Überzug wurde ungleichmäßig aufgetragen, und die Gefäßoberfläche weist oft Schlieren auf. Neben dem farbigen Überzug sind sowohl die offenen als auch die geschlossenen Gefäße häufig mit weißen, braunen, kastanienbraunen oder roten Streifen oder einer Kombination von Streifen und geometrischen Formen bemalt. Menschen, Tiere oder vegetabile Ornamente kommen nicht vor.[6]

Während sich die protoelamische Keramik, die Lehmziegelarchitektur und die administrativen Strukturen – etwa die verschiedenen Typen von Sack-, Krug-, Ballen- und Türsiegeln – mit Varianten unmittelbar aus der älteren Spät-Susa-II-/Spät-Uruk-Periode entwickelten, waren die Glyptik und ihre Themen völlig neu. Pierre Amiet[7] hat die protoelamischen Siegel aus Susa stilistisch in vier Gruppen unterteilt: 1. Siegel im mesopotamischen Stil; 2. früh-protoelamische und 3. klassisch protoelamische Siegel sowie 4. diverse Stile. In Ermangelung stratigrafischer Dokumentationen aus den frühen Grabungen in Susa weiß man nicht, ob diese vier Formen gleichzeitig oder in chronologischer Reihenfolge in Verwendung waren. Einen vollständigen Bruch mit der älteren Tradition stellt Gruppe 3, der klassische Stil, dar.

Im Unterschied zum Motivrepertoire der Glyptik in der vorangegangenen Spät-Susa-II-/Spät-Uruk-Periode, wo Personen in verschiedenen Zusammenhängen dargestellt wurden, fehlen Menschendarstellungen in der Glyptik der protoelamischen/Susa-III-Periode fast völlig.[8] Anders als zuvor sind nun Tiere bei menschlichen Aktivitäten wie der Nahrungszubereitung und rituellen Handlungen wiedergegeben. Stiere und Löwen spielen hier eine wichtige Rolle und übernehmen auch bei der Repräsentation von Macht die Funktionen von Menschen; das berühmteste Beispiel ist der Siegelabdruck auf einer protoelamischen Tontafel, der den »Herrscher von Susa« zeigt.[9]

Protoelamische Tontafeln wurden bis in die Siedlungen des iranischen Hochlands gefunden (Abb. 3), (19 in Sialk, 1 in Hissar, 1 in Ozbaki, etwa 20 in Sofalin und verschiedene in Qoli Darvish), Kerman (27 in Yahya), Sistan (1 in Schahr-e Suchte), Fars (32 in Malyan) und der Gegend um Ram Hormuz (1 in Geser), doch die überwiegende Mehrzahl stammt aus Susa (mehr als 1400). Diese protoelamischen Verwaltungsurkunden enthalten Informationen über Aufwendungen für Getreide, Schafe, Ziegen, deren Produkte sowie Personallisten mit Angaben über Lohnzahlungen.[10]

Die weite geografische Verbreitung protoelamischer Tontafeln und Keramiken in Iran, entweder an strategischen Punkten wie Godin Tappe an der antiken Ost-West-Fernstraße oder in der Nähe von Bodenschätzen wie Kupfer und Halbedelsteinen, die im Tiefland von Chusistan nicht vorkommen, verweist auf die Einwanderung und Kolonisation durch Gruppen aus Südwest-

5
Grabgefäß, Arisman, spätes 4. Jt. v. Chr., Kat.-Nr. 5

6
Tall-e Geser, Bemalte Figur eines Pavians, Marmor, H 9,9 cm, Oriental Institute of the University of Chicago

7
Löwenfigur, Goldblech, Malyan, 4. Jt. v. Chr., Kat.-Nr. 194

Iran. Die Ausgrabungen haben gezeigt, dass dies nicht mit Gewalt und über die Verdrängung der einheimischen Bevölkerung geschah, sondern durch ein friedvolles Vorgehen und im Einvernehmen mit den ansässigen Bewohnern.

Interessant ist, dass die Gründung protoelamischer Siedlungen mit dem Niedergang und der Aufgabe der älteren Spät-Uruk-Siedlungen in Syrien und Südost-Anatolien einhergeht. Rätselhaft bleibt allerdings, dass die überlieferten Texte[11] sich fast ausschließlich auf den Handel mit Nahrungsmitteln, Getreide, Tieren und Menschen (vielleicht Sklaven oder Arbeiter niedrigeren Ranges) beziehen und die handwerkliche Produktion oder Rohstoffe nirgendwo erwähnt werden,[12] obwohl die protoelamischen Kolonien in Gegenden entstanden, die reich an Kupfer und Halbedelsteinen waren. Mit Ausnahme der protoelamischen Verwaltungstexte aus Susa, die große Mengen an Getreide und ein umfangreiches Kontigent an Tieren und Milchprodukten verzeichnen, ist die Zahl der in den Texten vorkommenden Verwaltungsanmerkungen recht niedrig und bleibt innerhalb der Bandbreite der regionalen Wirtschaft.[13]

Irgendwann im frühen 3. Jahrtausend v. Chr., vielleicht um 2800 v. Chr., zerfiel der protoelamische Aktions- und Wirkungsbereich, und die Kolonien wurden aufgegeben. Der Südwesten Irans (die antike Susiana) geriet erneut unter den kulturellen und vielleicht auch politischen Einfluss des südlichen Mesopotamien. Gleichzeitig erschienen oder wuchsen in Kerman und in Südost-Iran sehr schnell neue Produktions- und Siedlungszentren heran. Den wahren Grund für diese tiefgreifenden sozioökonomischer und politischer Veränderungen im frühen 3. Jahrtausend v. Chr. kennen wir nicht. Sehr wahrscheinlich sind diese drastischen Umwälzungen – dies legen die archäologischen und historischen Befunde nahe – einer Invasion oder dem Eindringen eines neuen Volkes aus dem Kaukasus – mit einer deutlich anderen grauen Keramik – zuzuschreiben. Diese Einwanderer drangen tief in den westlichen Iran und den westlichen Teil des Iranischen Hochlandes ein, was die Handelsrouten im westlichen Iran unterbrach. Neben dieser Umstrukturierung im nordwestlichen Iran dürfte die schnelle Entwicklung der konkurrierenden Stadtstaaten von Sumer um 2900 v. Chr. im südlichen Mesopotamien einen weitreichenden Druck erzeugt haben, der sich für das protoelamische Gemeinwesen als zu groß erwies, um ihm standzuhalten.

Anmerkungen S. 259

BRONZEZEITLICHE KULTUREN IN OSTIRAN

HOLLY PITTMAN

In der Bronzezeit florierten regionale Kulturen in den nördlichen und südöstlichen Randgebieten der großen zentralen Wüste im Iranischen Hochland. Dazu gehört im Norden, in der Gorgan-Ebene östlich des Kaspischen Meers und am Südrand der Gebirge eine Kultur, die am besten durch die Funde aus Tappe Hesar mit einer außergewöhnlichen grauen Ware und einer umfangreichen metallurgischen Produktion repräsentiert ist.[1] Andere regionale Kulturen wurden im Süden entdeckt.

Hier konzentrieren sich Siedlungen entlang der einzelnen, von der jährlichen Schneeschmelze und unterirdischem artesischem Grundwasser versorgten Flussoasen. Heute sind ihre Hinterlassenschaften in der Landschaft sichtbare Hügel, die sich an den Flüssen aufreihen. Bisher ist dieses weitläufige Territorium archäologisch kaum erforscht, doch kennen wir die Konturen dieser Kulturen durch ihre Keramik, eindrucksvolle Kunstwerke und architektonische Überreste.[2] Drei regionale Kulturen wurden bisher systemtisch untersucht: Ganz im Osten liegt Schahr-e Suchte, das zum Flusssystem des Helmand-Beckens gehört; die Halilrud-Kultur, bekannt durch Ausgrabungen in Tappe Yahya, Konar Sandal Süd und Nord sowie zwei große Siedlungshügel südlich der modernen Stadt Dschiroft; und die Lut- oder Kerman-Kultur, durch die Ausgrabungen der ausgedehnten Gräberfelder von Schahdad nahe der modernen Stadt Kerman erschlossen. Diese drei regionalen Kulturen teilen Aspekte ihrer materiellen Hinterlassenschaften, etwa die gelbbraune und rote, mit schwarzem, braunem und gelegentlich auch polychromem Dekor versehene Keramik. Alle unterhielten eine beachtliche handwerkliche Produktion, für die sie lokal verfügbare wie auch importierte Rohstoffe ausbeuteten und für die Herstellung von Steinbehältern und -gefäßen, Schmuck und Perlen sowie Metallarbeiten, besonders aus Kupfer, nutzten. Jede dieser Kulturen nahm eine eigene Entwicklung, doch für alle begann die Bronzezeit während der protoelamischen Expansion am Anfang des 3. Jahrtausends v. Chr. Noch ist nicht geklärt, was diese Ausbreitung einer Kultur über weite Distanzen auslöste, doch verband sie die gesamte Südhälfte des iranischen Hochlands von Susa bis Schahr-e Suchte via Malyan, das antike Anschan, über Tappe Yahya und das Halilrud-Tal bis hin zum Fluss Helmand. Diese Ausdehnung über das ganze Hochland ließ ein riesiges Netzwerk von Wechselbeziehung und Austausch entstehen, das Archäologen als Mittelasiatischen Interaktionsraum oder, anschaulicher, als Zeitalter des Austausches bezeichnen. Dieses Netzwerk verband die Zentren im Iranischen Hochland nach Norden mit den Stadtkulturen am Fluss Amudarja im westlichen Zentralasien, nach Osten mit denen des Industals (vgl. Mutin, hier S. 90ff.), mit den kleineren Gemeinschaften am Persischen Golf und nach Westen mit den großen urbanen Zentren Mesopotamiens. Diese Kontakte wurden zunächst auf dem Landweg angebahnt, und in der 2. Hälfte des 3. Jahrtausends durch die Seefahrt entlang der Küste des Persischen Golfs intensiviert.[3]

1
Figurine, Alabaster, Tappe Hesar, 3. Jt. v. Chr., Kat.-Nr. 170

Tappe Hesar

Mit Hilfe der Keramik, der Architektur und der stratigrafischen Befunde lassen sich für Tappe Hesar drei längere Perioden kontinuierlicher menschlicher Besiedlung feststellen. Zu Beginn in Phase I wurde die Keramik von Hand aufgebaut, später drehte man sie auf der schnelldrehenden Töpferscheibe. Durch den oxidierenden Brand in Töpferöfen entstand eine rote oder eine gelbbraune Ware, die mit schwarzer oder brauner Farbe bemalt wurde. Das Dekor der ältesten bemalten Stücke besteht aus geometrischen, entweder von Pflanzen oder von Flechtarbeiten inspirierten Mustern. Offene Schalen und Kelche sind die gebräuchlichsten Formen. Besonders bemerkenswert ist die Wiedergabe kraftvoller wilder Tiere, besonders die an ihrem gefleckten Fell erkennbaren Leoparden, sowie gehörnter Vierbeiner, entweder wilde Mufflons oder Ziegen, die in Landschaften und von Naturmotiven umgeben dargestellt werden (Abb. 2 und 5). In Phase II hat sich die Bevölkerung in Hesar von der zentralen Hochebene abgewandt und enge kulturelle Beziehungen Richtung Osten und Norden mit den Siedlungen entlang des Flusses Atrek im heutigen Turkmenistan geknüpft. Die handwerkliche Produktion wuchs in dieser Zeit stark an und konzentrierte sich zum

einen auf die Verarbeitung von Lapislazuli und anderer farbiger Steine, zum anderen auf die Herstellung kupferbasierter Legierungen und die Verarbeitung von Silber und Blei in großem Maßstab. Gleichzeitig entstand ein neuer Keramiktypus. Dieser ist nun grau, nicht mehr gelbbraun oder rot, was auf einen Reduktionsbrand verweist, bei dem die Sauerstoffzufuhr im Ofen gedrosselt wird. Diese komplizierte Technik erforderte eine sorgfältige Kontrolle der Brenntemperatur, benötigte aber für ein viel hochwertigeres Produkt deutlich weniger Brennstoff. Sicherlich entwickelte sich die Pyrotechnologie für die Verarbeitung von Metall und Keramik in Hesar parallel zueinander. Die graue Keramik nahm kontinuierlich zu, bis sie schließlich in der Fundvergesellschaftung überwog. Sie ersetzte die bemalte Ware völlig – mit Ausnahme spezieller Formen wie die kleinen gelbbraunen Kelche. Die graue Ware wurde auf einer schnell drehenden Töpferscheibe geformt, und ihre Konturen mit scharfen Umbrüchen, gelängten Körpern und erweiterten Ausgüssen sind deutlich von Metallarbeiten beeinflusst (Abb. 3). Die Oberfläche der meisten dieser Gefäße war mit einem geometrischen Politurmuster verziert.

Erich F. Schmidt maß bei seinen Untersuchungen in Hesar den Grabkomplexen die größte Bedeutung zu. In Phase III wurden einige Gräber außerordentlich reich ausgestattet, was den wachsenden Wohlstand einer lokalen Elite widerspiegelt. In diesen Gräbern fand man neben zahlreichen aus Gold-, Silber- und Kupferlegierungen hergestellten Artefakten auch viele Alabasterobjekte. Dies ist auffällig, weil Alabaster an diesem Ort zuvor fast gar nicht vorkam. Er war auf die beeindruckenden reichen Gräber konzentriert, die der Ausgräber fantasievoll mit Namen wie »Grab eines Kriegers«, »Grab eines tanzenden Mädchens« oder »Grab eines Priesters« bezeichnete, wobei er sich an Funden von Waffen und Schmuck sowie anderer rätselhafter Objekte orientierte. Hierzu gehörten auch die seltenen figürlichen Darstellungen, wie etwa ein kleiner Vogel aus Alabaster, die zu einer ganzen Figurengruppe im Kriegergrab gehörten, oder die abstrakte Darstellung einer weiblichen Figur mit einem sanduhrförmigen Körper und ausgestreckten Armen aus dem Priestergrab (Abb. 1).

Neben einer Vielzahl von Gefäßformen und großen Ständern mit flacher Schale fanden sich rätselhafte Stücke aus Alabaster, die für das Bestattungsritual von Bedeutung gewesen sein müssen. Besonders bemerkenswert sind Säulen mit einer breiten Nut auf Oberseite, Basis und an den Seiten. Diese Nut scheint zur Aufnahme eines Lederriemens oder einer anderen Halterung angebracht worden zu sein. Zu den Säulen gehörten flache Scheiben, in der Regel mit einem ausgemeißelten Griff. Eine ungewöhnliche, in der Ausstellung gezeigte Scheibe weist vier zu zwei Paaren angeordnete Löcher auf, die eine zentrale Vertiefung rahmen. Zu diesen außergewöhnlichen Alabasterarbeiten, besonders den rituellen Scheiben und Säulen, finden sich direkte Vergleichsbeispiele im Osten, in Baktrien und in der Margiana, und im Süden, wo ähnliche Objekte in den Gräbern von Schahdad und im Tal des Halilrud gefunden wurden.

Etwa zur selben Zeit, als die Siedlungen im südöstlichen Iran aufgegeben wurden, endete auch die Besiedlung der Gorgan-Ebene. Das über mehr als 2000 Jahre kontinuierlich bewohnte Hesar wurde durch ein Feuer zerstört und verlassen, bis ein Sassanidenherrscher dort einen beeindruckenden Palast mit Stuckdekorationen und königlichen Porträtbüsten errichtete.

Schahr-e Suchte

Das weit im Osten gelegene Schahr-e Suchte ist das südlichere von zwei großen städtischen Zentren, welche die Helmand-Kultur definieren. Diese entstand entlang des ausgedehnten Flusssystems des Helmand, der in einer weitläufigen Oase endet und die Städte mit Nahrung und Wasser versorgte. Schahr-e Suchte erhielt seinen persischen Namen »Verbrannte Stadt« aufgrund der rot verbrannten Schuttschichten, Ergebnis eines verheerenden Feuers, das es am Ende von Periode IV um 2200 v. Chr. zerstörte. Um 2500 v. Chr. hatte die Stadt eine Ausdehnung von mehr als 100 ha erreicht und war in weiten Bereichen Standort einer intensiven handwerklichen Produktion, mit Schwerpunkt auf Kupferobjekten und Steinverarbeitung mit Lapislazuli und anderen Halbedelsteinen. Gleichzeitig wuchs auch die Verwaltung enorm. Zahlreiche Stempelsiegel aus Stein oder Metall und die dazugehörigen Abdrücke auf Tonverschlüssen wurden gefunden. Die meisten Siegel hat man in Frauengräbern entdeckt, was darauf schließen lässt, dass diese für die Verwaltungsaufgaben rund um die Verteilung von Lebensmitteln an die vielen Handwerksbetriebe verantwortlich waren.[4]

In dieser Zeit ist das Dekor der Keramik hochgradig komplex und umfasst nun Motive wie gehörnte Tiere, Vögel, Pflanzen und geometrische Muster. Neben der gelbbraunen und der grauen Ware erfreut sich in Periode II auch eine ungewöhnliche Keramik mit polychromem Dekor großer Beliebtheit (Abb. 4), eine lokale Besonderheit der Helmand-Kultur. Die leuchtend farbige Bemalung, als geometrische Muster angelegt, wurde nach dem Brennen aufgebracht. Diese Keramik scheint besonders mit Frauen in Verbindung zu stehen, möglicherweise waren diese Gefäße wichtig in Hinblick auf Ehe und Fortpflanzung.[5]

Am südwestlichen Rand des Ortes lag eine

2
Becher auf hohem Fuß, Tappe Hesar, 4. Jt. v. Chr., Kat.-Nr. 160

3
Flasche, Tappe Hesar, 3. Jt. v. Chr., Kat.-Nr. 169

Folgende Doppelseite

4
Gefäß mit polychromer Bemalung, Schahr-e Suchte, 3. Jt. v. Chr., Kat.-Nr. 289

5
Fußbecher, Tappe Hesar, 4. Jt. v. Chr., Kat.-Nr. 159

große Nekropole mit schätzungsweise mehr als 20 000 Gräbern aus allen Siedlungsphasen. Es fanden sich verschiedenste Grabtypen, von einfachen oder mit einer Lehmziegelmauer unterteilten Gruben bis hin zu überwölbten Kammern mit Nischen und einem Zugang über einen rechteckigen Schacht. Diese Gräber wurde mehrfach wieder geöffnet, um weitere Verstorbene aufzunehmen. Viel seltener sind die Gräber, die durch kurze Lehmziegelmauern markiert wurden, die manchmal nur einen Ziegel hoch waren. Ein kreisrunder Lehmziegelbau war ein Gemeinschaftsgrab, das man wiederholt öffnete. Wegen des extrem trockenen Klimas in der Helmand-Region hat sich in den Gräbern viel organisches Material erhalten, darunter hölzerne Objekte und Textilien, an denen eine große Bandbreite von Webtechniken abzulesen ist.

Die Provinz Kerman

Die beiden verwandten bronzezeitlichen Kulturen in der Region der heutigen Provinz Kerman entwickelten sich ebenfalls im Einzugsgebiet von Flusssystemen, die jeweils in fruchtbaren Oasen endeten. Die dem Flussverlauf des Bampur folgende Route zwischen der Helmand- und der Dschazmurian-Oase war in der Bronzezeit dicht besiedelt. Die östlichen Ausläufer des Zagrosgebirges unterteilen die Provinz Kerman in verschiedene Regionen. Im Norden wurde ein schmaler Streifen Land von jahreszeitlich wasserführenden Flüssen bewässert, die aus den Bergen in die weite Wüste Lut flossen. Hier förderten Ausgrabungen in Schahdad am Rand der Wüste eine blühende bronzezeitliche Kultur mit einer auf dem Abbau lokal vorhandener Bodenschätze basierten handwerklichen Produktion zutage. Südlich der Gebirgsschranke vereinigt sich ein System kleiner, die Hochlandtäler bewässernder Flüsse zum Halilrud, der flussabwärts eine etwa 400 km lange Schwemmlandebene bewässert, bevor er im Süden in die Dschazmurian-Oase mündet. Neuere Untersuchungen und Ausgrabungen zeigen, dass das Tal des Halilrud in der Bronzezeit dicht besiedelt war, sowohl mit kleinen Dörfern als auch mit großen urbanen Zentren.

Gräber im Tal des Halilrud bei Dschiroft

Die Bedeutung des Tals wurde vor beinahe 100 Jahren erstmals von Sir Aurel Stein während seiner Arbeit in der Region erkannt. Systematische Ausgrabungen begannen jedoch erst vor 15 Jahren nach einer verheerenden Flut und der anschließender Plünderung der Nekropolen.[6] Unter der Leitung des iranischen Archäologen Youssef Madjidzadeh fanden sechs Grabungskampagnen in Konar Sandal Süd und Konar Sandal Nord statt. Diese lieferten den kulturellen Kontext für die zuvor von der Polizei beschlagnahmten Grabbeigaben. Wie Schahr-e Suchte und Schahdad war auch Konar Sandal Süd ein großes urbanes Zentrum mit umfangreicher handwerklicher Produktion. Ein Großteil der Bevölkerung war mit der Herstellung von Keramik, Gerät aus Kupferlegierungen und der Bearbeitung von Halbedelsteinen beschäftigt. Dies ist umfangreich durch Erzeugnisse der Töpferei, durch die kunstvoll geschnittenen Steingefäße und andere Objekte wie auch durch Bildwerke aus Kupfer und Arsenkupfer belegt.[7]

Zu den besonders charakteristischen Grabbeigaben im Halilrud-Tal gehören zahlreiche und sehr unterschiedliche, aus dem lokal anstehenden weichen Chlorit oder seinem nahen mineralogischen Verwandten Steatit (Speckstein) geschnitzte Objekte. Erstmals tauchten solche Stücke im weiter westlich gelegenen Mesopotamien auf, dort allerdings nicht im Grabzusammenhang, sondern in Tempeln. Die ältesten von ihnen trugen Inschriften der Frühdynastischen Könige und waren mesopotamischen Gottheiten geweiht. Dass diese charakteristischen Objekte im iranischen Hochland hergestellt wurden, zeigte sich erstmals Mitte der 1960er Jahre bei der Ausgrabung einer Werkstatt in Tappe Yahya, ungefähr 60 km[8] westlich von Konar Sandal im Soghun-Tal des Dschebel Bazian. Dieser kleine Ort war wohl eine Sommerfrische, ein Refugium für die Einwohner einer Stadt wie Konar Sandal Süd, die vor der sengenden Hitze im Tal flohen. In der Nähe tritt hier und an anderen Stellen der Region der weiche Chlorit an die Oberfläche. Bis heute sind Spuren des alten Abbaus erhalten. In den Schichten IVB und IVA von Tappe Yahya sind große Mengen von Produktionsabfall erhalten, darunter auch unvollendete und überarbeitete Stücke sowie Ausschuss und noch unbearbeitetes Rohmaterial. In Anbetracht der Vielfalt der Chlorit-Objekte in den Gräbern der Region muss man davon ausgehen, dass es im Tal viele ähnliche Werkstätten gegeben hat. Mehrere Jahrhunderte lang haben ihre Erzeugnisse der einheimischen Bevölkerung darüber hinaus als bevorzugte Grabbeigaben gedient.

Viele der Specksteinobjekte sind mit geschnitzten Flachreliefs verziert, die lebhafte Szenen mit wilden, in Kämpfe verstrickten Tieren zeigen. Ein gefleckter Leopard kämpft mit einer aufgerollten Schlange, ihre Leiber sind mit bunten Einlegearbeiten aus weißem, schwarzem und rotem Stein gemustert. Die gängigsten Formen der so dekorierten Gefäße sind entweder geradwandige zylindrische Behälter oder konische Becher. Weitere häufig dargestellte Themen sind Skorpione oder auch ein Skorpionmann, der sich gleichsam um die Außenseite eines Behälters schmiegt. Auch Reihen von Dattelpalmen kommen vor, bis heute eine der wichtigsten Nutzpflanzen in der Region. Seltener finden sich erzählende Darstellungen: In einem Fall sitzt eine Frau in einem großen Zuber und schaut eine zusammengerollte Schlange an. Auf einem anderen Becher kniet, in einer bergigen Landschaft und umgeben von Wasserströmen, eine männliche Gestalt mit lang herabfallendem Haar vor zwei mächtigen Zebus. Auch architektonische Motive erscheinen auf den Behältern, etwa ein gestuftes Bauwerk mit einer Türöffnung unter einem durchhängenden Sturz. Dieser Gebäudetypus der Stufenplattform mit durchhängendem Türsturz ist in Konar Sandal Süd und Nord auch im archäologischen Befund dokumentiert. Neben Behältern und Bechern ist der Kelch auf hohem Fuß eine verbreitete Gefäßform: Er zeigt entweder das bekannte Motiv der zusammengerollten Schlange oder ländliche Szenen mit an blühenden Bäumen grasenden, gehörnten Ziegen oder einen heldenhaften Stiermenschen, der mit dem Kopf nach unten hängende Raubkatzen bändigt. Jedes Gefäß weist einen individuellen Stil auf und stammt möglicherweise aus einer anderen Werkstatt. Alle bedienten die im Tal herrschende große Nachfrage nach diesen symbolischen Objekten, die ein erfolgreiches Überwechseln ins Jenseits begleiteten.

Speckstein wurde nicht nur für Gefäße und Behälter verwendet, sondern auch für andere Objekte, etwa Spielbretter und große flache Platten, die vielleicht zur Dekoration größerer Möbelstücke dienten. Eine großer Teller, in den ein kleiner doppelter Behälter eingelassen ist, zeigt eine außerordentliche Szene: Vogeldämonen mit einem Skorpion-Kopfschmuck kämpfen mit einer riesigen Schlange, deren Kopf sich plastisch aus dem Tellerspiegel erhebt (Abb. 6). Ein weiteres singuläres Objekt ist ein Kasten mit einem Deckel, der als Dekor ein verschlungenes Labyrinth zeigt. Auf einer Seite ist das bekannte Motiv des Kampfes zwischen Raubkatze und Schlange dargestellt, hier ein Löwe mit einer üppigen, mit Einlegearbeit verzierten Mähne. Große handtaschenförmige Steintafeln mit Griff wurden ebenfalls aus dunklem Speckstein angefertigt. Ihre flachen Schauseiten zeigen das gleiche Bildrepertoire wie die Gefäße: Dattelpalmengärten, heroische Tierbändiger sowie Raubvögel, die mit Schlangen kämpfen. Die Funktion dieser Stücke wird intensiv diskutiert. Jüngst ist vorgeschlagen worden, dass sie als Halterung für das Leichentuch dienten, in das der Verstorbenen eingehüllt wurde.

Auch die vielen langen Nadeln, die in den Gräbern gefunden wurden, könnten mit dem Leichentuch in Zusammenhang stehen. Sie haben lange Schäfte aus Kupfer und unterschiedliche geformte Köpfe. Einige Nadelköpfe sind Scheiben aus Lapislazuli, die auf beiden Seiten figürliche Reliefdarstellungen zeigen. Andere Nadeln haben skulptierte Enden, eine in der Form einer Türöffnung mit durchhängendem Sturz. Auch kleine Skulpturen wurden aus dunklem Speckstein hergestellt, z. B. ein dämonisches menschliches Gesicht und ein liegendes Mufflon mit einem Auge in Einlegearbeit.

Die bronzezeitlichen Gräber aus dem Halilrud-Tal enthielten auch noch andere Beigaben, etwa Alabastergefäße in solchen Formen, wie sie bereits aus den Gräbern von Schahr-e Suchte und Schahdad bekannt sind. Sie stammen vermutlich aus dem Osten, wo, wie in Schahr-e Suchte, die Alabasterverarbeitung einen großen Anteil an der Handwerksproduktion hatte.[9] Dieser Alabaster wurde auch für einen ganz eigenen Darstellungstypus verwendet, der jedoch auf das Halilrud-Tal beschränkt ist: männliche Figuren mit einer großen Nase und einer birnenförmigen Kopfbedeckung. Diese Köpfe scheinen zu Puppen zu gehören, deren Arme mit Holzstiften befestigt wurden. Bei den Ausgrabungen in der Zitadelle in Konar Sandal Süd wurden zahlreiche dieser Figuren entdeckt.

Aus den Gräbern stammen auch erstaunliche Metallfunde. Die Legierung war wohl eher Arsenkupfer als Zinnbronze. Die kleine Skulptur einer kauernden Frau ist zugleich die dreidimensionale Ausführung eines Motivs, das oft auf den Rollsiegeln erscheint, meist in Gegenwart einer geflügelten Göttin. Zwei gegossene Schaftlochäxte mit kunstvoll ausgearbeitetem plastischem Dekor, das jagende Tiere zeigt, dienten sicherlich zeremoniellen Zwecken. Sehr bemerkenswert ist auch ein sehr großer, aus Kupferblech gearbeiteter Deckel. Aus seiner Mitte ragt plastisch ein ruhender Adler mit zur Seite gewandtem Kopf hervor. Dieser Deckeltypus ist auch aus Schahdad, aus Tappe Hesar im Nordosten Irans und aus weiter westlich gelegenen Orten bekannt.

Zusätzlich zu diesen speziellen Stücken muss es in allen Gräbern Gefäße mit den für die letzte Reise notwendigen Nahrungsmitteln und Getränken gegeben haben. Bei der Keramik aus geplünderten Gräbern helfen Vergleiche mit den in den legalen Ausgrabungen gefundenen Töpferwaren; so lassen sich die geraubten Objekte mit den Ergebnissen der großen Ausgrabungen von Konar Sandal Süd verbinden. Besonders typisch sind die rottonigen Töpfe und Fußbecher, die mit Reihen von Mufflons mit mächtigen, ausladenden Hörnern bemalt sind, wie sie auch auf den gelbbraunen Gefäßen aus den Gräbern erscheinen. Diese Motive von Ziegen und Schafen mit ausladenden Hörnern verbinden die Keramik dieser Region mit dem weiter nordöstlich gelegenen Schahr-e Suchte. Seltener sind Gefäße mit polychromem Dekor, diese zeigen jedoch dieselben Motive, am häufigsten gehörnte Vierbeiner.

Schahdad

Man benötigt etwa sieben Tage, um zu Fuß von den Stadtzentren des Halilrud-Flussbeckens zum Rand der Wüste Lut zu reisen, wo unterirdische Quellen und der Abfluss von Regenwasser aus dem Gebirge die Lebensgrundlage für mehrere große bronzezeitliche Siedlungen bildeten. Die seit den 1970er Jahren über Jahrzehnte von iranischen Archäologen in Schahdad durchgeführten Ausgrabungen legten Handwerkerviertel frei, in denen Keramik, Metall und Edelsteine verarbeitet wurden, um den Bedarf an Grabbeigaben zu decken.[10] Fast 400 Gräber wurden erforscht, alle mit Tongefäßen und symbolischen Gerätschaften ausgestattet. Anhand der Keramik kann man die Gräber in Schahdad etwas später datieren als die ältesten im Halilrud-Tal. In Schahdad war mehr als 90 % der Keramik einfache ockerfarbene oder rote Ware, und

9
Kniende Figur, Schahdad, 3. Jt. v. Chr., Kat.-Nr. 282

nur eine kleine Gruppe der Gefäße war bemalt, in den meisten Fällen mit schlichten geometrischen Mustern. Die aus dem Süden bekannten elegant geschwungenen Schafhörner fehlen hier völlig. Bei der Keramik gibt es auch kleine Becher mit ausbiegendem, gekerbtem Rand, die enge Parallelen zu Formen des westlichen Zentralasien aufweisen. Diese Becher spiegeln keine Massenmigration aus dem Süden nach Zentralasien wider, sondern zeugen eher von einem beständigen Zug von Reisenden und Händlern über das Hochland in einem engmaschigen Handels- und Tauschnetz, wie es für das 3. Jahrtausend so charakteristisch ist.

In den Gräbern fanden sich neben Keramik auch viele Artefakte aus Kupferlegierung, vor allem Gefäße und Werkzeuge, unter ihnen die auffälligen großen Deckel mit plastisch ausgearbeiteten, getriebenen Figuren und einem nach außen umgebogenen Rand (vgl. Abb. 7 und 8). Ein solcher Deckel verschloss die Öffnung eines großen Gefäßes. Die Zeremonialäxte aus den Gräbern von Schahdad mit ihrem langen gekrümmten Rücken und einer unbrauchbar gemachten Klinge ähneln Beispielen aus dem Norden, wie auch die durchbrochen gearbeiteten Kompartiment-Stempelsiegel aus Kupfer. Diese Siegelform war zwischen Schahr-e Suchte bis zum Halilrud-Tal weit verbreitet. Obwohl sie zahlreich am Amudarja gefunden wurden, stellen diese Stücke sicherlich einen iranischen Typus dar, der neben anderen symbolischen Objekten und administrativem Zubehör in Zentralasien adaptiert wurde.

In den Gräbern von Schahdad wurden sechs Rollsiegel, fünf aus hellem oder weißem feinkörnigen Kalzit oder Magnetit und eines aus Silber, sowie vier Stempelsiegel gefunden. Dieses Ensemble ähnelt in seinem Gesamtcharakter den Siegeln und ihren Abdrücken aus Tappe Yahya und Konar Sandal Süd. Bemerkenswerterweise weisen die steinernen Rollsiegel aus Tappe Yahya und Schahdad eine nahezu identische Ikonografie auf, in deren Mittelpunkt eine geflügelte weibliche Vegetationsgöttin steht. Während die Siedlung in Tappe Yahya mit der administrativen Struktur im Halilrud-Tal in enger Verbindung gestanden haben muss, stehen die Siegel in Schahdad nicht notwendigerweise für einen engen, auch verwaltungstechnischen, Kontakt mit den Zentren südlich des Gebirges. Auch wenn die Ikonografie kulturell vertraut und bedeutsam war, so könnte das Vorkommen dieser Siegel in den Gräbern lediglich eine besondere Wertschätzung anzeigen, vielleicht als Familienbesitz, Kleinodien, die als Erbstücke geschätzt, aber nicht als administrative Werkzeuge eingesetzt wurden. Zugleich könnten die Siegel auch verwandtschaftliche oder politische Beziehungen zu den Gegenden südlich der Berge widerspiegeln.

Das fast vollständige Fehlen von Objekten aus Speckstein in den Gräbern von Schahdad ist ein auffälliger Unterschied zu den Nekropolen im Halilrud-Tal, wo solche Gefäße im Überfluss gefunden wurden. Aus Schahdad kennen wir nur vier Gefäße und einen kleinen Kosmetikbehälter, der auf einem Hausmodell mit durchhängendem Türsturz steht. Andere bedeutsame Objekte machen allerdings deutlich, dass auch bei den Einwohnern von Schahdad durchaus eine starke Nachfrage nach einer symbolischen Ausstattung für das Jenseits bestand. Die vielleicht bemerkenswertesten Fundstücke sind Tonfiguren, die wohl Porträts der Verstorbenen darstellen und diese ins Jenseits begleiteten (Abb. 9). Mehrheitlich handelt es sich um Männer, doch es gibt auch Frauen. Viele der männlichen Figuren haben kurze schwarze Bärte und kurzes Haar. Einer von ihnen trägt jedoch einen lan-

Vorangegangene Doppelseite

6
Teller mit der Darstellung eines Schlangenkampfes, Chlorit, »Dschiroft«, Mitte 3. Jt. v. Chr., Kat.-Nr. 48

7
Schale mit der Darstellung von Fischen, Kupfer, Schahdad, 3. Jt. v. Chr., Kat.-Nr. 268

8
Becher mit der Darstellung einer Schlange, Kupfer, Schahdad, 3. Jt. v. Chr., Kat.-Nr. 266

gen schwarzen Bart und lange, über den Rücken und die Schultern fallende Locken. Es besteht eine frappierende Ähnlichkeit zwischen dieser Figur und den in den Tempeln Zentralmesopotamiens gefundenen Votivfiguren. Solche großformatigen menschlichen Porträtfiguren waren damals in der Halil-Region unbekannt, doch fand sich dort das lebensgroße Relief einer männlichen Gestalt an der Wand eines als Heiligtum gedeuteten Raumes in der Zitadelle von Konar Sandal Süd. Erst etwa 500 Jahre später übernimmt, in der Mitte des 2. Jahrtausends v. Chr., der Westen diese Sitte, die sich in den mittelelamischen Gräbern von Susa nachweisen lässt. Zweifelsohne hat die Praxis, die Verstorbenen durch ein Bildnis zu repräsentieren, ihre Ursprünge im bronzezeitlichen iranischen Hochland.

Einzigartig unter den Grabfunden, die hier Erwähnung verdienen, ist die sogenannte »Standarte von Schahdad« (Abb. 10). Diese Kupfertafel zeigt eine religiöse Zeremonie: Hauptakteur ist ein auf einem volutengeschmückten Hocker sitzender Mann, der in Richtung auf eine verhüllte, kniende Frau gestikuliert. Gerahmt wird die Szene, die in einem Garten mit Palmen und Laubbäumen stattfindet, von weiteren stehenden und knienden Figuren. Das Flechtband oben und unten soll sicherlich Wasser andeuten, während unterhalb der Figuren der Angriff von Raubkatzen auf ein Buckelrind zu erkennen ist. Das gleiche Bildprogramm findet sich auch auf Siegeln aus Konar Sandal Süd, auf zweiseitig reliefierten Scheiben und auf geschnitzten Specksteinobjekten aus den geplünderten Gräbern. Obwohl eine genaue Deutung noch aussteht, scheint der Bezug zu zentralen gesellschaftlichen Institutionen wie Hochzeit, Familie und Herrschaft eindeutig. Das Fragment einer Darstellung auf Stuck aus einem der Gräber macht deutlich, wie viel aus dieser reichen Bildkultur verlorengegangen ist. Wie auf der »Standarte von Schahdad« ist hier eine männliche Figur mit langem, auf den Rücken fallendem Haar zu sehen, die in einem Garten mit Dattelpalmen steht, hinter ihr hängen reife Früchte. Die polychrome Farbpalette aus Schwarz, Rot und Weiß lässt an die Malerei auf den Keramiken aus dem Halilrud-Tal denken. Schließlich spiegelt das Dekor auf dem trapezförmigen Ende einer Silbernadel die Bildwelt der Specksteinarbeiten des Halilrud-Tals am deutlichsten. In einem linearen Stil wiedergegeben, sitzt eine bärtige, dämonisch aussehende gehörnte Gestalt auf einer eingerollten Schlange, während sie mit beiden Händen weitere Schlangen bändigt.

Kurz nach der Wende zum 2. vorchristlichen Jahrtausend änderte sich die Art der Siedlungen in Ost-Iran. Im Nordosten wurde Tappe Hesar zerstört und aufgegeben. Kurz zuvor war im Südosten Schahr-e Suchte, nachdem die letzte kleine Siedlung bis auf die Grundmauern niedergebrannt war, vollständig verlassen worden. Weiter im Südwesten bestand weiterhin eine Besiedlung im Halilrud-Tal und in den benachbarten Tälern, doch ging das einst blühende Handwerk immer weiter zurück, die bemalte Keramik verschwand und wurde durch schmucklose ockergelbe Gefäße, die nur sporadisch mit einfachem Dekor versehenen waren, ersetzt. Diese siedlungshistorischen und kulturellen Veränderungen standen wahrscheinlich mit einer Klimaverschlechterung in Verbindung, denn es wurde erheblich trockener und kälter. So endete der lebhafte Handel über weite Entfernungen, der die iranische Hochebene mit den Nachbarn im Industal oder nach Westen mit Mesopotamien und dem Persischen Golf verbunden hatte.

10
Standarte von Schahdad, Kupfer, 3. Jt. v. Chr., Teheran, National Museum of Iran

Anmerkungen S. 259

Kopf, Alabaster, »Dschiroft«, Mitte 3. Jt. v. Chr., Kat.-Nr. 50

Büste, Alabaster, »Dschiroft«, Mitte 3. Jt. v. Chr., Kat.-Nr. 49

Anthropomorpher Griff, Alabaster, »Dschiroft«, Mitte 3. Jt. v. Chr., Kat.-Nr. 51

Gefäß, Alabaster, »Dschiroft«, Mitte 3. Jt. v. Chr., Kat.-Nr. 53

Gefäß, Alabaster, »Dschiroft«, Mitte 3. Jt. v. Chr., Kat.-Nr. 54

Becher, Alabaster, »Dschiroft«, Mitte 3. Jt. v. Chr., Kat.-Nr. 52

Becher, Alabaster, »Dschiroft«, Mitte 3. Jt. v. Chr., Kat.-Nr. 60

Spielbrett in Form eines Greifvogels, Chlorit, »Dschiroft«, Mitte 3. Jt. v. Chr., Kat.-Nr. 42

Spielbrett, Skorpionmann, Chlorit, »Dschiroft«, Mitte 3. Jt. v. Chr., Kat.-Nr. 41

Gefäß, Held im Tierkampf, Chlorit, »Dschiroft«, Mitte 3. Jt. v. Chr., Kat.-Nr. 26

Gefäß mit Tierkampfdarstellung, Chlorit, »Dschiroft«, Mitte 3. Jt. v. Chr., Kat.-Nr. 22

Becher mit Architekturdarstellung, Chlorit, »Dschiroft«, Mitte 3. Jt. v. Chr.

Gefäß in Hausform, Chlorit, »Dschiroft«, Mitte 3. Jt. v. Chr., Kat.-Nr. 36

Becher mit Tierkampfdarstellung, Chlorit, »Dschiroft«, 3. Jt. v. Chr., Kat.-Nr. 19

Fußbecher mit der Darstellung eines Schlangenkampfes, Chlorit, »Dschiroft«, Mitte 3. Jt. v. Chr.,

Deckeldose, Chlorit, »Dschiroft«, Mitte 3. Jt. v. Chr., Kat.-Nr. 47

Gefäß mit Tierkampfdarstellung, Chlorit, »Dschiroft«, Mitte 3. Jt. v. Chr., Kat.-Nr. 24

Becher mit Tierkampfdarstellung, Chlorit, »Dschiroft«, 3. Jt. v. Chr., Kat.-Nr. 21

OST-IRAN UND DER OSTEN IN DER BRONZEZEIT

BENJAMIN MUTIN

Aus sprachwissenschaftlichen Untersuchungen und der historischen Überlieferung – z.B. aus Herodots *Historien* und achämenidischen Texten –[1] weiß man, dass die sich von Ost-Iran und seinen östlichen Nachbarn bis nach Tadschikistan erstreckenden Gebiete – manchmal Ostiranische Welt genannt – auf vielfältige Weise miteinander verbunden waren und sich ihre zahlreichen Völker durch Invasionen, politische Allianzen, Handelsinteressen und kulturelle Kontakte in ihrer Entwicklung gegenseitig beeinflusst haben.

War dies in den Jahrtausenden davor ebenso? Was wissen wir über die Beziehungen zwischen den archäologisch fassbaren, im östlichen Iran angesiedelten Kulturen und ihre östlichen Nachbarn, vor allem während der Bronzezeit, in der Epoche von Schahr-e Suchte, der Dschiroft- / Halilrud-Kultur und Schahdad?[2]

Eine neue materielle Kultur tauchte um 3000 v. Chr. im Südosten der iranischen Hochebene auf: die protoelamische, bekannt für ihre schriftlichen Hinterlassenschaften auf Tontafeln – die zusammen mit denen von Uruk die ältesten der Welt sind. Man nimmt an, dass die protoelamische Kultur im Westen entstanden ist, mit Susa in Chusistan und Tal-e Malyan in Fars als wichtigen Zentren, und sich später nach Osten ausbreitete. Der Ort Tappe Yahya (Periode IVC) im südöstlichen Iran ist bekannt für seine protoelamische Besiedlung mit einer Vielzahl typischer Funde, darunter beschriftete Tontafeln (Abb. 1 und 2). Weitere Marker dieser Kultur – von denen sich einige auch in Uruk zeigen – wurden darüber hinaus in Schahr-e Suchte, Tal-e Eblis und Mahtutabad in Südost-Iran wie auch in Miri Qalat in Kech-Makran im südwestlichen Pakistan nachgewiesen. Die Proto-Elamer führten im Osten beschriftete Tontafeln und Rollsiegel mit einer speziellen Ikonografie ein, um meist auf Getreide und Vieh bezogene Angaben zu dokumentieren und zu archivieren. Tontafeln wurden in dieser Region wahrscheinlich nur 50 oder 100 Jahre lang verwendet, bevor das Schreiben und die Schrift aus dem Osten für lange Zeit verschwanden oder man möglicherweise auch bewusst darauf verzichtete.

Die Proto-Elamer kamen im südöstlichen Iran nicht in ein Niemandsland, sondern trafen dort auf Gemeinschaften mit einem anderen kulturellen Hintergrund und eigenen Beziehungsnetzen und Verbindungen, die in Richtung Osten weit über die Grenze Irans hinausreichten. Meist lässt sich dies mit Hilfe der Verbreitung von Keramik nachvollziehen: Vergleichbare kupfersteinzeitliche Stilelemente sowie sich speziell um 3000 v. Chr. herausbildende Formen wurden, über Hunderte von Kilometern Entfernung, im südöstlichen Iran und in Südwest-Pakistan gefunden, unter anderem auch in der protoelamischen Siedlung von Tappe Yahya. In dieser Zeit war in Schahr-e Suchte wie auch in Schahi-Tump in Kech-Makran ein ähnlicher südöstlicher Keramiktypus Bestandteil der Grabbeigaben. Inzwischen tauchten Keramikstile, die für die Stämme in Belutschistan in Ost-Pakistan charakteristisch sind, erstmals in großer Zahl in Kech-Makran auf. Auch andere Artefakte belegen Beziehungen über große Entfernungen, etwa die sog. Kompartimentsiegel, die in Kech-Makran und in Tappe Yahya sowie in anderen Regionen Südost-Irans gefunden wurden. Ob durch Nachahmung oder Verwandtschaftsbeziehungen, Migration und Handel – diese weiträumige Verbreitung vollzog sich aus den unterschiedlichsten Gründen. Der Handel war sicherlich ein wichtiger Faktor und wird allgemein als Motor für viele dieser Prozesse betrachtet. Schahr-e Suchte, so nimmt man an, dürfte bereits bei seiner Gründung etwa zur selben Zeit wie das protoelamische Tappe Yahya ein Handelszentrum gewesen sein, denn seine materielle Kultur weist Stilelemente aus den verschiedensten Regionen auf, neben den bereits erwähnten Beziehungen bestanden auch Kontakte nach Turkmenistan. Zugang zu und Kontrolle über die natürlichen Ressourcen und den Handel könnten ein Grund für die Anwesenheit der Proto-Elamer im iranischen Hochland gewesen sein. Ähnlich erklärt man sich die Gründung des entlegenen Ortes Sarasm im Serafschan-Tal (Tadschikistan), eine für ihre Bodenschätze bekannte Region. Unter den Grabungsfunden aus diesem Ort finden sich Objekte, die stilistische Bezüge nach Turkmenistan, Afghanistan, Pakistan und sogar Kasachstan und Sibirien aufweisen. Selbst Armbänder aus Muscheln, die aus dem Indischen Ozean stammen, wurden dort entdeckt, ebenso wie Rollsiegel, die nach Iran und Mesopotamien weisen. Nicht zu vergessen der Lapislazuli, der ursprünglich aus Afghanistan kommt und unbearbeitet oder in Form von Perlen seit der Kupferzeit überall in Mittelasien gefunden wurde. Auch andere Beispiele illustrieren die dynamischen Kontakte zwischen dem östlichen Iran und seinen Nachbarn um 3000 v. Chr., die während des gesamten 3. vorchristlichen Jahrtausends bestehen blieben und sich noch verstärken sollten.

Schahr-e Suchte wurde in den folgenden Jahrhunderten zu einer gewaltigen Siedlung von städtischem Ausmaß. Dort sind umfangreiche handwerkliche Aktivitäten zu beobachten, die auf verschiedene Stadtbezirke verteilt waren. Dort bestanden Werkstätten für die Herstellung von Keramik und Textilien oder die Bearbeitung von Karneol, Lapislazuli (Abb. 3), Alabaster und Muscheln. Man nimmt an, dass ein Teil der dortigen Produktion für den Export nach Mesopotamien und seine Eliten hergestellt wurde. Deshalb soll noch einmal daran erinnert werden, dass Schahr-e Suchte günstig an einem Ende des Helmand-Tals lag und somit am Zugang zu den Bodenschätzen Afghanistans. Dieser Ort bestand sicherlich nicht isoliert und unterhielt neben den Fernhandelsbeziehungen nach Westen auch Kontakte mit dem Osten, denn er weist in seiner materiellen Kultur große Gemeinsamkeiten mit Mundigak im südlichen Afghanistan, am anderen Ende des Helmand-Tals, auf. Die Ähnlichkeiten sind so groß und betreffen so viele Aspekte (z. B. Keramik, Stein- und Metallbearbeitung, Skulpturen,

Siegel und Architektur), dass hypothetisch das Vorhandensein einer eigenständigen Helmand-Kultur in Erwägung gezogen wurde. Mehr noch, über Schahr-e Suchte und Mundigak hinaus wurden Verbindungen zwischen dem südlichen Turkmenistan einerseits und dem Quetta-Tal in Pakistan andererseits festgestellt, so dass man für all diese Gebiete von einem engen Beziehungsgeflecht ausgehen kann, von Archäologen »Interaktionsraum« genannt. Manche Archäologen glauben sogar, dass Stämme aus Turkmenistan in die Nachbarregionen im Süden und Südosten, darunter Schahr-e Suchte, Mundigak und das Quetta-Tal, eingefallen seien, auch wenn diese Hypothese umstritten ist.

Ein weiterer zentraler Diskussionspunkt ist die Chronologie: Waren Schahr-e Suchte und Mundigak während der in der 2. Hälfte des 3. Jahrtausends v. Chr. in Pakistan bestehenden Indus-Kultur noch bewohnt oder schon verlassen? Wie dem auch sei, die 1. Hälfte des 3. Jahrtausends v. Chr., die oft als proto-urbane Phase bezeichnet wird, war eine Zeit tiefgreifender Veränderungen. Die Technologien in verschiedenen Handwerkszweigen wurden verbessert, es sind größere Siedlungen in dichterer Anordnung zu beobachten, zugleich werden an anderer Stelle neue Orte gegründet. Deutlich wird dies am Beispiel von Schahr-e Suchte und seinem Umland, aber auch in Pakistan. Orte wie Amri und Balakot im Südosten Pakistans waren seit ungefähr 3000 v. Chr. besiedelt. Die Infrastruktur der Siedlungen verändert sich nun, was deutlich in Nal /Sohr Damb und Mehrgarh zu erkennen ist. Das seit dem Neolithikum besiedelte Mehrgarh produzierte in dieser Zeit große Mengen an Keramik, wie aus Abfall und Ausschussware deutlich wird. Die dort gefundenen Brennöfen und Lagerräume lassen auf einen durchaus mit heutigen Herstellungszentren vergleichbaren Umfang der Keramikproduktion schließen. In Mehrgarh wie auch im nordöstlichen Belutschistan (heute Pakistan) wurden verschiedene Töpferwaren hergestellt und in der Region verhandelt, aber auch in die jeweils Hunderte von Kilometern entfernten Städte Mundigak und Schahr-e Suchte exportiert. Verbindungen mit Sarasm sind in dieser Zeit besonders deutlich, obwohl diese Kontakte möglicherweise bis in die 2. Hälfte des 3. Jahrtausends v. Chr. weiterbestanden.

Nahe der iranischen Grenze zeigt Kech-Makran eine ähnliche Dynamik: Die Anzahl der Siedlungen nimmt im Vergleich zur vorangegangenen Zeit zu, und die für diese Region typische sehr feine bemalte Keramik wird nicht nur in den südöstlichen Iran – etwa nach Bampur im iranischen Belutschistan – sondern später auch nach Oman auf die Arabische Halbinsel exportiert. Keramik aus Kech-Makran im iranischen Belutschistan war bereits um 3000 v. Chr eine begehrte Ware, und diese Tendenz verstärkte sich während der 1. Hälfte des 3. Jahrtausends v. Chr. noch. Einige der in dieser Gegend verbreiteten Keramikstile kommen auch im Halilrud-Tal in Konar Sandal Süd (KSS) zusammen mit eher für Kerman typischem Material (Abb. 4; S. 270, Kat.-Nr. 76) vor. Die Besiedlung von Konar Sandal Süd (KSS) reichte über die 1. bis in die 2. Hälfte des 3. Jahrtausends v. Chr. hinaus; sie verlief parallel zur Entstehung der Indus-Kultur in Pakistan und Indien.

Die Indus-Zivilisation erstreckte sich in der 2. Hälfte des 3. Jahrtausends v. Chr. vom Nordwesten Indiens bis nach Kech-Makran und war die größte Stadtkultur der Bronzezeit. In der materiellen Kultur dieser Gebiete fällt eine besondere Gleichförmigkeit auf, was die Keramik, die Perlen, Siegel, Gewichte und Ziegelformate sowie die Siedlungsstruktur betrifft. Sie folgt einer strengen Stadtplanung. Die größten Städte der Indus-Kultur, z. B. Mohenjo-Daro in der Provinz Sindh in Pakistan, bestanden aus von breiten Straßen getrennten Häuserblöcken und besaßen außerdem Einrichtungen wie Wasserbecken, Brunnen und Kanalsysteme. Zwischen Indien und Pakistan sind natürlich in gewissem Umfang lokale Abweichungen in der Struktur der Indus-Siedlungen zu verzeichnen, zusätzlich gibt es neue Entwicklungen wie das Aufblühen der Kulli-Kultur in Süd-Pakistan. Auch waren die Funktionen der Indus-Siedlungen möglicherweise nicht überall dieselben. Wieder war es Afghanistan, das mit seinen Bodenschätzen die Menschen aus dem Süden anzog, was zur Gründung von Schortugai, einer Indus-Kolonie im nordöstlichen Afghanistan, führte. Auch zwei Orte an der südwestlichen Peripherie der Indus-Region, Sutkagen-Dor und Sotka-Koh in Kech-Makran, waren Außenposten für den Handel. Darüber hinaus fanden sich Artefakte der Indus-Kultur in Zentralasien, am Persischen Golf und in Mesopotamien wie auch in geringerem Umfang im südöstlichen Iran (Konar Sandal Süd). Während die Frage noch umstritten ist, ob die Indus-Kultur eine eigene Schrift entwickelte, so ist sie doch aus mesopotamischen Texten bekannt und wird zur Zeit Sargons von Akkad unter dem Namen Meluhha als Handelspartner Mesopotamiens erwähnt. Westlich des heutigen Pakistan ist allerdings keine

1
Schrifttafel, Tappe Yahya, spätes 4. Jt. v. Chr., Kat.-Nr. 379

2
Schrifttafel, Tappe Yahya, spätes 4. Jt. v. Chr., Kat.-Nr. 380

3
3 Anhänger, Lapislazuli, Schahr-e Suchte, 3. Jt. v. Chr., Kat.-Nr. 291

4
Schale, »Dschiroft«, Mitte 3. Jt. v. Chr., Kat.-Nr. 74

Indus-Siedlung belegt, und es finden sich auch keine mesopotamischen Objekte in Indus-Siedlungen.

Die Indus-Kultur bestand zumindest teilweise gleichzeitig neben Konar Sandal Süd (KSS), mit überlieferten Orten im Halilrud-Tal, Tappe Yahya (Periode IVB) und Schahdad im südöstlichen Iran. Diese Region, besonders Kerman, war im 3. Jahrtausend v. Chr. für die Herstellung von Chlorit (Speckstein)-Objekten bekannt, die nach Mesopotamien und an den Persischen Golf exportiert wurden. Zugleich wurden in der Region von Dschiroft bemerkenswerte Metall- und Steinarbeiten sowie bemalte Gefäße gefunden (Abb. 6 und 7) (s. Pittman, hier S. 68ff.), in Schahdad außerdem auch Silber-, Lapislazuli- und Türkisobjekte sowie Tonstatuen. Einige Archäologen vermuten, dass in Kerman das in mesopotamischen Texten erwähnte Königreich von Marhaschi lag (s. Schrakamp, hier S. 126ff.), während ein grundsätzlich anderer Ansatz Marhaschi in Zentralasien vermutet und mit der Baktrisch-Margianischen Oasenkultur (BMAC), auch Oxus-Kultur genannt, gleichsetzt. Diese erstreckte sich vom späten 3. bis zum frühen 2. Jahrtausend v. Chr. von Turkmenistan bis nach Tadschikistan. Bekannt ist sie für ihre mit Mauern befestigten Städte und ihre reiche materielle Kultur, besonders die Keramik-, Metall- und Steinarbeiten. Artefakte der BMAC sind an vielen Orten in Iran, Pakistan und am Persischen Golf gefunden worden (z. B. in Schahdad, Abb. 5), was zu der Annahme geführt hat, dass die Träger dieser Kultur im Süden eingefallen oder dorthin geflohen sind. Am Beispiel dieser Kultur wird einmal mehr deutlich – was auch immer die Verbreitung dieser Stücke bedeutet –, dass ähnlich wie in den Jahren um 3000 v. Chr. und in historischer Zeit Zentralasien in Kontakt zu den Entwicklungen im iranischen Hochland und seinen östlichen Nachbarn stand. Man nimmt sogar an, dass diese Ausbreitung den Niedergang der südlichen Stadtkulturen verursacht hat. Tatsächlich ist in Pakistan und im südöstlichen Iran im 2. Jahrtausend v. Chr. ein Niedergang zu erkennen; die großen städtischen Zentren der Indus-Zivilisation wie auch die von Schahr-e Suchte, Konar Sandal Süd (KSS) und Schahdad in Südost-Iran wurden aufgegeben. Eine Einwanderung aus Zentralasien? Auch andere Gründe wie ein Klimawandel, Raubbau an den natürlichen Ressourcen, die Verlagerung der Handelsrouten, ein innerer Kollaps und/oder eine Kombination aller genannten Faktoren werden als Erklärung angeführt. In Tappe Yahya, dem Schlüsselfundort, mit dessen Stratigrafie eine Chronologie der materiellen Kultur des südöstlichen Iran seit dem Neolithikum aufgestellt werden konnte, folgte auf die letzte Phase der Bronzezeit (Periode IVA) eine lange Unterbrechung, bis die Besiedlung im 1. Jahrtausend v. Chr. (Periode III), kurz vor Beginn der Achämenidenherrschaft (Periode II) und Herodots *Historien*, wieder aufgenommen wurde.

Anmerkungen S. 259/260

5
Stempelsiegel, Kupfer, Schahdad, 3. Jt. v. Chr., Kat.-Nr. 277

6
Fußbecher, »Dschiroft«, Mitte 3. Jt. v. Chr., Kat.-Nr. 72

7
Gefäß, »Dschiroft«, Mitte 3. Jt. v. Chr., Kat.-Nr. 73

DIE FRÜHE BRONZEZEIT IM HOCHLAND VON IRAN

BARBARA HELWING

Zu Beginn der Bronzezeit, gegen 3300 v. Chr., hatte sich im größeren Teil von Iran ein Netz städtischer Siedlungszentren etabliert, die sich durch eine sehr homogene Kultur und eine enge Anlehnung an die kulturelle Entwicklung im mesopotamischen Tiefland auszeichneten.

Diese sogenannten protoelamischen Zentren gingen kurz nach 3000 v. Chr. unter, und die Städte wurden verlassen (s. Alizadeh, hier S. 62ff.).

Im Südosten Irans entstand im Anschluss eine reiche städtische Kultur, in der das Handwerk zu hoher Blüte kam (s. Pittman, hier S. 68ff.). Diese Orte unterhielten über den Persischen Golf hinweg Handelsbeziehungen mit den sumerischen Stadtstaaten in Mesopotamien. In direkter Nachbarschaft zu Sumer entstanden im iranischen Tiefland rund um Susa Stadtstaaten, Ursprung für die sich neu formierenden Länder Schimaschki, Anschan und Elam. Doch im zentralen Hochland, besonders in den fruchtbaren Korridoren am Wüstenrand, fehlt anschließend über einen längeren Zeitraum jeder Hinweis auf die Anwesenheit von Menschen, und auch in West-Iran ist die Überlieferung sehr uneinheitlich. Für diese Situation gibt es mehrere Erklärungen: Zum einen hat sich die archäologische Forschung in der Frühzeit auf sichtbare Fundorte konzentriert, auf Siedlungshügel, die seit dem Neolithikum in den Senken der Hochtäler entstanden waren. Zum zweiten hat eine lang anhaltende einseitige Erforschung des Tieflandes von Chusistan rund um die vor über 100 Jahren begonnene Ausgrabung von Susa und seinen Nachbarorten viel Aufmerksamkeit auf sich gezogen. Zum dritten gehören die Einzellandschaften jeweils in einen größeren Zusammenhang, bei dem sich in Nordwest-Iran eine starke Verbindung mit dem südlichen Kaukasus und Ostanatolien beobachten lässt, während das Küstentiefland am Kaspischen Meer und die Gorganebene zusammen mit den Entwicklungen in Zentralasien gesehen werden müssen.

Nordwest-Iran und das Zagrosgebirge

In West- und Nordwest-Iran korreliert das Ende der protoelamischen Zentren mit dem Auftreten einer andersartigen archäologischen Kultur kurz nach 3000 v. Chr., oft als »frühtranskaukasisch« (Early Transcaucasian, ETC) bezeichnet.[1] Ein anderer Name ist Kura-Araxes-Kultur, nach den beiden Hauptflüssen im südlichen Kaukasusland, wo diese Kultur ihr Hauptverbreitungsgebiet hatte. Kura-Araxes-Siedlungen bestanden ursprünglich aus Rundhäusern, erst später baute man mit rechteckigen Grundrissen. Die charakteristische Keramik ist handgemacht, mit schwarzer, polierter Oberfläche. Die Verbreitung dieser speziellen Ware in Oberflächenfunden und auch in Ausgrabungen zeigt, dass die Kura-Araxes-Kultur sich im frühen 3. Jahrtausend v. Chr. vom Südkaukasusland in den ganzen Nordwesten von Iran und kurzzeitig sogar bis in die Ebene von Kermanschah ausbreitete. Am Fundort Godin Tappe dauerte die Kura-Araxes-Besiedlung (Godin IV) ein bis zwei Jahrhunderte an, bevor es hier einen erneuten Umschwung gab, der an die älteren Traditionen anknüpfte. Diese neue Siedlung Godin III ist, zusammen mit dem sehr schlecht erhaltenen Tappe Giyan bei Nahavand, ein wichtiger Referenzpunkt für das 3. Jahrtausend v. Chr. im Zagros. Kennzeichnend ist nun wieder eine mit dunkler Farbe auf hellem Grund bemalte Keramik (Abb. 1), die sich sowohl in den Siedlungen als auch in Gräbern findet.

Wir wissen aus Textquellen des 3. Jahrtausends v. Chr. (s. Schrakamp, hier S. 126ff.), dass in dieser Zeit zunehmend militärische Auseinandersetzungen das Verhältnis der Bergbewohner zu den aufstrebenden Staaten in Mesopotamien prägten: Schon der sumerische Herrscher Eannatum von Lagasch hatte um die Mitte des 3. Jahrtausends v. Chr. über einen Feldzug nach Elam berichtet, der ihn auch in das westiranische Gebirgsland führte. Ein weiteres Beispiel ist der Sieg des Naramsin von Akkad über die Lullubi, ein Bergvolk in Nordwest-Iran (s. Jacobs, hier S. 220ff.). Zeitweilig gelang es den Akkadern und später auch den Königen der 3. Dynastie von Ur, Teile des Tieflandes von Chusistan und die Stadt Susa in ihren Machtbereich einzugliedern, doch immer wieder gewannen die Kleinstaaten im Hochland ihre Unabhängigkeit zurück. Die Gründe für diese fortwährenden Konflikte sind heute weitgehend unbekannt. Die historischen Quellen des späten 3. Jahrtausends v. Chr. berichten aus der Perspektive der mesopotamischen Städte von regelmäßigen Angriffen der Bergvölker, doch fehlt die Perspektive dieser Angreifer in der Überlieferung. Sicherlich haben die reichen Rohstoffe im Hochland, insbesondere Metall, auch Begehrlichkeiten geweckt.

Die fortlaufenden militärischen Auseinandersetzungen zwischen den Tieflandstaaten und den Bergvölkern haben das Siedlungsbild nachhaltig geprägt. Zwar gab es entlang der Überlandrouten einige kontinuierlich besiedelte Plätze wie Godin Tappe, doch suchten die Menschen in den Gebirgszonen nun vermehrt höhere Lagen auf, die natürlichen Schutz boten oder leicht befestigt werden konnten. Dort errichteten sie ihre Häuser nicht aus Lehmziegeln, sondern aus den vor Ort verfügbaren Geröllsteinen, oder auch aus Holz, wie im Alborzgebirge. Solche Fundorte sind archäologisch weit schwerer zu erkennen als die schon von weitem sichtbaren Siedlungshügel im Tal. Sie sind außerdem stärker der Verwitterung ausgesetzt, und bisher wurden nur wenige erhaltene Fundplätze dokumentiert. Hingegen kennt man zahlreiche Nekropolen: Auf diese wurde man seit den 1920er Jahren aufmerksam, nachdem aus Raubgrabungen in Lorestan zahlreiche eigenwillige und originelle Bronzeobjekte in den Bazaren von Teheran aufgetaucht waren, offensichtlich bronze- und eisenzeitliche Artefakte. Dank der Aktivitäten von Erich Schmidt, einem Pionier der Luftbildarchäologie (Abb. 2), und der

1
Topf, Godin Tappe, 3. Jt. v. Chr., Kat.-Nr. 128

Belgischen Expedition von Louis Vanden Berghe sowie weiteren Untersuchungen lassen sich heute Fundprovinzen und -perioden unterscheiden. Dabei ist bemerkenswert, wie stark die zerklüftete Landschaft des Hochgebirges dazu beitrug, individuelle Entwicklungen zu befördern. Die durch steile Bergketten voneinander getrennten Täler – was sich in den Landschaftsnamen Pisch-e Kuh (am Berg) und Poscht-e Kuh (hinter dem Berg, vom Zentralplateau aus gesehen) ausdrückt – entwickelten ihre eigenen charakteristischen Traditionen und Stile, sichtbar insbesondere in der Keramik, aber auch in den Bestattungssitten.

In vielen Regionen wurden die Verstorbenen zunächst in ausgedehnten Gräberfeldern bestattet.[2] Diese liegen vielfach auf leicht erhöhten Terrassen oberhalb eines Flusslaufes. Zu Beginn baute man aus Bruchsteinplatten kistenförmige Einzelgräber, in denen die mit Lebensmitteln und persönlichem Schmuck ausgestatteten Toten in Schlafstellung beigesetzt wurden. Wenig später ging man zur Errichtung unterschiedlicher Großsteingräber über. Die größten Anlagen befinden sich in Bani Surmah, am Fuß der Berge in der Provinz Ilam (Poscht-e Kuh) gelegen: Zwischen 9 und 14 m lange »Korridorgräber« oder Dolmen (Bani Surmah) wurden hier jeweils über einen langen Zeitraum genutzt (Abb. 3); ältere Skelette wurden beiseite geräumt, wenn man neue Bestattungen einbrachte – das chronologisch uneinheitliche Fundmaterial spiegelt diese lange Nutzung. Oftmals wurden einzelne Objekte wie Dolche oder Schmuck aus älteren Bestattungen zwischen den Mauersteinen versteckt. Gegen Ende des 3. Jahrtausends gab man die Großsteingräber zugunsten von kleinen Steinkistengräbern mit Einzelbestattungen wieder auf.

Das Fundmaterial aus den Nekropolen zeugt vom Kontakt, aber auch von Spannungen zwischen den Hochlandbewohnern und Mesopotamien. So finden sich anfangs bemalte Gefäße, die an protoelamische Traditionen anschließen, aber auch mit dem Osttigrisland vergleichbar sind. In der Zeit der Großsteingräber entsteht dann eine mono- oder polychrome bemalte Keramik, deren Motivschatz mit Bergziegen und mit Vögeln sich sowohl in Godin III wie auch in den Tieflandzentren wie Susa wiederfindet. In Gräbern in Kamtarlan und Dom'avize entdeckte man große Behälter, in denen Verstorbene beigesetzt worden waren (Abb. 6). Gelegentlich gehörten auch mesopotamische Rollsiegel zu den Grabbeigaben (Abb. 5) – persönlicher Besitz, Andenken oder Auszeichnungen? Die Anwesenheit von Zagrosbewohnern in den Städten am Diyala oder im Osttigrisland wird in den Quellen mehrfach erwähnt, und die Kontakte spiegeln sich im archäologischen Fundgut wieder. Ebenfalls zur persönlichen Ausstattung gehörten komplexe figürliche Bronzen, jedoch erst seit dem Ende der Frühbronzezeit.

Nordwest-Iran

In Nordwest-Iran blieb die Kura-Araxes-Tradition über einen längeren Zeitraum dominierend. Einige Siedlungen westlich des Urmiasees weisen für diesen Zeitraum über 9 m hohe Siedlungsschichten auf. Ganz im Westen, nahe der Grenze zur heutigen Türkei, hat man in Oberflächenuntersuchungen Orte identifiziert, die offensichtlich befestigt waren. Hier bestanden die Gebäude weitgehend aus Stein. Am Fundort Ravaz, heute Köhne Schahr genannt, haben erst kürzlich archäologische Untersuchungen begonnen.[3] Sie zeigen eine große Siedlung mit Wohngebäuden, Werkstätten und einem zentralen offenen Platz auf einer exponierten und stark befestigten Hügelkuppe (Abb. 4). Die Datierung des Ortes in die 2. Hälfte des 3. Jahrtausends v. Chr. zeigt, dass sich in dieser Region die Kura-Araxes-Besiedlung weit länger als im Zagros halten konnte, obwohl auch hier keineswegs friedliche Zeiten herrschten. Wann genau die Kura-Araxes-Siedlungen aufgegeben wurden und eine neue, wiederum dem

2 (oben)
Blick auf das Tal des Saimarreh: Im Vordergrund links eine Ruine mit Mauern aus Geröllsteinen; Luftbild, aufgenommen am 14.11.1937 von Erich Schmidt

3 (links)
Frühbronzezeitliche Großsteingräber in Bani Surmah, Lorestan; Ausgrabung der Belgischen Archäologischen Mission in Iran

Zagros verbundene Tradition bemalter Keramik aufkam, ist noch nicht bekannt. Dieser Übergang ist bisher nur punktuell in sehr kleinen Grabungsausschnitten, z. B. in Hasanlu, erfasst.

Nord-Iran

Östlich des Flusses Sefidrud, an den Hängen des Alborz und im Kaspischen Tiefland sowie in der zwischen dem Kopet Dagh und dem Alborz eingeschlossenen Gorganebene vollzog sich eine andere, von den Prozessen im Zagros weitgehend unabhängige Entwicklung. Tappe Hesar in der Oase Damghan (s. Pittman, hier S. 68ff.), am Nordrand der großen Wüste Kawir, bildete das Verbindungsglied zu den Städten in Ost- und Südost-Iran. Hier entstanden in Periode IIIB Werkstätten für die Bearbeitung von Lapislazuli, der aus Afghanistan entlang der großen Wüste nach Mesopotamien und Syrien verhandelt wurde, sowie eine blühende Kupferindustrie. Das gegen Ende des 3. Jahrtausends v. Chr. abgebrannte »Burned Building« von Tappe Hesar IIIB zeugt vom Wohlstand seiner Bewohner, die mit Alabastergeschirr und Silber-, manchmal auch Goldschmuck beigesetzt wurden.

Östlich und nordöstlich von Hesar verlief die Kulturentwicklung von Khorassan gemeinsam mit der in Zentralasien, wo sich im Verlauf des 3. Jahrtausends der Baktrisch-Margianische Archäologische Komplex (BMAC) herausbildete[4] – ein nordöstlicher Gegenpol zu den bronzezeitlichen Städten in Südost-Iran; einige Fundobjekte aus Hesar deuten eine direkte Verbindung mit Orten des BMAC an, z. B. Gonur Depe. Doch steht die Forschung in dieser Region noch am Anfang, und detaillierte Vergleiche sind bisher schwierig.

Anmerkungen S. 260

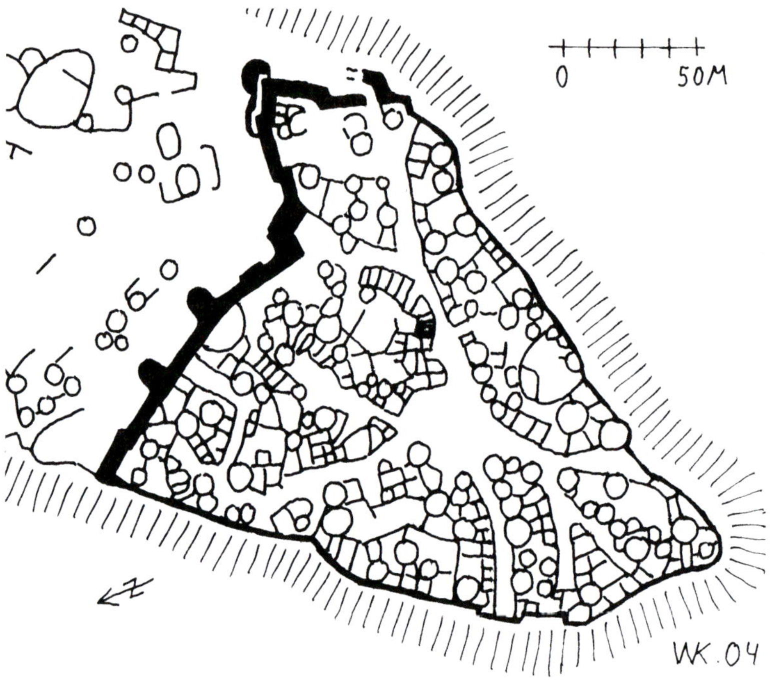

4
Planskizze der befestigten frühbronzezeitlichen Siedlung von Rawaz in Nordwest-Iran

5
Rollsiegel, Stein, Sorchdom-e Lori, spätes 3. Jt. v. Chr., Kat.-Nr. 308

6
Grabgefäß, Dom'avize, 3. Jt. v. Chr., Kat.-Nr. 17

Folgende Seite
7
Grabgefäß, Kamtarlan, 3. Jt. v. Chr., Kat.-Nr. 191

Fundorte

Susa, Arisman, Tappe Yahya, Tappe Hesar IIB–III, Godin IV–III, Tappe Giyan, Grabungen der Holmes-Expedition in Dom'avize und Kamtarlan, Sar-e Pol-e Zohab und das Relief des Anubanini, »Dschiroft«, Schahdad, Schahr-e Suchte

Susa

In Susa folgte auf die urukzeitlichen Schichten der Akropolis eine kontinuierliche Besiedlung in protoelamischer Zeit. Susa war zu dieser Zeit das Zentrum der insgesamt sehr spärlich besiedelten Susiana. In den frühen Grabungen wurden über 1400 Tontafeln mit protoelamischer Schrift geborgen *(S. 65, Abb. 4)*, auch typische Rollsiegel *(Kat.-Nr. 333)* und Schmuckobjekte *(Kat.-Nr. 335)* wurden gefunden, doch weiß man wenig über die Architektur. Die Grabungen Akropolis I und Ville Royale zeigen auf begrenzter Fläche eine städtisch geplante Bebauung. Elemente wie Abwasserleitungen und standardisierte Ziegel sind ein Hinweis auf das Wirken zentraler Institutionen, die mit der Stadtplanung betraut waren.

Nach dem Ende der protoelamischen Zeit wurde Susa weiterhin bewohnt. Es muss im Verlauf des 3. Jts. v. Chr. auf der sog. Akropolis einen Tempel gegeben haben, aus dem Weihplatten überliefert sind. Susa hat auch zahlreiche Siegelfunde ergeben *(S. 284, Kat.-Nr. 346)*. Die meisten Funde stammen aus Gräbern, von denen hunderte in den Bereichen Ville Royale und Donjon ausgegraben wurden. Polychrom bemalte Keramik *(S. 104, Kat.-Nr. 334)* stammt aus den älteren Gräbern, doch in der Mehrzahl datieren die Funde in das ausgehende 3. und in das 2. Jt. v. Chr. Waffenbeigaben umfassen Keulenköpfe *(S. 106, Kat.-Nr. 340, 341)*, Streitäxte, Dolche *(S. 286, Kat.-Nr. 377; S. 159, Kat.-Nr. 370)* und Geschossspitzen *(S. 161, Kat.-Nr. 342; S. 285, Kat.-Nr. 366–368; S. 286, Kat.-Nr. 375 und 376)*. Gussformen *(S. 104, Kat.-Nr. 339 a,b)* belegen die Herstellung vor Ort. Bessergestellte Persönlichkeiten wurden manchmal mit Wagen bestattet, einer auch aus den Friedhöfen von Ur und Kish in Mesopotamien bekannten Sitte folgend. Trotz vieler Parallelen mit den frühdynastischen Stadtstaaten Mesopotamiens war die Stadt deutlich kleiner, sie umfasste im 3. Jt. v. Chr. 46 ha.

Mit der Eroberung Susas durch Sargon von Akkad im 23. Jh. v. Chr. setzte ein Muster ein, das für das Verhältnis zwischen Susa, den mesopotamischen Staaten und dem Bergland prägend werden sollte: Der Ort stand zwischen den Machtansprüchen der mesopotamischen Herrscher der Dynastien von Akkad und Ur III, war dann Provinzhauptstadt und andererseits Herrschaftszentrum der Könige von Susa und Anschan. Letztere manifestieren ihre Ansprüche in der Kunst und mit bilingualen Inschriften.

335

333

344

345

351

352

353

354

355

356

334

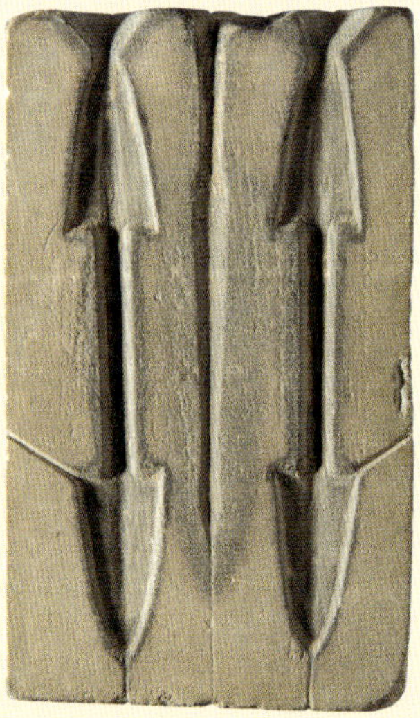
339a

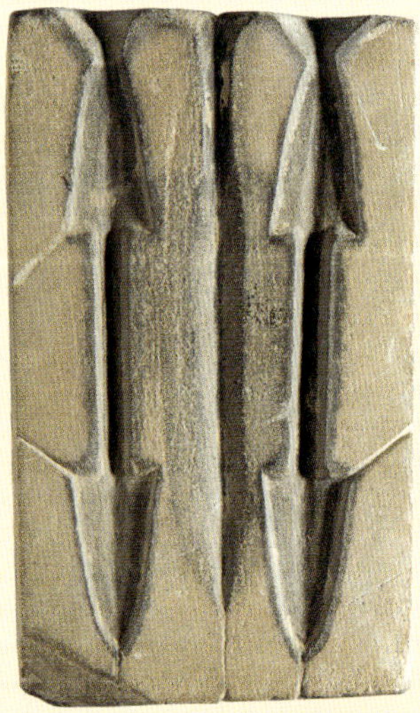
339b

338

343

Von Puzur-Inschuschinak, der im späten 3. Jt. v. Chr. als Widersacher der mesopotamischen Expansionsbestrebungen belegt ist, kennen wir zwölf bilinguale Inschriften in Akkadisch und Linear-Elamisch. Die Monumente der Akkader, die erstmals den von weither importierten Diorit als Material verwenden, waren ursprünglich in Akkad selbst aufgestellt und gelangten am Ende des 2. Jts. v. Chr. als Kriegsbeute nach Susa; die wichtigsten von ihnen werden heute im Louvre aufbewahrt. Das Relieffragment *(S. 105, Kat.-Nr. 338)* könnte zu einem Thron gehört haben, es zeigt die Oberkörper von zwei Männern mit königlicher Haar- und Barttracht.

In der Zeit Ur III wurden auf der Akropolis auf einer Lehmziegelterrasse zwei Tempel angelegt, in ihren Fundamenten lagen Gründungsfiguren aus Bronze. Auch tiefe Brunnen mit Keramikleitungen wurden installiert. Großzügige Privathäuser sind aus Ville Royale B, Schichten VII–VI, bekannt. Die Funde aus diesen Häusern umfassen Tonfigurinen, wie schematisch dargestellte nackte Frauen mit ausgebreiteten Armen *(S. 160, Kat.-Nr. 337)* oder eine brettartige Figurine in einem reich geschmückten Gewand *(Kat.-Nr. 343)*. Mit der Eingliederung Susas in den akkadischen Verwaltungsraum waren auch standardisierte Gewichte eingeführt worden *(S. 104, Kat.-Nr. 344–356)* Private Handelsarchive aus diesen Häusern geben Einblicke in die wirtschaftlichen Verhältnisse der Zeit.

P. Amiet, *Suse, 6000 ans d'histoire*, Paris: Éditions de la réunion des Musées Nationaux, 1988, Kap. 3–4
E. Carter, Notes on archaeology and the social and economic history of Susiana, in: *Paléorient* 11,2, 1985, S. 43–48
D. T. Potts, *The archaeology of Elam. Formation and transformation of an ancient Iranian State*, Cambridge: Cambridge University Press, 1999, Kapitel 3–5

6

7

340

341

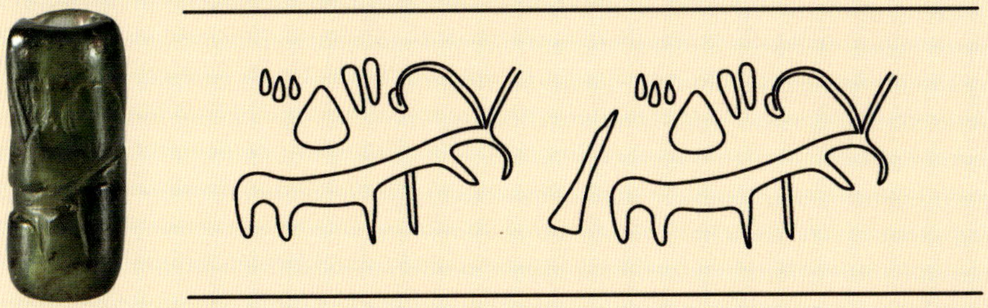

1

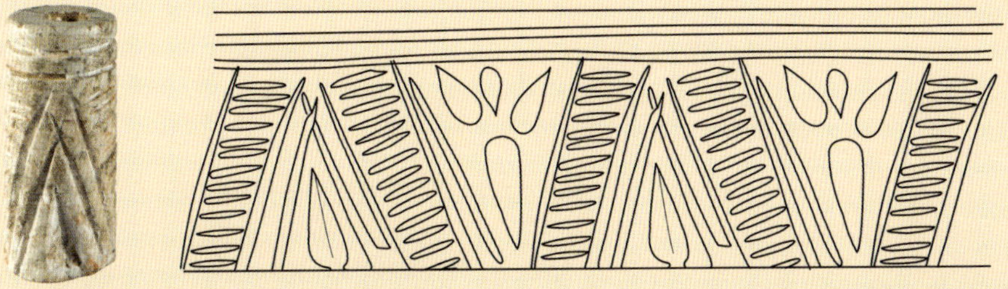

2

381

3

4

Arisman

Der erst in den 1990er Jahren entdeckte Fundort Arisman, am Südrand der großen Wüste Dascht-e Kawir im westlichen Zentraliran gelegen, wurde von 2000 bis 2004 gemeinsam von der Iranischen Behörde für Kulturerbe und dem Deutschen Archäologischen Institut erforscht. Der Ort war ein auf Kupfer- und Silbergewinnung und -verarbeitung spezialisierter Industriestandort. Seine Besiedlung begann um die Mitte des 4. Jts. v. Chr. mit Keramik- und Metallwerkstätten; nach 3350 v. Chr. wurde er zu einem Zentrum der protoelamischen Kultur, in dem weiterhin die Kupfer- und Silberproduktion florierten. Protoelamische Bestattungen lagen oft in Gefäßen *(S. 66, Abb. 5)* und waren mit Geschirr *(Kat.-Nr. 4)* und Schmuck *(Kat.-Nr. 3,6 und 7)* ausgestattet. In manchen Gräbern lagen auch Rollsiegel typisch protoelamischer Machart *(Kat.-Nr. 1 und 2)*, was die Fernbeziehungen der Bewohner von Arisman unterstreicht.

A. Vatandoust/H. Parzinger/B. Helwing (Hrsg.), *Early mining and metallurgy on the western Central Iranian Plateau. Report on the first five years of research of the Joint Iranian-German Research Project*, Mainz: Philipp von Zabern, 2011 (Archäologie in Iran und Turan, 9)

Tappe Yahya

Der 22 m hohe und seit prähistorischer Zeit besiedelte Tappe Yahya liegt in einem kleinen Tal am Nordrand der Niederung von Jazmurian in Südost-Iran. Er wurde in den 1960er und 70er Jahren durch ein Team der Harvard University unter Leitung von Carl Lamberg-Karlovsky erforscht. Die Kulturabfolge umfasst mehrere große Epochen vom späten Neolithikum bis in die Eisenzeit. In der protoelamischen Periode Yahya IV war der Ort eine Siedlung mit großen Häusern aus standardisierten Ziegeln und mit Abflussleitungen. Eine Reihe von Tontafeln ist mit protoelamischer Schrift beschrieben *(S. 92, Abb. 1 und 2)*. Zugleich hat Yahya aber auch umfangreiches Fundmaterial – besonders Keramik – erbracht, das Kontakte nach Osten und Nordosten belegt.

Nach einer Siedlungsunterbrechung wurde Tappe Yahya in der zweiten Hälfte des 3. Jts. v. Chr. erneut

167

168

besiedelt. Ein besonderer Befund der Phase V ist der sogenannte »Persian Gulf Room«, in dem zahlreiche Objekte gefunden wurden, die auf Beziehungen zu den Kulturen am Persischen Golf hindeuten, darunter auch ein Rollsiegel mit der Darstellung einer Vegetationsgottheit *(S. 107, Kat.-Nr. 381).*

B. Mutin, *The proto-elamite settlement and its neighbors: Tepe Yahya, period IVC*, hrsg. von C. C. Lamberg-Karlovsky, Oxford/Oakville: Oxbow Books, 2013 (American Schools of Prehistoric Research Monograph Series, no number)

Tappe Hesar IIB–III

Im späten Hesar II (3350–2900 v. Chr.) erlebte die Verarbeitung von Stein und Metall einen Boom, und der Ort bildete durch seine strategische Lage am Nordrand der Wüste Dascht-e Kawir eine wichtige Station in einem Netz von Fernkontakten. Archäologisch kann man diese Blüte an der Verarbeitung neuer und seltener Materialien wie Lapislazuli erkennen. Drei Wohngebäude auf dem Haupthügel und ein weiteres auf dem Südhügel zeigen nun außerdem neue Architekturelemente wie Vorsprünge und Nischen in den Ziegelmauern, wie sie auch aus Turkmenistan bekannt sind. Die Funktion der Häuser umfasste neben reinen Wohnzwecken auch die Bevorratung von Lebensmitteln und Rohstoffen. Auch ein Töpferofen stand mitten in der Siedlung.

In Hesar III B (2500–2200 v. Chr.) verlagerte sich die Besiedlung nach einer fast nur durch Bestattungen dokumentierten Nutzung des Hügels (Hesar IIIA, 2900–2500 v. Chr.) nach Osten auf den »Roten Hügel« und den »Schatzhügel«, während der Haupthügel als Bestattungsplatz genutzt wurde. Offenbar nahm die Bevölkerungsdichte ab, und die Untersuchung der Skelette aus den Gräbern ergab, dass der Gesundheitszustand vieler Individuen nicht gut gewesen war. Gleichzeitig erlebte jedoch das Handwerk eine neue Blüte, besonders bei der Verarbeitung von Metallen und Alabaster, auch metallisch wirkende graue Keramik blieb in Gebrauch *(Kat.-Nr. 167, 168; S. 70, Abb. 3)* Am Nordhügel stand ein durch seine Größe von fast 300 m², seine dicken Mauern mit Vor- und Rücksprüngen und einen großen Herd mit Plattform außergewöhnliches Gebäude, vermutlich eine Eliteresidenz. Es wurde durch einen Brand zerstört (»Burned Building«), in seinem Inneren fanden sich zahlreiche Pfeilspitzen und Dolche neben teilweise versengten Skeletten sowie große Mengen wertvoller Schmuck- und Prestigeobjekte.

Nach dem Brand des großen Gebäudes lag Tappe Hesar für einige Zeit verlassen, bevor eine weitere Besiedlung in Hesar IIIC (2000–1800 v. Chr.) folgte, die aber nur fragmentarisch durch Architekturreste dokumentiert ist. Stattdessen definieren reiche Grabinventare mit Alabaster und Metallobjekten die Periode, wie auch eine typische graue Keramik mit feiner Musterpolitur *(S. 133, Abb. 4)*. Kontakte nach Norden, zum Baktrisch-Margianischen Archäologischen Komplex, spiegeln sich in den Grabbeigaben, besonders in den Alabastergefäßen und -objekten *(Kat.-Nr. 173–177; S. 69, Abb. 1)*

174

178

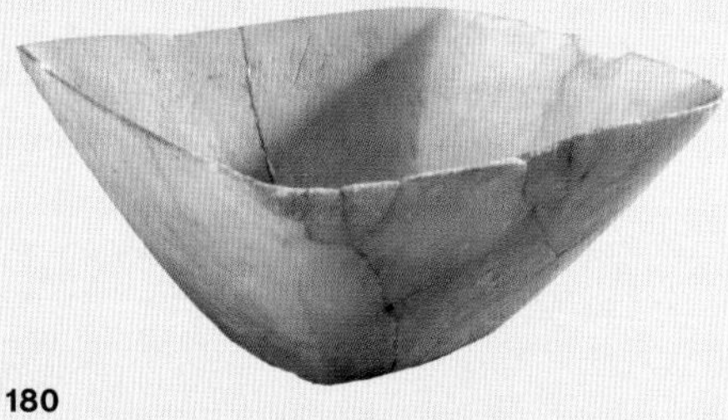
180

173

175

176

179

177

E. F. Schmidt, *Excavations at Tepe Hissar, Damghan*, Philadelphia: University of Pennsylvania Press for the University Museum, 1937
R. H. Dyson/S. M. Howard, *Tappeh Hesar: Reports of the Restudy Project, 1976*, Florenz: Casa Editrice Le Lettre, 1989
A. Gürsan-Salzman, *The new chronology of the Bronze Age settlement of Tepe Hissar, Iran*, Philadelphia: University Museum, 2016 (University Museum Monograph, 142)

Godin IV–III

Am Godin Tappe entstand nach einer mehrere Jahrhunderte währenden Besiedlung (Godin IV, 3300–2900 v. Chr.) mit kaukasischen Merkmalen in Periode III (2600–1400 v. Chr.) eine neue Siedlung, die während des 3. und frühen 2. Jts. v. Chr. durchgehend bewohnt war. Immer wieder wurden Häuser erneuert oder eingeebnet, doch blieb das Grundprinzip langfristig immer ähnlich: einzeln stehende, aber dicht an dicht gebaute Mehrraumhäuser, in Unterphase III: 4 auch mit einem Fußboden aus Stein,

129

nachdem die Siedlung der Schicht III:5 wohl durch ein Erdbeben zerstört worden war. Einzelne Bestattungen fanden sich im Inneren der Siedlung; typisch für Godin III sind eine Keramik mit dunkler Bemalung auf hellem Grund *(S. 98, Abb. 1)* sowie einzelne Schmuckobjekte wie der kleine Widderanhänger *(Kat.-Nr. 129)*.

H. Gopnik/M. S. Rothman (Hrsg.), *On the High Road: The history of Godin Tepe, Iran*, Costa Mesa: Mazda Publishers in association with Royal Ontario Museum, 2011 (Bibliotheca Iranica: archaeology, art & architecture, series 1)

Tappe Giyan

Tappe Giyan bei Nehavand in Lorestan wurde bereits in den 1930er Jahren untersucht. Schon damals war der Ort stark durch Raubgrabungen zerstört, und eine Sammlung von Stempelsiegeln, in den 1920er Jahren von Ernst Herzfeld in der Nähe angekauft, stammt aus Giyan. Bei der Besiedlung von Giyan lassen sich fünf Phasen unterscheiden, die Abfolge reicht von der Kupfersteinzeit bis ins 1. Jt. v. Chr. und diente lange Zeit als Referenz für die Region. Über 100 Gräber der Perioden IV bis II (2600–1500 v. Chr.) sind dokumentiert, vielfach lagen die Toten in großen Grabgefäßen *(Kat.-Nr. 125)*.

G. Contenau/R. Girshman, *Fouilles de Tépé Giyan, près du Nehavend, 1931 et 1932*, Paris: Librairie Orientaliste Paul Geuthner, 1935

Grabungen der Holmes-Expedition in Dom'avize und Kamtarlan

In den 1930er Jahren führte Erich Schmidt zwei Expeditionen nach Lorestan durch. Die Region war in den Fokus des archäologischen Interesses geraten, nachdem seit den 1920er Jahren vermehrt originell gearbeitete Bronzeobjekte im Kunsthandel aufgetaucht waren, die unter dem Namen »Lorestan-Bronzen« bekannt sind. Schmidt dokumentierte mehrere Fundorte, an denen bronze- und eisenzeitliche Bestattungen zu Tage gekommen waren. Zu diesen gehören die Orte Kamtarlan I und Dom'avize. Die Grabgefäße dort sind groß und in der Regel auf der Schulter bemalt. Die Muster sind stark stilisiert und zeigen Stiere *(S. 101)* oder Vögel *(S. 102)*.

125

E. F. Schmidt/M. N. van Loon/H. H. Curvers (Hrsg.), *The Holmes Expeditions to Luristan*, Chicago 1989 (Oriental Institute Publications, 108)

»Dschiroft«

Im Jahr 2003 wurde in Teheran anlässlich eines archäologischen Kongresses eine Fundgruppe aus Südost-Iran vorgestellt, die unter dem Namen »Dschiroft« Eingang in die Literatur fand. Es handelte sich um mehrere hundert Objekte, welche die Polizei in der Provinz Kerman von Raubgräbern beschlagnahmt hatte und die aus verschiedenen Gräberfeldern im Tal des Halilrud stammten.

Es handelt sich also um keinen einheitlichen und archäologisch dokumentierten Fundkomplex. Die konfiszierten Konvolute umfassten unter anderem Steingefäße und andere Objekte mit geschnitzter figürlicher Dekoration. Solche Stücke waren vereinzelt immer wieder in Schichten des 3. Jts. v. Chr. bei Ausgrabungen in Mesopotamien und am Persischen Golf aufgetaucht. Aufgrund ihrer Ikonografie hatte man sie von Anfang an mit dem Iran in Verbindung gebracht. Da aber das Produktionszentrum unbekannt war, wurden diese Gefäße unter dem Begriff »intercultural style« zusammengefasst,

Das beraubte Gräberfeld von Sipareh im Tal des Halilrud

darauf anspielend, dass hier verschiedene Elemente aus dem Osten und Westen zusammenkamen. In stratigrafisch dokumentierter Lage waren Fragmente solcher Steingefäße erstmals in Tappe Yahya angetroffen worden.

Nach der Präsentation des Fundkomplexes »Dschiroft« entsandte die iranische Behörde für Kulturerbe Yousef Majidzadeh zu weiteren Ausgrabungen in die Region. Er entschied damals, wissenschaftliche Untersuchungen nicht in einem weiteren Gräberfeld, sondern in zwei benachbarten Siedlungshügeln durchzuführen, wo er Werkstätten für Steingefäße vermutete. Diese Ausgrabungen in Konar Sandal Nord und Süd erlauben bereits jetzt ein besseres Verständnis der Kulturentwicklung in Südostiran, die im 3. Jt. v. Chr. in engem Kontakt mit dem südlichen Mesopotamien stand und inzwischen mit der Region »Marhaschi« identifiziert wird. Die Keramik dieser Plätze fügt sich mit ihren verschiedenen hell- *(S. 270, Kat.-Nr. 70 und 71)*, rottonigen *(S. 95, Abb. 6 und 7; S. 270, Kat.-Nr. 75)* und grauen *(S. 92, Abb. 4)* Serien gut in das regionale Spektrum ein, wobei in der hellen Serie auch polychrome Bemalung vorkommt *(S. 270, Abb. 76)*.

38

Chlorit kann mit Hilfe von Metallwerkzeugen bearbeitet und geschnitzt werden. Vielfach wurden zusätzlich farbige Einlagen aus Muschel oder Karneol in die Oberflächen eingelassen. Typische Formen der Chlorit-Industrie sind schlanke, sich nach oben verjüngende Becher, die an dicke Palmstämme erinnern; andere populäre Formen sind Dosen, handtaschenförmige Gewichte und Spielbretter.

Die Bilderwelt der Chlorit-Objekte und -Gefäße vermittelt einen Eindruck von der Umwelt der Oasenstädte. Eine realistische Motivgruppe zeigt Palmenhaine *(S. 32, oben; S. 268, Kat.-Nr. 31; Kat.-Nr. 39)*, ein Gewimmel von Skorpionen *(S. 114, Kat.-Nr. 33)*, an Wüstensträuchern äsende Tiere *(S. 268, Kat.-Nr. 30)* sowie Städte mit Stadtmauern aus Lehmziegeln und mit abgestuften Terrassentürmen *(S. 268, Kat.-Nr. 34; S. 86)*. Eine ganz andere Gruppe präsentiert Kampfszenen: Ein Raubtier – ein Leopard oder ein Bartgeier – kämpft mit gewaltigen Schlangen *(S. 76, 85, 87–89)*, oder zwei Schlangen wenden sich gegeneinander *(S. 87, unten)*; eine andere Variante stellt einen menschlichen oder übermenschlichen Helden in den Mittelpunkt, der zwei Tiere bezwingt *(S. 84, 115, 116; Kat.-Nr. 37)*. Diese kanonischen Themen entstammen dem Mythenschatz der Bewohner Ost-Irans, der jedoch ohne schriftliche Überlieferung nur in

39

37

43

40

27

65

44

64

66

61

63

56

57

58

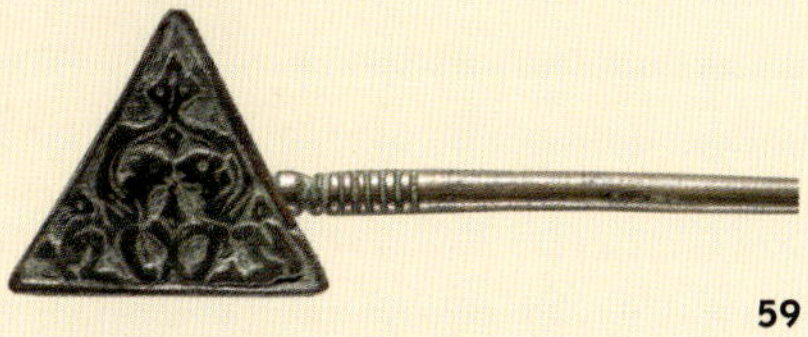
59

62

33

28

29

25

46

68

67

Umrissen erkennbar ist. Dies gilt sicherlich auch für die Schale *(S. 114, Kat.-Nr. 28)*, die eine menschliche Figur in einem Bottich sitzend zwischen großen Schlangen zeigt. Die Darstellung eines Skorpionmannes *(S. 83; S. 112, Kat.-Nr. 38; S. 113, Kat.-Nr. 27)* bezieht sich auf eine mythische Figur, die auch aus der sumerischen Überlieferung als Wächterfigur des Sonnengottes bekannt ist. Der Skorpionmann *(S. 83)* ist ein Spielbrett, wie es auch in Form eines Bartgeiers *(S. 82)* oder eines Tisches *(S. 113, Kat.-Nr. 40 und 43)* gefunden wurde. Die Regeln dieses im 3. Jt. v. Chr. in Westasien weit verbreiteten »Zwanzig-Felder-Spiels« sind aus späteren babylonischen Textdokumenten bekannt. Ähnlich wie beim heutigen Backgammon geht es bei diesem Strategiespiel für zwei Personen darum, die eigenen Steine so schnell wie möglich ins eigene Lager zu befördern.

Auch der durchscheinende Alabaster, mineralogisch korrekt eigentlich Kalzit, wurde zu Gefäßen *(S. 81)* und funktionalen Skulpturen wie anthropomorphen Griffen *(S. 80)* verarbeitet. Dabei war der durch die natürliche Bänderung des Steins entstehende hell-dunkel-Farbeffekt sicherlich erwünscht. Aus Lapislazuli fertigte man kleine Schmuckobjekte, etwa reliefierte Scheiben, die den Kopf waagrecht getragener Schmucknadeln bildeten *(S. 113, Kat.-Nr. 61 und 63)*. Hier begegnet erneut der Skorpionmensch *(S. 113, Kat.-Nr. 56)*, aber auch kleine Tierfiguren *(S. 113, Kat.-Nr. 62)*.

Die Nadeln bestehen – wie alle kupferbasierten Objekte in Ost-Iran im 3. Jt. v. Chr. – aus mit Arsen legiertem Kupfer. Eine variantenreiche Gruppe hat aus Kupfer gegossene, teils durchbrochen gearbeitete Kopfscheiben, in die figürliche Darstellungen eingepasst sind *(S. 113, Kat.-Nr. 57–59, 61)*. Aus Arsenkupfer wurden auch Äxte *(Kat.-Nr. 67)* und andere Objekte wie ein vogelförmiger Standartenkopf *(S. 113, Kat.-Nr. 65)* gefertigt. Kleine Tierfiguren gehörten ebenfalls zur Grabausstattung, z.B. die zahlreichen Modellschlangen *(Kat.-Nr. 68)*, was einmal mehr die besondere Bedeutung von Schlangen in der Wahrnehmung der bronzezeitlichen Bevölkerung der Dschiroft-Region unterstreicht.

A. Lawler, Dschiroft discovery stuns archaeologists, in: *Science Magazin* 302, 2003, S. 973–974
Y. Madjidzadeh, *Dschiroft. The earliest oriental civilization*, hrsg. von der Iranian Cultural Heritage Organization, Teheran: Printing and Publishing Organization of the Ministry of Culture and Islamic Guidance, 2003
Y. Madjidzadeh, Excavations at Konar Sandal in the region of Dschiroft in the Halil Basin: First preliminary report (2002–2008), in: *Iran* 46, 2008, S. 69–104
O. W. Muscarella, Jiroft and »Jiroft-Aratta«. A review article of Yousef Majidzadeh, Jiroft: The earliest Oriental Civilization, in: *Bulletin of the Asia Institute* 15, 2005, S. 173–198

Schahdad

Die bronzezeitliche Stadt Schahdad liegt am Südostrand der Wüste Lut auf einem Schotterfächer des Flusses Derachtangan, der zwischen den Bergen Kuh-e Biyaban und Kuh-e Konaran entspringt. Der Ort ist besonders für seine ausgedehnten Friedhöfe aus dem 3. Jt. v. Chr. bekannt, die zwischen 1968 und 1977 von Ali Hakemi ausgegraben wurden. Die Verstorbenen waren meist in Grubengräbern oder in mit Lehmziegeln verstärkten Gruben beigesetzt. Gelegentlich fanden sich innerhalb der Grabgruben Einbauten wie Lehmziegelplattformen. Die Skelette lagen in Schlafstellung, waren allerdings aufgrund der aggressiven Bodenchemie schlecht erhalten. Die Funde aus Schahdad lassen sich teilweise sehr gut mit »Dschiroft« verbinden, zeigen aber auch Ähnlichkeiten mit Material aus Schahr-e Suchte, besonders bei den Steingefäßen aus Alabaster *(S. 281, Kat.-Nr. 274)* oder anderen gut zu bearbeitenden Steinen wie dem weiß gefleckten Mineral Waagenophilum, einer versteinerte Koralle *(Kat.-Nr. 275)*.

275

270

271

285

276

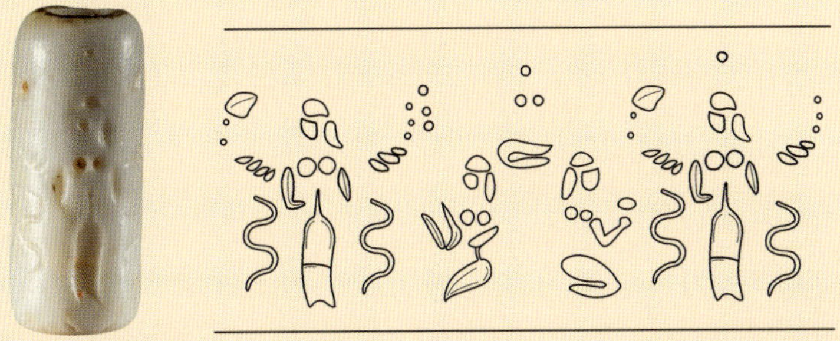

279

278

269

Fernbeziehungen bestanden sicher auch mit dem Baktrisch-Margianischen Archäologischen Komplex, dessen Zentrum im heutigen Turkmenistan liegt. Die weitreichenden Fernverbindungen des Ortes zeigen sich besonders deutlich in der Vielfalt der Roll- *(Kat.-Nr. 276 und 279)* und Stempelsiegel *(Kat.-Nr. 278,; S. 94, Abb. 5)*. Eine reiche Metallindustrie mit figürlichen Becken und Deckeln *(Kat.-Nr. 278; Abb. S. 96)*, zoomorphen Äxten *(Kat.-Nr. 269)* und vasenförmigen Nadeln *(Kat.-Nr. 270)* ist überliefert, ebenso Standarten und fächerförmige Nadelköpfe aus Silber *(Kat.-Nr. 271)*. Diese wurde sehr wahrscheinlich direkt vor Ort angefertigt, denn aus dem sogenannten Handwerkerviertel (»Site D«) gibt es Hinweise auf eine umfangreiche Metallverarbeitung. Eine Gruppen von Tonstatuetten aus den Gräbern stellt wahrscheinlich symbolische Vertreter der Verstorbenen dar *(S. 78, Abb. 9; S. 121; S. 281, Kat.-Nr. 283)*. Bemerkenswert sind außerdem mit Schriftzeichen in Linear-Elamisch versehene Vorratsgefäße.

A.Hakemi, *Shahdad: Archaeological excavations of a Bronze Age center in Iran*, Rom: IsMEO, 1997

267

280

281

Schahr-e Suchte

Schahr-e Suchte, die »Verbrannte Stadt«, seit 2014 UNESCO-Weltkulturerbe, liegt in Sistan im äußersten Osten Irans, im Einzugsbereich des aus Afghanistan kommenden Helmand. Der Ort ist mit über 150 ha Ausdehnung eine der größten Ruinen Irans. Er wurde von 1967 bis 1977 unter der Leitung von Maurizio Tosi großflächig erforscht, seit 1997 arbeitet dort ein iranisches Team unter S. M. S. Sajjadi. Die Ausgrabungen ergaben eine stratigrafische Abfolge von vier Perioden, I–IV (bzw. Phasen 10–1), die von protoelamischer Zeit bis an das Ende des 3. Jts. v. Chr. reichen.

Der Ort wurde gegen 3200 v. Chr. zu einer Zeit gegründet, als das Klima in der Region noch feuchter war und wohl sogar ein See in der Nähe existierte. Der älteste Siedlungsteil lag im Bereich der östlichen Wohnhäuser, unter denen Schichten der Periode I erreicht wurden, die mit der protoelamischen Zeit korrelieren. Die Besiedlung dehnte sich bald nach Westen aus und erreichte in Periode III mehr als 100 ha Fläche. Die Stadt florierte, sicher auch begünstigt durch ihre Lage am Schnittpunkt von Handelsrouten von und nach Afghanistan und Zentralasien. Spezialisierte Werkstätten für die Bearbeitung von Alabaster und anderen Mineralien, Halbedelsteinen wie Lapislazuli *(S. 92, Abb. 3)*, aber auch für Metall, sind dokumentiert. In dieser Zeit wurden im zentralen Bereich der Stadt innerhalb einer ummauerten Fläche zwei große Gebäude errichtet, möglicherweise Paläste oder Elitewohnhäuser. Das sogenannte »Verbrannte Gebäude« gehört der jüngsten Besiedlung in Periode IV an. Gegen 2000 v. Chr. wurde der Ort schließlich aufgegeben. Über die Gründe kann man bisher nur spekulieren, doch werden Klimaveränderungen oder die Verlagerung von Wasserläufen diskutiert.

Neben den Stadtvierteln haben auch die ausgedehnten Friedhöfe eine reiche Fülle an Fundmaterial erbracht. Die

290

292

293

294

295

Gräber sind in der Regel wie Katakomben angelegt, mit einem Schacht und einer seitlich anschließenden Kammer, die durch eine Lehmziegelmauer verschlossen wurde. In diesen Gräbern liegen oftmals mehrere Personen. Zu ihrer Ausstattung gehörten Keramikgefäße, Waffen *(Kat.-Nr. 292 und 293)* und Werkzeuge aus Kupferlegierungen, Schmuck und gelegentlich auch rätselhafte Objekte wie der über 5 Kilogramm schwere Steinvogel *(Kat.-Nr.. 290)*. Aufgrund der außergewöhnlich güns-tigen Bedingungen haben sich in den Gräbern auch Textilien und organisches Material erhalten *(Kat.-Nr. 294 und 295)*.

286

Die Keramik des dicht an der Ostgrenze Irans gelegenen Ortes gehört teilweise Gruppen an, die im östlich anschließenden Helmandbecken und in Balutschistan beheimatet sind, wie die polychrom bemalte Vase der nach der Stadt Quetta benannten Keramik zeigt *(Abb. S. 70)*. Eine Schale mit der Darstellung von Fischen *(Kat.-Nr. 286)* nimmt ein Motiv auf, wie es von den Kupferdeckeln aus Schahdad schon bekannt ist, und die Pipal-Pflanze auf einem kleinen Fußbecher *(Kat.-Nr. 287)* verweist auf ein Gewächs der Gattung *Ficus*, das zwischen Indien und China beheimatet ist.

S. Salvatori/M. Tosi, Shahr-i Sokhta revised sequence, in: *South Asian Archaeology 2001. Proceedings of the Sixteenth International Conference of the European Association of South Asian Archaeologists, held in Collège de France, Paris, 2–6 July 2001*, hrsg. von C. Jarrige und V. Lefèvre, Paris: Éditions Recherche sur les Civilisations, 2005, S. 281–292
M. Piperno/S. Salvatori, *The Shahr-i Sokhta graveyard (Sistan, Iran): Excavation campaigns 1972-1978*, hrsg. vom I.I.p.l.A.e. l'Oriente, Rom: Istituto Italiano per l'Africa e l'Oriente, 2007
S. M. S. Sajjadi/M. Casanova/L. Costantini/K. O. Lorentz, Sistan and Baluchistan Project: Short reports on the tenth campaign of excavations at Shahr-i Sokhta, in: *Iran* 46, 2008, S. 307–334

287

288

DER AUFSTIEG REGIONALER MÄCHTE IN IRAN

IRAN IN DEN FRÜHESTEN KEILSCHRIFTQUELLEN MESOPOTAMIENS

INGO SCHRAKAMP

Seit dem ausgehenden 4. Jahrtausend v. Chr. belegen die keilschriftlichen Quellen Mesopotamiens Kontakte mit Iran. Bis zum Ende des 3. Jahrtausends stellen sie zudem die einzigen einschlägigen Textquellen dar; die protoelamische Schrift, die um die Wende vom 4. zum 3. Jahrtausend in Iran verwendet wurde, ist wie die spätere linear-elamische Schrift noch kaum verständlich.

Die Bezeichnungen dieser Schriften sind an den Landesnamen »Elam« angelehnt, der bereits um 3000 v. Chr. keilschriftlich bezeugt und wohl mit der Eigenbezeichnung »Ha(l)tamt(i)« verwandt ist. Das zugehörige Wortzeichen NIM$^{(ki)}$ leitet sich vielleicht aus sumerisch (igi-)nim »hoch« her. Aus mesopotamischer Sicht umfasste » Elam« das Hochland im Osten, d. h. den südlichen Zagros. Den nördlichen Zagros samt Vorland bezeichnete man als »Subir/Subartu«. Susa in Chusistan war als Zentrum protoelamischen Schrifttums und Knotenpunkt zwischen Mesopotamien und Elam bedeutend, wurde aber erst im 2. Jahrtausend zum Inbegriff Elams. Durch einheimische Schriftfunde bekannt sind ferner Anschan, Tal-e Malyan in Fars, sowie die Länder Awan und Schimaschki, die einer Königsliste aus Susa zufolge Sitz von zwei aufeinanderfolgenden Dynastien waren. Die Hauptstadt von Awan vermutet man in Adamsul, das mit Tappe Surchegan östlich von Susa identifiziert wurde.

Schimaschki umfasste eine Vielzahl von Fürstentümern, die sich »von der Grenze von Anschan bis zum oberen Meer«, d.h. von Fars bis zum Urmiasee oder Kaspischen Meer über den Zagros ausdehnten. Zabschali, das nördlichste, erscheint in einer Hymne des Ischbierra von Isin (2017–1987 v. Chr.), die seinen Sieg über Kindattu und die Vertreibung der Elamer aus Sumer besingt; sein Reich erstreckte sich von »Paschime an der Brust des Meeres bis zur Grenze von Zabschali, von Urua, dem Riegel von Elam, bis zur Grenze von Marhaschi«. Paschime wurde durch Textfunde mit Tell Abu Sheedscha, etwa 250 km nördlich der heutigen Küste am Fuß des Zagros identifiziert – der Golf reichte damals noch weit in das Landesinnere. Urua setzt man mit dem nordöstlich gelegenen Musiyan in Deh Luran, Marhaschi mit der Dschiroft-Kultur in Kerman gleich. Ischbierras Hymne umreißt damit den geografischen Horizont der Keilschriftquellen. Sie erwähnen außerdem weitere Völker, Städte, Regionen und Länder, deren Lokalisierung oft unscharf bleibt. Unklar ist etwa die genaue Herkunft der Gutäer, die Erwähnungen von »Gutäisch-Dolmetschern« zufolge ein vom Elamischen unterschiedenes Idiom sprachen. Lullubum und Simurrum lokalisiert man hingegen in der Region um und südlich von Sulaimaniya. Die Felsreliefs bei Sar-e Pol-e Zohab und Bitwata im Zagros, die ihre Fürsten als Krieger darstellen, markierten vielleicht die Grenze ihrer Macht (s. Karte S. 128).

Schon die ältesten Wirtschaftstexte und zur Schreiberausbildung genutzten Wortlisten aus Uruk und Dschemdet Nasr (3300–2900 v. Chr.) erwähnen Susa, Elam und Subir. In der Frühdynastisch IIIa-Zeit (2575–2475 v. Chr.) finden sich nicht nur Ortsnamenreihungen, die auf Handelsrouten entlang des Zagros deuten, sondern auch Götternamen elamischer Herkunft. Nicht bewährt hat sich die Annahme, dass die ältesten Texte einen »Herrn von Aratta« erwähnen, einer reichen Stadt im Hochland, die in späteren Epen als Konkurrent und Kriegsgegner des sumerischen Uruk erscheint. Obwohl man Aratta in Kerman vermutet hat, war es nicht mehr als ein sagenhafter Ort.

Die ältesten historischen Nachrichten liefern Inschriften der Frühdynastisch IIIb-Zeit (2475–2300 v. Chr.), die erste Tatenberichte mesopotamischer Könige enthalten. Zu den bedeutendsten zählte Eanatum, der im 24. Jahrhundert das sumerische Lagasch beherrschte. Er rühmt sich, ADU$_3$a, Elam, »das staunenswerte Gebirge«, Iriaza, Mischime (Paschime), Subir, Susa und Urua besiegt und ein Bündnis aus Elam, Subir und Urua zurückgeschlagen zu haben, das unter der Führung des »Stadtfürsten« von Urua nach Lagasch eingedrungen war; ein jüngerer Keilschriftbrief berichtet von der Plünderung der Hafenstadt Guabba durch elamische Truppen. Wirtschaftstexte der Zeit des Enentarzi, Lugalanda und Urukagina (2336–2315 v. Chr.) dokumentieren den Handel mit Der, Elam, Mischime, Susa und Urua. Sie belegen den Export von Getreide und Textilien und den Import von Metallen, Hölzern, Spezereien und Sklaven. Mit »Siku«, dem »Stadtfürsten von Urua«, wird erstmals ein elamischer Herrscher namentlich erwähnt. Noch war die politische Landkarte West-Irans von Stadt- und Kleinstaaten geprägt.

Zur Zeit des Reiches von Akkade, das ganz Mesopotamien beherrschte (2300–2181 v. Chr.), erweiterte sich der Horizont der Keilschriftquellen. Sargon berichtet von Kämpfen gegen Elam und Parahschum (Marhaschi), das seine Macht von Kerman bis nach Chusistan ausgedehnt hatte, erwähnt Beute aus Awan, Susa und Urua und rühmt sich, Fürsten wie »Luhischan, Sohn des Hisibrasini, des Königs von Elam«, den achten Herrscher der Awan-Königsliste, gefangengenommen zu haben. 2282 v. Chr. gelang es Rimusch, Abalgamasch von Parahschum, der die Truppen von Elam, Zahara, Gupin und Meluhha, der Industalkultur, aufgeboten hatte, zwischen Susa und Awan zu besiegen. Seine Inschrift summiert 31 226 besiegte und getötete Gegner und zählt Gold, Kupfer, Sklaven und »Duhschu-Stein« zur Kriegsbeute. Die daraus gefertigten Chloritgefäße waren typisch für die Dschiroft-Kultur und gelangten, mit Beuteinschriften versehen, nach Mesopotamien. Dieser Sieg öffnete den Weg ins Hochland; Manischtuschu erreichte sogar Anschan. Naramsin (2261–2206 v. Chr.) kämpfte im nördlichen Zagros; seine nach dem Sieg über die Lullubäer gestiftete Stele zählt zu den bedeutendsten Stücken altorientalischer Kunst. Mit dem König von Elam, in dem man Hita, den elften Herrscher der Awan-Königsliste vermutet, schloss Naramsin den ältesten überlieferten Staatsvertrag. Die in Susa gefundene Abschrift

1
Antike Orte und Landschaften Irans nach den Keilschriftquellen des 3.–2. Jahrtausends v. Chr.

gilt als ältester elamischer Text in Keilschrift. Die akkadische Expansion hatte zur Übernahme dieser Schrift geführt; die Keilschrifttexte aus Susa belegen nicht nur akkadische Militärpräsenz, sondern auch weitreichende Handelskontakte.

Unter Naramsin und Scharkalischarri (2205–2181 v. Chr.) werden erstmals Angriffe von Elamern und Überfälle durch Gutäer erwähnt, denen die Dichtung die Zerstörung des Reiches zuschreibt. Ursprünglich in Stämmen organisiert, eroberten sie während der Gutäer-Zeit (2177–2111 v. Chr.) weite Teile Mesopotamiens. Bald jedoch passten sie sich der mesopotamischen Kultur an. Ihre Herrscher hinterließen akkadische Inschriften, ihr im sumerischen Adab begründetes Königtum ging sogar in die Sumerische Königsliste ein. Ihr letzter König, so die Königsliste, unterlag um 2110 v. Chr. Utuhegal von Uruk.

Akkade war zu dieser Zeit von Puzur-Inschuschinak, dem zwölften Herrscher der Awan-Königsliste, erobert worden, der zunächst Elam und den Zagros unterworfen und seine Macht bis an die Grenzen Sumers ausgedehnt hatte. Akkadische und linear-elamische Inschriften aus Susa schildern seinen Aufstieg. Sein Reich war nur von kurzer Dauer: Urnamma von Ur (2110–2093 v. Chr.) rühmt sich, Puzur-Inschuschinak besiegt, Susa zerstört, die Elamer vertrieben und Sumer und Akkade erneut in einem Großreich vereint zu haben. Er siegte wohl mit Hilfe Gudeas von Lagasch. Gudea hinterließ eine Inschrift in Adamsul, Keilschriftquellen aus Lagasch belegen Handelskontakte nach Elam und erwähnen Angehörige des Puzur-Inschuschinak, in denen man Kriegsgefangene vermutet.

Das Reich der III. Dynastie von Ur (ca. 2100–2003 v. Chr.) hat tausende mit Jahresdatierungen versehene Keilschrifttexte hinterlassen, die die Beziehungen zum Osten beleuchten. Schulgi (2092–2045 v. Chr.) vermählte seine Töchter mit den Herrschern von Marhaschi, Anschan, Paschime und dem Schimaschki-Fürstentum Schigrisch. Ab 2073 v. Chr. rückte er auf jährlichen Kriegszügen gegen Der, KaraHAR, Simurrum und Lullubum schrittweise in den nördlichen Zagros vor. Der Sieg über Harschi, Kimasch und Hurti bei Ilam bzw. Kermanschah eröffnete den Zugang zu den Handelsrouten und Rohstoffen des Hochlandes und gilt als Schulgis strategisches Ziel. Schulgi besetzte die Länder von Lullubum im Norden bis nach Adamsul im Süden mit Truppen, machte sie tributpflichtig und etablierte ein Botennetzwerk. Schulgis Nachfolger führten seine Politik fort. Bis 2025 v. Chr. dokumentieren Keilschrifttexte Eingänge von Beute und Tributen, den Verkehr von Gütern und Personen, die oft elamische oder hurritische Namen trugen, und erwähnen Boten, Dolmetscher und Gesandte von Verbündeten wie Anschan und Marhaschi.

2029 v. Chr. erhoben sich die Schimaschki-Länder. Auf einem brutalen Feldzug zerstörte Schusuen »Schimaschki, (mit) alle(n) Länder(n) von Zabschali von der Grenze von Anschan bis zum Oberen Meer«. Er verwüstete ihre Städte, verschleppte ihre Herrscher, erbeutete Metall, Edelmetall und Vieh und deportierte geblendete Gefangene zur Zwangsarbeit. Schusuen wurde von Ebarat I., dem dritten Fürsten der Schimaschki-Königsliste, unterstützt, der seine Gesandten bereits an den Hof Schulgis entsendet und nach dessen Feldzug nach Fars Anschan unter seine Kontrolle gebracht hatte.

Dann veranschaulichen Datenformeln den raschen Niedergang des Reiches. 2024 v. Chr. kämpfte Ibbisuen gegen Simurrum. Wenig später nahm der vormalige Verbündete Ebarat I. Susa ein. Bis 2013 v. Chr. kämpfte Ibbisuen auf Feldzügen nach Huhnuri, Susa und Adamsul gegen Ebarats erstarkendes Schimaschki-Reich. Doch 2003 v. Chr. fiel Ur an Ebarats Sohn Kindattu, den sechsten Fürsten der Schimaschki-Königsliste, der zum König von Elam, Schimaschki und Anschan aufgestiegen war. Die Befreiung Sumers schildert die eingangs erwähnte Hymne Ischbierras von Isin, das die Nachfolge des Reiches von Ur angetreten hatte.

Literatur S. 260

2
Gefäß aus Bitumen mit Griff in Form eines Ziegenbocks, Tschogha Misch, 2. Jt. v. Chr., Kat.-Nr. 243

DIE MITTEL- UND SPÄTBRONZEZEIT IM HOCHLAND VON IRAN

BARBARA HELWING

Zwischen etwa 2000 und 1200 v. Chr. gab es im Hochland von Iran nur schriftlose Kulturen, deshalb sind in diesem Raum, im Gegensatz zum westiranischen Tiefland und den an Mesopotamien angrenzenden Gebirgstälern, archäologische Quellen der einzige Zugang zur Rekonstruktion der Geschichte.

Archäologen sprechen deshalb von der Mittel- (ca. 2000–1450 v. Chr.) und Spätbronzezeit (ca. 1450–1250 v. Chr.)[1] und nicht von historisch belegten Völkern, die sich ohne Textquellen und ohne Hinweise auf ihre Sprachen nicht fassen lassen. In den einzelnen Landschaften zeigen sich erhebliche regionale Unterschiede in der materiellen Kultur, am deutlichsten in den Keramikstilen. Doch ist der archäologische Forschungsstand sehr uneinheitlich, und nach wie vor ist man hier auf ein sehr lückenhaftes Mosaik archäologischer Informationen angewiesen.

Das Zagrosgebirge

Das Kangavartal und Lorestan im inneren Zagros bilden die nördliche Peripherie von Elam. Dort verlief eine wichtige Überlandroute, die »High Road«, die über das Kangavartal das mesopotamische Tiefland mit dem iranischen Plateau verband. Der schon im 3. Jahrtausend v. Chr. prosperierende Ort Godin Tappe behielt auch im 2. Jahrtausend seine Bedeutung und war mit 15 bis 20 ha zeitweilig nicht nur das größte, sondern wohl auch das einzige Siedlungszentrum. Erst im späteren 2. Jahrtausend v. Chr. wurden zunehmend neue Siedlungen in den Tälern gegründet, ein Vorgang, der mit einer Intensivierung der Landwirtschaft in den Talauen durch die Konstruktion von Bewässerungskanälen erklärt wird.[2] Dies setzte friedliche Verhältnisse voraus, wie sie zwischen etwa 1600 und 1200 v. Chr. durch die stabilen Beziehungen zwischen Elam und den babylonischen Kassiten gegeben waren, was sicherlich auch auf das umliegende Hinterland, das Kangavartal eingeschlossen, ausstrahlte.

Über mehrere Bauphasen (III:4 bis III:1) bestanden in Godin großzügige Wohnhäuser in dichter Anordnung. Dort fanden alle im Haushalt üblichen Aktivitäten – Vorratshaltung und Nahrungszubereitung, Spinnen, Weben, und Korbflechterei – statt; bestimmte Handwerkszweige wie die Produktion von Keramik und Metallwerkzeugen waren in spezielle Werkstätten ausgelagert. Das Grab eines »Zimmermanns«, in dem sich ein ganzes Werkzeugset fand, belegt deutlich die zunehmende handwerkliche Spezialisierung. In der materiellen Kultur, besonders in der Keramik, zeigt sich eine ungebrochene Entwicklung seit der Frühbronzezeit.[3] Ihre Bemalung entwickelte zunehmend abstraktere Motive und bedeckte nur noch kleine Bereiche der Gefäßoberfläche, wobei insgesamt der Anteil bemalter zugunsten unbemalter Waren zurückging.

Die Bestattungen erfolgten in klar von der Wohnsiedlung getrennten Gräberfeldern. Dieses lag in Godin im frühen 2. Jahrtausend in der Ebene südlich der Siedlung und wurde gegen Ende der bronzezeitlichen Besiedlung auf die Hügelkuppe verlegt. Einzel- oder Doppelgräber in Gruben oder Steinkisten sind typisch, die Ausstattung umfasst Gefäßsets, persönlichen Schmuck und, wie schon früher, Rollsiegel, möglicherweise Mitbringsel aus dem Tiefland (Abb. 5 und 6). Bei der Ausstattung der Gräber ist eine erhebliche Varianz zu beobachten, die auf einen unterschiedlichen sozialen Status bei den Bestatteten schließen lässt.

Ein besonderer Befund ist das Bergheiligtum in Sorchdom-e Lori,[4] das bis in die Eisenzeit hinein genutzt wurde. Das älteste, spätbronzezeitliche Gebäude war hier aus massiven, bis zu 2 m dicken Lehmziegelmauern errichtet, die auf einem Fundament aus Geröllsteinen ruhten. In den Wänden waren Horte von Metallgegenständen versteckt – u.a. Nadeln und Siegel –, wohl Votivgaben, die sich im Lauf der Zeit im Tempel angesammelt hatten.

Der neolithische Tappe Guran in Hulailan wurde im Verlauf des 2. Jahrtausends v. Chr. erneut besiedelt, vor allem aber auch intensiv als Begräbnisstätte genutzt.[5] Einige Verstorbene hat man dort in großen Vorratsgefäßen beigesetzt, wie Scherbenfunde von der Oberfläche zeigen. Die wenigen wissenschaftlich dokumentierten Gräber datieren in die Spätbronzezeit und waren jeweils als Kammern aus Steinmauerwerk gebaut. Die Leichname hatte man in Schlafposition gebettet und mit Gefäßen, Waffen, Schmuck und vermutlich auch kleinem Kultgerät ausgestattet. Typische Formen sind hier in der älteren Zeit helltonige Gefäße mit umlaufenden Streifen, ein Dekor, das wohl aus dem mesopotamischen Tiefland abzuleiten ist; wenig später nutzte man dreibeinige Zylindertöpfe, vielfach mit geometrischen Mustern bemalt (Abb. 2 und 3). Ähnliche Grabformen und -ausstattungen wie in Guran finden sich auch andernorts in Lorestan, so in Kamtarlan I und Tschigha Sabz, Tappe Giyan und Tappe Baba Dschan.

Nordwest-Iran

Die Region rund um den Urmiasee stand deutlich länger als Lorestan unter dem Einfluss der Kura-Araxes-Kultur, doch nach 2000 v. Chr. entwickelten sich in der gesamten Region neue Gefüge, die sich durch andersartige, bemalte Keramiken von den älteren Kulturen unterscheiden. Typisch sind dunkel auf rot und polychrom auf hellem Grund bemalte Gefäße, die auch als »Urmia painted ware« bezeichnet werden (Abb. 1). Anhand der Verbreitung dieser charakteristischen Waren lässt sich eine enge Verbindung zwischen Nordwest-Iran und dem Hochland des Kleinen Kaukasus aufzeigen. Zugleich pflegten die Gemeinschaften im Westen des Urmiasees aber auch Beziehungen zum nordmesopotamischen Tiefland, was ebenfalls durch eine typische Keramikgattung, die »Chaburware«, nachgewiesen werden kann. Diese findet sich in Gräbern auf dem Tappe Dinchah im Solduztal und damit nahe am Kelischin-Pass, der

den kürzesten Weg vom Urmiabecken durch den Zagros in das nordmesopotamische Tiefland darstellt. Die Gräber von Dincha Tappe enthielten außerdem einige exotische Beigaben wie die neu aufgekommenen Glasperlen.

Ein bedeutender Siedlungsplatz im nördlichen Urmiabecken war im 2. Jahrtausend v. Chr. Haftawan Tappe, ein Hügel mit einer älteren Kura-Araxes-Besiedlung, der nach einer Unterbrechung erneut bewohnt wurde. Die Bebauung der Phase VIB war massiv, die auf Steinfundamenten errichteten Lehmziegelmauern zusätzlich mit Holzpfosten verstärkt. Beide Bauphasen von Haftawan VIB endeten mit einem Brand. Nach dem ersten scheinen die Beziehungen nach Südkaukasien an Intensität abgenommen zu haben. Die bemalte Keramik verschwand sukzessive und wurde durch eine dunkle monochrome Ware ersetzt, die für die gesamte anschließende Spätbronze- und Eisenzeit in Nordwest-Iran typisch war.

In der Spätbronzezeit waren in der Region eine ganze Reihe von Siedlungszentren entstanden, darunter Tappe Hasanlu im Solduztal[6] und Kordlar Tappe. In beiden Orten finden sich gegen Ende der Spätbronzezeit Gebäude nach einem neuen Bauplan: Sie hatten einen zentralen Raum, der mit zwei freistehenden Säulen ausgestattet war; entlang der Seitenwände standen gemauerte Bänke. Ein zentraler Sitz oder »Thron« diente vermutlich dem örtlichen Machthaber während offizieller Versammlungen. Dieser Gebäudetyp wurde in der anschließenden Eisenzeit zur bestimmenden Form (Abb. 7) und nahm die spätere achämenidische Säulenhalle[7] vorweg.

Nordost-Iran

Die Kulturentwicklung in Nordost-Iran schloss direkt an die vorangegangenen Perioden an und blieb, wie auch in der Frühbronzezeit, nach Nordosten, zu den Oasen am Fuß des Kopet Dagh in Turkmenistan und dem Baktrisch-Margianischen Archäologischen Komplex (BMAC) orientiert. In Tappe Hesar wurde das abgebrannte Herren-haus der Schicht IIIB in den ersten Jahrhunderten des 2. Jahrtausends v. Chr. durch eine bescheidenere Nachbesiedlung in Periode IIIC ersetzt. Trotz der Verkleinerung des Gebäudes zeigt sich in der Bearbeitung

1
Topf, Haftawan Tappe,
2. Jt. v. Chr., Kat.-Nr. 137

2
Gefäß, Tappe Guran,
2. Jt. v. Chr., Kat.-Nr. 130

3
Gefäß, Tappe Guran,
2. Jt. v. Chr., Kat.-Nr. 131

4
Schnabelkanne, Tappe Hesar,
Beginn 2. Jt. v. Chr.,
Kat.-Nr. 181

5
Rollsiegel, Stein, Tappe
Nurabad, 2. Jt. v. Chr.,
Kat.-Nr. 244

6
Rollsiegel, Tappe Nurabad, Stein,
spätes 2./frühes 1. Jt. v. Chr.,
Kat.-Nr. 245

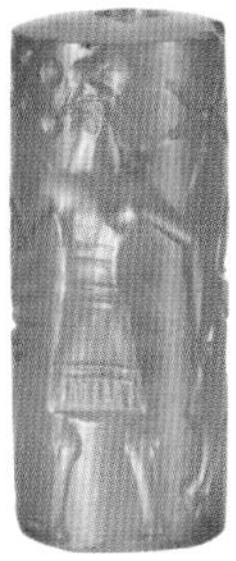

von Alabaster und anderen kostbaren Materialien eine Kontinuität mit der vorangegangenen Phase. Doch ist die nun typische elegante, graue polierte Keramik ein wichtiger Hinweis auf die Verbindungen zu anderen Orten im Umkreis des Kopet Dagh, besonders Schah Tappe und Turang Tappe, wo sie seit dem frühen 2. Jahrtausend v. Chr. vorkommt, vielfach mit Musterpolitur. In Turang Tappe (Abb. 8) fällt ihr Auftauchen mit der Konstruktion einer großen Lehmziegelterrasse zusammen: Solche massiven Hochterrassen sind auch aus Afghanistan und anderen Orten in Turkmenistan bekannt.

7 (oben)
Luftaufnahme der Zitadelle von Hasanlu in Nordwest-Iran: Sichtbar ist der Grabungszustand 1972 mit den freigelegten Mauern der Gebäude I–V der Bauphase IVB, die um 800 v. Chr. abbrannten, und die gebogene Befestigungsmauer der nachfolgenden urartäischen Bauphase III

8 (rechts)
Der Siedlungshügel Turang Tappe in der Ebene von Gorgan in Nordost-Iran

Ein tiefgreifender Kulturwandel

Graue und schwarze Keramik (Abb. 4) verbreitete sich im Verlauf des späteren 2. Jahrtausends v. Chr. in Zentral- und West-Iran und wurde zum Kennzeichen der nachfolgenden frühen Eisenzeit. Sie erscheint in zahlreichen regionalen Varianten, und es lässt sich keine eindeutige Ausbreitungsrichtung feststellen. Dennoch markiert ihr Auftreten überall einen tiefgreifenden Kulturwandel. Frühere Forscher haben ihn vielfach als Hinweis auf einen kulturellen Bruch, hervorgerufen durch die Einwanderung neuer, indoeuropäischer Bevölkerungsgruppen interpretiert. Heute sieht man das Problem differenzierter, denn die einzelnen Komplexe von grauer Ware unterscheiden sich signifikant. Die Ursachen für diesen Wandel sind vielschichtig und nicht mit einer einfachen Veränderung der Bevölkerungsstruktur erklärbar. Am ehesten kann hier ein Blick auf das »große Ganze« und die zeitgleichen Verhältnisse in anderen Regionen Westasiens helfen: Die Spätbronzezeit stellt sich als eine Periode intensiven diplomatischen Austausches und gegenseitiger kultureller Anleihen in mehrere Richtungen dar. Nach Westen pflegten die Könige zwischen Elam, Ägypten

und dem Hethiterreich intensive Kontakte, schickten sich Gold und Kupfer, Pferde und Heiratskandidaten. Diese Periode wird nach der neuen ägyptischen Hauptstadt, in der man bei Ausgrabungen einen Großteil der heute bekannten königlichen Korrespondenz fand, auch als Amarnazeit bezeichnet. Ihr Einfluss erreichte auch das Iranische Hochland: So entdeckte man in der Nekropole von Marlik, deren Nutzung in der Spätbronzezeit begann, Siegel im Mittani-Stil und eine goldene Sonnenscheibe (Abb. S. 137): Zwar sind Sonnenscheiben weit verbreitet, doch stammt die engste Parallele zu dem Anhänger aus Marlik aus dem Königsgrab von Qatna in Syrien.[8] Mitanni-Siegel sind auch aus dem etwa zeitgleichen Gräberfeld A von Tappe Sialk und anderen Orten auf dem iranischen Plateau bekannt. Dies war also eine Periode intensiver Fernkontakte, die wesentlich dazu beitrugen, neue Ideen, Techniken und Fertigkeiten zu verbreiten. Gesichert ist auch die zeitgenössische Ausbeutung von Kupfer- und Silbervorkommen im Iranischen Hochland, in Veschnoveh bei Qom ebenso wie vermutlich in der Lagerstätte Deh Hossein im nördlichen Lorestan, wo unter anderem auch Zinn gewonnen wurde. Dies könnte der Ausgangspunkt für die Produktion ausgesucht phantasievoller Bronzen gewesen sein, wie sie seit den 1920er Jahren durch Raubgrabungen und Kunsthandel bekannt wurden. Leider sind solche Paradestücke bisher nur selten in gesichertem archäologischem Zusammenhang beobachtet worden, doch bietet der Befund von Sorchdom-e Lori einen kleinen Einblick in die Praxis des Metallhortens in Heiligtümern.

In Richtung Osten bestanden seit der Frühbronzezeit Verbindungen nach Zentralasien und zur Kultur des Baktrisch-Margianischen Archäologischen Komplexes (im heutigen Usbekistan). Mit der Verbreitung von Pferden und Wagen und der Intensivierung der Fernkontakte entlang der zentralasiatischen Vorgebirgszonen entstand im Verlauf des 2. Jahrtausends v. Chr. eine komplexe Zone von Interaktionen, die unter dem Schlagwort »Seidenstraße(n)« die Verbreitung von Kulturtechniken und Waren begünstigten. Die neue Vorliebe für an Metallvorbildern angelehnte graue Keramik, wie sie für die Spätbronze- und frühe Eisenzeit Irans typisch ist, die Anlage von Großsteingräbern, die Verwendung von Pferden ebenso wie die Beigabe von Pferden in den Gräbern, wie sie in Marlik zu beobachten ist, sind Ausdruck nördlicher Einflüsse, deren Dynamik bisher kaum erforscht ist.

Anmerkungen S. 260

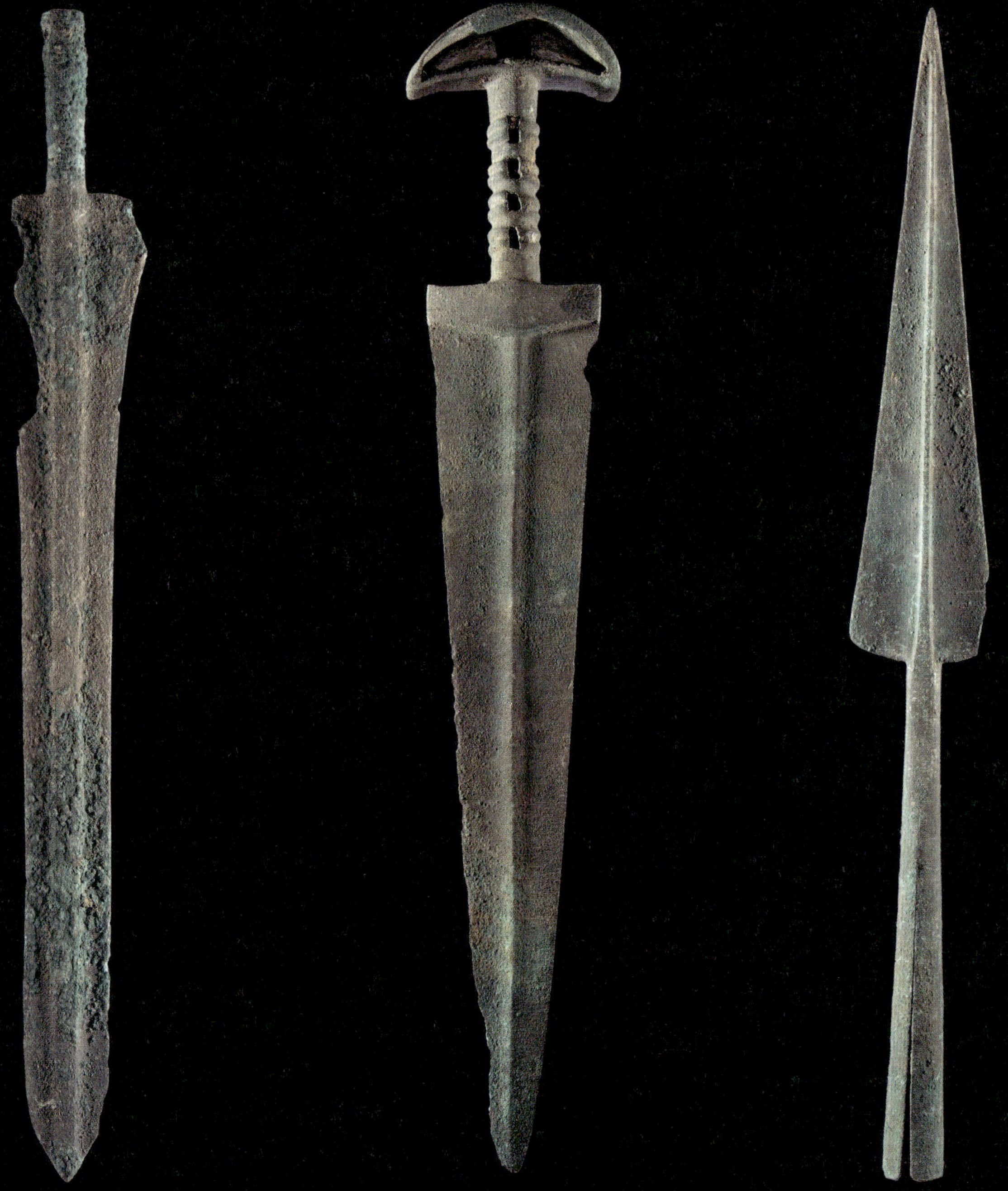

Dolch, Bronze, Marlik, spätes 2./frühes 1. Jt. v. Chr., Kat.-Nr. 206

Dolch, Bronze, Marlik, spätes 2./frühes 1. Jt. v. Chr., Kat.-Nr. 211

Speerspitze, Bronze, Marlik, spätes 2./frühes 1. Jt. v. Chr., Kat.-Nr. 207

Anhänger, Gold, Marlik, spätes 2./frühes 1. Jt. v. Chr., Kat.-Nr. 217

ANSCHAN UND ELAM

ELIZABETH CARTER

Mit den Begriffen »Elam« und »Elamer« werden die westlichen und südlichen Regionen des heutigen Iran und die dort von der Mitte des 3. bis zur Mitte des 1. Jahrtausends v. Chr. lebenden Völker bezeichnet.

Sie beruhen auf Übereinstimmungen mit den Keilschriftquellen, die auf politische Verbindungen zwischen Anschan in Fars und Susa in Chusistan sowie einen losen kulturellen Kontakt verweisen, die in den materiellen Hinterlassenschaften dieser und benachbarter Regionen im zentralen Zagrosgebirge ebenfalls zu erkennen sind. Susa, die Hauptstadt von Elam, liegt am nordwestlichen Ende der fruchtbaren Ebene der Susiana, der Fortsetzung des Mesopotamischen Tieflandes Richtung Südosten. Verschiedene Siedlungen in den Hochlandtälern, teilweise mit fruchtbarem Ackerboden, waren im Verlauf der Geschichte zu unterschiedlichen Zeiten Susas Verbündete. Die am längsten währende Allianz bestand mit der Region des Kur-Flusstals in der Provinz Fars, wo Anschan (heute Tal-e Malyan) lag (Abb. 1 und 2). Nach dem Ende des 2. Jahrtausends v. Chr. war Elam keine größere politische Macht mehr. Vom Assyrischen Reich bedrängt, zogen sich die Elamer aus der Susiana zurück und flohen in die geschützteren Täler des Zagrosgebirges, wo sie diesem Druck bis zur Niederlage Susas gegen Assurbanipal im Jahr 646 v. Chr. erfolgreich widerstanden. Selbst in der Zeit nach Assurbanipal gedieh und blühte Elam kulturell und politisch weiterhin, doch war es nicht mehr geeint. Schließlich wurde sein kulturelles Erbe in der 2. Hälfte des 1. Jahrtausends v. Chr. Teil des Achämenidenreiches.[1]

Das späte 3. und frühe 2. Jahrtausend v. Chr.

Die Liste der Könige von Susa überliefert je zwölf Könige von Awan und Schimaschki (Abb. 3). Awan – seine genaue Lage ist unbekannt – lag möglicherweise im Gebiet von Lorestan; die Länder von Schimaschki bilden eine lose Gruppe verbündeter Staaten, die sich von den Grenzen Anschans in Fars bis zum nördlichen Zagrosgebirge erstrecken.[2] Anschan gehörte zu den aktivsten Protagonisten dieser Gruppe. Zwar werden Elam und Anschan in den mesopotamischen Texten des frühen 3. Jahrtausends erwähnt, doch gibt es bis zum Ende des 3. Jahrtausends v. Chr. außerhalb Susas im fernen Westen und im Dschiroft-Tal in der Region Kerman 350 km südöstlich wenige archäologische Zeugnisse

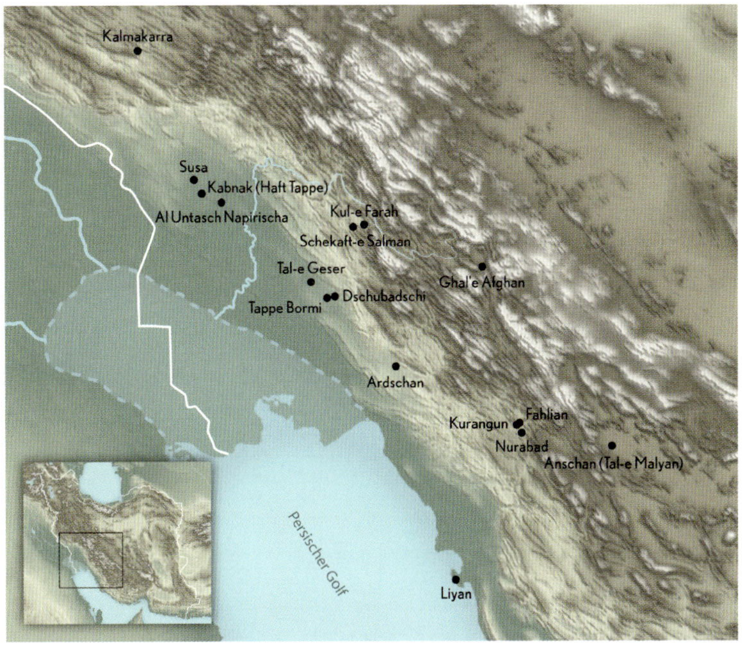

1
Elamische Fundorte in Küstenebene von Chusistan

2
Fundorte in den Bergen von Lorestan

3
Die Liste der elamischen Könige: 12 Könige von Awan und 12 von Schimaschki

für Kontakte Mesopotamiens mit Anschan oder den elamischen Regionen im Zentralzagros. Ob das Fehlen von Befunden dem Zufall oder der Bevorzugung von Wasser- statt Überlandverbindungen zwischen diesen Regionen geschuldet ist, bleibt unklar. Trotz des Mangels an historischen Details zeigt sich im Verlauf der 2. Hälfte des 3. und dem frühen 2. Jahrtausend in den schriftlichen Quellen aus Susa und Mesopotamien ein allgemeines Muster ab: Sobald die Dynastien Mesopotamiens schwächelten, übernahm eine Hochlandmacht die Kontrolle über Susa; zum Beispiel Puzur-Inschuschinak, König von Awan, am Ende der Akkadischen Periode um 2100 und Idaddu I., ein König aus Schimaschki, am Ende des Zeitabschnitts Ur III., um 2000 v. Chr. Die Sukkalmah-Dynastie des frühen 2. Jahrtausends v. Chr. hatte ihre Wurzeln vermutlich ebenfalls im Hochland, in Anschan, unter Ebarat II., der Susa im 2. Jahrtausend v. Chr. beherrschte. Um 2004 v. Chr. besiegt eine Allianz aus Elamern und Schimaschkiern Ibbi Sin, den letzten König der Dynastie von Ur III. Die wohl zu Anfang des 2. Jahrtausends verfasste *Klage über die Zerstörung von Sumer und Ur* schildert auf poetische Weise sein Schicksal: »dass Ibbi-Suen in Fesseln ins Land Elam gebracht werden soll, dass er vom Berg Zabu bis zum Ende des Meeres bis zu den Grenzen von Anschan, wie eine Schwalbe, die von ihrem Haus weggeflogen ist, er nie mehr in seine Stadt zurückkehren soll«.[3]

Anschan (Abb. 4) wurde mit Hilfe zahlreicher beschrifteter Ziegel des Königs Huteludusch-Inschuschinak (1125–1104 v. Chr.), des vorletzten Herrschers des Mittelelamischen Reiches, identifiziert. Zwar wurde keiner von ihnen in situ gefunden, doch belegen die auf ihnen in mittelelamischer Keilschrift festgehaltenen Texte den Bau eines Tempels in Anschan durch diesen Herrscher. Die Entdeckung von Verwaltungsdokumenten in mittelelamischer Keilschrift, die den Ort als Anschan bezeichnen, bestätigt die Gleichsetzung von Tal-e Malyan und dem antiken Anschan (Abb. 5).[4] Die Stadt liegt im nordwestlichen Teil des Kur-Flusstals, etwa 550 km südöstlich von Susa und 54 km nordwestlich von Schiraz. Es ist nicht bekannt, wie viel des umliegenden Gebietes zu »Anschan« gehörte. Das Umland ist ein im Hochland auf einer Höhe von ca. 1 625 m gelegenes Wassereinzugsgebiet im zentralen Zagrosgebirge. Zwischen seinen Gebirgsrücken (2000–3300 m hoch) gelegen, verfügt dieses Tal über ein reichlich vorhandenes Angebot an Acker- und Weideland von relativ hoher Qualität. In der Region fällt für die meisten Getreidearten ausreichend Niederschlag, wobei die Ernteerträge durch künstliche Bewässerung noch erheblich gesteigert werden können. Die Untersuchungen von Pflanzen und Tierknochen aus Grabungen zeigen, dass Agropastoralismus die wirtschaftliche Basis der antiken Besiedlungen in der Region war.[5] Verschiedene Routen, die Fars, den Persischen Golf und Chusistan (Abb. 1 und 2) verbanden, durchquerten das Kur-Tal und ermöglichten Zugang zu den Bergen und zum Meer. Das antike Liyan (heute Tol-e Peytul bei Buschehr) war wahrscheinlich der wichtigste Verkehrsknotenpunkt für die Elamer entlang der Küste des Persischen Golfes.[6]

Anschan (Abb. 4) wurde im späten 4. Jahrtausend v. Chr. – regional als Banesch- oder protoelamische Periode bezeichnet (s. Alizadeh, hier S. 62ff.) –, erstmals eine städtische Siedlung. Eine in dieser Zeit errichtete Stadtmauer umschloss ein Gebiet von 160 ha. Sie ist auf Luftaufnahmen zu erkennen und besteht aus einer Folge von schmalen (20–25 m breit), vergleichsweise hohen (16–18 m

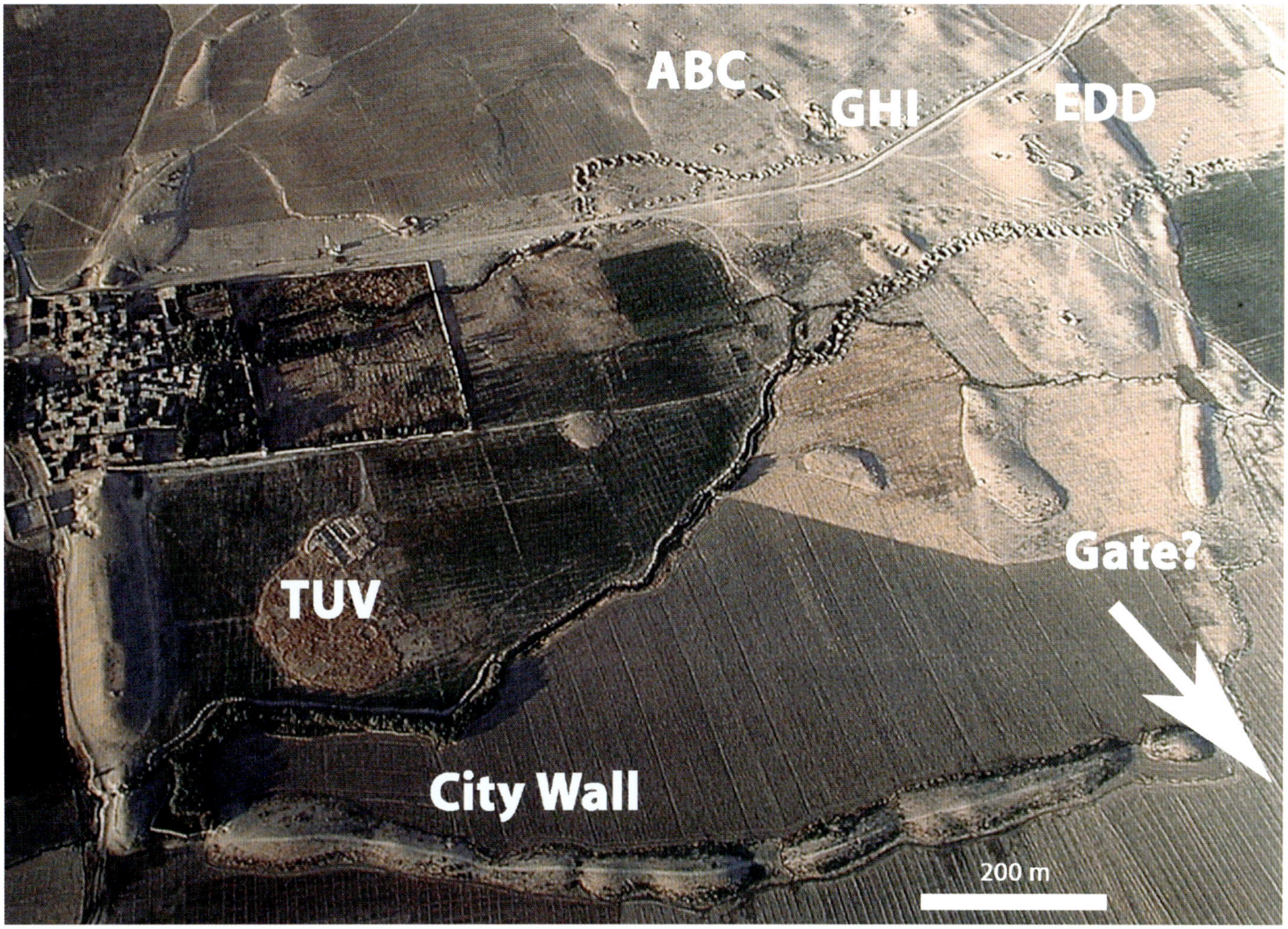

4
Luftaufnahme von Anschan (Tal-e Malyan), 1976

5
Luftaufnahme des mittelelamischen Gebäudes in Anschan im Grabungsbereich EDD

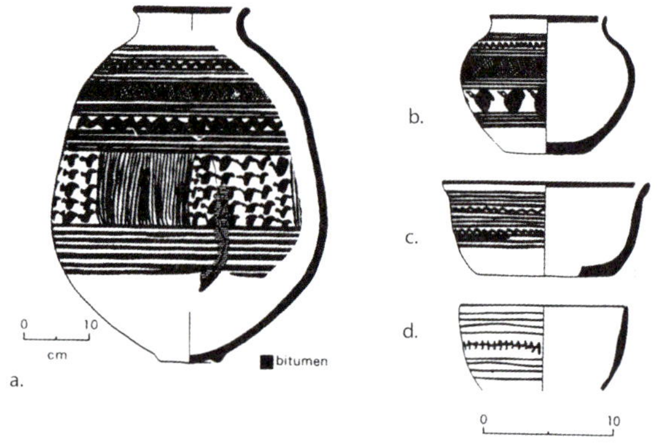

6 a-d

6 e

6 f

6 g

hoch) Erhebungen, welche die Siedlung auf drei Seiten umgeben. Am nördlichen Endebefindet sich ein hufeisenförmiger Durchlass, der wahrscheinlich ein größeres Tor war. Sondierungen haben ergeben, dass der größte Teil der Mauer während der Banesch-Periode errichtet und auch in der Kaftari-Periode, d.h. im frühen 2. Jahrtausend v. Chr., noch benutzt wurde.[7]

Mit dem Namen Kaftari-Periode werden ein Keramikstil und eine archäologische Epoche bezeichnet, die chronologisch parallel zu den späten Schimaschki- und Sukkalmah-Perioden in Susa verliefen. William Sumner, der die Grabungen in Anschan leitete,[8] teilte die Kaftari-Periode in Früh-, Mittel- und Spät-Kaftari ein und datier-

6 a–d
Bemalte Kaftari-Ware

6 e–g
Siegel und Siegelabdrücke
aus Anschan

7
Becher, Malyan, 2. Jt. v. Chr.,
Kat.-Nr. 195

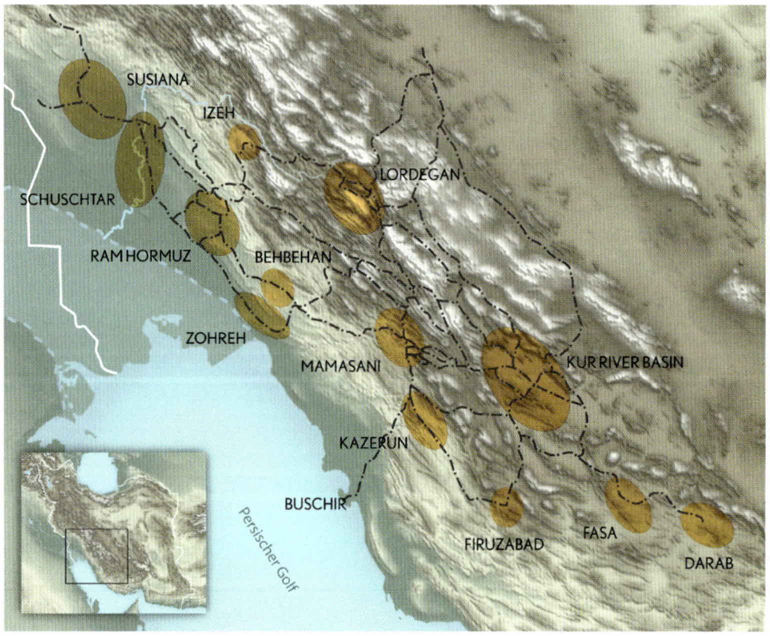

8
Die größeren Ebenen im
zentralen Zagrosgebirge

8

8
Auswahl von Verwaltungstexten aus Anschan, mittelelamisches Gebäude

9
Tontafel mit der Aufzählung der Gold- und Silberbestände von »König Hu [...]«, möglicherweise Huteludusch-Inschuschinak

10
Stele des Königs Untasch-Napirischa, der den Gott auf dem Schlangenthron anbetet

11
Nadelkopf aus Sorchdom mit einer Gottheit auf dem Schlangenthron, die den Hals der Schlange umfasst

te sie von etwa 2200 bis 1600 v. Chr. Jüngere,[9] meist jedoch unveröffentlichte Untersuchungen lassen erkennen, dass lediglich eine kurze Zeitspanne zwischen der Banesch-Periode des späten 4. / frühen 3. Jahrtausends und der nachfolgenden Kaftari-Periode lag. Das Wachsen der Siedlungen dürfte vornehmlich in der mittleren Kaftari-Periode (um 1900–1800 v. Chr.) stattgefunden haben. In der Spät-Kaftari-Zeit geht die Besiedlung leicht zurück und schrumpft dann im Verlauf der letzten Jahrhunderte des 2. und ab dem Anfang des 1. Jahrtausends weiter.

Die Keramik der Kaftari-Zeit ist gelbbraun oder rot, bemalt, aber auch einfarbig. Die rote Ware trägt einfache geometrische Muster (Abb. 6c, d), die bemalte gelbbraune ein dichtes geometrisches Dekor (Abb. 6a, b). Die charakteristischsten Dekorationselemente auf der Keramik aus dem Kur-Tal sind nach links fliegende Reihen von Vögeln. Die einfache gelbbraune Ware zeigt Parallelen zu Stücken der Schimaschki- und Sukkalmah-Periode im Tiefland der Susiana, in Susa wurden auch vereinzelt Importe gefunden.[10] Neben der Keramik ähneln auch die in Anschan gefundenen Siegel und Siegelabdrücke stilistisch den Siegeln aus Susa. Dort sitzt eine in den charakteristischen weiten Rock gekleidete Göttin, entweder allein (Abb. 6f) oder hinter einem Mann hockend (Abb. 6e–g), in einer Art (Wein-?)Laube. Beispiele dieses Typus sind aus Susa und Anschan bekannt.

Erhaltene Keilschriftzeugnisse bestätigen für Anschan die Existenz von Schreibschulen und den Einsatz von Verwaltungstechniken und Bildungseinrichtungen nach mesopotamischem Vorbild. Ein akkadisch beschriebenes Ziegelfragment, wahrscheinlich von Siwepalarupak (um 1765 v. Chr.), einem mächtigen Herrscher der Sukkalmah-Periode, belegt die Einbindung Anschans und des Zagros-Hochlandes in die internationale Handels- und Militärpolitik des frühen 2. Jahrtausends v. Chr.[11]
Kaftari-Keramik wurde auch bei Grabungen in Gebirgstälern in anderen Teilen des Hochlandes von Fars entdeckt, unter anderem in Fasa im Südosten und in Mamasani im Nordwesten sowie im nahe Pasargadae gelegenen Tol-i Nochodi. Darüber hinaus fand man sie auf der Halbinsel von Buschehr und an verschiedenen Orten im Umkreis des Persischen Golfes, unter anderem in Failaka, Bahrain, Saudi-Arabien und den Vereinigten Arabischen Emiraten. Die Frage nach dem Grund für die weite Verbreitung der Keramik in diesem Gebiet kann sicherlich auf unterschiedliche Weise beantwortet werden, sie ist aber auf jeden Fall ein Hinweis auf Kontakte unter den Hochlandregionen Elams, des Persischen Golfes und der Susiana.[12]

Die 100 km nordwestlich von Anschan gelegene Region von Mamasani besteht aus einer Reihe von Gebirgstälern, von Sarab-e Bahram im Südosten bis nach Dai-o Dochtar im Norden.[13] Die Ebene um Tol-e Sepid ist

9

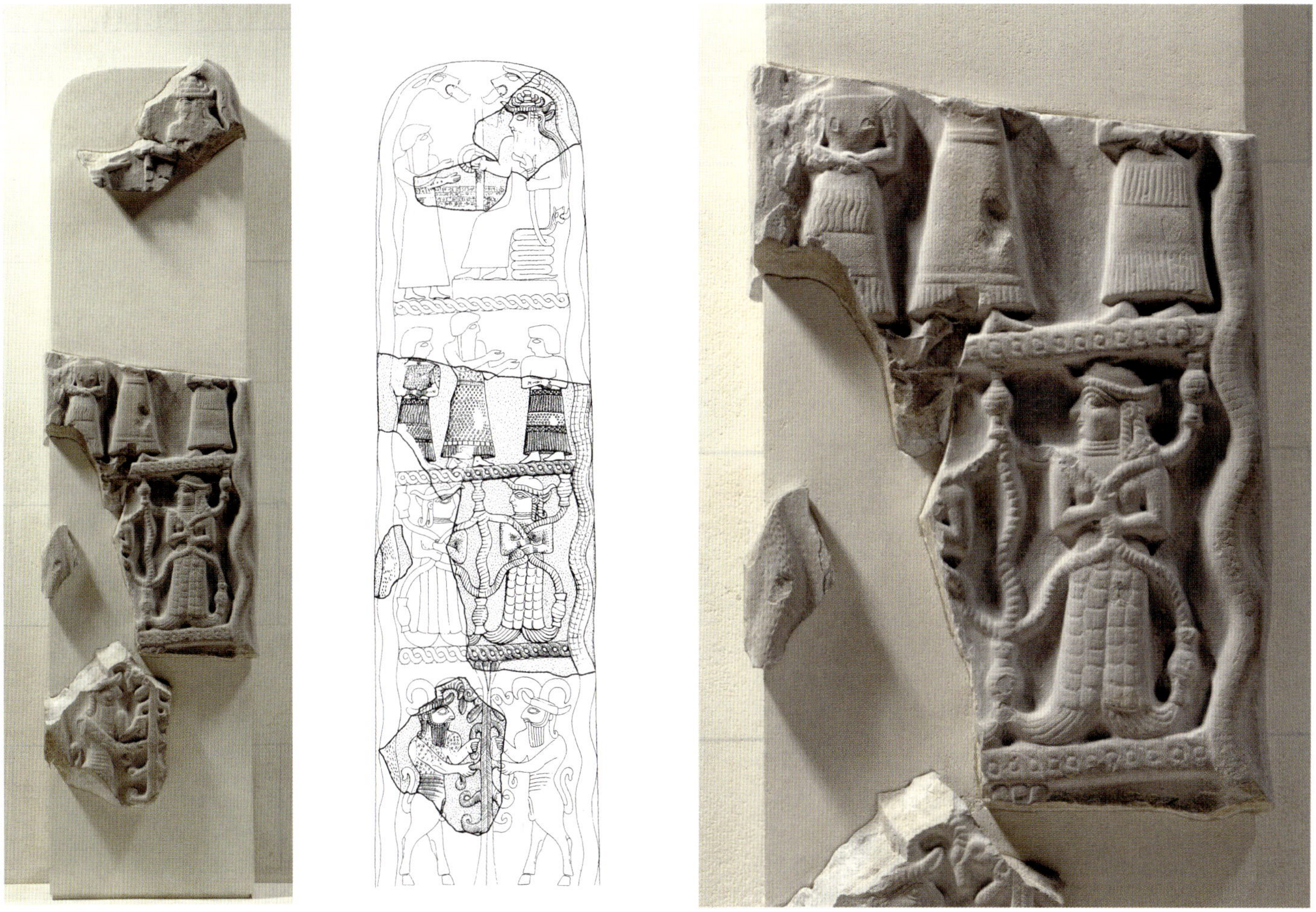

10

eine strategisch wichtige Region im südlichen Zagrosgebirge, wo die Straßen aus Susa, Anschan und dem elamischen Seehafen von Liyan zusammenlaufen. Hier wurde auch das elamische Relief von Kurangun mit dem Panoramablick über den Fluss Fahliyan in den Felsen geschlagen (Abb. S. 216, 217).[14] Die zentrale Darstellung zeigt einen auf einem Thron in Form einer gewundenen Schlange sitzenden Gott, der den Kopf der Schlange in der einen und mit der anderen Hand ein Objekt hält, aus dem Wasser strömt. Vor ihm steht ein Altar (?), und eine weibliche, einen Becher haltende Gottheit hockt hinter ihm. Zwei Gruppen aus je drei menschlichen Figuren flankieren das Götterpaar, jeweils ein Paar hinter einem Mann mit in Bethaltung ausgestreckten Händen. Er scheint die Wasserströme, die vor und hinter einem Ring und Stab fließen, den die Gottheit in der Hand hält, aufzufangen. Die Darstellungen machen den Kontakt zwischen Gott und Menschen sichtbar, vereinigen die Gottheiten mit den Adoranten und verbinden wiederum die Menschengruppen. Die Szene ist auf einer mit schwimmenden Fischen dekorierten Felstafel dargestellt.

11

12
Kul-e Farah I

Die zentrale Szene in Kurangun wird aufgrund von Übereinstimmungen mit Siegeln aus Susa, auf denen ein Gott auf einem solchen Schlangenthron sitzt, üblicherweise in die Sukkalmah-Periode, d.h. ungefähr in das 17. Jahrhundert v. Chr. datiert. Die Prozessionen von Adoranten, welche die zentrale Szene rahmen, sind wahrscheinlich erst später, in den letzten Jahrhunderten des 2. oder zu Anfang des 1. Jahrtausends dazugekommen.

Ein weiteres Felsrelief fand man in Naqsch-e Rostam, nicht weit von Pasargadae. Durch ein später darüber angebrachtes sassanidisches Relief ist der größte Teil der ursprünglichen Komposition nicht mehr zu erkennen, doch die Füße und Reste zweier Schlangenthrone lassen vermuten, dass sich eine wahrscheinlich gleichzeitig entstandene Adorationsszene im Zentrum dieses Reliefs befand.[15] Die rahmenden Figuren sind in neuelamischer Zeit hinzugefügt worden. Sowohl das Relief in Kurangun wie auch das in Naqsch-e Rostam liegen an wichtigen Verkehrswegen und zeigen Gottheiten auf Schlangenthronen, deren Darstellung auf Siegeln und der Stele aus mittelelamischer Zeit deutlich macht, dass sie Attribute der Götter waren und die Glaubensvorstellungen der elamischen Bevölkerung des Hochlandes im 2. Jahrtausend v. Chr. spiegeln (Abb. 10 und 11).[16]

Das späte 2. Jahrtausend v. Chr.

Zeugnisse aus der Ebene dokumentieren, dass eine neue Dynastie, die Igihalkiden, nach einer Phase der Auseinandersetzung mit dem kassitischen Mesopotamien in früh-mittelelamischer Zeit (um 1550–1400 v. Chr.) im Tiefland der Susiana in der Periode Mittelelamisch II (um 1400–1200 v. Chr.) die Macht übernahm. Durch eine Reihe diplomatischer Ehen schmiedeten sie Allianzen mit dem kassitischen Mesopotamien und wurden internationale Mitspieler der spätbronzezeitlichen Reiche im alten Vorderen Orient. Die elamische Sprache wurde weithin – erstmals in der Susiana – für königliche Inschriften verwendet, und im neu errichteten Heiligtum von Al-Untasch-Napirischa, der Stadt des Königs Untasch-Napirischa, wurden elamische Gottheiten verehrt. In der Phase Mittelelamisch III (um 1200–1100 v. Chr.) gelangte mit den Schutrukiden eine neue Herrscherfamilie an die Macht. Sie eroberten weite Gebiete im Gebirge und entlang der Straße am Fuß der Berge, die Susa und Mesopotamien verband, und sie waren es schließlich, die der Herrschaft der Kassiten in Mesopotamien ein Ende bereiteten.[17]

Beschriftete gebrannte Ziegel der mittelelamischen Könige wurden weit verstreut an verschiedenen Orten gefunden, von den Ebenen Zentral-Chusistans über das Ram-Hormuz-Tal bis Izeh, von Qal'e Gheli nahe Lordegan über Tol-e Sepid in der Mamasani-Region bis Liyan am Persischen Golf und schließlich bis Anschan selbst.[18] Diese Inschriften belegen »Tempel« an strategisch wichtigen Stellen, wahrscheinlich Außenposten der in den Ebenen herrschenden Macht und Knotenpunkte eines Netzwerkes, das von Susa über Elam bis nach Anschan reichte. Außerhalb Chusistans wies keines dieser Gebäude solche Ziegel in situ auf, doch bezeugen die Inschriften auf den gefundenen Ziegeln, dass es sich um staatliche Einrichtungen handelte. So dienten diese »Tempel« wahrscheinlich als Zentren für die dort ansässige Bevölkerung, nomadische Viehzüchter, aber auch Bauern. Waren wie Keramik wurden an diesen Orten gegen landwirtschaftliche und tierische Produkte oder gegen wertvolle Rohstoffe getauscht.

Das mittelelamische Gebäude (Abb. 5) in Anschan (Tal-e Malyan) ist ein Beispiel für einen solchen Außenposten. Das Gebäude und die dazugehörigen Anbauten standen auf dem höchsten Punkt des Hügels und boten einen Überblick über die Ebene und die Stadt. Wahrscheinlich gehörte es einer über Anschan herrschenden Gruppe aus dem Tiefland. Es wurde um 1250 v. Chr. errichtet und umgebaut, bevor ein Feuer es um 1100 / 1000 v. Chr. (Grabungsschicht IVA) zerstörte. Man fand dort neuelamisch geschriebene Verwaltungsdokumente (Abb. 8), die einen intensiven Handel mit Metallen (Kupfer, Gold, Silber und eine geringe Menge Zinn) belegen. Eine dieser Tontafeln listet große Mengen von Silber und Gold auf, die König Huteludusch-Inschuschinak (1120–1108 v. Chr.) (Abb. 9) gehörten. Andere, direkt außerhalb des Gebäudes gefundene Tafeln protokollieren den Empfang und/oder die Abgabe von Vieh, Fellen und Handelsgütern. Nach dem Brand wurde das Gebäude aufgegeben, teilweise als Töpferei mit einem Brennofen genutzt, später als kleines Haus wieder aufgebaut. Diese Schichten mit Nutzungsspuren enden um 900–800 v. Chr., danach gibt es bis in sassanidische Zeit auf diesem Hügel kaum noch Siedlungsbefunde.[19]

Nachdem Huteludusch-Inschuschinak von Nebukadnezar I. besiegt worden war, zerfiel das komplexe und weitläufige mittelelamische Königreich. Grund für den Zusammenbruch waren die Auswirkungen einer überlangen Trockenperiode sowie die Schwierigkeiten, ein so großes Reich zu regieren. Einige der Außenposten wie Anschan behielten mittelelamische Traditionen bei, nachdem für Susa und die Susiana eine Phase des Niedergangs begonnen hatte, doch nur im zentralen Zagros finden sich Anzeichen für eine Kontinuität zwischen der mittel- und der neuelamischen Periode.

Die neuelamische Zeit

Die neuelamische Periode (um 1000–539 v. Chr.) kann in drei Phasen unterteilt werden: neuelamisch I (um 1000–744), II (um 743–646 v. Chr.) und III (645–539 v. Chr.). Archäologisch lassen sich jedoch nur zwei Phasen unterscheiden, eine vor und eine nach dem 8. Jahrhundert. Die Einwanderung der Chaldäer und Aramäer in die ehemals unter elamischer Kontrolle befindlichen Regionen des südwestlichen Iran, speziell entlang des Flusses Ulai (heute Karcheh) und in Poscht-e Kuh (westliches Lorestan),[20] kombiniert mit assyrischem Druck entlang der Straße am Fuß der Berge, drängte die Elamer in die Gebirgstäler des zentralen Zagros zurück. Der Zusammenbruch des mittelelamischen Königreiches ist in der Susiana am deutlichsten am Schrumpfen der Siedlungen – sowohl was ihre Anzahl als auch ihre Größe betrifft – nach etwa 1000 v. Chr. in den Perioden neuelamisch I bis II abzulesen. Wie schon in Anschan war es für die Archäologie eine Herausforderung, sicher auf die Zeit zwischen ca. 900 und 800 v. Chr. datiertes Material zu finden.[21]

Um die Mitte des 8. Jahrhunderts v. Chr. kehrte der Wohlstand nach Babylonien und in die Susiana zurück. Die Elamer zeigen, obwohl sie als Verbündete der Babylonier und der Chaldäer in Konflikte mit Assyrien verwickelt sind, Anzeichen einer erneuten Blüte unter dem bekanntesten elamischen Herrscher dieser Zeit, Schutruk-Nahhunte II. (717–669 v. Chr.). Er nahm den Namen und Titel »König von Anschan und Susa, Vergrößerer des Reiches« an,[22] wohl um sein Königtum zu legitimieren und seine Herrschaft mit einer älteren, mächtigeren elamischen Dynastie zu verknüpfen. Susa als ehemalige elamische Hauptstadt blieb ein religiöser Bezugspunkt, nahm allerdings Flüchtlinge auf – unter ihnen Chaldäer, Aramäer und Babylonier, die durch die fortwährenden assyro-babylonischen Kriege des 8. und 7. Jahrhunderts nach Osten vertrieben worden waren.[23] Die Städte Madaktu und Hidalu waren nun die Zentren politischer und militärischer Aktivität.[24] Hidalu lag wahrscheinlich in der Region Ram Hormuz (150 km südöstlich) oder der benachbarten Region Behbahan,[25] die Lage von Madaktu ist unbekannt.[26] Die elamischen Bevölkerungsgruppen der Eisenzeit waren im Unterschied zu denen des späten 2. Jahrtausends v. Chr. geografisch versprengter und politisch fragmentierter, aber dennoch wichtige Protagonisten in der internationalen Politik jener Zeit, die von den Assyrern einerseits umworben, andererseits aber auch aktiv in Auseinandersetzungen mit ihnen verwickelt wurden.

Während der neuelamischen Perioden II–III wurden in den Zagrostälern die kulturellen Traditionen weitergeführt.[27] Das Mamasani-Gebiet weist zwischen der mittel- und neuelamischen Periode Siedlungskontinuität auf.[28] In Eschkaft-e Salman (Schekaft-e Salman) und Kul-e Farah nahe Izeh entdeckte Felsreliefs belegen, dass Elamer sowohl in mittel- wie in neuelamischer Zeit in dieser Gegend aktiv waren. In Eschkaft-e Salman wurden Reliefs mit überlebensgroßen Figuren zu beiden Seiten eines Höhlenheiligtums am Ende einer durch einen Fluss in den Fels gegrabenen Schlucht gefunden. Sie waren laut der Hauptinschrift aus Eschekaft-e Salman III Teil eines Familienheiligtums, das der Göttin Maschti geweiht war. Die zugehörigen Inschriften in Neuelamisch erwähnten Hanni, den Herrscher von Ayapir, und seine Familie sowie seinen Wesir Schutruru und dessen Familie. Die Analyse dieser Inschriften legt eine Datierung zwischen dem späten 8. und frühen 6. Jahrhundert nahe, am wahrscheinlichsten ist das 7. Jahrhundert.[29] Die Reliefs selbst stammen wahrscheinlich aus spät-mittelelamischer Zeit, eine Zuordnung, die auf Parallelen mit einem aus glasierten Formziegelfragmenten rekonstruierten Relief beruht, das auf der Akropolis von Susa gefunden wurde.[30]

Die Reliefs von Kul-e Farah bei Izeh zeigen hauptsächlich Prozessionen, Opferhandlungen und Rituale, ihre Datierung schwankt zwischen dem 9./8. und dem 7. Jahrhundert v. Chr.[31] Das Relief von Kul-e Farah I (Abb. 12) zeigt den Herrscher und Mitglieder seines Hofstaates beim Opfern, begleitet von drei Musikanten. Die Inschriften über den zentralen Figuren erklären, dass die Region zum Staat Ayapir gehörte und von Hanni regiert wurde, einem Zeitgenossen von König Schutur-Nahhunte.

Im Bereich von Ram Hormuz zeigen Ausgrabungen und Untersuchungen, dass die Siedlung und das Umland während der Sukkalmah-Periode nach einer Unterbrechung im frühen 3. Jahrtausend erneut besiedelt wurden.[32] Auf eine Phase des Wachstums in mittelelamischer (um 1600–1000 v. Chr.) folgt eine Siedlungskontinuität in neuelamischer Zeit und auch während der achämenidischen Periode. Die Entdeckung eines neuelamischen Grabes in Dschubadschi (s. Shishegar, hier S. 202ff.) illustriert den Reichtum dieser Region und ihre Rolle im Gesamtkontext der Eisenzeit.

Das Grab, obwohl beim Eintreffen der Archäologen bereits aufgebrochen und gestört, enthielt mindestens zwei bronzene Wannensärge, die letzte Ruhestätte zweier Frauen, die mit einer reichen und vielfältigen Ausstattung an persönlichem Schmuck bestattet worden waren. Einige Stücke tragen elamische Inschriften, ein Ring mit scheibenförmigen Enden ist mit »Schutur-Nahhunte, Sohn des Indada« beschriftet. Dies ist vielleicht derselbe Herrscher, den König Hanni von Ayapir, 70 km nördlich, in Izeh, als seinen Oberherrn in seinen Inschriften (Abb. S. 205) erwähnt. Elamisch sind auch die flachen Pfannen mit Griffen in Form von Meerjungfrauen mit Fischschwänzen (Abb. S. 208). Eine weibliche Statuette, wahrscheinlich der Griff eines Spiegels, trägt zahlreiche Armreifen und eine kunstvolle Perücke (Abb. S. 209). Darüber hinaus fanden sich Eisennadeln mit einem ovalen, mit Gold verkleidetem Kopf aus Bitumen (Abb. S. 210, Kat.-Nr. 95). Eine Armbinde mit Einlegearbeiten, beschriftet mit einem elamischen Frauennamen, ähnelt einem im »Königinnengrab« von Nimrud gefundenen Stück aus dem 7. Jahrhundert.[33]

Ein zweites reich ausgestattetes Grab, das etwas jünger als die Bestattung von Dschubadschi ist, wurde in der Gegend von Behbahan, 90 km südöstlich von Ram Hormuz, bei Ardschan, entdeckt. Eine steinerne Grabkammer enthielt einen wannenförmigen Bronzesarg mit den Überresten eines Mannes, neben dem ein aufwendig dekorierter eiserner Dolch und ein goldener »Ring« mit großen, scheibenförmigen Enden lagen. In die Innenseite ist eine Palmette graviert, links und rechts von ihr stehen zwei Greifen mit geöffneten Schwingen einander gegenüber. Zu den Grabbeigaben gehörten außerdem viel persönliche Schmuckstücke und Metallgefäße. In der Grabkammer fand sich ein goldener Reif mit runden Enden mit der Inschrift »Kindin Hutran, Sohn des Kurlusch«. Datiert wird das Grab zwischen 600 und 570 v. Chr.[34]

Zwei Heiligtümer in Sorchdom (8.–7. Jahrhundert v. Chr.)[35] und in Sangtaraschan[36] nahe Choramabad, sowie Grabfunde aus der Eisenzeit II–III dokuentieren den Fortbestand der künstlerischen und religiösen elamischen Traditionen in den Bergen des Pisch-e Kuh in Lorestan. Sangtaraschan ist noch nicht vollständig publiziert, doch ist bereits eine Standarte bekannt, auf der Wildziegen zu beiden Seiten eines zentralen Pfostens auf den Hinterbeinen aufgerichtet stehen, sowie Äxte mit Stachelnacken und Metallgefäße, zu denen es Vergleichsstücke in der Susiana und dem östlichen Chusistan gibt. Sowohl in Sangtaraschan als auch in Sorchdom waren Ensembles von Objekten (»Schätze«) in Wände und Fußböde der Gebäude eingemauert. Man nimmt an, dass es sich hierbei um Votivgaben handelt. In Sorchdom wurden zahlreiche Bronzenadeln, Perlen, geschnitzte Knochen, Metallgefäße und Siegel gesammelt und in einem über lange Zeit genutzten Schrein begraben. Einige der Metallarbeiten zeigen enge Verbindungen zu Elam; besonders auffällig ist die Gottheit auf dem Schlangenthron (Abb. 6b). Zu verschiedenen Fayencegefäßen und Siegeln finden sich ebenfalls Parallelen im elamischen Tiefland.[37] Ferner sind Rollsiegel als Votivgaben eine elamische Praxis, gut bezeugt in Al-Untasch-Napirischa.[38]

An das Ende der Epoche sind die bei Raubgrabungen in der Kalmakarra-Höhle, 15 km nordwestlich von Pol-e Dochtar (Abb. S. 152, 153, 154), gefundenen Silber- und Goldgefäße und Masken datiert. Zu dem Hort gehören angeblich auch verschiedene Gefäße mit elamischen Keilschriftinschriften, die ein »Königreich von Samati«[39] erwähnen. Diese Stücke aus unsicherem Kontext sind der einzige Hinweis auf die Sprachzugehörigkeit der Einwohner von Pisch-e Kuh.

Zu diesen Sammlungen von Luxusgegenständen gehören Metallnadeln und -gefäße, künstlerisch raffinierter und üppiger persönlicher Schmuck aus Gold, Silber, Bronze und Halbedelsteine, bearbeitete Knochen, Stein- und Fayencegefäße sowie kostbare Erbstücke. Diese Objekte verbindet eine gewisse inhaltliche und stilistische Einheitlichkeit, und sie sollten unter dem Aspekt der jüngsten Diskussionen über die Rolle tragbarer Luxuskunst in eisenzeitlichen Gemeinschaften betrachtet werden.[40] Sie verweisen auf den Reichtum Elams in seinem letzten Jahrhundert (626–520 v. Chr.) als unabhängiger Staat. Die Verschmelzung assyro-babylonischer, syrischer und elamischer Stilelemente in den Stücken aus Sorchdom, Ardschan und Dschubadschi ist wahrscheinlich ein entscheidender Schritt bei der Ausbildung des internationalen, imperialen, achämenidischen Stils. Die Perser benötigten das Wissen der Elamer über die mesopotamische Welt, um ihre nach Westen zielende Expansion zu erleichtern, und sie waren außerdem in der Lage, aufständische Untertanen zu Helfern des neuen Herrschers Dareios I. (521–486 v. Chr.) zu machen.

Anmerkungen S. 260

Schale, Silber, »Kalmakarre«, Mitte 1. Jt. v. Chr., Kat.-Nr. 183

Schmuckscheibe, Silber, »Kalmakarre«, 1. Jt. v. Chr., Kat.-Nr. 182

ELAMISCHE FELSRELIEFS

JAVIER ÁLVAREZ-MON

Die Kunst und die Kultpraktiken in der elamischen Kultur (um 2000–525 v. Chr.) finden ihren lebendigsten Ausdruck in einer Reihe monumentaler, in den Felsen gehauener Reliefs, die in der dramatischen Landschaft des Zagrosgebirges entdeckt wurden.

Insgesamt 18 (s. S. 139, Abb. 2) in die Zeit zwischen dem 17. und dem 6. Jahrhundert v. Chr. datierende Reliefs wurden an drei verschiedenen Stellen in den Stein gehauen: in die Felswände der Freiluftheiligtümer im Tal von Izeh/Malamir (die Reliefs von Chong-e Aschdar, Schah Savar, Schekaft-e Salman und Kul-e Farah), in der Region von Mamasani und am Fluss Fahliyan (Kurangun) und in der Marvdascht-Ebene (Naqsch-e Rostam).

Die Entdeckung und die ersten Untersuchung dieser Reliefs sind mit einer der berühmtesten Persönlichkeiten in der Geschichte der Vorderasiatischen Archäologie verbunden. Die Izeh/Malamir-Reliefs wurden in westlichen Publikationen erstmals 1836 von Major Henry C. Rawlinson erwähnt und schon bald danach detaillierter von Austen H. Layard beschrieben, dem unerschrockenen Abenteurer, der das Tal 1841 besuchte. 1898 arbeitete Jacques de Morgan, der zweite Leiter der französischen Mission Archéologique en Perse, zusammen mit Gustave Jéquier und Pater Vincent Scheil eine Woche lang intensiv an der dokumentarischen Aufnahme der Reliefs. 1924 entdeckte der deutsche Gelehrte Ernst Herzfeld das Relief von Kurangun und erkannte die Parallelen zu den erhaltenen Partien des elamischen Felsreliefs in Naqsch-e Rostam. Dieses war im Westen zwar seit dem frühen 18. Jahrhundert bekannt, man glaubte jedoch zunächst, dass es zu dem darüber befindlichen Sassaniden-Relief gehöre. Als letztes wurde 1962 das Relief von Chong-e Adschar in Izeh/Malamir von Louis Vanden Berghe, dem Leiter der Mission Archéologique Belge en Iran, entdeckt.

Insgesamt fanden sich im Tal von Izeh/Malamir zwölf Reliefs. Die in Schah Savar und Chong-e Aschdar, ungefähr 10 km südöstlich beziehungsweise 17 km nordöstlich der Stadt Izeh, datieren beide in das 17. Jahrhundert v. Chr. und zeigen Gruppen von Adoranten vor einem

1
(Vorhergehende Seite)
Schekaft-e Salman

2 (links)
Schekaft-e Salman,
Relief 1 und 2

3 (unten)
Kul-e Farah IV–V

4 (rechts)
Kul-e Farah III

5 (rechts unten)
Kul-e Farah II

sitzenden Herrscher oder einer Gottheit. Die vier Reliefs in Schekaft-e Salman liegen auf südwestlicher Seite des Tals, 2,5 km von Izeh entfernt, in einer eindrucksvollen natürlichen Grotte mit einem zur entsprechenden Jahreszeit über einen hohen Felsen springenden Wasserfall (Abb. 1), der sich an deren Eingang mit dem im Frühling aus der Tiefe der Felsöffnung quellenden Wasser mischt. Die vier Reliefs (SSI–SSIV) befinden sich rund um den Höhleneingang. SSI und SSII datieren in das 12. Jahrhundert v. Chr. und stellen die elamische Königsfamilie dar, der Höhle zugewandt und im Adorationsgestus (Abb. 2). SSIII (11.–8. Jahrhundert v. Chr.) und SSIV (12.–11. Jahrhundert v. Chr.) zeigen hingegen jeweils eine Einzelperson, ebenfalls in Bethaltung. Alle vier Reliefs tragen Inschriften, die jedoch erst später, wohl im 7./6. Jahrhundert v. Chr., von Hanni, dem Herrscher von Ayapir, hinzugefügt wurden.

Die sechs Reliefs von Kul-e Farah befinden sich 7 km entfernt von Izeh im Nordosten des Tals, das bei der Schlucht von Kul-e Farah die Form eines natürlichen, auf drei Seiten von Felsen umgebenen »Amphitheaters« hat. Am südlichen Ende befindet sich die Quelle eines je nach Jahreszeit durch die Schlucht und in das Tal fließenden Baches. Kul-e Farah IV (9.–8. Jahrhundert v. Chr.) ist das älteste Relief (Abb. 3). Auf der senkrecht abfallenden Felswand ist es rund 6 m hoch und 17,70 breit. Dargestellt ist ein Bankett mit nicht weniger als 141 Teilnehmern. Viele von ihnen sind durch auffälliges langes, geflochtenes Haar und durch die Haltung der rechten Hand charak-

6
Kul-e Farah V

terisiert, die einen Bissen Nahrung (Fleisch?) zum Mund zu führen scheint. Auf einem Thron mit hoher Lehne sitzt, gerahmt von zwei Tischen mit Speisen und Gefäßen, ein König, der den Vorsitz über die Feierlichkeit innehat. Begleitet wird er von Dienern, einem Waffenträger, Bogenschützen, einer Gruppe von sechs Harfenspielern und mehr als 100 einander ähnelnden Personen in kurzer Tunika. Die gesamte Oberfläche des Steins von Kul-e Farah III (8.–7. Jahrhundert v. Chr.; Abb. 4) wurde mit einer Prozession von etwa 200 Teilnehmern geschmückt, die von Nutztierherden begleitet werden. An der Spitze der Prozession sind vier kniende männliche Personen mit Kappen zu erkennen, die eine Plattform tragen, auf der eine große männliche, vielleicht einen König oder Gott darstellende Figur steht. Drei Harfenspieler stehen einer zweiten überlebensgroßen Figur gegenüber, gefolgt von einer Vielzahl von Adoranten, die in drei und vier Registern angeordnet sind. Kul-e Farah II (7.–6. Jahrhundert v. Chr.; (Abb. 5) zeigt eine überlebensgroße Einzelperson im Adorationsgestus, die auf die rituelle Schlachtung eines Zebus und die Skelette weiterer geopferter Tiere blickt. Hinter ihr befindet sich ein kleines rechteckiges Feld mit vier Einzelfiguren. Kul-e Farah V (7.–6. Jahrhundert v. Chr.; Abb. 6) weist ebenfalls eine überlebensgroße Figur auf, die einer Szene mit einem Tieropfer gegenübersteht. Auf dem Felsen von Kul-e Farah VI (7.–6. Jahrhundert v. Chr.) sind vier antitethetisch angeordnete kniende Personen mit erhobenen Armen zu erkennen, die eine Plattform mit einer großen männlichen Figur tragen. Hinter dieser sind neun kleinere Personen in drei Registern zu sehen. Kul-e Farah I (7.–6. Jahrhundert v. Chr.; s. Carter, Abb. 12) trägt eine lange elamische Inschrift in Keilschrift, welche die große dargestellte Figur als Hanni, den Sohn des Tahhiki, »Prinz« oder »Anführer« (*kutur*) von Ayapir und Vasall des elamischen Königs Schutur-Nahhunte, Sohn des Indada, bezeichnet. Hinter ihm stehen die kleineren Gestalten zweier Hofbeamter, eines Waffenträgers (bezeichnet »Schutruru, der Herr des Palastes«, einen Bogen, Köcher und Schwert tragend) sowie eines Gewandträgers. Ein Musikantentrio spielt eine horizontale Harfe, eine vertikale Harfe und eine eckige Trommel, neben Widderkadavern und einem Feueraltar oder Rauchfass wird ein Zebu geschlachtet.

Das Relief der heiligen Stätte von Kurangun (Abb. S. 216, 217) wurde in 80 m Höhe in die Felsflanke gemeißelt, ein Ort, von dem aus der Fluss Fahliyan und sein Verlauf durch die weitläufige Ebene von Mamasani gut zu überblicken sind. Man hat einen gewaltigen Einschnitt in die Felswand geschlagen, um eine Einbuchtung mit einer etwa 5 x 2 m messenden, rechteckigen, muldenartigen Plattform zu gewinnen, in deren Rückwand Fische eingemeißelt sind. Drei Treppen führen von der Spitze des Hügels hinunter zur Plattform. Die Felswand trägt ein im 17. Jahrhundert v. Chr. geschaffenes Relief mit einem auf einem Thron sitzenden, auf die Treppe ausgerichteten Götterpaar. Die bärtige männliche Gestalt sitzt auf einem Thron aus einer aufgerollten Schlange und hält in ihrer Rechten Ring und Stab, aus dem zwei Wasserströme entspringen, die sich nach vorn und hinten auf zwei Dreiergruppen von Adoranten ergießen. In der ersten Hälfte des 1. Jahrtausends v. Chr. wurde das Relief um drei auf den Treppenfluchten stehende Reihen von Adoranten ergänzt.

Die beiden elamischen Reliefs von Naqsch-e Rostam (Abb. 7) wurden am westlichsten Ausläufer des Hossain-Bergmassivs (Kuh-e Hossain) in den Felsen geschlagen. Dieser Ort am Schnittpunkt des Bergmassivs Kuh-e Hossain und des Flusses Polvar mit der weiten offenen Ebene von Marvdascht bietet eine spektakuläre Szenerie. Durch die Anbringung eines zusätzlichen Reliefs zur Zeit des Sassanidenkönigs Bahram II. (276–293 n. Chr.) sind die elamischen Darstellungen allerdings nahezu vollständig zerstört. Von dem zentralen, im 17. Jahrhundert v. Chr. ausgeführten Feld sind nur noch die schwachen Umrisslinien zweier Throne mit gewundenen Schlangen zu identifizieren, die zu einem Götterpaar gehörten. Von den im 8. bis 7. Jahrhundert ausgeführten Ergänzungen sind lediglich das gekrönte Haupt einer Königin und eine männliche Figur im Adorationsgestus zu erkennen. Man weiß nicht, aus welchen Gründen diese Reliefs entstanden, doch die Erweiterung des bereits existierenden elamischen Heiligtums verweist auf die Kontinuität der religiösen elamischen Traditionen und das Vorhandensein einer politischen Autorität in einem Territorium, das mit einer zentralen elamischen Kultstätte verbunden war.

Ein bemerkenswerter Aspekt der elamischen Reliefs ist ihre Einbettung in eindrucksvolle, von Flüssen, Quellen, Wasserfällen und Schluchten geprägte Landschaften. Diese Standorte könnten der Ausdruck eines religiösen Systems sein, in dem sich die Wahrnehmung und die Erfahrung des Übernatürlichen aus einer engen Verbindung mit Gegenden von außergewöhnlicher natürlicher Schönheit entwickelten. Unter diesem Aspekt sind sie außergewöhnliche neue Darstellungsformen und stehen für die Ausführung von Kulthandlungen außerhalb der großen urbanen Zentren. Diese Schauplätze erlauben Einsichten in die verschiedenen Spielarten religiöser Erfahrung und bezeugen die zentrale Rolle des elamischen Herrschers, seiner Familie und der Gesellschaft, durch die im Ritual eine Verbindung zwischen menschlicher und natürlicher Wirkmacht entsteht. Die Reliefs verweisen auf kulturelle Traditionen, die unmittelbar mit der Wahrnehmung eines Ortes und mit der »ethnischen« Identität einer sozialen Gruppe, charakterisiert durch besondere physische Merkmale wie das lange geflochtene Haar auf KFIV, KFIII, KFVI und Kurangun, sowie Brauch und Ritual, gekennzeichnet durch Tieropfer und gemeinsame Mahlzeit, verbunden sind. Zusammengenommen stehen der Ort, die Selbstdarstellung und das Ritual für die Identität einer Bevölkerung, die durch ihre spezifische Kultur und soziopolitische Ideologie bestimmt ist. Die Reliefs geben Einblicke in die Überlieferung des elamischen Hochlandes. Kulturell und soziopolitisch kündigt diese Ideologie bereits die Weltanschauung der nachfolgenden Achämeniden an.

Literatur Seite 261

7
Relief von Naqsch-e Rostam, Ausschnitt

Fundorte

Tal-e Malyan, Susa, Haftawan, Haft Tappe, Tschogha Zanbil, Sar-e Pol-e Zohab und das Relief des Anubanini

Tal-e Malyan

Tal-e Malyan in Fars liegt im Tal des Flusses Kur, auf einer Höhe von 1600 m, und erstreckt sich über eine Fläche von fast 200 ha. Zahlreiche gleichlautende Ziegelinschriften mit dem Namen des elamischen Herrschers Huteludusch-Inschuschinak (1125–1104 v. Chr.) erlaubten die Identifikation der Ruinen von Malyan mit der alten elamischen Hauptstadt Anschan.

Wissenschaftliche Untersuchungen in den bereits zuvor bekannten Ruinen erfolgten 1971 bis 1978 durch die Universität von Pennsylvania unter der Leitung von W. Sumner. Der Platz wurde seit dem Neolithikum in unterschiedlichem Maß genutzt, doch heben sich drei Hauptbesiedlungsperioden heraus. Man weiß nicht, ob Malyan zwischen diesen Phasen ganz verlassen wurde oder ob die Besiedlung innerhalb des großen Stadtgebietes nur schrumpfte und sich verlagerte.

Die älteste sogenannte Banesh-Periode (3400–2600 v. Chr.) entspricht der protoelamischen Nutzung; nach einer Zeit des Siedlungsrückgangs folgten die sogenannte Kaftari-Periode (2200–1600 v. Chr.) und die Qale-Periode (1250–1000 v. Chr.) oder mittelelamische Zeit.

Die Siedlung war bereits in protoelamischer Zeit von einer Stadtmauer umgeben, die auch in der Kaftari-Zeit weiterhin genutzt wurde. Zwei protoelamische Gebäude mit jeweils mehreren Bauphasen wurden freigelegt, ein Wohn- und Wirtschaftsgebäude in Areal TUV sowie ein durch seine Maße und Ausstattung mit Wandmalerei herausgehobenes Gebäude, wohl eine Eliteresidenz, in Areal ABC, aus deren Bereich auch der kleine goldene Löwe *(S. 67)* stammt.

Die Siedlungsunterbrechung zwischen Banesh- und Kaftari-Zeit war vermutlich nur kurz. Ab 2200 v. Chr. sieht man eine dichte städtische Bebauung mit Wohnhäusern und Werkstätten. Die charakteristische Keramik ist helltonig mit dunkler Bemalung *(S. 143)* und im Hochland von Süd-Iran weit verbreitet. Nach einem erneuten Siedlungsrückgang zwischen 1600 und 1300 v. Chr. setzte dann in mittelelamischer Zeit eine umfangreiche Bautätigkeit ein. Am höchsten Punkt der Ruine entstand ein monumentales Gebäude aus Lehmziegeln mit einem zentralen offenen Hof mit umlaufendem Korridor und Seitenräumen, dessen ursprüngliche Höhe auf 5 m rekonstruiert wird. Ein Tontafelarchiv dokumentiert die Verteilung von Kupfer und Silber, Reste von Flint- und Kalzit-Bearbeitung sowie Vorratsgefäße deuten auf eine institutionelle Funktion in der Verwaltung. Von der Existenz eines zeitgleichen Tempels im Stadtgebiet weiß man nur durch die Ziegelinschriften.

E. Carter, Mittelelamische Kunstperiode (Middle Elamite [ME] Period), in: *Reallexikon der Assyriologie und Vorderasiatischen Archäologie*, 1994, Bd. 3–4, S. 309–316. 8
E. Carter, *Excavations at Anshan (Tal-e Malyan): The Middle Elamite Period*, hrsg. von W. M. Sumner, Philadelphia: University of Pennsylvania, University Museum, 1996
W. M. Sumner, *Early urban life in the land of Anshan: Excavations at Tal-e Malyan in the highlands of Iran, Bd. Malyan Excavation Reports 3*, Philadelphia: University of Pennsylvania Museum of Archaeology and Anthropology, 2003 (University Museum Reports, 117)

Susa

In der altelamischen Zeit (1900–1500 v. Chr.), die nach einem ursprünglich akkadischen, aber in Elam neu definierten Herrschertitel auch »Sukkalmach«-Zeit genannt wird, breitete sich die Stadt nördlich der Ville Royale aus. Im Areal VR A haben großflächige Grabungen in dieser neuen »Vorstadt« Einblick in den funktionalen Wechsel von zunächst einer kleinen Kapelle in Schicht XV zu großen Privathaushalten in Schicht XIV, dann zu einer industriellen Nachnutzung in Schicht XIII und zum sogenannten »Haus der Tempelprostituierten« in Schicht XII eröffnet. Die Schichtabfolge zeigt anschließend eine Unterbrechung, die zeitlich wohl mit der Neugründung von zunächst Haft Tappe und später Tschogha Zanbil zusammenfällt.

Der größte Teil der Funde – z.B. persönliche Bewaffnung und Werkzeug aus Bronze – stammt jedoch aus hunderten von Bestattungen. In einigen Grüften fanden sich bemalte Terrakottaköpfe, Porträts der Verstorbenen *(S. 161, Kat.-Nr. 358)*, eine Sitte, die das 2. Jt. v. Chr. hindurch beibehalten wird *(S. 161, Kat.-Nr. 364)*. Auch winzige Miniaturköpfe fanden sich in den Gräbern *(Kat.-Nr. 361, 362)*. Typische Funde aus altelamischer Zeit sind Möbelteile *(Kat.-Nr. 357; S. 32, Abb. 8)* und Gefäße aus Bitumenmastix. Diese Mischung aus Bitumen mit feingemahlenen Mineralien war formbar wie Ton und wurde in Öfen gehärtet. Terrakotta diente zur Fertigung von figürlichen Bildwerken und Baukeramik: Der Wasserspeier *(S. 161, Kat.-Nr. 359)* ist wahrscheinlich das älteste bekannte Bauteil dieser Art. Neu

369

342

370

365

349

357

362

361

ist das Formen von Figurinen in einem Model *(Kat.-Nr. 365)*. Diese Technik bleibt im gesamten 2. Jt. v. Chr. in Verwendung und erlaubt die Serienfertigung des immer gleichen Motivs: Eine furchteinflößende Maske *(S. 160, Kat.-Nr. 348)* diente vermutlich der Abwehr böser Kräfte. Die Darstellung erinnert an das todbringende Monster »Humbaba« aus dem *Gilgamesch-Epos*, doch wissen wir nicht, ob sich die Maske aus Susa ebenfalls auf diesen oder einen anderen Mythos bezieht. Der nackte Lautenspieler *(S. 160, Kat.-Nr. 363)* in Begleitung eines Affen oder Zwerges, der auf seiner Schulter sitzt, und die kleine Modelfigurine einer Elamerin *(S. 160, Kat.-Nr. 360)* sind andere Beispiele dieser Serienproduktion.

Nach der Aufgabe von Tschogha Zanbil verlegten die Könige einer neuen Dynastie unter Schutruk-Nahhunte und seinen Söhnen die Hauptstadt im 12. Jh. v. Chr. zurück nach Susa. Sie ließen die Stadt vollständig renovieren, auf den Fundamenten der alten Tempel auf der Akropolis entstanden zwei große Tempel für Inschuschinak *(S. 161, Kat.-Nr. 350)* und Ninhursag. Dort stellten sie wichtige Monumente auf, die sie aus Tschogha Zanbil überführt hatten. Auch historische Monumente wie die weltberühmte Gesetzesstele des Hammurabi oder die Siegesstele des Naramsin, die Schutruk-Nahhunte bei Kriegszügen gegen das kassitische Babylonien entführt hatten, fanden dort ihren Platz

348

363

337

360

364

359

358

350

und wurden mit neuen Inschriften versehen. Aus den Inschriften von Schilhak-Inschuschinak, dem zweiten Sohn von Schutruk-Nahhunte, weiß man von weiteren Renovierungs- und Verschönerungsarbeiten, insbesondere in einem neuen Tempel im Norden der Akropolis, der mit Reliefziegeln erbaut war, die sich als Bauschutt in sekundärer Lage fanden. Zu diesem Tempel gehörte eine Kapelle für den Kult der Königsfamilie. Bei der Ausstattung der Tempel wurden weiterhin Knaufziegel unterschiedlicher Machart verwendet *(S. 164, Kat.-Nr. 371; S. 285, Kat.-Nr. 372)*. Die Existenz von Schreiberschulen ist durch zahlreiche Texttafeln *(S. 159, Kat.-Nr. 349)* belegt, auf denen zukünftige Schreiber ihre Übungen hinterließen.

P. Amiet, *Suse, 6000 ans d'histoire*, Paris: Éditions de la Réunion des Musées Nationaux, 1988, Kap. 6–7
D. T. Potts, *The archaeology of Elam. Formation and transformation of an ancient Iranian State*, Cambridge: Cambridge University Press, 1999, Kap. 7

Haftawan

Haftawan Tappe ist ein Siedlungshügel nordwestlich des Urmiasees in Nordwest-Iran mit Siedlungsschichten von der frühen Bronzezeit bis in die sassanidische Epoche. Der Platz wurde 1968 bis 1978 von Charles Burney mit mehreren, untereinander nicht verbundenen Schnitten untersucht, was zur Definition von acht Hauptbesiedlungsphasen führte. Die Phasen VIb–a der lokalen Schichtabfolge datieren in die Mittelbronzezeit, sie zeichnen sich durch eine massive Architektur mit Fundamenten aus Geröllsteinen und mit in die aufgehenden Lehmziegelmauern eingelassenen Holzbalken aus. Phase VIb endete in einer Brandzerstörung. Typisch für VIb sind polychrom bemalte Gefäße eines »Urmia-Ware« genannten Stils *(Kat.-Nr. 136; S. 132, Abb. 1)*, der bis in den südlichen Kaukasus verbreitet ist. Eine Gussform *(Kat.-Nr. 138)* verdeutlicht die Bedeutung der Kupferverarbeitung in den Orten im Bergland.

136

138

C. Burney, Haftavan Tepe, *Encyclopedia Iranica online*, 2002, http://www.iranicaonline.org/articles/haftavan-tepe.
M. Edwards, *Excavations in Azerbaijan 1 (North-western Iran). Haftavan, Period VI*, Oxford: B.A.R., 1983 (British Archaeological Reports International Series, 182)

Haft Tappe

Die mittelelamische Stadt Haft Tappe liegt etwa 20 km südöstlich von Susa am Rand der Ebene des Flusses Dez und erstreckt sich über ein Areal von 1,7 x 1,3 km. Archäologische Untersuchungen durch Ezat Ollah Negahban deckten im Nordteil der Ruine von 1968 bis 1975 drei große Baukomplexe und zwei königliche Grüfte auf. Erneute Untersuchungen durch Behzad Modifi Nasrabadi seit 2002 haben inzwischen eine Präzisierung der Chronologie und der Bauabfolge sowie ein klareres Bild von Struktur und Gliederung der Stadt erbracht. Sie wurde wohl gegen Ende des 15. Jhs. v. Chr. von Tepti-Ahar gegründet, ihr alter Name war Kabnak.

133

132

134

135

Die Bauten im Nordteil der Stadt umfassen zwei große Lehmziegelterrassen und mehrere Hallen von bis zu 9 m Höhe; im Zusammenhang mit zwei königlichen Grüften handelt es sich hier wohl um einen Tempelbezirk zur Pflege des Totenkults. Zu ihm gehörten auch eine Schreiberschule sowie Werkstätten, in denen Metall *(Kat.-Nr. 134)*, Ton und Elefantenelfenbein verarbeitet wurden. Dort hat man zwei Tonköpfe *(Kat.-Nr. 132)* und eine Maske *(Kat.-Nr. 133)* gefunden, die wohl für die Niederlegung in einem Grab vorgesehen waren. Weitere administrative Gebäude flankierten diese Anlagen. Der Gefäßverschluss *(Kat.-Nr. 135)* illustriert die Struktur dieser Verwaltung gut: Mit drei verschiedenen Siegelabrollungen versehen, verzeichnet der Text eine Lieferung von Mehl an den Königshof; die drei Siegel gehörten verschiedenen Amtsträgern, unter ihnen der Anführer der berittenen Verbände unter König Inschuschinak- Schar-Ilani, dem Nachfolger von Tepti-Ahar. Alle drei Darstellungen zeigen die Anbetung von Göttern. Die Stadt wurde bereits im 14. Jh. v. Chr. durch einen Brand zerstört, vermutlich im Zusammenhang mit kriegerischen Auseinandersetzungen. Bis ans Ende des 14. Jhs. v. Chr. waren die Ruinen jedoch weiterhin bewohnt.

E. Carter, Kabnak (Haft Tappeh) and Al Untash-Napirisha (Choga Zanbil): Elamite cities of the Late Bronze Age, in: *The Iranian World. Essays on Iranian Art and Archaeology presented to Ezat O. Negahban*, hrsg. von A. Alizadeh, Y. Majidzadeh, und S. Malek Shamirzadeh, Tehran: Iran University Press, 1999, S. 114–130
B. Mofidi-Nasrabadi, Vorbericht der archäologischen Ausgrabungen der Kampagnen 2012-2013 in Haft Tappeh (Iran), in: *Contributions on history and culture of Elam and its neighboring regions*, hrsg. von Behzad Mofidi Nasrabadi, Hildesheim [u.a.]: Franzbecker, 2014, S. 67–168 (Elamica 4)
E. O. Negahban, *Excavations at Haft Tappeh, Iran*, Philadelphia: University Museum, University of Pennsylvania, 1991 (University Museum Monograph, 70)

390

Tschogha Zanbil

Im 13. Jh. v. Chr. gründete König Untasch-Napirischa auf einem bisher unbewohnten Gelände am Westufer des Flusses Dez, etwa 35 km südwestlich von Susa, die Stadt Al-Untasch-Napirischa, heute unter dem Namen Tschogha Zanbil bekannt. Sie war als religiöses Zentrum geplant, mit Tempeln und Kapellen für insgesamt 18 Gottheiten. Die Ausgrabungen zwischen 1951 und 1962 unter der Leitung von Roman Ghirshman legten den zentralen Tempelturm und zahlreiche weitere Gebäude frei. Die Bauarbeiten wurden nach Untasch-Napirischas Tod offenbar nicht beendet, und der Sitz der Macht verlagerte sich zurück nach Susa. Doch war Tschogha Zanbil bis etwa 1000 v. Chr. weiterhin Pilgerstätte und Friedhof. Heute steht der Platz auf der Liste des UNESCO-Weltkulturerbes.

Die Stadt wurde von drei Mauerringen umschlossen. Der äußere ist über 4 km lang und umfasst ein Gebiet von ca. 100 ha. Im Zentrum liegt die »Heilige Stadt«, Siyan-kuk. Hier wurden in einer ersten Bauphase ein Tempel für Inschuschinak und verschiedene Kapellen im Geviert um einen offenen quadratischen Hof in der Mitte verbunden. Dieser Hof war der Bauplatz für die fünfstufige Zikkurat, die unterste Stufe

393

392

371

385

384

391

386

387

389

388

schließt die ursprünglich den Hof umgebenden Tempel mit ein. Der Haupttempel auf der Zikkurat blieb nicht erhalten, war aber sicherlich Inschuschinak gewidmet, denn jede elfte Ziegelreihe der Zikkurat trägt eine Inschrift mit Widmung an ihn sowie an Napirasu, Hauptgottheit von Anschan *(Kat.-Nr. 389)*. Zur Ausstattung des Tempels gehörten Knaufziegel *(Kat.-Nr. 392, 393)*, die in die Wand des Gebäudes eingelassen waren. Der Knauf verweist auf ältere Formen von Stiften, wie sie schon seit vorgeschichtlicher Zeit in Tempelwände einlassen waren, ihre Beschriftung nennt den Stifter, hier Untasch-Napirischa *(Kat.-Nr. 393)*. Weitere Tempel lagen im zweiten Mauerring. Zu ihrem Schutz waren an den Eingängen Wächterfiguren aus Ton aufgestellt, zum Beispiel Zeburinder: Der Kopf eines Zebus *(Kat.-Nr. 391)* gehörte zu einer vollständigen Figur, aber auch kleinere, schematischere Figuren *(S. 163, Kat.-Nr. 390)* wurden gefunden. In mit den Tempeln assoziierten Werkstätten wurden Ton *(Kat.-Nr. 386)*, Glas *(Kat.-Nr. 385)* und Metall zu Kultgerät und Votivgaben verarbeitet *(Kat.-Nr. 384 und 387)*. Die exotischen Materialien ebenso wie der Stil der Siegel verweisen auf enge Kontakte mit dem kassitischen Mesopotamien. In der Nordostecke des äußeren Mauerrings liegt das königliche Quartier mit drei Palastgebäuden und einem kleinen Tempel für Nusku. Die Paläste waren mit reichem, mit Elfenbeineinlagen verziertem Mobiliar ausgestattet *(Kat.-Nr. 388)*. Palast I war dem Totenkult geweiht. Hier lagen die Grüfte, in denen die Asche von Brandbestattungen aufbewahrt wurde, eine neue Sitte in mittelelamischer Zeit.

R. Ghirshman, *Tchoga Zanbil (Dur-Untash)*, Bd. I: *La Ziggurat*, Paris: Paul Geuthner, 1966 (Mémoires de la Mission archéologique en Iran, 39)
R. Ghirshman, *Tchoga Zanbil (Dur-Untash)*, Bd. II: *Témenos, temples, palais, tombes*, Paris: Paul Geuthner, 1968 (Mémoires de la Mission archéologique en Iran, 40)
P. Amiet, *Suse, 6000 ans d'histoire*. Paris: Éditions de la Réunion des Musées Nationaux, 1988, Kap. 7

398

Sar-e Pol-e Zohab und das Relief des Anubanini

Der Fluss Alwand durchbricht auf seinem Weg in die mesopotamische Ebene und das Tal des Diyala bei Sar-e Pol-e Zohab einen letzten Gebirgsriegel. Dieser Engpass kontrollierte den Zugang in das Gebirge und wurde durch insgesamt fünf Felsreliefs markiert. Das am besten erhaltene Relief (s. Jacobs S. 225, Abb. 8) trägt eine Inschrift und nennt den König der Lullubäer, Anubanini, der hier wohl die Südgrenze seines Reiches markierte. Der König als militärisch erfolgreicher Führer stellt seinen Fuß auf einen besiegten Feind und wendet sich der Göttin Ischtar zu, die selbst zwei nackte Gefangene an einer Leine hält. In einem unteren Register ist eine ganze Reihe Gefangener abgebildet. Dieses Motiv war durch den akkadischen Herrscher Naramsin eingeführt worden und wurde hier von Anubanini und anderen Königen übernommen. Es blieb bis in das 1. Jt. v. Chr. ein wirksamer Topos, der noch von dem Achämenidenkönig

Dareios I. in dem berühmten Relief am Felsen von Bisotun zitiert wird (s. Jacobs, hier S. 220ff.). Unter den Reliefs wurde im späten 2. Jt. v. Chr. auch ein Grenzstein, ein sogenannter Kudurru, versteckt *(Kat.-Nr. 398)*. Die Inschrift beschreibt einen Grenzverlauf, die Symbole stehen für die einzelnen Gottheiten, die der König zu seiner Legitimierung beschwört.

R. Borger, Vier Grenzsteinurkunden Merodachbaladans I. von Babylonien. Der Teheran-Kudurru, SB 33, SB 169 und SB 26, in: *Archiv für Orientforschung* 23, 1970, S. 1–26

DIE KLEINSTAATEN IM BERGLAND

IRAN IM 1. JAHRTAUSEND V. CHR. AUS ASSYRISCHER SICHT

ANDREAS FUCHS

Wer sich mit dem Teil der Geschichte Irans beschäftigen will, der dem persischen Großreich unmittelbar vorausgeht, steht vor dem Problem, dass die unterschiedlichen Völker und Kulturen dieses Gebietes in dieser Epoche entweder noch schriftlos waren oder allzu spärliche schriftliche Quellen hinterlassen haben, aus denen sich kein zusammenhängendes Bild rekonstruieren lässt.

In dieser Hinsicht ist man daher zur Gänze auf Informationen angewiesen, die in den Schriftquellen der benachbarten Hochkultur Mesopotamiens, des heutigen Irak, überliefert sind. Dort stieg im 9. vorchristlichen Jahrhundert das Reich der Assyrer in mehreren Expansionsschüben zur beherrschenden Großmacht seiner Zeit auf. Vom Ende des 8. bis zum Ende des 7. Jahrhunderts beherrschte Assyrien die reichsten Gebiete Vorderasiens, einen gewaltigen Raum, der sich vom Persischen Golf bis Zentralanatolien und von Ägypten bis in den heutigen Iran hinein erstreckte. Aus den Inschriften, mit denen die assyrischen Könige ihre Nachfahren zu beeindrucken suchten, aus den Notizen, Briefen oder Verwaltungsakten, die dieses Reich hinterlassen hat, erfahren wir über den Iran nur das, was die Assyrer für mitteilenswert hielten, und dies auch nur über solche Zeitabschnitte und Gebiete, in denen sich Assyrien in Iran engagierte. Zeitlich entspricht das dem 9. bis 7. Jahrhundert, räumlich in etwa der westlichen Hälfte des heutigen iranischen Staatsgebietes.

Dort lassen sich zwei Räume unterscheiden, die unterschiedlicher kaum hätten sein können:

Im Gebiet des heutigen Chusistan befand sich Elam, eine uralte Hochkultur, schon seit Jahrtausenden auf Augenhöhe mit ihren mesopotamischen Nachbarn, und es hatte dabei stets seine Eigenständigkeit bewahrt. So verehrte Elam seine ganz eigene Götterwelt, und obgleich man dort die mesopotamische Keilschrift übernommen hatte, benutzte man sie, um in elamischer Sprache zu schreiben. Da die elamische Kultur bedauerlicherweise keine eigenen historischen Berichte hinterlassen hat, kann man die Entwicklung Elams im 1. Jahrtausend lediglich in der Zeitspanne von 743 bis 638 mitverfolgen, in der assyrische Quellen die damaligen elamisch-assyrischen Konflikte schildern. Bezüglich der vorangegangenen drei Jahrhunderte weiß man über Elam kaum mehr, als dass es existiert hat – in welcher Gestalt wie auch immer.

Um die Mitte des 8. Jahrhunderts war Elam ein gut organisiertes, hochentwickeltes Königreich, eine Macht, mit der man rechnen musste. Das Land war dicht besiedelt und wies eine Reihe großer Städte auf, deren wichtigste das altehrwürdige Susa war. Dort befanden sich die bedeutendsten Tempel des Reiches wie auch die Grabstätten der Herrscher. Abgesehen von Susa verfügten die elamischen Könige aber noch über eine Reihe weiterer Residenzstädte. Vor allem Madaktu (vielleicht das heutige Dezful) scheint das eigentliche politische Zentrum gewesen zu sein.

Machtpolitisch allerdings hatte Elam seine besten Zeiten bereits hinter sich, denn mittlerweile war es auf das heutige Chusistan reduziert, während das Gebiet von Anschan (ungefähr die heutige iranische Provinz Fars), das während des 3. und 2. Jahrtausends die östliche Hälfte des Reiches gebildet hatte, verloren war. Dort hatte sich ein Reich etabliert, das die Assyrer Parsumasch nannten und mit dessen Herrschern die elamischen Könige verhandeln mussten, wenn sie Hilfstruppen gegen die Assyrer benötigten. Befehlen konnten sie dort nicht mehr. Dieses Parsumasch sollte später, im 6. Jahrhundert, zum persischen Weltreich werden.

Seiner empfindlich geschrumpften Machtbasis zum Trotz gebärdete sich Elam weiterhin als Großmacht, und seine Könige nahmen für sich in Anspruch, im Rang keinem anderen Herrscher nachzustehen. Diese selbstbewusste Haltung war angesichts der damaligen politischen Gesamtkonstellation dem Gedeihen des Reiches nicht eben förderlich, sah sich Elam doch seit der Mitte des 8. Jahrhunderts in Gestalt des assyrischen Großreiches mit einem vielfach überlegenen Nachbarn konfrontiert. Damit nicht genug, reizten die elamischen Herrscher diese bedrohliche Macht auch noch, indem sie im benachbarten Babylonien Aufstandsbewegungen unterstützten, die sich gegen die dortige assyrische Herrschaft richteten. Infolgedessen sah sich Elam in Kriege verstrickt, die zu führen das Land sich nicht leisten konnte. Eine Serie schwerer Kriege gegen Assyrien belastete von 710 bis 691 das Reich bis zum Äußersten und führte im Inneren zu einer Reihe gewaltsamer Thronwechsel.

Nach einer Phase unsicherer, von Übergriffen unterbrochener Koexistenz, begann der nächste Krieg gleich mit einer Katastrophe: Im Jahre 653 wurde das elamische Heer nicht weit von Susa von den Assyrern vernichtet, der elamische König Teumman auf der Flucht erschlagen. Der elamische Königshof versank nun in einem Chaos aus Palastrevolten und Königsmorden, während in verschiedenen Regionen Gegenkönige auf den Plan traten und sich einzelner Landesteile bemächtigten. Aber auch der Assyrerkönig Assurbanipal kam nicht zum Ziel. Als er sah, dass seine Heere in Elam zwar auf keinen ernsthaften Widerstand mehr trafen, sich ihm die zahlreichen, inzwischen zu Warlords herabgesunkenen, einander heftig bekämpfenden elamischen Teilkönige aber dennoch nicht unterwarfen, ging er zur planmäßigen Zerstörung des widerspenstigen Landes über, der 646 auch Susa mitsamt seinen Kultstätten zum Opfer fiel. Das abschließende Bild, das die letzten assyrischen Quellen bis um das Jahr 638 vermitteln, ist das eines verwüsteten, ruinierten, in vollkommene Anarchie versunkenen Landes.

Die weitere Entwicklung Elams liegt völlig im Dunkeln, doch muss sich das elamische Königreich, wie schon so oft, auch von dieser Katastrophe wieder erholt haben, denn im Jahre 596 hatte es der neubabylonische König Nebukadnezar II. am Tigris wieder mit einem elamischen Herrscher und dessen Heer zu tun. Und auch die beiden Rebellen, die sich in den Jahren 522 und 521 nacheinander gegen Dareios I. erhoben, können mit ihrem Versuch, sich zu Königen von Elam zu erklären, nur

bezweckt haben, die Situation unmittelbar vor der persischen Eroberung wiederherzustellen.

Außerhalb Elams, in den übrigen Teilen West-Irans, zwischen und hinter den Gebirgsketten des Zagros, trafen die Assyrer auf eine ganz andere, fremdartige Welt, die sie in ihrer ungeheuren räumlichen Ausdehnung kaum zu erfassen vermochten und deren Unübersichtlichkeit und Vielfalt sie sichtlich verwirrte.

Dieses riesige Gebiet fassen die assyrischen Quellen unter der alles andere als schmeichelhaften Bezeichnung »Gutium« zusammen, in unguter Erinnerung an Invasoren, die einst gegen Ende des 3. Jahrtausends, aus West-Iran kommend, in Mesopotamien eingefallen waren. Die Gutäer wurden, nachdem sie als Volk längst schon nicht mehr existierten, im Laufe der Zeit zur Verkörperung des barbarischen Bergbewohners schlechthin, der als hässlich, faul, primitiv und gefährlich galt. Das Bild, das man sich in Assyrien und in Babylonien von den Bewohnern West-Irans machte, war von Klischees und Vorurteilen bestimmt. Wenn es also etwa über das medische Fürstentum Karzina heißt, dass man sich dort das Haupthaar kurz schneide, dass die Toten nicht beerdigt, sondern verbrannt würden, und man sich von Fleisch, Milch und geröstetem Getreide ernähre, Brot und Bier aber unbekannt seien, so ist unklar, welche dieser Informationen auf konkrete Beobachtung zurückgingen und was davon dem traditionellen Bild vom primitiven Barbaren entnommen war. Verdächtig einheitlich ist auch die bildliche Darstellung der Bewohner West-Irans auf den assyrischen Palastreliefs, wo sie durchweg mit rustikalen Schaffelljacken und Schnürstiefeln wiedergegeben sind, ganz gleich, welches der vielen unterschiedlichen Völker jeweils dargestellt ist.

Aus Sicht der mesopotamischen Hochkultur war West-Iran (abgesehen von Elam) ein unterentwickeltes Gebiet mit einem deutlichen West-Ost-Gefälle. Existierten im Westen, in den Tälern des Zagrosgebirges, eine Reihe kleiner, stark von Mesopotamien beeinflusster Königreiche, deren Herrscher Schreiber beschäftigten, die ihre Korrespondenz in mesopotamischer Keilschrift pflegten, so waren, wie kaum anders zu erwarten, die Gebiete weiter östlich schriftlos. Insbesondere Namri (die Region um das heutige Kermanschah) war lange Zeit Teil des babylonischen Reiches gewesen. Hier gab es eine Reihe von Tempeln, in denen mesopotamische Götter verehrt wurden, doch für den gesamten Raum östlich davon fehlt erstaunlicherweise jeglicher Hinweis auf lokale Gottheiten oder die Existenz von Sakralbauten. Assyrische Heere plünderten Tempel etwa in Elam, doch auf der iranischen Hochebene scheinen sie auf nichts dergleichen gestoßen zu sein.

Was die Assyrer über die Zagrospässe lockte, waren indes nicht Menschen oder Götter, ihr Interesse war rein materieller Natur. Hochwertige

1 (links)
Das assyrische Heer belagert 715 v. Chr. die mannäische Festung Pazzaschi. Umzeichnung eines verlorenen Reliefs aus dem Palast Sargons II. in Dur-Scharruken (Chorsabad)

2 (unten)
Assyrische Löwenjagd: Die Zäumung des Streitwagengespanns ist gut zu erkennen; Umzeichnung eines Wandreliefs aus dem Palast Assurnasirpals II. in Nimrud

handwerkliche Produkte gab es hier nicht, dafür aber Tiere, wie Rinder, Schafe, Ziegen und, in noch sehr geringer Zahl und mehr als Kuriosum, seit dem 9. Jahrhundert auch erstmals zweihöckrige Kamele. Interessant waren außerdem Metalle und der begehrte, »aus dem Berg gebrochene«, also echte Lapislazuli, der aus Afghanistan nach West-Iran gelangte.

Doch all das verblasste zur völligen Bedeutungslosigkeit gegenüber den Pferden, die West-Iran in riesiger Menge anzubieten hatte. Die Assyrer benötigten diese Tiere dringend und in großer Zahl für ihre Kriegsmaschinerie, und das iranische Hochland war für sie die mit Abstand wichtigste Bezugsquelle. Eine Vorstellung von den Dimensionen gibt die Zahl von 4609 Pferden, die König Sargon II. (Abb. 2 und 3) in einem einzigen Jahr als Tribut von den Herrschern West-Irans erhalten haben will, doch selbst das war nur ein Teil der tatsächlichen Menge, da die Assyrer noch zusätzliche Pferde und Maultiere kauften.

In West-Iran war die gesamte assyrische Strategie ausschließlich auf die Sicherung des lebensnotwendigen Zustromes an Pferden ausgerichtet. Vom 11. bis zum 9. Jahrhundert bezog man die kostbaren Tiere über das kleine Königreich Gilzanu (unmittelbar südlich des Urmiasees, vielleicht Hasanlu), das die Assyrer gegen jegliche Bedrohung vehement verteidigten. Im Verlauf des 9. Jahrhunderts, als das expandierende urartäische Reich Gilzanu zunächst bedrohte und schließlich vernichtete, erkundete Assyrien alternative Zugangswege, um sich schließlich weiter südlich, entlang der Route zu etablieren, die heute von Sar-e Pol-e Zohab über Kermanschah nach Hamadan führt. Hier besaß das assyrische Reich nach der Eroberung von Namri zu Beginn des 8. Jahrhunderts und der Einrichtung von vier weiteren Provinzen in den Jahren 744 und 716 eine sichere Verbindung quer durch das Zagrosgebirge

bis zum Rand der iranischen Hochebene. Von hier aus bemühte es sich, im weiten Umkreis die lokalen Herrscher zu Tributzahlungen zu zwingen, beließ sie aber ansonsten in ihrer Stellung.

Abgesehen von den großen Entfernungen und dem gebirgigen Gelände, das die Heere überwinden mussten, gestaltete sich die assyrische Expansion in diesem Raum problemlos. Ein Grund dafür war das Fehlen großer, stark befestigter Städte, die eine langwierige Belagerung erfordert hätten. Viel entscheidender aber war die extreme Heterogenität und politische Zersplitterung des damaligen westiranischen Raumes. Die Quellen deuten die Existenz einer Vielzahl unterschiedlicher Sprachen an, und selbst kleine Gebiete konnten in Dutzende winziger Herrschaften aufgeteilt sein. Die lokalen Machthaber waren darüber hinaus in einem Maße untereinander zerstritten, das jede wirksame Kooperation verhinderte. Die örtlichen Fürsten betrachteten daher die Invasoren oft weniger als Bedrohung denn als willkommene Verbündete, mit deren Hilfe sich Rivalen ausschalten ließen, wohl von dem Gedanken ausgehend, dass die Assyrer wieder dorthin verschwinden würden, woher sie gekommen waren, während man sich mit den übel gesinnten nächsten Nachbarn auf unabsehbare Zeit würde herumschlagen müssen. Es war eine alles andere als friedliche Welt, in die die Assyrer einbrachen.

Einige größere Königreiche existierten durchaus, doch waren diese Gebilde ausgesprochen fragil und kurzlebig. So trafen die Assyrer gegen Ende des 9. Jahrhunderts südöstlich des Urmiasees auf ein Königreich mit Namen Gizilbunda. Als sie jedoch ein Jahrhundert später ein weiteres Mal in dieses Gebiet kamen, beschrieben sie Gizilbunda als ein Land, in dem jeder mache, was er wolle, und Herrschaft unbekannt sei. lag Im heutigen Lorestan, hinter Gebirgspässen verborgen, lag Ellipi, dessen König Dalta gegen Ende des 8. Jahrhunderts größte Schwierigkeiten hatte, sein Reich zusammenzuhalten. Nachdem es ihm mit assyrischer Unterstützung 713 ein letztes Mal gelungen war, sich gegen seine Teilfürsten durchzusetzen, zerbrach Ellipi endgültig, als sein Nachfolger sich gegen den Assyrerkönig wandte und dieser 702 eine Strafexpedition dorthin schickte. Im 7. Jahrhundert gab es in Ellipi nur noch Kleinfürsten, aber keine Könige mehr.

Eine bemerkenswerte Ausnahme waren die Mannäer, ein Volk, das ein weites Gebiet südlich und östlich des Urmiasees bewohnte. Dort war das Königreich Izirtu im späten 9. Jahrhundert noch einem sehr lockeren Reichstyp zuzurechnen, sah sich doch der mannäische König Udaki zur Flucht vor den herannahenden Assyrern gezwungen, im Stich gelassen von seinen Fürsten, die sich den Assyrern unterwarfen. Im Verlauf des 8. Jahrhunderts muss sich die Situation jedoch geändert haben, denn den Mannäern gelang es immerhin, das Vordringen des mächtigen urartäischen Reiches zum Stehen zu bringen.

Gegen Ende des 8. Jahrhunderts existierten mehrere mannäische Königreiche, die einander heftig bekämpften und die beiden Großmächte, das assyrische und das urartäische Reich, in ihre Zwistigkeiten einbezogen (Abb. 1). Wie turbulent es dabei zugehen konnte, zeigt der Aufstieg des mannäischen Prinzen Ullusunu: Dieser verbündete sich zunächst mit den Urartäern und beseitigte mit ihrer Hilfe seinen Bruder, den König von Izirtu, der ein Vasall Assyriens war. Nach seiner Thronbesteigung wechselte er jedoch die Seite, und anschließend gelang es ihm mit Hilfe des Assyrerkönigs Sargon II (Abb. 4). nicht nur, die Gebiete zurückzuerobern, die er den Urartäern als Preis für deren Hilfe hatte abtreten müssen, sondern er schaffte es darüber hinaus, die übrigen mannäischen Könige, die allesamt seine Todfeinde waren, schwer zu demütigen. Und all das innerhalb von nur drei Jahren (716–714)!

Das Mannäerreich von Izirtu war so gefestigt, dass seine Könige im 7. Jahrhundert in der Lage waren, sich für längere Zeit sogar gegen das mächtige assyrische Reich zu behaupten. Vielleicht ist es im Verlauf des 6. Jahrhunderts seinem alten Rivalen, dem Mannäerreich von Zikirtu zum Opfer gefallen, sofern dieses mit dem in dieser Zeit bezeugten Sagartien identisch ist.

Östlich der Mannäer bewohnte das Volk der Meder den größten Teil der iranischen Hochebene. Die Meder werden bisweilen als »die mächtigen Meder« bezeichnet, allerdings nur in dem Sinne, dass es sehr viele von ihnen gab. Im Jahre 713 sollen nicht weniger als 45 Mederfürsten an Assyrien Tribut entrichtet haben, doch können noch viele weitere existiert haben, die den Assyrern nicht unterworfen waren.

Die Meder waren mindestens so zerstritten und angriffslustig wie ihre Nachbarn, denn bei ihnen lassen sich nicht nur Feindschaften zwischen den Fürsten, sondern auch Rivalitäten innerhalb der Fürstentümer um den Führungsanspruch belegen. Trotz ihrer großen Zahl und trotz der gewaltigen Pferdemengen, über die sie verfügten, schienen deshalb gerade die Meder ausgesprochen harmlos zu sein.

Sorgen bereiteten da eher die Kimmerier und Skythen, die in den letzten Jahren des 8. Jahrhunderts in West-Iran erschienen. Mit diesen Reiternomaden wohl aus dem südrussischen Raum trat zum ersten Mal ein ganz neues, bis dahin unbekanntes Element auf den Plan, das in späteren Jahrhunderten zu einem maßgeblichen Faktor der Geschichte Irans werden sollte. Die Neuankömmlinge waren zwar nicht mit den späteren Hunnen oder gar Mongolen vergleichbar, doch setzten sie den Urartäern schwer zu, und ein skythischer Raubzug wagte sich im 7. Jahrhundert sogar bis ins Kernland des assyrischen Reiches vor. Die Kimmerier traten in einzelnen Gruppen im gesamten westiranischen Raum, später auch in Anatolien entweder als Räuber auf, oder sie boten sich den örtlichen Machthabern als Verbündete oder Söldner an. Kimmerische Krieger fanden sich – neben mannäischen und medischen – sogar in der Leibwache des assyrischen Königs.

Für die Assyrer bedeutete dies keine Gefahr. Für sie war West-Iran während des 7. Jahrhunderts nur mehr ein Nebenschauplatz. Kein assyrischer König ist dort noch persönlich tätig geworden, denn selbst Expeditionen bis tief ins ferne Medien hinein erforderten nur geringe Kräfte und ließen sich ohne weiteres an Generäle delegieren. Mindestens bis in das Jahr 638, nach dem die Quellen versiegen, hat sich an diesem Zustand nichts geändert.

Dass dann 615 eine medische Großmacht auf den Plan trat, die dem im Niedergang begriffenen assyrischen Reich innerhalb von nur fünf Jahren den Todesstoß versetzte, muss angesichts des vorherigen Befundes überraschen. Und es bleibt im Dunkeln, wie Kyaxares, der Gründer dieses medischen Reiches, innerhalb weniger Jahre das Wunder vollbracht hat, die zuvor so eigensinnigen medischen Fürsten zu gemeinsamem Handeln zu bewegen. Über das medische Reich selbst ist so gut wie nichts bekannt, nichts über seine Entstehung und nichts über seine innere Struktur. Es hat auch so gut wie nichts hinterlassen. Seine kurze Lebensdauer von etwa 70 Jahren lässt vermuten, dass es, wie dies in West-Iran so häufig der Fall war, einem sehr lockeren Reichstyp zuzurechnen ist. Und es ist sicher kein Zufall, dass Dauer und Stabilität nicht dem medischen, sondern dem persischen Reich beschieden sein sollten, das aus dem östlich von Elam gelegenen Parsumasch hervorging und sich auf elamische Vorbilder und Traditionen stützen konnte.

3
Rasseln, Bronze, Hasanlu, 900–800 v. Chr., Kat.-Nr. 155

4
Stele des assyrischen Königs Sargon II. aus Nadschafabad im Zentralzagros, Teheran, Iran National Museum

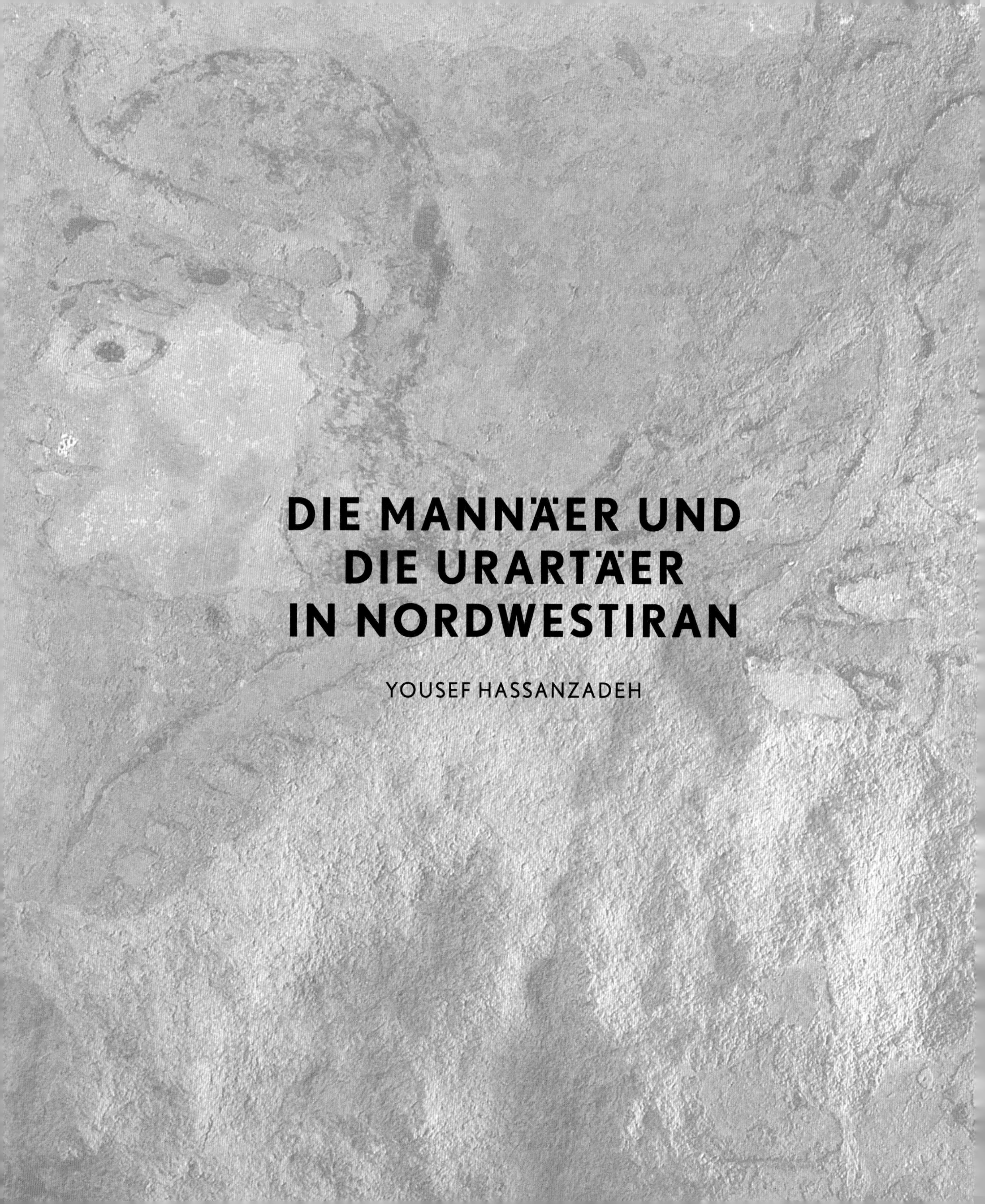

DIE MANNÄER UND DIE URARTÄER IN NORDWESTIRAN

YOUSEF HASSANZADEH

Das kleine Königreich der Mannäer beherrschte als Nachbar der zwei großen Reiche von Urartu und Assyrien vom 9. bis zum 6. Jahrhundert v. Chr. die Region zwischen Urmiasee und Zaribarsee.

Seine Hauptstadt hieß Zi-ir-ta (auch: I-Zir-tu)[1], vermutlich mit Tappe Ghalaytschi bei Bukan zu identifizieren; weitere Orte sind in assyrischen Königsinschriften namentlich belegt.

Die Grenzen des mannäischen Königreiches waren im Norden zu Urartu die Gebirge Sahand und Barghusch Dagh, im Westen im Zagrosgebirge die heutige Grenze zwischen Iran und Irak. Im Osten waren die Mannäer Nachbarn der Meder und der elamischen Provinzen.[2] Für ihre südliche Grenze wurde eine Linie in der Gegend von Mariwan-Dehgolan bis Ghezel-o Zan-Tal vorgeschlagen.[3]

Die Name »Mannäer« wird erstmals im Jahre 843 v. Chr. in einer Inschrift Salmanassars III. erwähnt.[4] In seinem 30. Regierungsjahr (828 v. Chr.) entsandte dieser assyrische König eine große Armee unter dem Kommando des Dayan ins Land der Mannäer. Auch die Urartäer griffen zwischen 820 und der Mitte des 7. Jhs. v. Chr. mehrfach den mannäischen Herrschaftsbereich an. Deshalb kennt man historische Rahmendaten über die Mannäer aus assyrischen und urartäischen Inschriften, obwohl die assyrischen und urartäischen Könige in der Darstellung ihrer Siege über die Mannäer eindeutig übertrieben. Diese Feldzüge endeten keineswegs mit dem vollständigen Verlust der mannäischen Souveränität,[5] denn die mannäischen Könige waren in ihren politischen Beziehungen sehr diplomatisch und geschickt. Ihre politische Strategie zielte auf ein Gleichgewicht der Kräfte zwischen den mächtigen Nachbarn: Wenn die Urartäer stärker als die Assyrer waren, verhandelten die Mannäer mit ihnen; wenn die Macht auf der assyrischen Seite konzentriert war, unterwarfen sie sich den Assyrern. Ein Beispiel ist der mannäische Herrscher Ul-lu-su-nu: Er kam nach dem Feldzug Sargons II. gegen Urartu und der Unterwerfung der Urartäer an die Macht und verbündete sich mit dem assyrischen König. Sargon berichtet, dass Ul-lu-su-nu auch eine Gedenkinschrift für ihn in Izirtu, der damaligen urartäische Hauptstadt, anfertigen ließ. Als sich das Gleichgewicht der Kräfte im 6. Jahrhundert v. Chr. zu Gunsten der Meder verschob, verbündeten sich die Mannäer erneut mit Assyrien, um die Macht der Meder einzuschränken und die eigene Souveränität zu behalten. Im Jahr 593 v. Chr. werden die Mannäer neben den Urartäern und Skythen im Buch des Propheten Jeremias als selbstverwaltetes, aber unter der Kontrolle der Meder stehendes Volk erwähnt. Die politische Strategie der Mannäer wird auch in ihrer Kunst deutlich: Die mannäischen Objekte zeigen starken assyrischen Einfluss, z. B. die glasierten Ziegel, Elfenbeinschnitzereien und Keramik. Aber zugleich spielten auch lokale Elemente in der mannäischen Kunst eine wichtige Rolle.[6]

Leider weiß man nur wenig über die Sprache der Mannäer. Es gibt keine mannäischen Schriftzeugnisse außerhalb ihres Gebietes, und die dort gefundenen Inschriften sind in aramäischer (z. B. die Inschrift von Ghalaytschi / Bukan) oder in assyrischer Sprache (z. B. die Keilschriftziegel von Rabat) verfasst. Assyrische und urartäische Inschriften nennen jedoch mannäische Personennamen und belegen, dass die Mannäer eine Sprache der hurritischen Sprachfamilie verwendeten.[7] In Assur wurde eine Inschrift in einer unbekannten Sprache gefunden, die in das Jahr 612 v. Chr. datiert, bei ihr könnte es sich um einen mannäischen Text handeln.[8] Assyrische Inschriften erwähnen einen Gi-Ki-i,[9] einen mannäischen Dolmetscher am assyrischen Hof, was deutlich macht, dass die Mannäer eine eigene Sprache pflegten.

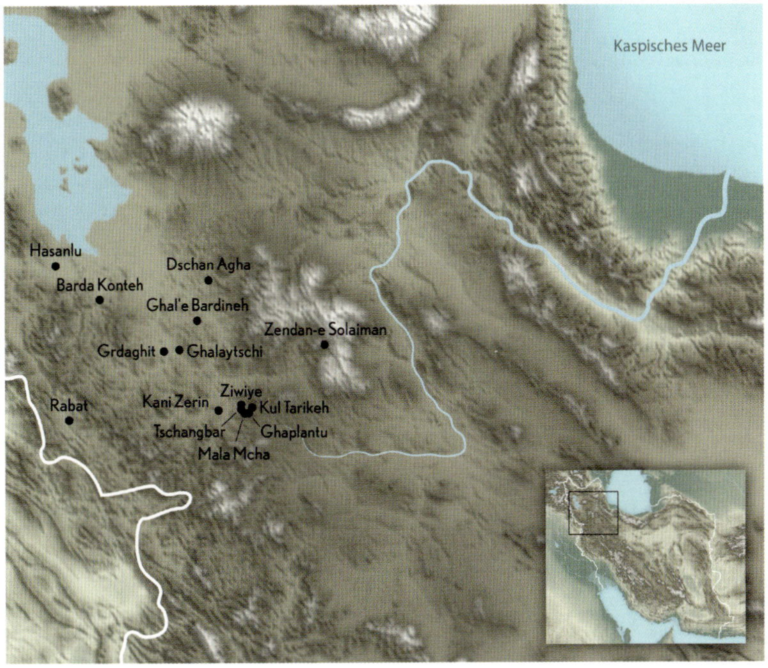

1
Die wichtigsten mannäischen Fundorte

Archäologische Forschungen an mannäischen Fundorten

An mehreren wichtigen mannäischen Fundorten wurden archäologische Ausgrabungen durchgeführt. Der wichtigste Platz ist bis heute Hasanlu im Solduz-Tal, wo die Universität Pennsylvania seit 1965 unter der Leitung von Robert Dyson gearbeitet hat. Die Schicht Hasanlu IVB ist mannäisch: Auf der Kuppe des Siedlungshügels befand sich eine Zitadelle mit mehreren großen, repräsentativen Gebäuden, in denen auch zahlreiche Luxusgüter aufbewahrt wurden. Gegen 800 v. Chr. wurde Hasanlu IVB bei einer kriegerischen Auseinandersetzung zerstört, teilweise brannte die Zitadelle auch ab.[10] Der archäologische Befund zeugt von teils dramatischen Szenen: im sogenannten »Großen Hof« der Zitadelle wurden mehr als 60 Personen getötet, zumeist Frauen und Kinder wohl der herrschenden Familien, die hier Zuflucht gesucht hatten. Auch einige Angreifer kamen zu Tode, als das brennende Gebäude über ihnen zusammenstürzte (Abb. 5). Die Zerstörung von Hasanlu IVB geht vermutlich auf einen Angriff der nördlich benachbarten Urartäer zurück, die anschließend die Macht übernahmen und den Ort nun selbst zu einer Festung ausbauten, auch wenn in der materiellen Kultur mannäische Traditionen beibehalten wurden.[11]

Ein zweiter zentraler Siedlungsplatz war das 7 km nördlich von Bukan gelegene Ghalaytschi. Der Ort wird mit Izirtu, dem Zentrum der Mannäer, identifiziert.[12] In Ghalaytschi wurde ein Säulensaal ausgegraben; zu den weiteren Funden gehören eine 13-zeilige Steininschrift in aramäischer Sprache, glasierte Keramik, reliefverzierte Keramik sowie glasierte, bemalte Ziegel.[13]

Zu den erst jüngst untersuchten Orten gehört der Tappe Rabat im Quellgebiet des Kleinen Zab, 15 km nordöstlich von Sardascht gelegen. Nach anfänglichen Raubgrabungen wird Rabat seit 2005 durch die Iranische Behörde für Kulturerbe ausgegraben. Inzwischen hat man Teile eines kleinen Palastes freigelegt, dessen Hof mit einem geometrisch gemusterten Kieselbelag gepflastert war.[14] Zu den wichtigsten Funden gehören bemalte glasierte Ziegel mit bildlichen Darstellungen und assyrischen Inschriften, in denen vielleicht der mannäische Herrscher Arzizu erwähnt wird (Abb. 2–4).[15]

Weitere Siedlungsplätze sind aus Oberflächenbegehungen bekannt, etwa der Kul Tappe südöstlich von Zandschan, doch gibt es bislang keine wissenschaftlichen Untersuchungen.[16]

Eine zweiphasige Siedlung am Hang des über 100 m hohen Travertinkraters von Zendan-e Solaiman, nördlich von Takab, wurde in den Jahren 1959 bis 1964 vom Deutschen Archäologischen Institut ausgegraben. Steinarchitektur und Keramik mit Reliefverzierungen erlauben auch hier eine Zuordnung zu den Mannäern.[17]

Vielfach finden sich im Siedlungsbereich der Mannäer auch befestigte Burgen. Die Bergfestung von Ziwiye liegt 40 km südöstlich von Saghez. Der Platz wurde durch einen dubiosen Fundkomplex bekannt, ein angeblich am Fuß des Berges gelegenes Grab, aus dem zahlreiche Gold- und Silberobjekte (Abb. S. 182–185) sowie Elfenbeintafeln stammen sollen;[18] spätere Untersuchungen konzentrierten sich auf die Festung, in der ein großer Säulensaal und eine Toranlage freigelegt wurden.[19]

2 (links)
Bildkachel, glasierte Terrakotta, Tappe Rabat, spätes 8. Jh. v. Chr., Kat.-Nr. 250

3
Bildkachel mit Schriftzeichen, glasierte Terrakotta, Tappe Rabat, spätes 8. Jh. v. Chr., Kat.-Nr. 254

4
Bildkachel mit Schriftzeichen, glasierte Terrakotta, Tappe Rabat, spätes 8. Jh. v. Chr., Kat.-Nr. 255

5
Kriegsopfer aus Gebäude II auf der Zitadelle von Hasanlu

Die Festung Bardineh bei dem Dorf Aqdschiwan, 35 km von Bukan entfernt,[20] ist ebenfalls ein mannäischer Ort, wie auch Bardkonteh, wo typisch mannäische Keramik und Steinarchitektur gefunden wurden,[21] die der Architektur von Bardineh direkt vergleichbar ist. Auch die Festung Ghal-e Jan Agha, 45 km von Miyandoab entfernt, kann aufgrund von Keramik und Festungsarchitektur dem mannäischen Bereich zugewiesen werden.[22]

Darüber hinaus wurden mehrere Gräberfelder der Mannäer untersucht. Sie erbrachten vor allem eine für den mannäischen Bereich typische Reliefkeramik. Heute kennt man z. B. den Friedhof der Bewohner von Ziwiye, das Gräberfeld von Changbar mit 331 Bestattungen.[23] Das Gräberfeld von Kultarikeh nahe der Karaftou-Höhle umfasst 11 Gräber.[24] Ein jüngst ergrabenes Gräberfeld ist Kani Zerin, 14 km von Ziwiye entfernt.[25] Noch näher an Ziwiye liegt das Gräberfeld von Mala Mtscha. In der Region von Bukan und Ghalaytschi befindet sich das Gräberfeld von Gardghit, dessen Funde sich direkt mit denen von Ghalaytschi vergleichen lassen.[26]

Die Urartäer in Iran

Das Reich Urartu lag in der Region zwischen den drei Seen Urmia, Van und Sevan, mit der Hauptstadt Tuschpa am Nordostufer des Van-Sees. Auf iranischem Staatsgebiet finden sich urartäische Fundorte westlich und nördlich des Urmiasees. Diese datieren in die Periode der urartäischen Expansion im 8. Jh. v. Chr. Die wichtigsten Grabungen galten der Festung Bastam, 40 km nördlich von Choy, wo schon im 19. Jahrhundert eine Bauinschrift entdeckt worden war, auf der der urartäische Herrscher Rusa-i-Uru-Tur als Bauherr erwähnt wird. Dort untersuchte das Deutsche Archäologische Institut unter der Leitung von Wolfram Kleiss seit 1967 großflächig die Festungsarchitektur. Nach der Revolution führte Hamid Khatibshahidi weitere Untersuchungen am Südtor von Bastam und in der Untersiedlung durch.

Urartäische Schichten sind an zahlreichen weiteren Fundorten in Nordwest-Iran angetroffen worden, darunter Goytepe,[27] das vielleicht mit dem von Sargon II. als Ulhu bezeichneten Ghalatgah identisch ist, Aqrab Tappe nahe Hasanlu[28] und Tappe Esmail Agha nahe Urumiyeh. Außerdem müssen genannt werden Tappe Haftawan südlich von Salmas, wo die dritte Schicht sowie Gräber den Urartäern zugewiesen werden können,[29] und insbesondere die dritte Bauschicht (IIIB) von Hasanlu, wo die Urartäer nach der Zerstörung und Eroberung der mannäischen Zitadelle eine kreisförmige Befestigung anlegten.[30]

Im Umkreis von Bastam wurden bei systematischen Geländebegehungen zahlreiche Überreste aus der urartäischen Epoche entdeckt, und es konnte eine Karte der urartäischen Fundorte erstellt werden.[31] Mehr als 30 Festungen wurden so verzeichnet, außerdem Grabanlagen, Mauern im Gelände und Kanäle. Von besonderer historischer Bedeutung sind dabei Felsinschriften, in denen einzelne Schlachten und Eroberungen dokumentiert sind, aber auch die Gründung neuer Siedlungen oder die Anlage von Brunnen.

Anmerkungen Seite 261/262

6
Schale mit Repousséverzierung, Gold, Hasanlu, 1. Jt. v. Chr., Kat.-Nr. 141

Schale, Silber und Gold, »Ziwiye«, 1. Jt. v. Chr., Kat.-Nr. 397

Armreif, Gold, »Ziwiye«, 1. Jt. v. Chr., Kat.-Nr. 396

Greifenprotom, Gold, »Ziwiye«, 1. Jt. v. Chr., Kat.-Nr. 395

Löwenprotom, Gold, »Ziwiye«, 1. Jt. v. Chr., Kat.-Nr. 394

DIE EISENZEIT SÜDLICH UND SÜDWESTLICH DES KASPISCHEN MEERS

HAMID FAHIMI

Die Provinzen Mazandaran und Gilan am Nordabhang des Alborzgebirges, das nordwestliche Taleschgebirge und die nach Osten anschließenden Ebenen von Rascht und Gorgan bilden mit ihren Flüssen und Wäldern ein fruchtbares Habitat entlang des südlichen Kaspischen Meers, eingespannt ich zwischen Wüste und Meeresküste (s. Karte Abb. 1).

Die im Alborz oder im Hochland entspringenden Flüsse definieren entlang ihres Laufs einzelne Siedlungskammern, die sich auch im archäologischen Fundgut widerspiegeln. Das Klima ist subtropisch, mit fruchtbaren, für die Landwirtschaft hervorragend geeigneten Böden und bot auch im Altertum ideale Lebensbedingungen.

Gegen Ende des 2. Jahrtausends v. Chr. entstanden in diesem Raum neue soziale und kulturelle Strukturen. Diese werden häufig mit der Einwanderung neuer Bevölkerungselemente aus Zentralasien erklärt, in jedem Fall gehören sie zu einem Kontinuum von kulturellen Kontakten, die bis ins westliche China reichten. Archäologisch sind die eisenzeitlichen Bevölkerungsgruppen vor allem durch ihre reichen Grabfunde bekannt, während man weit weniger über die Siedlungsstrukturen weiß – in den wald- und regenreichen Zonen diente Holz, nicht Lehm als Baumaterial, und vielfach sind die frühen Siedlungen von Vegetation überdeckt. Im Nordwesten der Region – in Talesch und Gilan – waren Bestattungen in Steinkistengräbern, aber auch in Großsteingräbern oder Dolmen üblich, von denen inzwischen einige archäologisch dokumentiert wurden. Weiter im Osten überwiegen Einzelbestattungen in Steinkisten.

Diese reichen Nekropolen der Spätbronze- und Eisenzeit haben seit jeher auch die Begehrlichkeit von Raubgräbern geweckt. Gold- und Silbergefäße, Schnabelkannen aus grauer oder roter Keramik sowie Gefäße in Tierform befinden sich in zahlreichen Sammlungen auf der ganzen Welt. Diese Situation hat die Forschung stark eingeschränkt, denn mangels stratigrafischer Ausgrabung und wissenschaftlicher Dokumentation kennt man bisher nur einzelne Facetten dieser Epoche. Deshalb orientieren sich die Untersuchungen noch immer weitgehend an Leitfundorten im zentralen Hochland von Iran, etwa Tappe Sialk und Tappe Hasanlu.

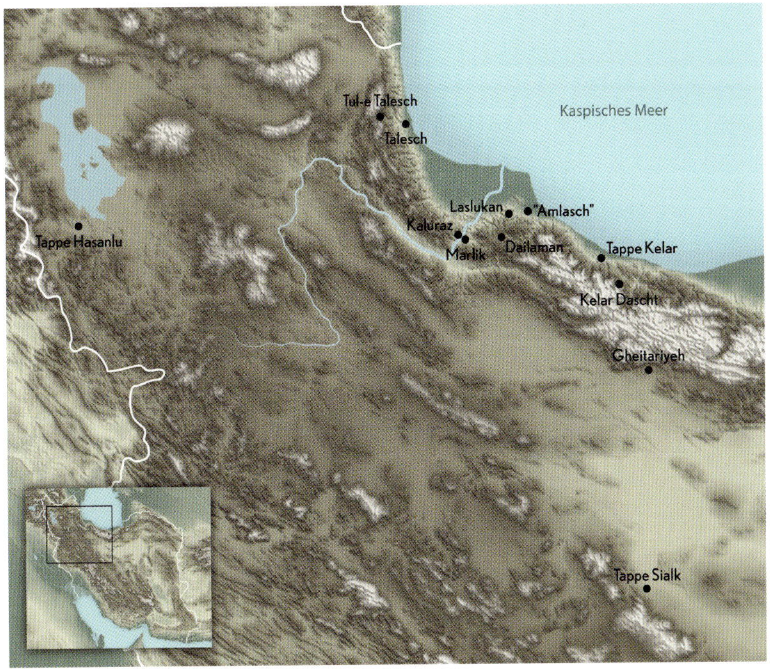

1
Eisenzeitliche Fundorte in Nord-Iran

Fundorte im Iranischen Hochland

Der in den 1930er Jahren von Roman Ghirshman untersuchte Tappe Sialk in der Oase von Kaschan ist ein Eckpfeiler in der prähistorischen Chronologie Irans. Die Perioden V und VI repräsentieren hier die Eisenzeit. Aus der älteren Epoche, Sialk V, die im 13. Jahrhundert v. Chr. anzusetzen ist,[1] kennen wir vor allem Grabbefunde (Nekropole A), denn die nachfolgende Bebauung scheint ältere Siedlungsschichten eingeebnet zu haben. In Periode Sialk VI wurde auf dem Südhügel von Sialk eine große Lehmziegelplattform errichtet und weitere Gräberfelder (Nekropole B) angelegt.[2] Neuere Untersuchungen zeigen außerdem eine kontinuierliche Kulturentwicklung in die späte Eisenzeit, Periode VII.[3]

In der älteren Nekropole A wurden insgesamt 15 Bestattungen ausgegraben. Die Verstorbenen lagen meist einzeln oder, in einem Fall, zu zweit in rechteckigen Gruben ohne schützenden Grabbau.[4] Bereits Ghirshman beklagte die hohe Zahl an Grabräubereien, zurückgelassen wurden vornehmlich Keramikgefäße und Bronzeobjekte. Typisch sind Schüsseln und Knickwandschalen, Vorratsgefäße, große Flaschen und Amphoren, Tassen, Henkelbecher (Abb. 2) sowie große Trinkgefäße. Die Keramik ist überwiegend dunkelgrau, ein kleiner Anteil ist mit einem roten Überzug versehen, zudem gibt es Grobkeramik.

Die 218 Gräber der jüngeren Nekropole B wurden etwa im 10. bis 8. Jahrhundert v. Chr. angelegt. Die ältere dunkelgraue Keramik hatte man hier zugunsten hellgrauer Ware aufgegeben,[5] weitere Gruppen tragen einen roten Überzug oder eine weinrote Bemalung auf hellem

Grund mit geometrischen, pflanzlichen, zoo- und anthropomorphen Motiven (Abb. 9). Besonders typisch sind die Schnabelkannen mit reicher Bemalung.

Auch im Großraum Teheran gab es eine eisenzeitliche Besiedlung, die Funde stammen wiederum vor allem aus Gräbern. Rettungsgrabungen durch Seyf O'llah Kambakhsh Fard in der Nekropole von Gheitariyeh,[6] im Norden Teherans gelegen, erlaubten die Dokumentation von 350 Grubengräbern ohne architektonische Strukturen, die aus dem 13. Jahrhundert v. Chr., vom Beginn der Eisenzeit, stammen. Durchschnittlich befanden sich in jedem Grab sechs oder sieben Gefäße, außerdem Bronzeobjekte, besonders Waffen wie Pfeilspitzen, Lanzenspitzen, Messer und Äxte. Unter den tausenden von Gefäßen ist sorgfältig geglättete oder polierte graue Keramik in Form von Dreifußschalen, Henkelkrügen, Bechern (Abb. 3), Schüsseln mit stilisierten Tierprotomen, Krügen mit Schnabelausguss, Schnabelkannen, dickbauchigen Flaschen, Flaschen mit Saugrohr, Bügelkannen und kleinen Flaschen charakteristisch.

Fundorte im Tal des Sepid Rud

Der bedeutendste Fundort dieser Region ist die Nekropole von Marlik, auch Tscheragh Ali Tappe genannt, die Ezzatollah O. Negahban in den Jahren 1961/62 unter recht dramatischen Umständen untersuchte.[7] Er ließ 53 Gräber freilegen, die er in die frühe Eisenzeit datierte und aufgrund der reichen Beigaben als »königlichen Friedhof« bezeichnete.[8] Die Grabformen waren vielfältig: in den Felsen eingelassene oder quadratische Gräber mit Steinaufbau und einer gerundeten Seite, mit Mörtel errichtete Steinkistengräber mit einer steinernen Abdeckung sowie aus großen Geröllsteinen erbaute Gräber von etwa 2 m Tiefe. Die Verstorbenen lagen in Schlafstellung, versehen mit reichen Beigaben. Bemerkenswert ist die Niederlegung mehrerer Waffensets am Grab (Abb. 4).[9] Es konnten auch Reste von Bekleidung geborgen werden.[10] Unter den reichen Beigaben aus Gold und Silber befanden sich spektakuläre Gefäße mit figürlicher Verzierung sowie Statuetten, außerdem ein Glasgefäß, ebenfalls ein exotisches Material. Trinkrhyta bestanden aus Metall oder Keramik. Darüber hinaus sind anthropomorphe (Abb. 6–8) und zoomorphe Figurinen aus Ton typisch (Abb. 10–12). Die Keramik erlaubt Vergleiche mit den eisenzeitlichen Fundorten in Zentraliran.[11] Als einer der Pioniere der archäologischen Forschung in Iran arbeitete Negahban auch frühzeitig mit Radiokarbondatierungen und gelangte so zu seiner Datierung in das 13. bis 10. Jahrhundert v. Chr.[12]

Der Marlik benachbarte Tappe Kaluraz erhebt sich 26 m über die Ebene und ist der erste Fundort im nördlichen Iran, an dem auch eisenzeitliche Siedlungsschichten ausgegraben werden konnten. Die Aufmerksamkeit galt jedoch auch hier zunächst vor allem dem 200 m südlich des Tappe liegenden Gräberfeld, 1964 bis 1968 durch Ali Hakemi, 1969 durch Abdolhossein Shahidzadeh und noch einmal in den 1990er Jahren durch Mohammad Reza Khalatbari ausgegraben.[13] Hier lassen sich Grubengräber, Gräber mit Steinabdeckung sowie Pithosgräber unterscheiden. Wie in Marlik fanden sich einige spektakuläre Objekte aus Gold und Silber, originelle Keramikgefäße, Kupfer und Schmuck.

2002 bis 2005 erfolgten Grabungen in der Siedlung,[14] bei denen insgesamt drei Siedlungsschichten unterschieden wurden, wobei die Schichten

2
Henkelbecher, Tappe Sialk, 1. Jt. v. Chr., Kat.-Nr. 306

3
Henkelbecher, Gheitariyeh, spätes 2./1. Jt. v. Chr., Kat.-Nr. 119

4
Dolch, Bronze, Marlik, spätes 2./frühes 1. Jt. v. Chr., Kat.-Nr. 205

5
Dolch, Gold, Kelardascht, 1. Jt. v. Chr., Kat.-Nr. 192

5687

6
Schnabelkanne, Kaluraz, frühes 1. Jt. v. Chr., Kat.-Nr. 187

7
Schnabelkanne, Kaluraz, frühes 1. Jt. v. Chr., Kat.-Nr. 186

8
Rhyton, Kaluraz, frühes 1. Jt. v. Chr., Kat.-Nr. 189

2 und 3 in die Eisenzeit (Eisenzeit II und III) datieren.[15] Die älteste mit fünf Bauphasen konnte absolutchronologisch in das 8. und 7. Jahrhunderts v. Chr. datiert werden.[16] Die Keramik war rot-, dunkelgrau- und schwarztonig, mit sorgfältig geglättetem oder sogar poliertem Überzug und Glättmustern.

Tappe Kaluraz ist bisher die einzige archäologisch untersuchte eisenzeitliche Siedlung am Sepid Rud, doch sie war bei weitem nicht die einzige. Geländebegehungen am Westufer des Sepid Rud haben Hinweise auf über 30 weitere Siedlungen erbracht.[17]

Dailaman-Amlasch

In der gebirgigen Region von Dailaman wurden schon 1960 bis 1978 Geländebegehungen durchgeführt, gefolgt von Grabungen in Ghaleh Kuti, Laslukan, Lameh Zamin, Nowruz Mahaleh, Chorram Rud und Hasani Mahaleh.

Das Gräberfeld von Ghaleh Kuti ist einer der wichtigsten eisenzeitlichen Fundorte in der Dailaman-Region.[18] Bei den insgesamt 25 Gräbern lassen sich schmale, flache Grubengräber, Steinkisten und Pithosgräber (Kinderbestattungen) unterscheiden. Alle diese Formen kann man mit den Bestattungen in Sialk, Nekropole B, vergleichen, aber auch mit anderen Orten wie Gandab, Sarm, und Schahrud in Zentral-Iran, eisenzeitlichen Gräberfeldern in Lorestan und dem jüngst erforschten Gräberfeld von Lama in Süd-Iran. Die Bestattungen von Ghaleh Kuti setzen in der Spätbronzezeit ein und gehen ohne Unterbrechung in der Frühen Eisenzeit weiter,[19] so dass kein Kulturbruch oder Hiatus zwischen Bronze- und Eisenzeit nachweisbar ist.[20]

Die Ebene von Kelardascht

Die Ebene von Kelardascht am Kaspischen Meer ist seit langem eine beliebte Sommerfrische für Erholung suchende Großstadtbewohner aus Teheran. So ließ sich auch der Schah dort 1939 einen Sommerpalast bauen. Bei den Bauarbeiten wurden einige eisenzeitliche Gräber angeschnitten, die ein reiches Fundgut erbrachten: der »Kelardascht-Schatz« umfasst über 100 Tongefäße, mehrere Bronzeobjekte, vier Goldgefäße mit Tierreliefs (Abb. S. 200, unten), und ein goldenen Dolch (Abb. 5).[21] Louis Vanden Berghe datierte diesen Fund in die Zeit zwischen 1000 und 800 v. Chr.,[22] die Keramikfunde sind mit denen aus der Nekropole B in Tappe Sialk, aus Hasanlu IV und Marlik vergleichbar.[23]

Nach dieser aufsehenerregenden Entdeckung wurde die Ebene von Kelardascht noch mehrfach Ziel archäologischer Untersuchungen.[24] Ezzatollah O. Negahban dokumentierte 1975 über 50 Siedlungshügel vom Ende des 2. und dem Beginn des 1. Jahrtausends v. Chr.[25]

Der Siedlungshügel von Tappe Kelar hat eine Fläche von etwa 6 ha mit einer erhaltenen Höhe zwischen 7 und 12 m. 1997 legte Hamid Karimiyan einige Testschnitte an, gefolgt von einer größeren Grabungskampagne unter der Leitung von Seyed Mehdi Mousavi. Freigelegt wurden einige Steinmauern und zugehörige Fußböden sowie mehrere Lehmziegelmauern, in 8 m Tiefe fand man ein eisenzeitliches Grab. Die Keramik in Tappe Kelar ist monochrom, mit innen wie außen glänzend polierter Oberfläche und ohne weiteres Dekor, der größte Teil der eisenzeitlichen Keramik ist graue Ware.[26]

Schriftquellen

Die wenigen Schriftzeugnisse von den Fundorten Nord-Irans sind sämtlich Importe aus dem mesopotamischen Raum. Aus Marlik stammen zwei Rollsiegel mit akkadischer Inschrift,[27] und in einem Dolmen mit einer weiblichen Verstorbenen in Talesch wurde ein Bronzearmband mit der urartäischen Inschrift »Der Sohn des Argischti schenkte« gefunden.[28]

Das »Amlasch«-Problem

Unter der Herkunftsangabe »Amlasch« oder »Amlasch-Kultur« (auch: Marlik, »Amlasch-Sammlung«) sind in den vergangenen Jahrzehnten zahlreiche Keramikgefäße, Metall- und Schmuckobjekte in Museen und Privatsammlungen gelangt.[29] Diese stammen zumeist aus illegalen Grabungen in den Regionen von Dailaman, Amlasch oder aus dem Einzugsgebiet des Sepid Rud. Der Name bezieht sich auf die Kleinstadt Amlasch, das Zentrum des Handels mit Antiken aus Raubgrabungen.[30]

Trotz mittlerweile intensiver archäologischer Feldarbeit ist die Eisenzeit in Nord-Iran noch immer eine schwer greifbare Periode. Ein wesentlicher Grund hierfür sind die unbefriedigende Quellensituation und die wenigen systematischen Forschungen. Die meisten eisenzeitlichen Fundplätze wurden durch Raubgrabungen zerstört oder zufällig im Zusammenhang mit Bauarbeiten erfasst. Ausgrabungen waren oft Rettungsprojekte, ohne jegliche Dokumentation des zugehörigen Umfeldes. Es fehlen problemorientierte Forschungsprogramme, und trotz einzelner systematischer Begehungen ist die Kenntnis archäologischer Fundplätze in der Region völlig unzureichend. Hier wartet noch viel Arbeit auf die iranische Archäologie.

Anmerkungen S. 262/263

9
Schnabelkanne, Tappe Sialk, 1. Jt. v. Chr., Kat.-Nr. 302

10
Rhyton in Form eines Buckelrindes, Keramik, Gold, Marlik, spätes 2./ frühes 1. Jt. v. Chr., Kat.-Nr. 201

11
Rhyton in Form eines Buckelrindes, Keramik, Gold, Marlik, spätes 2./ frühes 1. Jt. v. Chr., Kat.-Nr. 202

12
Hirschrhyton, Marlik, spätes 2./ frühes 1. Jt. v. Chr., Kat.-Nr. 203

13
Tierrhyton, Garmabak, 1. Jt. v. Chr., Kat.-Nr. 115

Becher, Gold, Marlik, spätes 2./frühes 1. Jt. v. Chr., Kat.-Nr. 199

Becher mit Repousséverzierung, Gold, Marlik, spätes 2./frühes 1. Jt. v. Chr., Kat.-Nr. 196

Becher mit Repousséverzierung, Gold, Marlik, spätes 2./frühes 1. Jt. v. Chr., Kat.-Nr. 197

Reliefbecher, Gold, Kaluraz, frühes 1. Jt. v. Chr., Kat.-Nr. 190

Becher mit Repousséverzierung,
Gold, Marlik, 1. Jt. v. Chr.,
Kat.-Nr. 198

Becher mit Repousséverzierung,
Gold, Kelardascht, 1. Jt. v. Chr.,
Kat.-Nr. 193

Schmuckkette, Karneol, Achat, Gold, Marlik, spätes 2./frühes 1. Jt. v. Chr., Kat.-Nr. 214

Schmuckkette, Karneol, Gold, Marlik, spätes 2./frühes 1. Jt. v. Chr., Kat.-Nr. 216

Schmuckkette, Karneol, Gold, Marlik, spätes 2./frühes 1. Jt. v. Chr., Kat.-Nr. 215

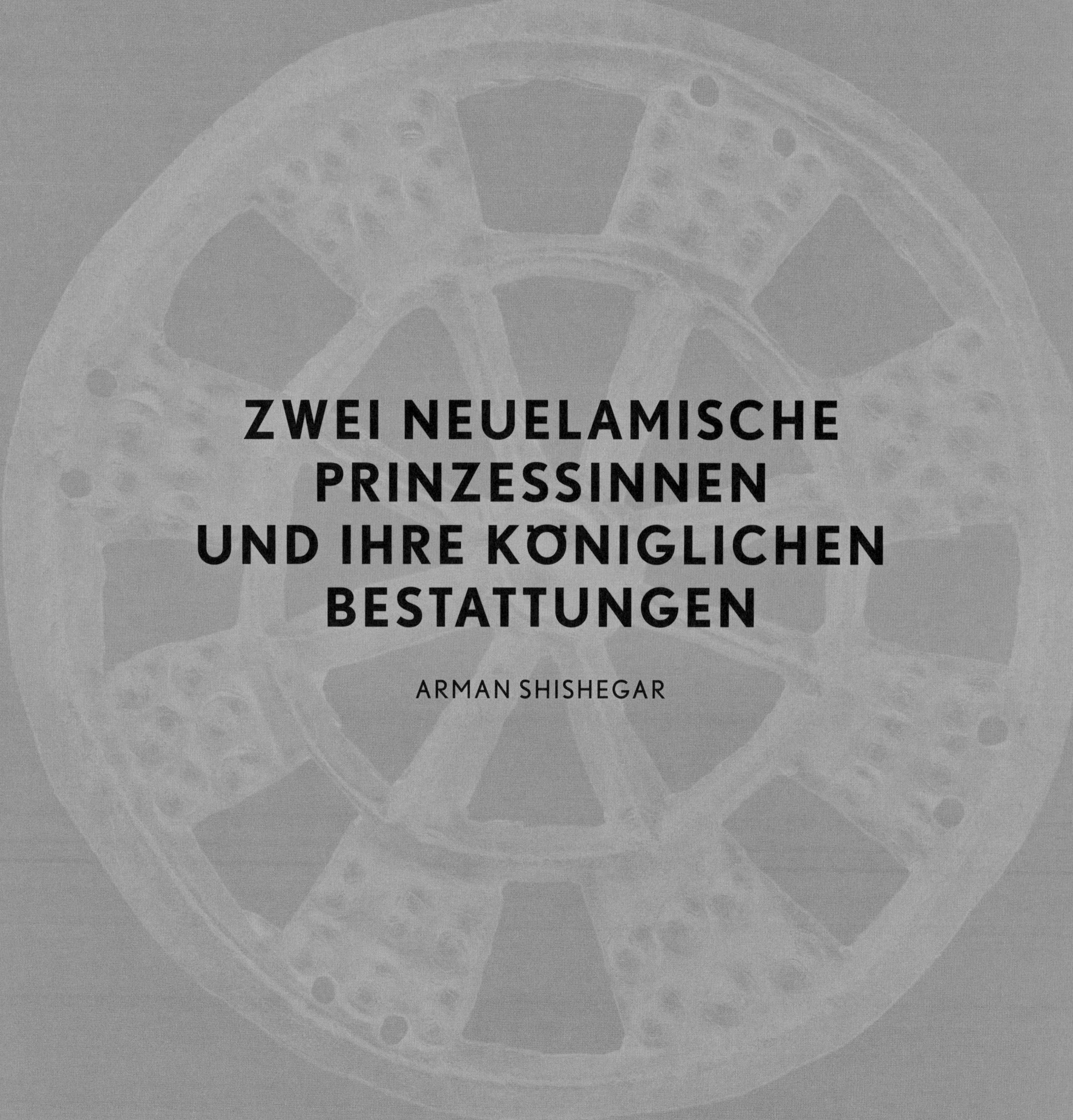

ZWEI NEUELAMISCHE PRINZESSINNEN UND IHRE KÖNIGLICHEN BESTATTUNGEN

ARMAN SHISHEGAR

Das Grab

Die Grabstätte der elamischen Prinzessinnen liegt zwischen den beiden Dörfern Dschubadschi und Deh Iwar, 7 km südöstlich von Ram Hormoz in der Provinz Chusistan, direkt am Fluss A'ala (Abb. 1). Sie wurde im Jahr 2007 zufällig bei Bauarbeiten entdeckt.

Leider war die Anlage bei der Aufnahme der archäologischen Grabungen bereits teilweise zerstört, doch ließen sich noch viele Detailbeobachtungen und ein reiches Fundensemble dokumentieren.

Das Grab bestand aus einer rechteckigen Kammer, die aus Bruchsteinen verschiedener Größe, Ton-Mörtel, Gips sowie feinem und grobem Sand errichtet wurde. Sie misst 450 x 220–230 cm. Die Mauern sind 60 cm hoch und bestehen aus sechs Steinreihen, die durch einen Gewölbebogen miteinander verbunden waren.

Neben der Westmauer des Grabes wurde eine Plattform mit einem Sandbett entdeckt. Darauf waren Tierknochen und einige große Vorratsgefäße, Trinkgefäße und aufeinanderstehende kleine glasierte Krüge platziert. Die Keramikformen der Vorratsgefäße und der kleinen hellbraunen Becher sind typisch für die neuelamische Zeit und können mit Stücken von anderen westiranischen Fundorten des 7. Jahrhunderts v. Chr. verglichen werden. Solche rituellen Opfergaben an die Verstorbenen waren während der elamischen Zeit üblich. Kleine Gefäße aus Fritte wurden auch im Inneren der Grabstätte gefunden.

Die Funde aus Dschubadschi lassen sich mit Keramiken aus anderen neuelamischen Gräbern vergleichen, besonders mit denen aus Grab Nr. 693 (Schichten 6–7) in der königlichen Stadt Susa, wo 150 Gefäße voll mit Speisen und Getränken für die sechs Bestatteten niedergelegt wurden.[1]

Die Särge

In dem Grab standen zwei bronzene Särge, einer im Osten und einer im Westen der Kammer (Abb. 2). Ihre Form ähnelt einer Badewanne, die Toten lagen darin in Schlafstellung. Die Särge standen parallel zueinander in einem Abstand von 148 cm, ihre Kopfteile waren in entgegengesetzter Richtung orientiert, einer nach Norden und einer nach Süden. Jeder Sarg war ca. 137 cm lang und 63 bis 57 cm breit, die Wandungsstärke betrug 3 bis 2 mm. Die Wandung war aus einem Stück gefertigt, unten mit einem Boden und oben mit einem Rahmen versehen. Dieser Rahmen war aus vier Teilen zusammengesetzt: Ein kurzes und zwei lange flache Stück für Fußende und Längsseiten und ein halbmondförmiges Element am Kopfende waren durch Hämmern, breite vertikale Streifen und zahlreiche Niete miteinander verbunden. Die Böden wurden auf die gleiche Weise mit dem Körper und den Rändern der Särge verbunden. Ihre Stabilität verdanken die Särge den vertikalen Nietstreifen, dennoch waren sie stark beschädigt. Die Nieten waren zugleich Dekorelement: Zwei Reihen Silberniete waren am Boden des westlichen Sarges in Form von Rosetten mit zwölf und sechzehn Blütenblättern angebracht. Dieser Dekor ist bislang ohne Parallele. Wahrscheinlich war der östliche Sarg in gleicher Weise verziert, doch sind die entsprechenden Partien nicht erhalten, nur einige Elemente der Dekoration fanden sich in der Umgebung der Särge. Beide Särge waren mit mehreren halbmondförmigen Griffen ausgestattet. Dabei handelt es sich um gegossene Einzelstücke, die alle leicht unterschiedlich groß sind.

Die Särge aus Dschubadschi gehören zu einer Gruppe wannenartiger, U-förmiger Bronzesärge, wie sie – kreisförmig oder oval – aus Iran, Mesopotamien und Anatolien bekannt sind.[2] Mehr als 20 Beispiele sind dokumentiert, sie datieren in einen Zeitraum vom Ende des 8. vorchristlichen bis in das 3. Jahrhundert n. Chr. Unter den aus archäologischen Grabungen stammenden Beispielen sind zwei Wannensärge aus Ur[3] und einer aus den Königsgräbern von Nimrud[4] zu nennen, die in die zweite Hälfte des 8. bis in das frühe 7. Jahrhundert v. Chr. datieren, sowie ein etwa zeitgleicher Sarg aus Zincirli[5]

1
Die Fundstelle Dschubadschi am Ufer des Flusses A'ala

und ein ovaler, wohl phrygischer aus Kültepe. Anders als die U-förmigen Särge aus Dschubadschi sind viele Beispiele aus anderen Regionen auch mit punzierten Motiven dekoriert.

Am besten vergleichbar mit Dschubadschi ist der Sarg aus einer königlichen Bestattung in Ardschan bei Behbahan, die, nur wenig jünger als die Dschubadschi-Gräber, in die Mitte des 6. Jahrhunderts v. Chr. datiert.[6] Hier ist auch der Deckel dekoriert.

Ein anderer iranischer Fundort ist Sarab-e Ghare Daneh bei Kermanschah, wo ein runder Bronzesarg gefunden wurde, der wohl neuassyrisch ist und an das Ende des 8. Jahrhunderts v. Chr. datiert;[7] wesentlich jünger sind die Bronzesärge aus Tschubtarasch in Lorestan, wo ein ovaler Sarg aus der Mitte des 4. bis 3. Jahrhunderts v. Chr. dokumentiert ist,[8] und zwei ovale Särge in Susa, ebenfalls aus der Mitte des 4. Jahrhunderts v. Chr.[9] Ein weiterer ovaler Sarg aus dem türkischen Lidar Höyük ist wohl achämenidisch zu datieren.[10]

2 (oben)
Dschubadschi, Bronzesarkophage

3 (links)
Dschubadschi, die Freilegung von Bronzegeschirr in der Grabkammer

Die bestatteten Frauen

Die menschlichen Knochen in der Grabstätte von Dschubadschi gehören zu zwei Frauen. Anthropologische Untersuchungen erlauben eine Altersbestimmung von 17 Jahren für die Verstorbene in dem östlichem Sarg, die andere war etwa 30 bis 35 Jahre alt. Beide gehörten sehr wahrscheinlich zur Familie eines lokalen neuelamischen Königs. In einen der Goldreife aus dem Grab (Abb. 4) waren in elamischer Keilschrift (Neuelamisch 3b: 585–539 v. Chr.) Namen graviert: »Schutur-Nahhunte, Sohn des Indada«. Ein anderer Armreif mit elamischer Schrift nennt »La-ar-na« (»des Priesters« oder »für den Priester«). Leider stammen beide Armringe aus der anfänglichen Plünderung, so dass ihre genaue Lage in den Särgen nicht rekonstruiert werden kann.

Außerdem wurde eine sumerische Inschrift auf der Onyxeinlage einer Brosche entziffert (Abb. 6). Ein Teil des Steins ist abgebrochen, so dass die Inschriften nicht vollständig lesbar sind. Auf einer Seite werden »Kuri-Gal-Zu« und der Gott Enlil genannt, in die andere ist eine dreizeilige Inschrift graviert. Diese ist zwar undeutlich, aber in der ersten Zeile ist ein weiblicher Name, »Ir?-Mu-çar-tum é?«, zu erkennen. Es ist unklar, ob mit »Kuri-Gal-Zu« einer von zwei babylonischen Königen unter den Kassiten gemeint ist, Kuri-Gal-Zu I. (1390–1375 v. Chr.) oder Kuri-Gal-Zu II. (1345–1324 v. Chr., der Eroberer von Susa im Jahr 1330 v. Chr.), oder ein anderer Kuri-Gal-Zu. Die Montierung dieses Onyx in eine Brosche, wo er 800 Jahre nach der Anbringung der Inschrift noch erhalten war, zeigt, dass es sich wohl um ein Erbstück der elamischen Königsfamilie handelt.
In den mittleren Onyx eines Goldarmbandes wurde auch ein weiblicher Name, »a-ni-nu-ma/ku«, graviert. Dieses Schmuckstück befand sich noch am Arm der Frau im östlichen Sarg, die also wohl »a-ni-nu-ma« hieß.

Im Grab von Dschubadschi wurden auch einige Stofffragemente aus einfachen Fasern gefunden, die als Teile der Bekleidung der Frau im westlichen Sarg identifiziert wurden. Außerdem fand man entsprechende Stoffstücke außerhalb des Sarges zusammen mit zahlreichen goldenen Brakteaten, die auf die Kleidung genäht waren. Diese Funde sind vergleichbar mit denen aus Ardschan.[11]

Die Beigaben

Zu den Grabbeigaben aus Dschubadschi (Abb. 3) gehören kostbarer persönlicher Schmuck und Kultgeschirr aus Gold, Silber, Bronze, Eisen, Stein und Elfenbein sowie Keramik, Bitumen- und Fayenceobjekte, die sowohl im Inneren der Särge als auch außerhalb gefunden wurden. Die Steingefäße aus Dschubadschi entsprechen Beispielen von verschiedenen Fundorten der elamischen und achämenidischen Zeit in Iran.

Die reichen Goldfunde wurden nur teilweise in ihrer ursprünglichen Lage gefunden. Besonders typisch sind goldene Armreife (Abb. 7), die jeweils paarweise auftreten und wohl symmetrisch an beiden Armen getragen wurden. Ihre Verarbeitung zeigt eine außergewöhnliche Qualität, Techniken wie die Granulation und auch die Kombination verschiedener Werkstoffe, wie Gold mit dem damals noch neuen Eisen, waren bekannt. Kannen und Pfannen mit langem

4
Armreif, Gold, Dschubadschi, Prinzessinnengrab, 1. Hälfte 6. Jh. v. Chr., Kat.-Nr. 77

5
Armreif, Gold, Dschubadschi, Prinzessinnengrab, 1. Hälfte 6. Jh. v. Chr., Kat.-Nr. 78

Stiel, auf deren Rand eine kleine Frauenfigur mit Fischschwanz sitzt (Abb. 10), bestanden jeweils aus Silber und Bronze und dienten wohl als Kultgeschirr. Ein eleganter Kandelaber auf hohem Fuß (Abb. 12) wird von drei aufgerichteten Kälbchen gehalten. Er ähnelt einem Stück aus dem wenig jüngeren Grab von Ardschan.

Das einzige Siegel im Grab von Dschubadschi besteht aus Fayence und hat die Form eines Skarabäus mit einer abstrakten menschlichen Figur, was den achämenidischen Objekten aus West-Iran und besonders Susa entspricht.

Die historische Einordnung von Schutur-Nahhunte, Sohn des Indada

Die Identifizierung von Schutur-Nahhunte und die Einordnung seiner Regierungszeit in die Periode Neuelamisch 3b basiert auf einer Analyse der mittel- und neuelamischen Personennamen. Vor der Entdeckung der Grabstätte in Dschubadschi war der Name Schutur-Nahhunte nur einmal belegt, und zwar auf dem elamischen Relief von Kul-e Farah I (vgl. Carter und Álvarez-Mon, hier S. 138ff. und 152ff.). Das Relief zeigt ein Tieropfer vor einem König, in dessen Gewand eine elamische Keilschriftinschrift eingemeißelt ist, die ihn als Hanni identifiziert, Sohn des Tahhiki, der lokale Herrscher von Ayapir (heute Malamir).[12] Der Text erwähnt König Schutur- Nahhunte, was auf eine Verbindung zwischen den Inschriften dieses Reliefs und dem Grab in Dschubadschi hinweist. Heute vermuten einige Wissenschaftler, dass die Inschrift des Hanni nachträglich auf dem Relief angebracht wurde und dass es sich bei Schutur-Nahhunte um eine von mehreren Personen mit dem gleichen Namen gehandelt hat, einen lokalen Machthaber Schutur-Nahhunte, Sohn des Indada.[13] Dieser wird auch auf dem Armreif aus Dschubadschi genannt, und es sind seine Familienangehörigen, die dort bestattet liegen.

Die Grabstätte von Dschubadschi und ihre mögliche Verbindung mit Hidali

Hidali (auch Hidalu, Hadalu und Iidali) ist der Name einer Stadt in den Gebirgsregionen von Elam in der Nähe der Stadtgrenze von Huhnur/Hunar/Unar. Der assyrische König Sanherib beschreibt Hidalu als die Stadt des elamischen Königs Kutir-Nahhunte.[14] Der Name dieser Stadt erscheint in assyrischen Inschriften neben denen von anderen elamischen Zentren wie Susa und Madaktu, doch ist ihre geografische Lage nicht eindeutig festzustellen. Hypothesen[15] reichten von einer Stelle am Fluss Karun über die Region Schuschtar bis hin zu mehreren Lokalitäten auf dem Weg von Chusistan in das Hochland von Fars. Inzwischen gilt jedoch als wahrscheinlich, dass Hidali in der Region Ram Hormoz lag, so dass die in Dschubadschi bestatteten Prinzessinnen dem Haus von Hidali zuzuordnen sind. Für diese Annahme gibt es eine Reihe von Gründen, die im Folgenden ausgeführt werden.

Die Nennung zusammen mit Susa und Madaktu spricht für eine geografische Nähe der drei Orte. Die beiden anderen Städte waren mehrfach das Ziel assyrischer Überfälle unter Assurbanipal, die den Zerfall von Elam einleiteten. Zu dieser Zeit regierte Te-umman in Susa und Urutak in Madaktu. Auch Madaktu ist nicht eindeutig lokalisiert, doch wird es im Allgemeinen nördlich oder nordwestlich von Susa vermutet.[16] Sowohl für Susa als auch für Madaktu belegen die assyrischen Inschriften Plünderungen und Zerstörung, auch die Entführung von Statuen der alten und neuen elamischen Könige. Die Auseinandersetzungen sollen sich nahe Hidali abgespielt haben, was für eine Nähe der Stadt zum Hochland von Fars spricht. Inschriften aus Susa beschreiben außerdem die Lage von Hidali an einer Handelsstraße und seine enge Verbindung mit den Städten Dascher und Gisat.[17] Eine Lokalisierung in der Region Ram Hormoz ist deshalb wahrscheinlich.

Nach dem ersten Feldzug von Assurbanipal gegen Elam wurde Hidali zum Bollwerk der elamischen Fürsten. In Hidali herrschte entweder Schutruk-Nahhunte II. oder Schutur-Nahhunte.[18] Hidali spielte im 6. Jahrhundert v. Chr. eine wichtige politische und wirtschaftliche Rolle für Elam und blieb aufgrund seiner strategisch günstigen Lage auch in der achämenidischen Zeit bedeutsam,[19] als es eine Zwischenstation auf dem Weg nach Persepolis war.[20]

Die Entdeckung des Grabes von Dschubadschi und die Erwähnung des Königs »Schutur-Nahhunte, Sohn des Indada«, der auch in der Inschrift von Kul-e Farah I genannt wird, belegen die Bedeutung der Region um Ram Hormoz – sehr wahrscheinlich das alte Hidali – für die Geschichte Elams. Weitere wichtige Orte im östlichen Vorgebirge von Chusistan waren Ardschan und Ayapir, beim heutigen Izeh. Die reichen Funde aus Dschubadschi unterstreichen diese wichtige Rolle und zeugen zugleich in eindrucksvoller Weise vom Fortbestand elamischer Traditionen über das Ende von Susa hinaus.

Anmerkungen Seite 263/264

6
Armspange mit Inschrift, Gold mit Einlagen aus Onyx, Dschubadschi, Prinzessinnengrab, 1. Hälfte 6. Jh. v. Chr., Kat.-Nr. 81

7
Armreif mit Tierköpfen, Gold mit Einlagen aus Karneol, Lapislazuli und Kalkstein, Dschubadschi, Prinzessinnengrab, 1. Hälfte 6. Jh. v. Chr., Kat.-Nr. 80

8
Schmuckscheibe, Gold mit Einlagen, Dschubadschi, Prinzessinnengrab, 1. Hälfte 6. Jh. v. Chr., Kat.-Nr. 91

9
Schmuckscheibe, Gold mit Einlagen, Dschubadschi, Prinzessinnengrab, 1. Hälfte 6. Jh. v. Chr., Kat.-Nr. 92

10
Griffschale, Silber, Dschubadschi, Prinzessinnengrab, 1. Hälfte 6. Jh. v. Chr., Teheran, National Museum of Iran

11
Figur, Teil eines Ständers, Bronze, Dschubadschi, Prinzessinnengrab, 1. Hälfte 6. Jh. v. Chr., Kat.-Nr. 106

12
Kandelaber, Bronze, Dschubadschi, Prinzessinnengrab, 1. Hälfte 6. Jh. v. Chr., Kat.-Nr. 107

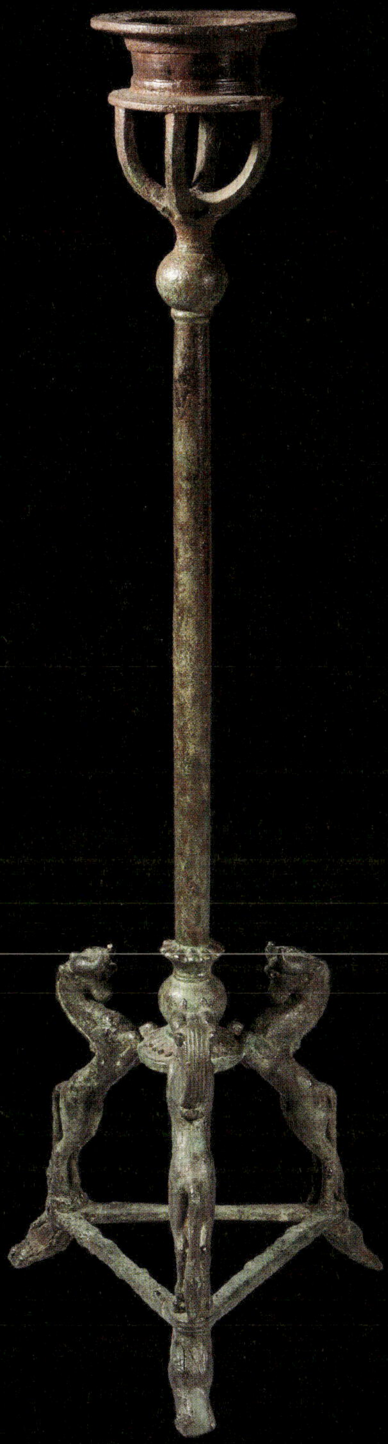

Schmucknadeln und Nadelköpfe, Gold, Silber, Achat, Karneol in unterschiedlicher Kombination, Dschubadschi, Prinzessinnengrab, 1. Hälfte 6. Jh. v. Chr., Kat.-Nr. 95, 96, 97, 98, 99, 100, 101

Perlen, Gold, Dschubadschi, Prinzessinnengrab, 1. Hälfte 6. Jh. v. Chr., Kat.-Nr. 102

2 Schmuckscheiben, Gold, Dschubadschi, Prinzessinnengrab, 1. Hälfte 6. Jh. v. Chr., Kat.-Nr. 93, 94

2 Schmuckscheiben, Gold mit Einlagen, Dschubadschi, Prinzessinnengrab, 1. Hälfte 6. Jh. v. Chr., Kat.-Nr. 89, 90

Armreif, Gold, Dschubadschi, Prinzessinnengrab, 1. Hälfte 6. Jh. v. Chr., Kat.-Nr. 87

Armreif, Gold, Dschubadschi, Prinzessinnengrab, 1. Hälfte 6. Jh. v. Chr., Kat.-Nr. 88

Armreif mit 3 Löwenköpfen und Inschrift, Gold, Löwenköpfe Elfenbein, teilweise vergoldet, mit Einlagen aus Bitumen, Karneol und Lapislazuli, Dschubadschi, Prinzessinnengrab, 1. Hälfte 6. Jh. v. Chr., Kat.-Nr. 79

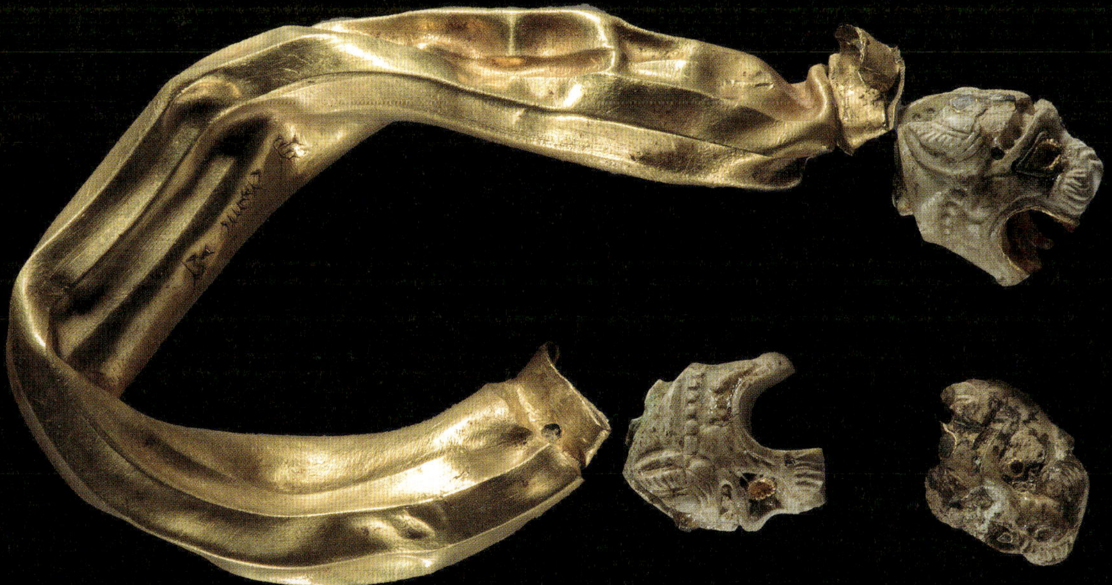

TIRUTIRS LANGER NACHHALL: VON ELAM BIS PERSIEN

WOUTER F. M. HENKELMAN

»O mein Herr Tirutir, Tirutir voller Macht [?], mächtig[st]er der Götter, Beschützer der Könige, Herr, Gründer von *kitin*, der/das wunderschön ist, der ein Spender [von] *kitin* ist: kitin aus der Höhe des Himmels, *kitin* aus der Tiefe der Erde, [...]!«

Diese Worte und die gesamte nachfolgende Inschrift hallten einstmals in der Schlucht von Kul-e Farah weit im Osten von Chusistan in Iran wider.[1] Sie wurden im späten 7. oder frühen 6. Jahrhundert v. Chr. für Hanni, den Sohn des Tahhihi, Statthalter oder Fürst eines Kleinstaates oder Reichsteils namens Ayapir, verfasst und weisen einen gehobenen Stil auf, den literarische Tropen und elegante Wiederholungen kennzeichnen.

Ihre öffentliche Deklamation hätte den unsichtbaren Gott Tirutir, der sich tief in der Schlucht verbarg, sicherlich erfreut. Der Name Tirutir, vom älteren Tirumithir hergeleitet, bedeutet wohl »der die Rede fortträgt«, eine passende Bezeichnung für einen Echo-Gott (Abb. 1).

Hanni (Anni) war weder der Herrscher über ganz Elam noch scheint er eine entscheidende Rolle in dessen Geschichte gespielt zu haben. Die unter freiem Himmel liegenden Heiligtümer von Kul-e Farah und dem nahegelegenen Schekaft-e Salman, wo er Inschriften und Reliefs hinterließ, stellen jedoch einen Wendepunkt zwischen den letzten Phasen der elamischen Kultur und dem Aufkommen der Perser dar. Dass zwischen diesen beiden Zivilisationen enge und weitreichende Verbindungen bestanden, galt lange als undenkbar, ist jedoch heute allgemein anerkannt, auch wenn Vieles noch im Verborgenen liegt und umstritten ist.[2]

Die Strahlkraft des Achämenidischen oder Persischen Reiches, des ersten Weltreiches, hinterließ inner- und außerhalb der Wissenschaft einen tiefen Eindruck. Als der Schah Mohammed Reza im Jahre 1972 das 2500-jährige Bestehen der persischen Monarchie feierte, schloss er damit implizit jegliches Vorhandensein eines Staates vor der Gründung des Perserreiches durch Kyros um 550 v. Chr. aus. Er war bei weitem nicht der Einzige, der jede vorachämenidische Zivilisation für irrelevant hielt: Damals begann jedes Handbuch zur präislamischen Geschichte oder Religion Irans mit den Achämeniden, als sei Iran zuvor ein kulturelles Vakuum gewesen und die jungen Perser wie ein Blitz aus dem Nichts aufgetaucht. Der Grund hierfür ist ebenso einfach wie beunruhigend: Die Perser hatten nicht nur das erste Weltreich gegründet, sondern sie waren auch die erste Sprecher einer indoeuropäischen Sprache (Alt-Iranisch) gewesen, die solches geleistet hatten. Vor dem Zweiten Weltkrieg, und bisweilen auch noch danach, wurde das Perserreich als einer der wichtigsten Beweise für die Eroberungskraft der Arier betrachtet, deren überlegene geistige Kultur und aufgeklärte Religion den seit langem dahinsiechenden Orient befreit hatten. Ein solches Szenario lässt natürlich keinen differenzierteren Blick auf die Einflüsse von Vorgängerstaaten oder die allmähliche Integration und Umbildung kultureller Identitäten zu.

Bei einem Besuch der Schlucht von Kul-e Farah, jener herrlichen Sixtinischen Kapelle der spätelamischen Zivilisation, fühlt man intuitiv, dass die Vorstellung von einem Bruch der Geschichte nicht gerecht werden kann. Zunächst wird deutlich, dass die Elamer mit ihren persischen Nachfolgern ein Gespür für die geweihte Landschaft, die Gegenwart des Göttlichen im fruchtbarkeitsspendenden Wasser, in den hoch aufragenden Felsen, den Schatten und dem raunenden Murmeln gemeinsam hatten. In diesem Rahmen wurde ein »heiliger Kreis« angelegt: Mitten in der Schlucht, in der Nähe eines saisonal wasserführenden Gebirgsbaches, umringen mehrere kreisförmig angeordnete, massive Felsblöcke eine Opferplattform. Zwei der Blöcke (KF II–III), ein dritter etwas weiter entfernt (KF VI) sowie drei Felswände zu beiden Seiten (KF I, IV–V) wurden von Hanni und seinen unmittelbaren Vorgängern mit Skulpturen geschmückt. Diese zeigen ein komplexes Reliefprogramm, bestehend aus einer Prozession mit zahlreichen Teilnehmern, die dem auf einer Plattform getragenen Herrscher folgen, dem Herrscher zusammen mit Würdenträgern des Hofes in einer Reihe von Opferszenen sowie einem großen Opferbankett für alle Teilnehmer mit dem thronenden Herrscher in der Mitte. Auf drei Reliefs sind auch Musikanten abgebildet, die auf einer Horizontal- und Vertikalharfe, auf einer senkrecht gehaltenen Laute und auf einem rechteckigen Tamburin spielen. In einer der Szenen führt ein Dirigent eine Gruppe von sechs Musikanten an, wahrscheinlich, um ihr Spiel auf die Resonanz in der Schlucht abzustimmen.

In Anbetracht der langen Entwicklung der iranischen Kulturen wirken einige Details der Reliefs noch augenfälliger. Der auf einer Plattform getragene Herrscher kehrt in symbolischer Form in der achämenidischen Kunst wieder, wo er auf einem Podest von Vertretern der Stämme des Reiches getragen wird. Die Wiedergabe der Prozession in übereinanderliegenden

Registern (um Dreidimensionalität zu suggerieren) unter Betonung der sozialen Stellung findet sich wieder in den berühmten Reliefs im Thronsaal von Persepolis. Die Audienzszene um den thronenden Herrscher ist ein Vorläufer der bekannten Schatzhaus-Reliefs und anderer achä-menidischer Darstellungen einer königlichen Audienz. Auch die Einbeziehung der höfischen Würdenträger – teilweise mit Inschriften, die ihren Namen und Titel nennen – findet sich an der Fassade des Grabmals Dareios' I. in Naqsch-e Rostam wieder.[3]

Der Vergleich geht jedoch über ikonografische Gemeinsamkeiten hinaus. Man muss nur Hannis Inschrift über einem der Reliefs (KF I) erneut betrachten, um zu verstehen, wie relevant die neuelamische Vergangenheit für die frühen Perser war. Zunächst gibt es das Konzept von *kitin*, ein schwer zu übersetzender elamischer Begriff, der sich auf die göttliche Macht und Autorität bezieht, wie sie sich in der sterblichen Welt – besonders in der Person eines Königs – manifestiert. Ein elamischer Herrscher steht unter dem *kitin* der Götter, aber er selbst kann es auch als magische Kraft führen. Am Ende dieser Inschrift kann Hanni also behaupten: »Ich habe das *kitin* der Götter groß gemacht und es auf mein Relief gelegt« (Zcilc 21), um dic Skulptur mit cincm magischen Bann zu belegen und sie so vor Frevlern zu schützen. Vergleichen wir dies mit der elamischen Version der sogenannten Daiva-Inschrift des Königs Xerxes, einem ideologischen Text über das Bannen der *daiva*, der falschen Götter (gemeint sind die Rebellen, die so vermessen sind, die Pax Persica zu stören). Wie die meisten achämenidischen Inschriften ist auch sie in Akkadisch, Elamisch und Altpersisch verfasst. Obwohl diese Texte generell parallel laufen, sind sie keine einander entsprechenden Übersetzungen, vielmehr drücken sie die Worte und den Willen des großen Königs jeweils etwas anders aus und nutzen das besondere Vokabular jeder einzelnen Sprache. Aus diesem Grund führt die gängige Fokussierung auf die persischen Versionen in die Irre, und dies gilt ganz sicher für die entsprechende Passage der Daiva-Inschrift (XPh_e 29–34):

> »Und unter den Stätten war [ein Ort], wo sie einstmals [für] den *daiva* ihr *schip* [Opferfest] machten. Dann verwüstete ich durch die Kraft des Auramazda diesen Ort der *daiva*-Verehrung und erlegte ihnen *kiten* auf, damit sie nicht [für] den *daiva* ihr *schip* zelebrieren. Wo sie einstmals dem daiva ihr *schip* gefeiert hatte, dort feierte ich [für] Auramazda das *schip*, zur rechten Zeit und auf die rechte Weise.«

Verblüffenderweise setzt Xerxes seines *kiten (kitin)* ebenso ein wie Hanni: Er legt es »auf« einem Ort, so dass eine (nachfolgende) böse Tat vermieden wird. Mit anderen Worten: *kiten* wirkt als magischer Bann auf dieselbe Weise wie bei den elamischen Königen.[4]

Auch wenn jeder elamische Gott eine besondere Art von *kitin* verleiht, so ist es laut Hanni von Ayapir doch Humban, der größte unter den Göttern, »unter dessen *kitin* ein König [steht]« (Zeilen 6–7, 21). Dies stimmt mit der herausragenden Stellung überein, die der Gott Humban in neuelamischer Zeit erreicht hatte (als z. B. die Mehrzahl der Königsnamen das Element »Humban« enthielt). Es ist kein Zufall, dass dieselbe Gottheit im achämenidischen Fars um 500 v.

1
Das Ende der Schlucht von Kul-e Farah, Wohnstätte des Tirutir

2 (unten)
Das Bergheiligtum von Kurangun, Ausschnitt aus dem Relief

3 (rechts)
Das Bergheiligtum von Kurangun

Chr., etwa ein Jahrhundert nach Hanni, die am intensivsten verehrte Gottheit war. Wir verdanken dieses Wissen dem Persepolis Fortification Archive, einer Sammlung von größtenteils in Elamisch beschrifteten Tontafeln (ca. 6500 von ihnen wurden bisher editiert). Dieser Korpus spiegelt eine staatliche gelenkte Wirtschaft mit dem Zentrum Persepolis und liefert unter anderem Informationen über Getreide, Früchte, Wein, Bier und den Viehbestand, der von der zentralen Verwaltung für den Kult der Götter des persischen Kernlandes vorgesehen war. Interessanterweise sind Opfer für Humban dreimal so häufig wie die für Auramazda, den allgegenwärtigen Gott der achämenidischen Königsinschriften.

Die Götterwelt des frühen Persien ist ein Spiegel der Gesellschaft zu jener Zeit des Umbruchs, und zu ihr gehört eine Reihe alter elamischer Gottheiten. Natürlich wurden von den Trägern indoiranischer Sprachen auch neue Elemente eingeführt, wie der Kult des Auramazda, der im *Avesta* und in der zoroastrischen Tradition als Ahura Mazda bekannt war. Die Rolle dieses Gottes im achämenidischen Kontext ist jedoch deutlich von den »königlichen Göttern« wie dem assyrischen Assur, dem babylonischen Bel-Marduk und dem elamischen Inschuschinak und (späteren) Humban beeinflusst. Ein königlicher Gott ist das genaue Ebenbild des Königs und findet sich typischerweise in ideologischen Zusammenhängen; als solcher war Auramazda ein Sinnbild des Reiches, aber sein Kult wurde keineswegs unter Zwang durchgesetzt. Im Gegenteil: Die Realität des Kernlandes, so wie sie sich in den Texten aus dem Persepolis Fortification Archive spiegelt, zeigt eine staatlich geförderte Ko-Existenz von Göttern mit elamischem und indoiranischem Hintergrund.[5]

Neben Humban und Auramazda gibt es einen weiteren wichtigen Gott: Napirischa, wörtlich der »Große Gott«, der vielleicht der Gott des tiefen, Fruchtbarkeit spendenden Wassers war. Es wurde häufig vermutet, dass es sich bei der thronenden Gottheit auf der Mitteltafel des Freiluft-Heiligtums in Kurangun (Abb. 2 und 3) um ihn handelt. Dort, auf einer Anhöhe über dem üppigen Fahliyan-Tal, ließen elamische Könige im frühen 2. Jahrtausend ein Relief anbringen, das einen Gott mit Ring und Zepter

zeigt, aus dem sprudelndes Wasser auf die umstehenden Adoranten strömt. Man weiß, dass dieses Heiligtum in der neuelamischen Zeit erweitert und Reliefs hinzugefügt wurden. Dies stimmt wiederum mit dem Status Napirischas in den Dokumenten des Fortification Archive überein. Aus ihnen lässt sich sogar erkennen, dass er in einer Region entlang der Straße in das alte Medien verehrt wurde. Obwohl der genaue Einflussbereich der neuelamischen Kultur im Bergland nicht bekannt ist, ist es wenig wahrscheinlich, dass die nördliche Route dazugehörte. Mit anderen Worten: Der Kult des Napirischa könnte sich in achämenidischer Zeit ausgebreitet haben, parallel mit der geografischen Erweiterung des Verwaltungsbereiches.[6]

Im Fortification Archive wird darüber hinaus eine Reihe spezieller Opfer erwähnt, die oft eindeutig mit der Landwirtschaft in Verbindung stehen (z. B. bei Speichern); sie haben entweder einen elamischen oder einen indoiranischen Hintergrund. Berge und Flüsse bzw. Quellen erscheinen häufig als Kultstätten, in Übereinstimmung mit der Bedeutung, die solche numinosen Orte sowohl in der indoiranischen als auch in der elamischen Tradition hatten. Dies erinnert an die majestätische Felsenfassade von Naqsch-e Rostam, an der elamische Herrscher ein Relief anbringen ließen, das ein Freiluftheiligtum (ähnlich dem von Kurangun) markierte, und in der später Dareios I. und seine Nachfolger ihre Gräber anlegten.

Andere Rituale waren wesentlich repräsentativer, es fanden umfangreiche Opfer statt, bei denen man Hunderte von Besuchern verköstigte. Das bemerkenswerteste Opferfest war *schip* (nach dem älteren *schup*), das schon im Zusammenhang mit Xerxes' Daiva-Inschrift erwähnt wurde. Bei einem *schip* wurden häufig Tiere geopfert, für die Arbeiter des Zentralhaushalts war dies ein wahres Festmahl in Form der seltenen Fleischrationen. Ideologisch handelte es sich hier um eine eng mit dem Königtum verbundene Feierlichkeit: Sie fand in Pasargadae statt, bzw. in der Nähe der königlichen »Paradiese«, unter dem Vorsitz des höchsten Vertreters des Königs (wenn nicht sogar unter dem des Königs selbst, falls er in Persien war), und sollte die Großzügigkeit und die Frömmigkeit des Königs illustrieren. Zwei große Steinplinthen in Pasargadae in der Mitte eines ursprünglich flachen, offenen Platzes (dem »heiligen Bezirk«) könnten als Plattform für einen Priester (oder den König) und als Feueraltar gedient haben; man kann sich sehr gut vorstellen, dass hier ein Fest wie *schip* gefeiert wurde. Bestärkt wird diese Vermutung durch eine Quelle zu Peukestes, Alexanders perserfreundlichen Satrapen in Fars, der in Persepolis ein Opferbankett abhielt. Dabei saßen die Teilnehmer, Perser und Makedonier, in konzentrischen Kreisen um eine Gruppe von Altären; soziale Hierarchie und Beziehungen wurden so sichtbar gemacht und durch den Platz, der einem jeden zugewiesen wurde, bekräftigt.[7]

Der soziale Aspekt der großen Opferfeste führt uns zurück nach Kul-e Farah. Auch dort wird die Hierarchie durch den Abstand zum Herrscher, durch Details der Kleidung und des Schmucks, durch Frisur und Barttracht ausgedrückt. Eine Inschrift im nahegelegenen Schekaft-e Salman legt die Zerteilung der Opfertiere fest, wobei bestimmte Stücke den bedeutenden Persönlichkeiten und festgelegten Personengruppen zustehen. Gleichzeitig vermitteln die zahlreichen Personen auf den Reliefs von Kul-e Farah das Bild einer geschlossenen Gesellschaft, die in einer feierlichen Prozession in die Schlucht einzieht und auf den umliegenden Felsen ein ewig währendes Bild ihrer selbst vorfindet. Die Feierlichkeiten betreffen daher nicht nur Tirutir und den Herrscher, sondern vor allem auch das Volk von Ayapir.

Das auf einem Hügel gelegene Heiligtum von Kurangun bildet ein Gegenbeispiel zu Kul-e Farah: Wie bereits erwähnt, zeigt das zentrale Relief eine sitzende Gottheit, die üppige Wasserströme fließen lässt; der Gott ist von einem König und dessen Gefolge umringt. Diese Anordnung spiegelt das königliche Bildprogramm aus dem Susa des frühen 2. Jahrtausends und diente zweifellos dazu, die Hegemonie über das Hochland zu betonen. In neuelamischer Zeit wurden jedoch seitlich Bildfelder mit Dutzenden von gewöhnlichen Teilnehmern am Ritual hinzugefügt. Sie bilden eine Prozession, die den Hügel hinaufzieht und dann in das flache Becken vor dem Relief herabsteigt (Abb. 3). Ihre Anwesenheit verändert das Monument grundlegend, von einer königlichen zu einer gemeinschaftlichen Darstellung.

Die Veränderungen, die Kurangun und andere Denkmäler spiegeln, passen zu einer neuen Wahrnehmung der späten neuelamischen Zeit in der Periode nach den assyrischen Kriegen um 640 v. Chr. Obwohl die Forschung lange der Behauptung Assurbanipals, er habe Elam vollständig zerstört, geglaubt hat, geht man heute allgemein davon aus, dass es noch eine Reihe von nachassyrischen elamischen Königen gegeben hat, die bis zur Herrschaft des Kyros oder sogar bis Dareios reichte. Vor allem nach dem Fall von Ninive im Jahre 612 v. Chr., als der assyrische Druck nachließ, scheint Elam noch eine letzte Renaissance erlebt zu haben. Ein kleines Archiv aus Susa (das sog. Acropole Archive) enthält Hinweise auf einen Myrrhe- und Weihrauchhandel und somit auf Kontakte zu Arabien; die Baumwollstoffe im Grab von Ardschan weisen nach Osten, nach Indien. Hinzu kommen noch der unglaubliche Reichtum des »Kalmakarre«-Hortes und die Funde in den Gräbern von Ardschan und Dschubadschi, die alle in dieselbe Zeit datieren. Der interregionale Handel muss der gemeinsame Nenner gewesen sein. Er könnte zum einen erklären, wie die Bewohner des Saimarreh-Gebietes im südlichen Lorestan, einer traditionell auf Weidewirtschaft konzentrierten Region, das Silber des »Kalmakarre«-Schatzes horten konnten. Obwohl sie wahrscheinlich hauptsächlich Wolle und Stoffe produzierten, könnten sie diese über Handelsnetzwerke in Edelmetall umgewandelt haben. Das um die Jahrtausendwende eingeführte Kamel muss zu einem zunehmend wichtigeren Faktor geworden sein: Es ermöglichte den Handel über Wüstenrouten und war unverzichtbar für das Entstehen einer neuen interregionalen Dynamik, die sich im achämenidischen Reich weiterentwickelte.[8]

4
Neuelamisches Siegel mit der Darstellung einer Audienzszene mit einer thronenden Göttin; zur Zeit des Dareios wurde es im Namen der Königin Irdabama benutzt (Umzeichnung M. B. Garrison)

Die frühen Perser, die das neuelamische Königreich als die dominante kulturelle und politische Macht in ihrer Region betrachteten, übernahmen Vieles von dort und passten es ihrer im Entstehen begriffenen Gesellschaft an. Die zentralisierte Wirtschaft etwa, die sich im Persepolis Fortification Archive widerspiegelt, hat ihren Vorläufer im neuelamischen Königreich, sowohl in der Struktur als auch in der verwendeten Terminologie. Elamisch wurde auch die Sprache, in der sich die Perser schriftlich äußerten. Die Schreiber, die die Persepolis-Tafeln schufen, waren keine unterworfenen Elamer, wie eine frühere Generation von Philologen annahm, sondern Perser, die sich eine einfache Form des Elamischen angeeignet hatten und die die Sprache auf der Basis ihrer Muttersprache umformten bzw. »persifizierten«.[9]

Auf einer höheren Ebene war Elam für die frühen persischen Eliten eine Prestige-Kultur. Kyros war ein echter Perser, aber sein Name war wahrscheinlich elamisch (Kurasch), ebenso wie der seines Vorfahren Teispes (Scheschpesch). Irdabama, eine der Frauen oder – wahrscheinlicher – die Mutter des Dareios, benutzte Zylindersiegel, die Erbstücke aus der neuelamischen Vergangenheit waren (Abb. 4). Es ist sogar möglich, dass sie selbst aus einer lokalen elamischen Dynastie stammte. Auch zwei der in der Bisotun-Inschrift erwähnten Aufständischen, Martiya und Atschina, scheinen iranische Namen und Patronyme zu haben, selbst wenn sie die Königswürde in Elam beanspruchten. Martiya nahm den elamischen Königsnamen Ummanusch an, der das Element »Humban« enthält.[10]

Dies alles macht deutlich, dass der Übergang vom neuelamischen zum achämenidischen Reich kein gewaltsamer Zusammenstoß der Kulturen war; er lässt sich nicht auf eine schlichte Übernahme durch aufgeklärte und nicht aufzuhaltende arische Eroberer reduzieren. Stattdessen erscheint ein länger anhaltendes Zusammenleben indoiranischer und elamischer Bevölkerungsgruppen wahrscheinlich, eine Situation, in der kulturelle Anpassung und Integration unverzichtbar waren. Es besteht – wie auch Pierre de Miroschedji vorgeschlagen hat – Grund zu der Annahme, dass die Perser das Ergebnis dieses Prozesses waren.[11] Man sieht deutlich, wie elamische und indoiranische Elemente gemeinsam eine neue kulturelle und soziale Identität geschaffen haben, eine Entwicklung, die man die Ethnogenese der Perser nennen könnte. Im dynamischen Kontext der späten neuelamischen Epoche erklärt sich so einleuchtend die Entstehung des Achämenidenreiches: Es kam nicht blitzartig aus dem Nichts, sondern war das logische Ergebnis einer langen wechselseitigen Befruchtung auf dem reichen Boden Elams.

Anmerkungen S. 264

DAS MONUMENT VON BISOTUN UND SEINE VORGESCHICHTE

BRUNO JACOBS

Das Relief – Antike Nachrichten und neuzeitliche Deutungen

Das Bisotun-Relief (Abb. 1), in Auftrag gegeben von dem persischen König Dareios I. (522–486 v. Chr.) und entstanden in den Jahren zwischen 521/20 und 519/18 v. Chr., ist das einzige Bilddenkmal der achämenidischen Kunst, das in der antiken Überlieferung Erwähnung findet, wenn auch in eigentümlicher Entstellung.

Diese ist einerseits bedingt durch seine spektakuläre Lage an einem unzugänglichen Abhang, andererseits durch die Anbringung in ca. 66 m Höhe, die es kaum möglich machte, die Darstellung von unten zu erkennen. Dies führte dazu, dass über das Bildmotiv schon bald nach der Entstehung des Denkmals Gerüchte kursierten. So ist bei Herodot (*Historien* III 88) von einem steinernen Bildwerk die Rede, auf dem ein Reiter zu sehen sei, begleitet von einer Inschrift, die besage, dass Dareios die Königsherrschaft mit Hilfe seines Pferdes und seines Stallmeisters Oibares errang.

Die Version Herodots greift ein altes Erzählmuster auf, das schon einer Inschrift zugrundelag, die der urartäische König Rusa I. auf einem bronzenen Bildwerk anbringen ließ. Von dieser Skulptur berichtete der assyrische König Sargon II. (728–704 v. Chr.), nachdem er sie in Musasir erbeutet hatte, sie habe Rusa mit zwei Pferden und einem Wagenlenker dargestellt und eine Inschrift getragen, die lautete: »Mit meinen beiden Pferden und meinem einzigen Wagenlenker habe ich die Königsherrschaft über Urartu erlangt«[1].

Das von Herodot aufgegriffene und mit dem Bisotun-Monument verbundene Erzählmuster behandelt also letztlich dasselbe Thema, das auch Gegenstand des Reliefbildes und der Inschriften ist, die es begleiten: die Ergreifung der Königsherrschaft. Dareios I. schildert in den Texten, wie er die Herrschaft über Persien gegen Aufstände im ganzen Reich und gegen die Konkurrenz anderer Prätendenten für sich errang.

Abweichend von Herodot berichtet Ktesias (bei Diodor, *Bibliotheca Historica* II 13,2), Königin Semiramis habe das Felsrelief am Abhang des Bisotun-Berges in Auftrag gegeben. Es zeige sie selbst mit 100 Lanzenträgern, und eine ebendort angebrachte Inschrift besage, dass die Königin über die aufgestapelten Packsättel der Tiere ihres Trosses zur Spitze des Berges hinaufgestiegen sei. Ktesias' Beschreibung der Darstellung ist von der Realität ähnlich weit entfernt wie das, was neuzeitliche Besucher berichtet haben. So glaubte beispielsweise der französische General Gardanne 1805/06, Jesus und die 12 Apostel zu erkennen. Robert Ker Porter deutete die Darstellung 1822 als ein Bild der Unterwerfung der zehn Stämme Israels durch Assyrien. Lord George Keppel schließlich interpretierte sie 1824 als die Fürbitte Judiths vor Ahasverus für die Juden[2].

Der historische Hintergrund

Das Bisotun-Denkmal verdankt seine Entstehung einer Krise, die Ende der 20er Jahre des 6. Jahrhunderts v. Chr. das gesamte durch die Eroberungszüge von Kyros dem Großen (559–530 v. Chr.) und seinem Sohn Kambyses (529–522 v. Chr.) gewachsene persische Reich erfasste. Nach dem plötzlichen Tod des Kambyses während seines erfolgreichen Feldzuges gegen Ägypten ergriff in Persien ein Mann die Macht, den Dareios in den Inschriften des Bisotun-Monuments Gaumata nennt, dessen Identität aber umstritten ist. So gilt er manchen als jüngerer Bruder des Kambyses, wäre also zur Übernahme der Herrschaft gut legitimiert gewesen, anderen dagegen als ein Usurpator ohne jegliches Recht auf den Thron. Gegen ihn erhob sich Dareios, der eine wichtige Stellung in dem Heer innehatte, mit dem Kambyses gegen Ägypten gezogen war (Herodot, *Historien* III 139). Er war mit Kyros und Kambyses entfernt verwandt und stammte selbst aus einer Linie, die sich auf einen Ahnen namens Achaimenes zurückführte, weshalb er diese Linie in der Bisotun-Inschrift als Achämeniden bezeichnete (DB §§ 2–3). In Inschriften, die er selbst in Kyros' Namen in Pasargadae anbringen ließ, nannte er auch diesen einen Achämeniden. Am 29. September 522 v. Chr. tötete Dareios jenen Gaumata gemeinsam mit einigen Helfern und bestieg selbst den Thron. In eben jenen Tagen zettelten auch ein Mann namens Assina in Elam und ein gewisser Naditabaira in Babylonien Revolten an (DB § 16)[3]. Der Ausbruch von – wenn man den Aufstand des Dareios dazurechnet – gleich drei Erhebungen zur selben Zeit mag als Hinweis darauf gelten, dass ein Machtvakuum bestand, das durch die fehlende Legitimität des damaligen Throninhabers bedingt war, dass also jener Gaumata tatsächlich ein Usurpator und nicht der jüngere Bruder des Kambyses war.

Dareios wandte sich nach seiner Thronbesteigung umgehend den Aufständen in Elam und Babylonien zu; Assina wurde ihm auf Verlangen ausgeliefert, Naditabaira besiegt. In der Bisotun-Inschrift vermittelt Dareios den Eindruck, dass sich jene Erhebungen gegen ihn selbst gerichtet hätten, was er vermutlich tat, um seine eigene Herrschaft als ein durch Kontinuität legitimiertes Recht darzustellen, das jene Revolten unberechtigterweise in Frage stellten.

Auch der Aufstand eines Mannes namens Vahyazdata, der sich im persischen Kernland selbst ereignete, muss sich noch gegen Gaumata gerichtet haben, denn schon am 29. Dezember 522 kommt es weit im Osten des Reiches zur Auseinandersetzung zwischen einem von ihm ausgeschickten Heer und den Streitkräften eines loyal zu Dareios stehenden Satrapen (DB § 45). Stellt man die Zeit in Rechnung, die das Heer benötigte, um dorthin zu gelangen, kann die Planung des Aufstandes nicht erst erfolgt sein, als Dareios bereits auf dem Thron saß.

1

2

3

1
Das Felsrelief von Bisotun

2
Die Göttin Athena, vom Westfries des Siphnierschatzhauses, Delphi, Museum

3
Felsrelief von Bisotun, Ausschnitt

4
Relief und Inschriften des Bisotun-Monuments, Änderungen

Dareios' eigene, durch seine weitläufige Verwandtschaft mit Kyros und Kambyses nur unzureichend gestützte Legitimität konnte nun nicht verhindern, dass in der Folge im ganzen Reich weitere Aufstände mit unterschiedlichen Zielsetzungen ausbrachen. So gab es Erhebungen in Medien und in der Margiane, einem Gebiet rund um die Oase Merw im heutigen Turkmenistan, ferner in Assyrien, in Ägypten und im Steppenraum östlich des Kaspischen Meeres sowie neuerliche Revolten in Elam und Babylonien. Die Anführer jener Aufstände strebten zum Teil nach Unabhängigkeit vom Reich, teilweise hatten sie selbst Ambitionen, die Herrschaft über das gesamte persische Reich zu erlangen. Letzteres gilt für den Anführer des Aufstandes in Medien und den bereits erwähnten Vahyazdata, der in Persien rebelliert hatte. Beide Erhebungen umfassten gewaltige Territorien. So waren in den medischen Aufstand Gebiete von Armenien bis Hyrkanien, also vom Euphratlauf im Bereich der heutigen östlichen Türkei bis Gorgan, einer Landschaft im Norden des modernen Iran, verwickelt. Der Aufstand des Vahyazdata ging vom persischen Kernland aus und umfasste außerdem die Provinzen Arachosien und Sattagydien, also weite Gebiete des heutigen Afghanistan und Pakistan einschließlich des Pandschab.

Loyal zu Dareios standen offenbar das Heer, das er aus Ägypten zurückgeführt hatte, und einige Statthalter wichtiger, von Kyros nach seinen Eroberungszügen eingerichteter Provinzen. Mit ihrer Hilfe gelang es Dareios während seines Akzessions- und seines ersten Regierungsjahres, die gefährlichsten Aufstände niederzuschlagen.

Die Darstellung

Nachdem die größten Gefahren, die seine Herrschaft bedrohten, gebannt waren, gab Dareios das Bisotun-Monument in Auftrag. Die Aufstände in Assyrien, Ägypten und im Steppenraum schwelten noch; Elam erhob sich bald darauf ein drittes Mal. Das Ausmaß der Krise und die immer noch angespannte Situation bedingten, dass mit dem Bisotun-Denkmal ein Monument entstand, das sich in seiner Komplexität und in seinem Charakter von allen anderen Werken achämenidischer Kunst fundamental unterscheidet. Sein Relief (Abb. 1,3) ist das einzige Bildwerk, das sich auf bestimmte historische Vorgänge beziehen lässt; seine dreisprachige Inschrift ist die umfassendste der gesamten Achämenidenzeit. Sie schildert die historischen Abläufe in einzigartiger Ausführlichkeit, berichtet von den strategischen

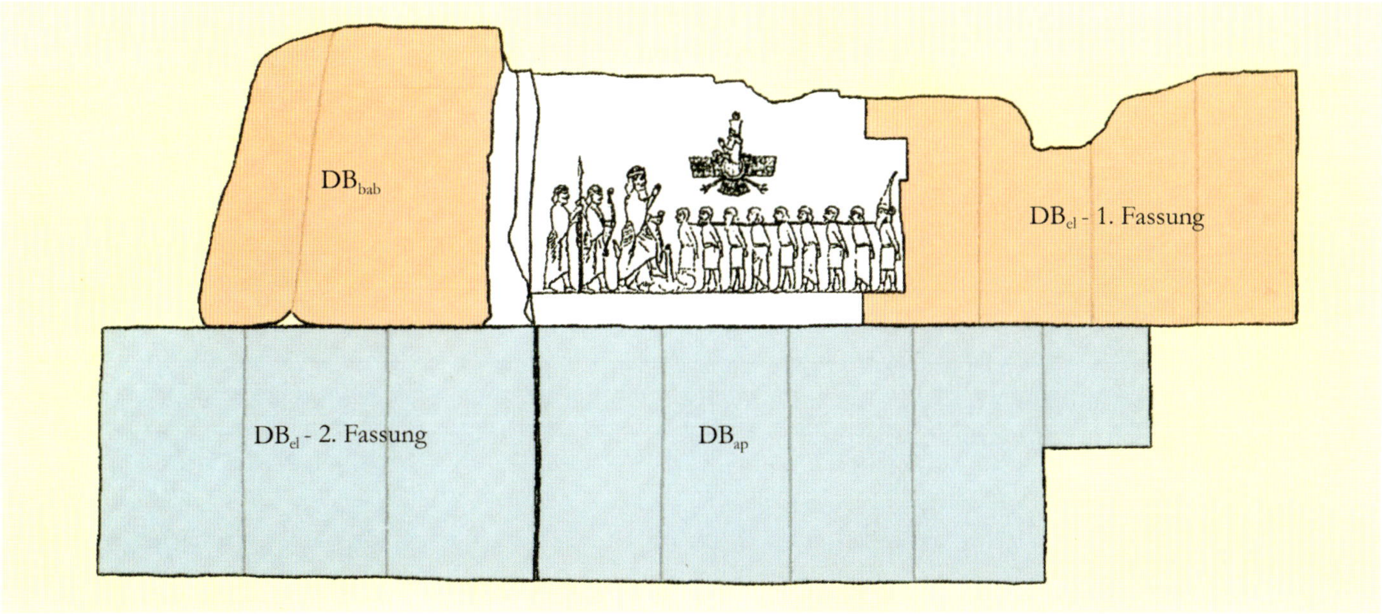

4

5
Das Felsrelief von Bisotun, Kopf Dareios' I.

6
Kopf des assyrischen Königs Assurbanipal, aus Ninive, London, British Museum

Maßnahmen, die Dareios ergriff, von Heeresbewegungen und Schlachten, nennt die Namen seiner Widersacher und Helfer und gibt Ort und genauen Zeitpunkt vieler der einzelnen Ereignisse an. Das Relief dagegen stellt jene Vorgänge mit wenigen Figuren dar. Dareios, gefolgt von zwei Assistenzfiguren, und zehn Gegner sind miteinander konfrontiert. Anders als bei den Gefolgsleuten des Dareios, deren Namen wir nicht erfahren, sind die Gegner des Dareios durch Beischriften auf Elamisch, Neubabylonisch und Altpersisch benannt; ihre Kleidung verweist auf ihre Herkunft. Der vor Dareios auf dem Boden Liegende ist Gaumata, Dareios' wichtigster Gegner, durch dessen Beseitigung der Weg auf den Thron frei wurde. Dareios stellt ihm in triumphierender Haltung einen Fuß auf die Brust.

Über der Szene schwebt eine göttliche Gestalt, wiedergegeben als männliche Halbfigur in einem von Flügeln getragenen Ring, die Auramazda, Dareios' persönlichen Gott und Patron seines Hauses, darstellt[4] (Abb. 10).

Die Art, wie das Relief das Geschehen, das die Inschriften schildern, wiedergibt, ist insofern bemerkenswert, als es die dramatischen Auseinandersetzungen mit den Rebellen sowie deren Bestrafung – die meisten wurden hingerichtet – ausblendet. In der Darstellung sind alle Gegner noch am Leben und stehen – mit Ausnahme Gaumatas – gefesselt und leicht gebeugt vor dem König, sämtlich durch ein Seil miteinander verbunden, das ihnen um die Hälse geschlungen ist. Die Mehrzahl der Dargestellten erhob sich allerdings, wie oben dargelegt, erst, als der Hauptfeind Gaumata bereits tot war. Das Bild verdichtet die Vorgänge also, indem es Ungleichzeitiges darstellt, als sei es gleichzeitig geschehen.

Die Planung des Monuments

In der Planung des Bisotun-Monuments spiegelt sich die angespannte politische Situation jener Jahre wider. Sie erfolgte schrittweise und bisweilen sprunghaft. So entstanden zunächst das Relief und die elamische Inschriftversion rechts daneben. Etwas später brachte man links vom Relief auf einer vorspringenden Felsnase die babylonische Inschrift an und noch etwas später unterhalb des Reliefs die altpersische Version.

Ursprünglich sollte das Monument wohl auch nur die Leistungen jenes ersten Jahres verewigen, doch dann änderte Dareios diesen Plan und ließ das Bild und die altpersische Inschriftversion um die Erfolge seines zweiten und dritten Regierungsjahres ergänzen. Zu den Änderungen, die zu diesem Zweck vorgenommen wurden, gehörte eine Erweiterung des Bildes nach rechts; die Figur eines Sakenfürsten sollte in einem Bereich angebracht werden, der bis dahin von der ersten Kolumne der elamischen Inschrift eingenommen wurde. Zu diesem Zweck wurde der gesamte Text eradiert und unterhalb des Reliefs links von der altpersischen Fassung erneut eingemeißelt (Abb. 4).

Vorläufer und Vorbilder des Bisotun-Monuments

Schon Kyros der Große hatte sich bemüht, eine für die eigene Machtposition adäquate repräsentative Ausdrucksform zu entwickeln, wovon die Reliefausstattung seiner Bauten in Pasargadae Zeugnis ablegt. Dareios knüpfte an diese Vorbilder an, was in den sogenannten Persepolis-Stil mündete, an den man in erster Linie denkt, wenn von achämenidischer Hofkunst die Rede ist. In beiden Fällen ging man eklektisch vor und griff in Technik, Stil und Ikonografie auf Vorbilder und Knowhow aus unterschiedlichen Teilen des Reiches zurück.

Gleiches gilt für Bisotun, für dessen Planung allerdings nur außerordentlich wenig Zeit zur Verfügung stand; die Arbeiten dürften spätestens am Ende des ersten Regierungsjahres des Dareios begonnen haben. Die Art, wie die Falten im Gewand des Dareios und seiner beiden Gefolgsleute gestaltet sind und wie sich der Stoff dem Körper anschmiegt, hat man mit Denkmälern der spätarchaischen Kunst Griechenlands, besonders häufig mit einem etwa gleichzeitig entstandenen Relief am

7
Das Felsrelief von Darband-e Gawr

8
Das Felsrelief des Lullubärerfürsten Arnubanini

9
Stele des Naramsin von Akkad, aus Susa, Paris, Musée du Louvre

9

7

8

Siphnierschatzhaus in Delphi (Abb. 2 und 3), verglichen. Ebenso überzeugend ist andererseits der gleichfalls schon oft gezogene Vergleich des Kopfes des Dareios mit denen von Herrschern auf neuassyrischen Orthostatenreliefs (Abb. 5 und 6). Hier sind beispielsweise die Haaranlage und die Unterteilung des Herrscherbartes in mehrere »Etagen«, aber auch die Gestaltung von Augen und Brauen vergleichbar.

Bezüglich der Ikonografie und Thematik der Reliefdarstellung griff man bei der Planung dagegen weit zurück, und zwar in die Zeit des Reiches von Akkad (3. Viertel 3. Jahrtausend v. Chr.). Dessen Hauptstadt ließ sich bisher nicht lokalisieren und folglich auch nicht ergraben. Die Denkmäler, die wir aus jener Epoche kennen, stammen zu einem großen Teil aus Susa, wohin sie insbesondere der elamische König Schutruk-Nahhunte I. (ca. 1185–1155 v. Chr.) nach dem Untergang des Kassitenreiches verschleppte. Zu den wichtigsten damals mitgenommenen Beutestücken gehört eine Stele des akkadischen Herrschers Naramsin (Abb. 9). Dieser ist auf ihr hoch im Gebirge dargestellt, in das ihm seine Truppen gefolgt sind. Unterhalb einer Spitze, die einen hohen Berggipfel andeuten soll, sieht man den König, wie er einen Fuß auf die Körper zweier toter Feinde setzt. Das Motiv kehrt ähnlich auf dem etwa gleichzeitigen Felsrelief von Darband-e Gawr (Abb. 7) wieder, auf dem ein Herrscher über zwei gefallene Feinde hinwegschreitet.

Mit den genannten Denkmälern recht eng zu verbinden ist eine Serie von vier etwas jüngeren Reliefs in Sar-e Pol-e Zohab, deren genauere Datierung aber umstritten ist und die deshalb nur grob in das spätere 3. oder allenfalls in das frühe 2. Jahrtausend v. Chr. zu datieren sind. Die Bilder sind an den Felswänden über dem Flusslauf des Rud-e Alvand angebracht. Sie zeigen jeweils einen Herrscher, der einem nun deutlich als noch lebend charakterisierten Feind einen Fuß auf die Brust setzt und damit das Motiv bietet, welches das Reliefbild von Bisotun aufgreift[5]. Dass die Sieger ihre Erfolge mit göttlicher Hilfe errungen haben, verdeutlichen Göttersymbole und – auf dreien der vier Reliefs – die Figur einer weiblichen Gottheit. Das aufwändigste der genannten Felsreliefs stammt von Anubanini, einem Fürsten der im Zagrosgebirge beheimateten Lullubäer (Abb. 8): Anubanini steht dort der Göttin Ischtar gegenüber, die ihm eine Reihe gefesselter Feinde zuführt. Dies wird recht drastisch verdeutlicht, indem sie die beiden ersten Gefangenen an einem Seil hält, das ihnen durch die Nasen gezogen wurde. Die wesentlichen Elemente, die das Bisotun-Relief inhaltlich bestimmen, sind hier bereits zu finden: der siegreiche König in Triumphpose, die ihm gegenüberstehenden gefesselten Feinde und die helfende Gottheit.

Alle Denkmäler, denen hier Vorbildfunktion unterstellt wird, waren tatsächlich greifbar. Die Naramsin-Stele hatte Schutruk-Nahhunte I. zum Ruhm seiner militärischen Erfolge zusammen mit anderen Beutestücken in Susa aufgestellt, einem Ort, dem Dareios gleich zu Beginn seiner Regierungszeit große Aufmerksamkeit schenkte und an dem er mit der Errichtung eines weitläufigen Palastes begann. Und Darband-e Gawr und Sar-e Pol-e Zohab liegen in überschaubarer Entfernung von Bisotun im Zagrosgebirge.

Das Relief des Anubanini ist zweifellos dasjenige, mit dem das Monument Dareios' I. die größten Gemeinsamkeiten aufweist. Dass Dareios und seine Berater das Denkmal jedoch historisch einordnen konnten, ist eher unwahrscheinlich. Es mag ihnen als altehrwürdig gegolten haben, und sie könnten es gedanklich durchaus mit einem Bildwerk wie der Naramsin-Stele verbunden haben. Die Akkad-Zeit, aus der diese stammte, hatte durch die bemerkenswerte bildliche

10
Das Felsrelief von Bisotun, Der Gott Auramazda

11
Assyrische Darstellung einer Gottheit in einem geflügelten Ring, aus Kalau, London, British Museum

und schriftliche Hinterlassenschaft, die aus dem großen Aufwand resultierte, den die Könige jener Epoche für ihre Selbstdarstellung trieben, Modellcharakter bekommen[6]. So rühmt sich noch Nabonid (556–539 v. Chr.), der letzte König des Neubabylonischen Reiches, der am Ende seiner Regentschaft seine Herrschaft an Kyros den Großen verlor, in verschiedenen Inschriften, im Ebabbar-Heiligtum von Sippar Gründungsdepots Naramsins gefunden zu haben. Darin habe er Schrifttafeln aus Gold, Lapislazuli und Karneol sowie ein beschädigtes Bildnis Sargons, des Begründers der Dynastie von Akkad, entdeckt; die Texte habe er gelesen, die Figur habe er restaurieren und im Heiligtum aufstellen lassen. Nabonids Beschreibung der Schrifttafeln hält Hanspeter Schaudig jedoch für anachronistisch und den Fund einer funktionslosen Figur in einem Gründungsdepot, insbesondere aber die Tatsache, dass sie nicht in das Depot zurückgelegt, sondern aufgestellt wurde, für unwahrscheinlich und kommt zu dem Schluss, dass es sich bei dem Bericht über den Statuenfund um eine fromme Lüge handeln dürfte[7]. In diesem Falle spräche Nabonids die berühmtesten Herrscher der Akkad-Zeit einbeziehende *fraus pia* besonders deutlich für das Ansehen, das die vergangene Epoche noch immer genoss. Dareios mag sich einige Jahre später aus demselben Grund bemüht haben, mit dem Bildmotiv des Bisotun-Reliefs an die Akkad-Zeit anzuknüpfen.

Die Bezugnahme auf diese große Zeit scheint die Inschrift des Bisotun-Monuments zu bestätigen. Gegen Ende seines Berichtes über die Ereignisse zu Beginn seiner Regierung beteuert Dareios in mehreren Wendungen, dass er alle seine Siege innerhalb eines Jahres errungen habe. Die Betonung der Jahresfrist, innerhalb welcher große Leistungen erbracht wurden, findet sich wiederum bei Naramsin, und zwar in einer Inschrift auf einer gleichfalls nach Susa verschleppten Statue, die sich heute in Paris befindet[8]. Dort heißt es, dass Naramsin in einem einzigen Jahr aus neun Schlachten siegreich hervorgegangen sei. Dass es sich dabei um die Niederschlagung von Aufständen handelte, erfahren wir aus anderen Inschriften[9]. Die besiegten Könige wurden gefangengenommen und vor den König geführt, eine Beschreibung, die unweigerlich Assoziationen zum Bisotun-Relief hervorruft. Auramazda führt dem König die Besiegten in Bisotun zwar nicht eigenhändig zu, wie es Ischtar auf dem Anubanini-Relief tut, aber aus den begleitenden Inschriften wissen wir, dass alle Siege auf seinem *vaschna-*, seiner Gunst, beruhten.

Für das Bild des Auramazda, der, Dareios grüßend, über der Szene schwebt (Abb. 10), griff man auf das Motiv der Halbfigur im Flügelring zurück, das schon in der neuassyrischen Kunst für die Darstellung eines Gottes verwendet wurde, der den König in den Krieg begleitet und in der Schlacht unterstützt (Abb. 11).

Die Sonderstellung des Denkmals

Das Bisotun-Monument, das sich formal, vor allem aber inhaltlich von allen anderen Denkmälern der achämenidischen Kunst so grundlegend unterscheidet, ist auch insofern eine Besonderheit, als sein Bild als einziges im Reich verbreitet wurde. Aus Babylon stammen Fragmente einer Stele, die Dareios wie in Bisotun in der Triumphpose über Gaumata stehend zeigte, ihm gegenüber jedoch nur die beiden Rebellen abbildete, die sich in Babylon erhoben hatten[10], und der Text, der die historischen Ereignisse beschrieb, war noch rund 100 Jahre später Vorlage für eine Schreibübung im ägyptischen Elephantine[11].

Das Bisotun-Monument kann man mit gutem Grund als das wichtigste Denkmal Altvorderasiens bezeichnen, denn es ist nicht nur das bedeutendste historische Zeugnis der Achämenidenzeit (ca. 560–330 v. Chr.), sondern auch von exzeptioneller wissenschaftsgeschichtlicher Bedeutung, war es doch wegen seiner dreisprachigen Inschriften auf Elamisch, Neubabylonisch und Altpersisch für das Verständnis des Altpersischen von überragender Bedeutung und Schlüssel für die Entzifferung der Keilschrift. Es ist somit auch das Denkmal, das den Zugang zur vor-achämenidischen Geschichte überhaupt erst eröffnet hat.

Anmerkungen S. 264/265

WASSERVERSORGUNG UND GÄRTEN IN IRAN

RÉMY BOUCHARLAT

Iran ist berühmt für seine üppigen, von Kanälen durchzogenen Ziergärten, in denen sanft das Wasser plätschert, obwohl das Land weitgehend in einer semiariden und sehr heißen Zone liegt. Wie ist es den Menschen gelungen, dieses Abbild des Paradieses zu erschaffen?

Sie waren ganz besonders erfinderisch, stauten das Wasser, leiteten es um und stellten so eine konstante Wasserversorgung sicher.

Iran verfügt, entgegen eines gängigen Vorurteils, über beträchtliche Wasserreserven, die allerdings sehr ungleichmäßig über das Land verteilt und in den meisten Regionen, abgesehen von den Bergmassiven, für den Menschen nur schwer zugänglich sind. Es besteht in der Tat ein starker Kontrast: einerseits zwischen dem Alborzgebirge im Norden und dem Zagrosgebirge im Westen und im Südwesten Irans, und andererseits zum Iranischen Hochland, das selbst in den niedrigeren Bergregionen im Osten entlang der Grenze zu Afghanistan, Pakistan und bis zum Persischen Golf im Süden sehr trocken ist.

Die Wasservorräte stammen überall aus dem niederschlagsreichen Gebirge, in dessen hochgelegenen Bereichen über 3000 m Höhe bis zum Ende des Frühlings noch Schnee liegt. Die starken Niederschläge in diesen Gebirgen versorgen die Flüsse in der regenreichen Saison im ausgehenden Herbst und im Winter mit Wasser, dazu kommt im Frühling die Schneeschmelze. Im Sommer weisen fast alle Regionen einen Wassermangel auf, so dass der Mensch Techniken zum Auffinden und zur Speicherung schwer zugänglicher Wasserreserven erfinden musste.

Die Flüsse Irans fließen beiderseits der Gebirge ab: entweder von Norden und Westen in Richtung Iranisches Hochland, wo sie dann in den Wüsten im Zentrum des Landes versickern, oder nach außen, d. h. im Westen nach Mesopotamien und einige auch zum Persischen Golf.

Nur wenige dieser Flüsse haben ein bedeutendes und permanentes Wasseraufkommen, zu ihnen gehört vor allem der Karun im Südwesten: Er entspringt im Hochgebirge, hat eine Länge von über 800 km und mündet in den Persischen Golf. Die anderen Wasserläufe sind wesentlich kürzer, ihre Strömung verliert besonders nach dem Frühling sehr Kraft, oder sie sind am Ende des Sommers sogar völlig ausgetrocknet. Das Wasser der Flüsse im Süden ist oft brackig und als Trinkwasser oder zum Bewässern ungeeignet.

Die Wasserressourcen in Iran und Mesopotamien unterscheiden sich ganz wesentlich: Mesopotamien verfügt über die beiden großen Flüsse Tigris und Euphat, die ganzjährig Wasser führen, welches die Menschen schon früh in immer weitläufigere Kanalsysteme umleiteten. Die Wasserversorgung in Iran lässt sich auch nicht mit der in Ägypten vergleichen, wo das lange, schmale Niltal jedes Jahr vom Hochwasser überschwemmt wurde, bis man schließlich im 20. Jahrhundert gewaltige Staudämme errichtete.

Das Wasser in Iran ist also kein »Geschenk der Götter«. Die Wasserversorgung ist größtenteils das Resultat der Arbeitskraft und des Erfindungsreichtums seiner Bewohner, insbesondere in den semiariden Regionen im Inneren des Iranischen Hochlands. In diesen Regionen fallen oft weniger als 100 mm Regen pro Jahr. Diese Menge erhöht sich auf 250 bis 350 mm in den Gebirgstälern diesen Regionen (z. B. im Gebiet von Schiraz). Dies ist der Grenzwert für den Regenfeldbau, d. h. eine Landwirtschaft ohne künstliche Bewässerung. Die Niederschlagsmengen steigen in den Gebirgen im Westen und im Norden auf jährlich 350 bis 500 mm und oft noch darüber an. Im Südwesten Irans (Chusistan), der seit neolithischer Zeit besiedelt ist, herrschen besondere Bedingungen. Das Tiefland, ein Teil der mesopotamischen Ebene, wird vom Karun und einigen weniger bedeutenden Flüssen durchquert, aber die Böden sind hier fruchtbarer als die im sehr flachen, von Schlammablagerungen bedeckten Mesopotamien. Der Grund hierfür sind ein Piedmont mit gut drainiertem Kies, qualitätvollere Böden und größere Regenmengen: nur 200 bis 300 mm in der Mitte der Ebene, jedoch 300 bis 900 mm im Hügelland und in den Ausläufern des Zagrosgebirges. Regenfeldbau ist hier möglich, durch künstliche Bewässerung erzielt man in der Landwirtschaft allerdings wesentlich höhere Erträge.

Diese heute schwierigen, naturgegebenen Bedingungen führen zu der Frage, ob das Klima in früheren Zeiten günstiger war. Tatsächlich hat es sich seit 6 000 Jahren nicht grundlegend verändert – abgesehen von leichten Schwankungen zum Beispiel in der Mitte des 2. Jahrtausends v. Chr. Die Periode vor 4000 v. Chr. war jedoch über mehrere Jahrtausende hinweg wärmer und vor allem feuchter. Daraus resultierte ein hoher Grundwasserspiegel und ein leichterer Zugang zu den wasserführenden Schichten. Um etwa 4000 v. Chr. endete diese Feuchtphase, und der Grundwasserspiegel sank bis in die heutige Zeit allmählich ab. Das Klima war also dem heutigen ziemlich ähnlich, doch aufgrund des problemloseren Zugriffs auf das Wasser ließen sich die Menschen eher in bestimmten semiariden oder sogar ariden Regionen nieder.

Bewässerung durch Kanäle

Selbstverständlich haben die Menschen zunächst die niederschlagsreichsten Regionen besiedelt: die Täler im Nordwesten und im Westen des Zagrosgebirges sowie das nach Mesopotamien ausgerichtete Piedmont und die Chusistan-Ebene. Nach den ersten Experimenten mit der Domestizierung von Pflanzen und Tieren im 8. Jahrtausend ist die Landwirtschaft ab dem 5. Jahrtausend Tschogha Misch und in Susa ab 4 000 v. Chr. weit verbreitet. Es gibt jedoch keinen Beleg für gezielte Bewässerungsmaßnahmen. Seit dieser Zeit und in den folgenden Jahrtausenden ist es den Menschen gelungen, sich auch in wesentlich ungünstigeren Regionen anzusiedeln: an ausgewählten Stellen am Rande des Iranischen Hochlandes, wo ein nahegelegener Wasserlauf genutzt werden konnte, oder ab dem 5. Jahrtausend sogar in sehr unwirtlichen Regionen, aber vor allem am Ende des 4. und im 3. Jahrtausends in der Nähe der wenigen ständig Wasser führenden Flüsse, oder in Gebieten, in denen sich das Wasser noch an der Oberfläche bzw. in Oberflächennähe befand (z. B. Schahr-e Suchte in der Provinz Sistan), oder auch in oasenähnlichen Bereichen, wo Wasser in sehr geringer Tiefe vorhanden war. Der Zugang erfolgte über Brunnen, die zweifellos die älteste Methode zur Wassergewinnung darstellten.

Man weiß nicht, ab wann der Mensch den Schwingbaum (*schaduf*) verwendete bzw. ein Tier – den Ochsen – einspannte, um das Wasser mit Hilfe eines Gegengewichts (*gavtschah*) nach oben zu heben, entweder durch eine hin und her Bewegung oder durch das Drehen um ein Rad. Es gibt übrigens im prähistorischen Iran keinen einzigen Beleg für die Verwendung der Noria, des großen hölzernen Wasserschöpfrades, das am Ufer dauerhaft Wasser führender Flüsse stand und in anderen Regionen wie am Orontes in Syrien sehr verbreitet war. In den Schriftquellen ist das Schöpfrad vom Typ Noria ab dem 10. nachchristlichen Jahrhundert am Fluss Karun und an der Kur in der Nähe des Staudamms von Band-e Amir bei Persepolis belegt, es könnte unter römischem Einfluss (*dulâb-e rumi* oder *tscharchab*), vielleicht sogar schon im 3. nachchristliche Jahrhundert eingeführt worden sein. Die mittelalterlichen Beispiele beschränken sich auf die erwähnten Flüsse, d. h. die wenigen, die ganzjährig ein starkes Wasseraufkommen haben.

Die ältesten Bewässerungskanäle in Chusistan datieren in die Feuchtperiode und die Zeit kurz danach, als die ersten Dörfer in Lehmbauweise entstanden. Es handelt sich hierbei um einfache Abzweigkanäle von Wasserläufen, die die Anbaubedingungen für bereits domestizierte Pflanzen wie Weizen, Gerste und Linsen verbessern sollten. Erst ab der Mitte des 2. Jahrtausends entwickelt sich die groß angelegte Bewässerung in Elam in der Chusistan-Ebene sowie im gebirgigen Teil dieses Königreiches in der Nähe von Persepolis, wo das Bewässerungsnetz mit dem vergleichbar gewesen sein soll, das die großen persisch-achämenidischen Könige in der Mitte des 1. Jahrtausends (laut Sumner) in dieser Region angelegt haben. Elamische Texte aus Susa dokumentieren am Ende des 3. Jahrtausends das Ausheben von Kanälen auf Befehl des Königs Puzur-Inschuschinak, die den Stadtgöttern geweiht werden. Archäologische Untersuchungen konnte die Ausmaße der Kanalsysteme im Norden und Osten der Ebene bestätigen, doch die umfangreichen späteren Bauarbeiten ab dem 1. vorchristlichen Jahrtausend, im 1. Jahrtausend n. Chr. und bis in die heutige Zeit haben die älteren Systeme weitgehend zugeschüttet. Aus der Verteilung der Ortschaften in der Nähe der wichtigsten Kanäle östlich der sogenannten Mianab-Region (»zwischen Flüssen«), zwischen dem Fluss Karun und einem seiner Abzweigungen Ab-e Gargar, wird deutlich, dass die Besiedlung in Verbindung mit kleineren Kanalsystemen vor 1000 v. Chr. wesentlich dünner war.

Die Staudämme: Speichern und Umleiten des Wassers

In Iran ist über das Kontrollieren von Wasser durch Staudämme vor der achämenidischen Zeit kaum etwas bekannt. Dies mag auch auf die Schwierigkeit bei der Datierung solcher Anlagen zurückzuführen sein. Aufgrund der Nähe zu archäologischen Fundstätten aus dieser Zeit im ariden Belutschistan (Südost-Iran und West-Pakistan) gehen die Forscher davon aus, dass ab dem 4. bis 3. Jahrtausend *gabarbands* verwendet wurden, sehr einfache Staudämme, welche die Niederschläge nach Gewittern auffingen. Echte Staudämme findet man im Nordwesten des Landes in einer Region, die relativ viele dauerhaft Wasser führende Flüsse aufweist. Solche Anlagen gab es auch in Urartu, einem mächtigen Königreich, das u.a. Armenien und den Osten der heutigen Türkei umfasste. Dieses Reich, das zwischen dem 9. und 7. Jahrhundert v. Chr. mit dem Assyrischen Reich zu rivalisieren suchte, verfügt über die gleichen zweckmäßigen Wasserbautechniken, ohne dass man jedoch entscheiden kann, wer von beiden sie erfunden hat. Hierbei handelt es sich um Staudämme und die Umleitung des Wassers über mehrere Dutzend Kilometer lange Kanäle, die falls nötig auch als Tunnel in die Felsen geschlagen wurden. Diese Grundwasserleitungen wurden Ende des 19. Jahrhunderts von der preußischen Armenischen Expedition in der Gegend um Van am Ufer des gleichnamigen Sees in der Osttürkei erkundet. Das von den Urartäern zwischen dem Ende des 9. und der Mitte des 7. vorchristlichen Jahrhunderts sorgfältig geplante und angelegte Wasserversorgungssystem wurde seitdem intensiv erforscht, scheint aber nicht der Qanat-Technik zu entsprechen (Salvini 2001; Garbrecht 2004). Es vereint die Ressourcen eines permanent Wasser führenden Flusses, den der »Semiramis-Kanal« umleitet – aus Stein erbaut oder in den Felsen geschlagen, 4,5 m breit und 1,5 m tief –, mit denen eines natürlichen Sees 20 km außerhalb der Stadt, der durch die Schneeschmelze mit Wasser versorgt wird und dessen Volumen durch den Bau von zwei Staudämmen vergrößert wurde. Einer dieser steinernen Staudämme ist 60 m lang und 7 m hoch. Ein Teil dieses komplexen Netzes hat 2600 Jahre lang bis ins 19. Jahrhundert hinein funktioniert!

Auf assyrischer Seite stammen die berühmtesten Bewässerungsanlagen aus der Zeit des Königs Sanherib und befinden sich in der Region von Jerwan

1
Bewässerter Garten mit Pavillon. Umzeichnung eines verlorenen Reliefs aus dem Palast Sargons II. in Dur-Scharruken (Chorsabad)

nordöstlich seiner Hauptstadt Ninive. Durch keilschriftliche Inschriften wurden sie auf die Zeit zwischen dem 9. und 7. Jahrhundert datiert: Kanäle, Speicherbecken, Aquädukte und Tunnel, darunter der berühmte, fast 100 m lange, in den Felsen gegrabene Nagub-Tunnel, sind heute noch zu sehen (Bagg 2000). Diese Wasseranlagen versorgten die Städte, aber auch die großartigen königlichen Gärten (Abb. 1).

Unterirdische Schächte

Unterirdische Kanäle gehören zu den am sorgfältigsten durchdachten und leistungsfähigsten Wassergewinnungsanlagen der Alten Welt. In Iran heißen sie Qanat, in Afghanistan Qanat oder *kariz, falaj* auf der Arabischen Halbinsel, *foggara* in Afrika von Nordägypten bis Marokko, in letztem Land auch *khettara*. Ein solches System vereint mehrere Formen der Wassergewinnung: entweder aus der Umleitung des Unterstroms eines ausgetrockneten Wasserlaufs, aus dicht unter der Oberfläche vorhandenen Grundwasserschichten oder im Gegenteil aus sehr tief liegenden wasserführenden Schichten. In allen Fällen gilt das gleiche Grundprinzip: Nach der Lagebestimmung einer Wasserressource wird zwischen dieser und dem Zielort im Dorf und auf den zu bewässernden Feldern ein unterirdischer Tunnel gegraben. Unabhängig davon, wie lang er ist, muss er in regelmäßigen Abständen durch Brunnen (in 5 bis 50 m Abstand) von der Oberfläche her zugänglich sein, einerseits, um die Luftzufuhr für die grabenden Arbeiter sicherzustellen (er gräbt von unten nach oben, um nicht vom herabfließenden Wasser überschwemmt zu werden), und andererseits, um den Aushub an die Oberfläche zu bringen und später die Wartung des Tunnels zu ermöglichen. Die Tunnel sind manchmal einige hundert Meter lang, wenn der Zielort noch auf dem Piedmont liegt, meistens aber mehrere Kilometer lang. Die durchschnittliche Länge betrug in Iran etwa 5 km (Abb. 2 und 3). Einige Schächte haben eine außergewöhnliche Länge von vielen Kilometern, etwa der Qanat in Zarch bei Yazd, dessen drei Arme insgesamt 70 km messen, oder der berühmte Qanat von Gonabad in der Nähe der Großstadt Maschhad im Nordosten Irans, mit 22 km Länge und einem Mutterbrunnen von 300 m Tiefe.

Diese Technik erfordert von den Spezialisten (*moqani*) eine genaue Kenntnis des Bodens und des Substrats zur Lokalisierung der Quelle, ebenso große Präzision beim Graben, sowohl was die Richtung als auch die Neigung des Tunnels angeht, die nicht mehr als 1 oder 2 Tausendstel betragen darf, d. h., das Profil muss fast horizontal verlaufen, damit er genau am Zielort an die Oberfläche kommt, gleichgültig, wie tief er am Ausgangspunkt war.

2

Eine solche Technologie hat zahlreiche Vorteile, die bis heute für eine nachhaltige Entwicklung aktuell sind: Wasserentnahme aus der oberen Schicht, im Gleichgewicht mit dem Nachsickern durch langsame Infiltration von Regen- oder Schmelzwasser durch die geologischen Schichten, ganzjährige und bei tiefen Qanaten selbst im Sommer konstante Versorgung, Verfügbarkeit des Wassers auf Bodenhöhe zur Bewässerung, und all dies ohne den Einsatz menschlicher, tierischer oder mechanischer Kraft.

Die geografische Heimat und der Zeitpunkt der Erfindung der unterirdischen Kanäle – insbesondere des Qanats, der mit Wasser aus großer Tiefe gespeist wird – sind bis heute umstritten. Traditionell wurde diese Errungenschaft Iran und vor allem dem Nordwesten des Landes, dem früheren Urartu, zugeschrieben. Heute unterscheidet man verschiedene Formen:

1. Umleitungskanäle und -schächte an der Oberfläche, deren Verlauf teilweise auch unterirdisch geführt wird und die tatsächlich seit dem 9. Jahrhundert in Urartu existierten; Schächte, die seit dem Beginn des 1. Jahrtausends v. Chr. (Weisgerber 2004) den Unterstrom der Wadis in Ost-Arabien (Oman und Vereinigte Arabische Emirate) nutzen; kurze Schächte in Ägypten und in Libyen aus der Mitte dieses Jahrtausends, welche die nicht sehr tief liegenden Wasserkissen nutzen, die in der riesigen Kalkplatte der libyschen Wüste eingeschlossen sind (Wuttmann 2001).
2. Die tieferen Schächte, die von einem sogenannten Mutterbrunnen aus in die Tiefe gegraben wurden, um auf Wasser führende geologische Schichten zu stoßen, die manchmal bis zu 100 m unter der Oberfläche liegen (Boucharlat 2017).

Durch den griechischen Historiker Polybios aus dem 2. Jahrhundert v. Chr. (*Historiai* X.28) sind oberflächennahe Schächte in Nord-Iran am Ende des 1. Jahrtausends v. Chr. belegt. Ebensolche Schächte wurden in Iran schon früher benutzt, insbesondere in achämenidischer Zeit in Bam, allerdings in einem ganz speziellen geologischen Kontext mit tektonischen Verwerfungen (Boucharlat 2017). Es gibt sicher noch ältere, bisher nicht gefundene Beispiele. Al-Karadschis *Abhandlung über verborgene Gewässer*, datiert an den Anfang des 11. Jahrhunderts,

2 (links)
Luftbild des Qanats von Gowhar-Riz, Jupar, Provinz Kerman

3 (unten)
Schematische Darstellung eines Qanatsystems (Schnitt)

belegt, dass man die Technologie des tiefliegenden Qanats zu diesem Zeitpunkt perfekt beherrschte. Die ersten Beispiele könnten bis in die 2. Hälfte des 1. nachchristlichen Jahrtausends zurückreichen (Boucharlat 2017). Der Iran wäre somit das Ursprungsland dieser neuen Technologie, die große Expertise in Botanik und Geologie voraussetzt, um »verborgenes Wasser« zu erkennen, aber ebenso Kenntnisse und Fertigkeiten in der Ingenieurskunst und in der Geometrie für die Tiefenbohrung, die Ausrichtung des Schachtes und die Beibehaltung einer konstanten Neigung.

Das Graben eines Qanats oder auch nur eines oberflächennahen Schachtes – ausgeführt im Auftrag von Großgrundbesitzern oder einer Dorfgemeinschaft – stellte eine bedeutende Investition dar, und seine Fertigstellung nahm mehrere Jahre in Anspruch. Im Gegensatz zu den weitläufigen Kanalsystemen zur Oberflächenbewässerung im antiken Mesopotamien – die dem Herrscher unterstanden – handelt es sich beim Brunnen-Wasserschacht (*shaft-and-gallery aqueduct*) um eine Initiative, die auf Dorfebene oder von einer Gruppe von Dörfern ergriffen wurde und die unabhängig von einem weit entfernt regierenden Amtsträger war. Dies passt also in keiner Weise in die marxistische Theorie von der »asiatischen Produktionsweise«, von der K. Wittfogel 1957 in seinem berühmten *Oriental Despotism* spricht. So wird die Bedeutung dieser Bewässerungstechnik für die lokale Landwirtschaft, aber auch für die Gärten deutlich, für die man ebenfalls Qanate zur permanenten Bewässerung anlegte.

Der Garten im Iran

Im Gegensatz zur Feld- oder Oasen-Landwirtschaft, die vor allem im Frühling und im Sommer bis zur Erntezeit Wasser benötigt, muss ein Garten ganzjährig bewässert werden. Sowohl die Nutz- und Zierpflanzen als auch die dekorativen und funktionalen Kanäle im Garteninneren, die seit persischer Zeit zu einer Gartenanlage gehörten, benötigen fließendes Wasser.

Für die Frühzeit haben wir nur wenige Informationen über Formen und Dimensionen der iranischen Gärten. Es gab sie ab der Mitte des 2. Jahrtausends in Verbindung mit Tempeln im Königreich Elam sowie in der heutigen Provinzen Chusistan und wohl auch in Fars. In einem elamischen Königstext aus dem 12. Jahrhundert v. Chr. lässt der Ausdruck »Tempelwäldchens« auf das Vorhandensein von Gärten schließen, die in diesem Fall mit Heiligtümern in Verbindung standen. Der König sorgte für die Instandhaltung oder den Wiederaufbau des Gebäudes, aber es gibt keine Angaben zu Form und Größe des eigentlichen Gartens, der in dieser extrem heißen Ebene im Sommer (50° C oder mehr) kontinuierlich bewässert werden musste. Sechs Jahrhunderte später, am anderen Ende des Elamischen Reiches, erwähnt ein weiterer Text die Lieferung von mehr als 158 Opferschafen an einen von Priestern unterhaltenen Garten.

Es gibt nur wenige archäologische Untersuchungen von Gartenanlagen, abgesehen von Tschogha Zanbil, einer Stadt in der Nähe von Susa, die im 14. Jahrhundert v. Chr. zeitweilig die Hauptstadt Elams war. Hier gab es ein Becken, das über neun Leitungen mit einem großen Außenreservoir verbunden war, welches 10,70 x 7,25 m maß, 4,35 m tief war und 350 m³ Wasser fasste (Abb. 4). Diese Leitungen lagen im unteren Teil des Reservoirs, führten aber unter der Stadtmauer hindurch nach oben zum in der Stadt liegenden Becken. Sie konnten das Wasser auch in gewissem Umfang filtern (Abb. 5). Die gesamte Anlage

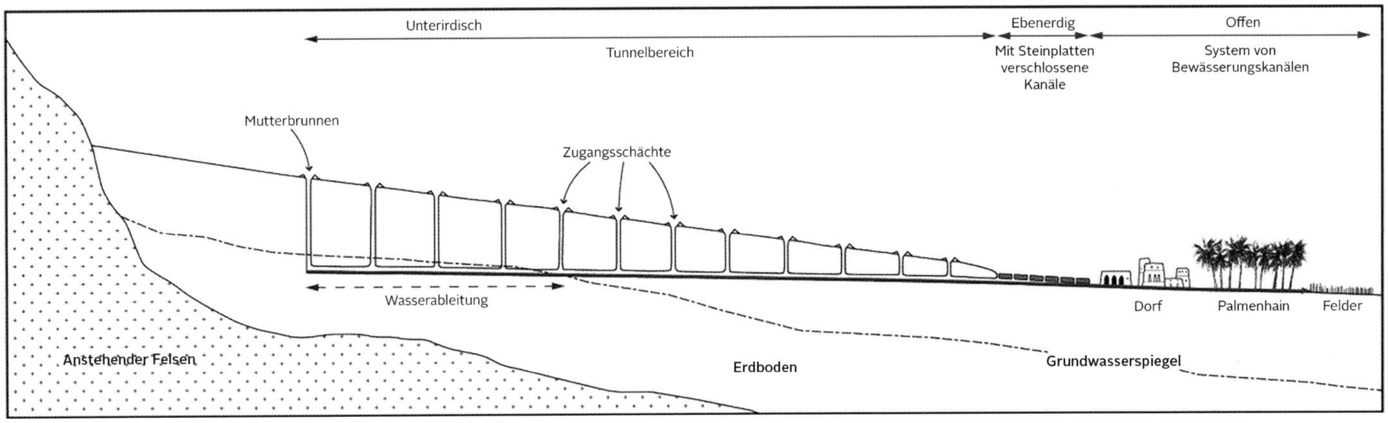

3

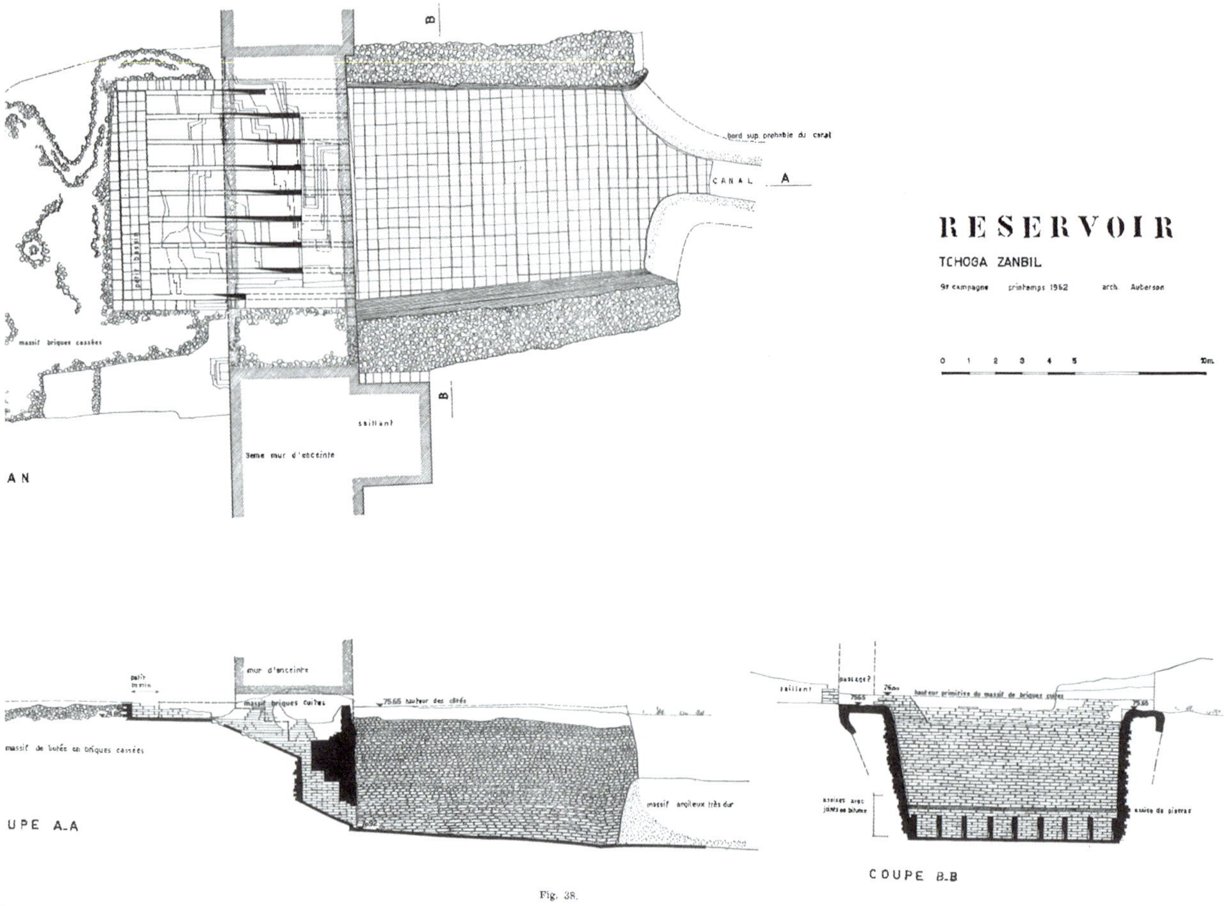

4

bestand aus gebrannten, mit einer wasserundurchlässigen Schicht überzogenen Ziegeln. Man vermutet, dass das Außenbecken von einem Kanal gespeist wurde, der sein Wasser nicht aus dem nur 2 km entfernten, allerdings tiefer gelegen Fluss Dez bezog, sondern aus einem langen Kanal, dessen Wasser aus dem etwa 70 km weiter südwestlich liegenden Fluss Karcheh stammte. Zu Beginn des letzten Jahrhunderts waren noch Spuren erhalten, die vielleicht von diesem Kanal stammten, den die Einheimischen »Kanal des Dareios« nannten. Bemerkenswert ist auch, dass laut den Berichten der griechischen Historiker das Wasser des Karche zur Zeit der persischen Könige als das reinste in ganz Iran galt. Auf einem in Tschogha Zanbil gefundenen Tonziegel befindet sich eine akkadische Inschrift, in der sich der Gründer der Stadt, König Untasch-Napirischa, rühmt, der Urheber dieser beeindruckenden Anlagen gewesen zu sein. Eine gänzlich entgegengesetzte Hypothese sieht in diesem bedeutenden hydraulischen System lediglich einen Abwasserkanal.

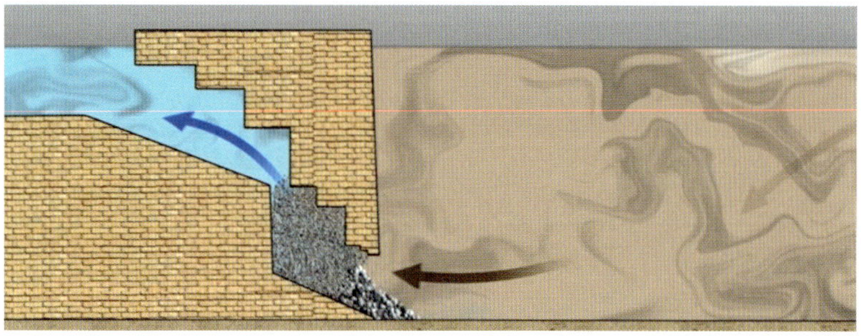

5

Ein indirektes Zeugnis der elamischen Gärten ist ein assyrisches Relief aus dem Palast des Assurbanipal in Ninive aus dem 7. Jahrhundert v. Chr. Es zeigt eine Zikkurat (einen Stufenturm), die sich in Susa inmitten einer Landschaft mit üppig wachsenden Pflanzen und Bäumen befinden soll. In Susa gefundene Bronzeobjekte – Blätter und Palmwedel – gehörten wohl zu künstlichen Bäumen, die zur Tempel- oder Palastdekoration dienten.

6

4
Das Wasserreservoir von Tschogha Zanbil

5
Schematische Darstellung der Funktionsweise des Wasserfilters in Tschogha Zanbil

6
Der Persische Garten Bagh-e Schahzadeh in Mahan, Provinz Kerman

Die Tradition, einen Garten in Verbindung mit einem Tempel anzulegen, ist wahrscheinlich mesopotamischen Ursprungs, wo solche Gärten seit dem 3. Jahrtausend existierten. Sie waren zunächst Nutzgärten für die Zucht von Obst und Gemüse, geschützt durch Bäume, hauptsächlich Palmen und Pappeln. Bewässert wurden sie über Kanäle, die das Wasser aus Flüssen oder größeren Kanälen heranführten. Ab der 2. Hälfte des 2. Jahrtausends finden sich die ersten königlichen Gärten in Assyrien: in Assur, dann im 11. Jahrhundert in Ninive. Die Gärten wurden bis Assurbanipal und dem Fall des Assyrischen Reiches im Jahre 612 v. Chr. immer aufwändiger. Texte, vor allem die des Sanherib vom Anfang des 7. Jahrhunderts v. Chr., beschreiben detailliert die Bauarbeiten für die Anlage von bewässerten Gärten und Parks sowie die Pflanzen und Tiere, die dort leben sollten. Es gibt auch Reliefs des Sargon in Chorsabad (Ende 8. Jahrhundert) und des Assurbanipal (7. Jahrhundert) in Ninive, die einen Garten auf einem Hügel zeigen, der an seinem höchsten Punkt vom Wasser eines Aquädukts und anschließend von kleinen Wasserläufen bewässert wird. Diese herrlichen königlichen Gärten stellten den Mikrokosmos dar. Wahrscheinlich befanden sich die berühmten »Hängenden Gärten« in Ninive. Bisher lokalisierte man sie irrtümlich in Babylon, weil diese Stadt in der Antike die bekannteste in Mesopotamien war.

7

7
Rekonstruktion des Persischen Gartens von Kyros II. in Pasargadae

In den letzten Jahrhunderten des Reiches importierte man exotische Arten wie Zedern, Buchsbaum, Eichen und Obstbäume, die in Assyrien fremd waren. Laut den Schriftquellen wurden die Gärten permanent durch ein komplexes System aus Kanälen, Tunneln und Aquädukten bewässert, die das Wasser über Dutzende von Kilometern aus dem Gebirge in der Nähe von Urartu heranleiteten. Im dortigen Königreich benutzte man dieselben Wassergewinnungstechniken und legte ebenfalls Gärten an, deren Zerstörung der assyrische König Sargon genau beschreibt, um seinen Sieg zu illustrieren.

Diese Wasserbautechnologie hatte zu jener Zeit weder das Iranische Hochland noch Elam erreicht. Erst nach der Eroberung von Kleinasien und Mesopotamien zwischen 550 und 539 führte Kyros II. (der Große) den Ziergarten im iranischen Hochland ein und sorgte für eine außergewöhnliche Verbreitung. Für seine Hauptstadt Pasargadae bei Persepolis entwarf der König einen etwa 100 ha großen Park an, in dem er Bäume und verschiedene Spezies pflanzen ließ, die durch ein Netz von Kanälen und Rinnen bewässert wurden. In der Mitte des Parks vor seinen Säulenhallen-Palästen wurde ein Garten nach einem vollkommen geradlinigen und rechtwinkligen Plan angelegt. Dieser Garten war von Kanälen aus exakt zugehauenen Steinen eingefasst. (Abb. 7) Sie führten vor allem den Kreislauf des Wassers vor Augen, das für die Bewässerung der Beete und Alleen ja erst aus der Tiefe nach oben gebracht werden musste. Der Garten wie auch die Palastarchitektur waren zwar in erster Linie Ausdruck der königlichen Macht, aber das »Tempelwäldchen« der elamischen Tradition hat vielleicht in Form von Park und Wiesen rund um das Grab des Kyros überlebt, in denen Gedenkzeremonien abgehalten wurden. Darüber hinaus ließ Kyros am Oberlauf des Flusses unterhalb von Pasargadae sowie an den Nebenflüssen Staudämme errichten. Bei einigen handelte es sich um gewaltige Anlagen aus Erde und Steinen: Einer dieser Dämme wies eine Länge von mehreren hundert Metern und eine Höhe von über 10 m auf. Sie waren mit einem Kontrollsystem aus großen, behauenen Steinen ausgestattet, in dem eine breite Leitung das Wasser durch acht kleine Kanäle zu einem Becken führt. Diese Dämme regulierten den Durchfluss des Wassers bei Schneeschmelze und stauten es für den Sommer, damit eine konstante Wasserversorgung für die Kanäle und Becken des riesigen Gartens von Pasargadae sichergestellt war.

Die Satrapen, Statthalter der Provinzen im Persischen Reich, wurden dazu angehalten, in der Nähe ihrer Residenz Parks und Gärten anzulegen. Diese stießen auf große Bewunderung bei den griechischen Autoren, insbesondere bei Xenophon im 4. Jahrhundert v. Chr.: Sie seien Bilder aus dem »Paradies«. Den altpersischen Begriff übernahmen die Griechen (*paradeisos*), und er gelangte über das Lateinische in viele europäische Sprachen. In Vorderasien wurde er ins Hebräische übernommen (*pardes*) und später auch ins Arabische (*firdaus/firdaws*). Der geometrisch angelegte, oft in vier Bereiche unterteilte Garten, der stets grün ist und in Blüte steht, wo Wasser sanft murmelnd fließt, ist wahrhaftig eine Erfindung des antiken Persiens. Er hatte viele Nachkommen in den letzten präislamischen Reichen und mehr noch in den folgenden Jahrhunderten: Überwältigende Beispiele sind Isfahan oder um 1870 der außergewöhnliche Garten von Schahzdeh bei Mahan im Kerman. Dort wurde in einer Wüstenregion ein Garten in Form zahlreicher Terrassen angelegt, der über einen speziell für ihn geschaffenen Qanat bewässert wird (Abb. 6).

Literatur Seite 265

Fundorte

Marlik, Gheitariyeh, Tappe Kaluraz, Kelar Dascht, Sialk Süd und Sialk Nekropolen, Tappe Hasanlu, Tappe Rabat, Sorchdom-e Lori, Tappe Baba Dschan, Nusch-e Dschan, »Ziwiye«, Dschubadschi, »Kalmakarre«

218

Marlik

Der Friedhof von Marlik im Tal des Gohar Rud, eines Nebenflusses des Sepid Rud in Gilan, lag auf einem natürlichen Felsen und umfasste 53 Grabanlagen, die in unregelmäßiger Anordnung in freie Bereiche zwischen einzelnen Felsbrocken eingepasst waren. Die Nekropole wurde zwischen dem 14. und dem 10. Jh. v. Chr. und möglicherweise auch noch in der Zeit danach genutzt. Bei einigen Gräbern ist die Zeitstellung des Inventars so uneinheitlich, dass es sich wahrscheinlich um zwei nacheinander erfolgte Bestattungen handelt. Vielfach scheint auch Altmaterial vertreten zu sein, so wurden etwa mehrere kassitische Rollsiegel gefunden, die möglicherweise als Erbstücke in die Gräber gelangt waren, ebenso wie eine Sonnenscheibe *(S. 137)*.

Als erste systematische Untersuchungen der Iranischen Denkmalbehörde in einer sonst vorwiegend von illegalen und kommerziellen Grabungen betroffenen Region dauerten die Grabungen 1961/62 unter der Leitung von E. O. Negahban mehr als 14 Monate und dokumentierten eine Fülle von Details und Funden, die Rückschlüsse auf komplexe Bestattungspraktiken erlauben.

Die Beisetzungen erfolgten in Kammern mit Mauern aus natürlich in Platten gebrochenen Steinen, die ein einem Lehmbett verlegt waren. Diese Kammern wurden nach der Bestattung mit einer Schicht lehmiger Erde verfüllt und sozusagen versiegelt. Der Erhaltungszustand der Knochen war sehr schlecht, doch lässt sich eine Niederlegung der Toten in Schlafstellung rekonstruieren. Rund um die mit reichem Schmuck *(S. 137, 201; Kat.-Nr. 212, 213, 218; S. 238, Kat.-Nr. 219–222)* und ihrem persönlichen Besitz versehenen Verstorbenen wurden zahlreiche Beigaben niedergelegt, darunter Luxusgüter wie Gefäße aus Gold *(S. 196–198, 200)*, Silber und Glas, Modelle von Gespannen *(S. 238, Kat.-Nr. 204)*, Kochgeschirr mit Speisen sowie zoomorphe Gefäße *(S. 194 und 195 oben)*, vermutlich Behälter für Wein. Außerdem fanden sich zahlreiche Waffen, zumeist aus Bronze, wie Dolche *(S. 188, Abb. 4, S. 136)* oder Speerspitzen *(S. 136, Kat.-Nr. 208, 210)*. In Grab 47 waren insgesamt sieben Dolche und 18 Lanzenspitzen nebenein-

200

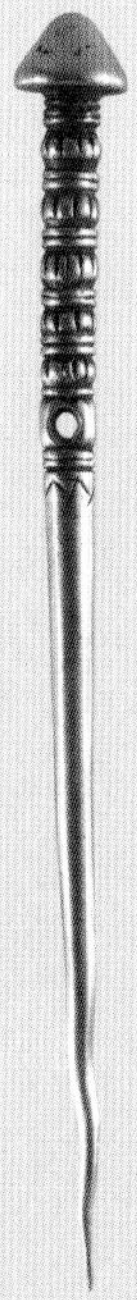

213

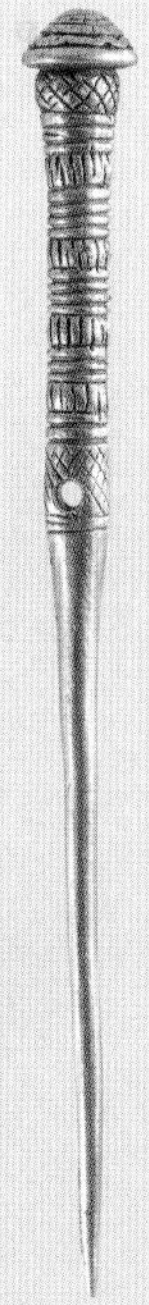

212

219

220

221

222

204

209

208

210

ander niedergelegt und abwechselnd mit den Spitzen gegeneinander ausgerichtet; in dem überaus reichen Grab 52 lag das Skelett auf in gleicher Weise angeordneten Waffen, zwei Dolchen und drei Speerspitzen. Bei beiden Gräbern kann man vermuten, dass die Waffen nicht dem Bestatteten selbst, sondern seiner Gefolgschaft gehörten. Den drei Gräbern 49, 51 und 53 ließen sich außerdem Pferde zuordnen: In separaten kleinen Steinkisten lagen Pferdezähne und Pferdegeschirr.

Die spektakulären Goldfunde haben viel Aufmerksamkeit erregt und sind intensiv diskutiert worden. Einige von diesen Objekten sind sicherlich vor Ort hergestellt worden, während andere aus großer Entfernung nach Marlik gelangten, vielleicht als diplomatische Geschenke. Vergleicht man die Fertigkeiten der Handwerker, die die Stücke anfertigten, so zeigt sich bei der Sonnenscheibe *(S. 137)*, die direkte Parallelen in der Königsgruft im syrischen Qatna findet, und einem Ohrring *(S. 137, Kat.-Nr. 218)*, dass ihre Schöpfer die echte Granulation, d.h. die Verzierung mit kleinen Goldkügelchen, beherrschten. Bei den Goldscheiben *(Kat.-Nr. 219–222)* versuchte man hingegen, durch das Anbringen von punzierten Punktbuckeln, die Granulation imitieren, einen ähnlichen Effekt zu erzielen. Ähnlich verhält es sich bei dem Goldbeschlag *(S. 237, Kat.-Nr. 200)*, bei dem Punktbuckel den unteren Rand säumen. Besonders auffällig sind die handwerklichen Unterschiede bei den Goldgefäßen. So ist der Becher *(S. 198)*, der ganz in flachem Relief gehalten ist und dessen Motive ohne klare Registertrennung angeordnet sind, wahrscheinlich ein lokales Produkt. Anders der Becher *(S. 197)*, der mit zwei Paaren geflügelter Stiere geschmückt ist, ein aus dem assyrischen Raum gut bekanntes Motiv. Die Stierköpfe treten plastisch aus dem Gefäß heraus und wurden wohl separat angefertigt und eingesetzt, vergleichbar den dreidimensionalen Widderköpfen bei dem Becher *(S. 200, oben)*. Noch einmal anders ist ein dritter Goldbecher gearbeitet *(S. 196)*, bei dem die in zwei Reliefbändern angeordneten laufenden Stiere mit ihren durchgedrückten Beinen und dem eingerollten Hals eine große Dynamik entfalten. Die Vorbilder für dieses Stück sind eher in Babylonien in der kassitischen Kunst zu suchen, und es könnte sich um einen Import von dort handeln.

E. O. Negahban, *Marlik. The complete excavation report*, Philadelphia: University Museum, University of Pennsylvania, 1996

Gheitariyeh

Gheitariyeh liegt am Südabhang des Teheraner Hausbergs Totschal auf einer Höhe von 1400 m. Der Fundplatz erstreckt sich über eine Kalkschotterterrasse und wird von zwei Gebirgsbächen eingefasst. Ehemals Teil der Teheraner Sommerfrische, ist der Ort heute eine Metrostation in diesem dicht bebauten nördlichen Stadtteil der iranischen Hauptstadt. Archäologische Funde wurden erstmals 1958 bei Bauarbeiten gemacht, systematische Rettungsgrabungen durch die Iranische Denkmalbehörde begannen 1969 unter der Leitung von Seyfollah Kambakhsh Fard. Auf ca. 5000 m² Fläche wurden 350 Gräber dokumentiert, zumeist Einzelbestattungen, die in Schlafstellung in einfachen rechteckigen Erdgruben

123

124

120

121

lagen. Mehr als 2500 Gefäße *(S. 188, Abb. 3; S. 239, Kat.-Nr. 120–124; S. 272, Kat.-Nr. 118 und 122)* konnte man bergen. Bei ihnen handelt es sich überwiegend um die seit der Mitte des 2. Jts. v. Chr. in Nordiran in Gebrauch kommende graue Keramik. Charakteristische Formen sind Schnabelkannen *(S. 272, Kat.-Nr. 122; S. 239, Kat.-Nr. 123)*, Flaschen mit Saugstutzen *(S. 239, Kat.-Nr. 121)* und Henkelkrüge auf kleinem Fuß *(S. 188, Abb. 3)*, die alle das Auftreten neuer Trinksitten begleiten. Die Funde erlauben eine Datierung von Gheitariyeh in die Anfangsphase der iranischen Eisenzeit zwischen 1200 und 1000 v. Chr.

S. Kambakhsh Fard, *A Glance at Tehran 3000 years ago*, The National Museum of Iran, Teheran: Presentation and Education Vice-Directorate, 2001
H. Fahimi, *Studien zur Eisenzeit im zentraliranischen Hochland unter besonderer Berücksichtigung der neuen Ausgrabung von Tepe Sialk (2001–2005)*, Oxford: Archaeopress, 2013, S. 73–75 (British Archaeological Reports International Series, 2537)

Tappe Kaluraz

Gegenüber von Marlik liegt am linken Ufer des Sepid Rud der eisenzeitliche Siedlungshügel Tappe Kaluraz. 200 m südlich befindet sich das zugehörige Gräberfeld aus dem 8. bis 6. Jh. v. Chr., dessen reiche Beigaben schon früh Aufmerksamkeit erregten. Es wurde zwischen 1965 und 1968 durch die Iranische Denkmalbehörde untersucht. Steinkisten- und Pithosgräber wie auch einfache Grubengräber sind belegt, und wie in Marlik waren auch in Kaluraz manchmal Pferde mit bestattet. Ein Goldbecher mit flachem Relief *(S. 199)* erinnert an den Becher RegNr. 0414 aus Marlik. Besonders auffällig sind hier jedoch die Keramikgefäße, die fantasievoll eine Schnabelkanne mit einem Menschen verbinden *(S. 190)*. Eine große menschliche Figur *(Kat.-Nr. 188)* stellt einen Typus dar, der sich in unterschiedlichen Größen auch in anderen eisenzeitlichen Fundorten Nordirans findet.

188

T. Ohtsu, *Encyclopedia Iranica online* 2012, s.v. »KALURAZ«. http://www.iranicaonline.org/articles/kaluraz.

Kelar Dascht

Die Ebene von Kelar Dascht liegt am Nordhang des Alborzgebirges in 1200 m Höhe und ist bei der Teheraner Bevölkerung seit langem eine beliebte Sommerfrische. Auch Reza Schah ließ hier 1934 mit Bauarbeiten für einen Sommerpalast beginnen, in deren Verlauf prähistorische, eisenzeitliche Grablegen angeschnitten, aber nicht archäologisch untersucht wurden. Das Fundmaterial ist unter der Bezeichnung »Schatz von Kelardascht« bekannt und umfasst Waffen *(S. 189, Abb. 5)* und Gefäße aus Edelmetall, wie den niedrigen Becher mit rundplastischen Löwenköpfen *(S. 200, unten)*, die stilistisch verschiedenen Perioden zwischen 1000 und 600 v. Chr. angehören. Bei ihnen handelt es sich wahrscheinlich um die Grabbeigaben von Elitefriedhöfen ähnlich denen aus Marlik und Kaluraz.

H. Samadi, Les découvertes fortuites, in: *Arts Asiatiques* 6, Bd. 3, 1959, S. 175–194

Sialk Süd und Sialk Nekropolen

Die jüngsten Perioden von Tappe Sialk, Sialk V–VI, sind im Hügel Sialk Süd und in zwei Nekropolen A und B südlich der Siedlung dokumentiert. Zur älteren Phase, Sialk V, gehört das kleine Gräberfeld A, aus dem 15 Bestattungen bekannt sind, die von der ausgehenden Mittelbronzezeit bis in die frühe Eisenzeit datieren (ca. 1500–1000 v. Chr.). Die Siedlung Sialk V auf dem Südhügel ist nur in kleinen Ausschnitten erhalten. In der späteren Periode Sialk VI wird der Südhügel von einer massiven zweistufigen Lehmziegelplattform dominiert. Ihre Grundform basiert auf zwei rechtwinklig zueinander verlaufenden geraden Seiten von 45 und 56 m Länge, deren Enden mit zwei jeweils 23 m langen Mauern zu einer unregelmäßigen Form verbunden sind. Diese Umfassung besteht aus Geröllsteinen und ist 75

305

Ziegelreihen hoch, insgesamt etwa 8 m. Darauf sind Mauerreste erhalten, daneben erhebt sich in der westlichen Hälfte eine kleinere, ehemals annähernd quadratische Stufe von weiteren 8,5 m Höhe. Als Baumaterial dienten quadratische Ziegel und Geröllstein. Ghirshman hat das Bauwerk ursprünglich als Unterbau einer Stadtbefestigung interpretiert. Jüngere Nachforschungen haben auf der Grundlage von Fundmaterial aus dem Schutt der Ghirshman-Grabung kurzfristig eine Datierung in das 3. Jt. v. Chr. favorisiert, doch sprechen Ziegelformat und Baudekor eindeutig für eine Datierung in die Eisenzeit.

Die jüngere Nekropole B ist mit 218 dokumentierten Gräbern weit größer als der Friedhof A, doch konnte aufgrund der intensiven Beraubung nur etwa ein Drittel der Gräber dokumentiert werden. Es handelte sich ebenso wie in Nekropole A weitgehend um Einzelbestattungen in Gruben oder in als Kisten konstruierten Grabbauten, manche davon mit einer giebelartigen Abdeckung aus Steinplatten. Diese enthielten ein umfangreiches Inventar, bestehend unter anderem aus Keramik, Bronzen und Schmuck, dessen Formen sich teilweise über sehr weite Entfernungen mit Fundorten des 8. und 7. Jhs. v. Chr. in Anatolien und sogar Griechenland vergleichen lassen. Die Keramik ist meist helltonig und rot oder braun bemalt *(Kat.-Nr. 305 und 307)*, doch es kommen auch flächig rot überzogene Gefäße mit den gleichen Formen *(S. 188, Abb. 2)* vor. Der Dekor der bemalten Schnabelkannen *(S. 193, 242, 243)* betont deutlich den Ansatz der Ausgusstülle; figürliche Darstellungen wie das dynamische Pferd auf *(Kat.-Nr. 303, Abb. 242)* sind selten, doch markant.

R. Ghirshman, *Fouilles de Sialk, près de Kashan 1933, 1934, 1937 (II)*, Paris: Geuthner, 1939
B. Helwing, s.v. »Sialk, Tepe«, in: *Reallexikon der Assyriologie*, Bd. 12, hrsg. von Michael P. Streck, Berlin/New York: Walter de Gruyter, 2010, Sp. 433–437

307

Tappe Hasanlu

Tappe Hasanlu ist mit 600 m Durchmesser die größte Ruine in der Ebene von Solduz im Südwesten des Urmiasees. Der Ort liegt am Qadar, der im Zagrosgebirge entspringt und im südlichen Hochland in der Nähe von Mahabat versickert. Die Nähe des Kelishin-Passes weiter im Westen brachte Hasanlu in unmittelbare Nachbarschaft mit Assyrien.

Systematische Ausgrabungen begannen 1956 durch die Pennsylvania University unter der Leitung von Robert Dyson mit dem Ziel, eine regional übergreifende Kulturabfolge vom Neolithikum bis in die Achämenidenzeit zu definieren. Hasanlu selbst war ab dem Chalkolithikum besiedelt. Schichten der späten Bronze- und frühe Eisenzeit wurden großflächig in der Oberstadt freigelegt, seit dem ausgehenden 2. Jt. v. Chr. war Hasanlu sicherlich Sitz eines regionalen Machthabers.

Unter den weitläufigen Besiedlungsresten stechen besonders die Befunde der Schicht Hasanlu IVB hervor. Diese Phase endete in einem Brand, wohl das Ergebnis kriegerischer Auseinandersetzungen mit Urartu gegen Ende des 9. Jhs. v. Chr. Die Grabungsbefunde liefern eine Momentaufnahme der letzten Stunden der Stadt. In Hasanlu IVB war die Oberstadt von einer Mauer mit regelmäßigen Vorsprüngen umgeben. Mehrere Tore im Westen erlaubten den Zugang ins Innere über eine Rampe, vor den Toren lagen Ställe. Im Inneren der Zitadelle waren die wichtigsten Gebäude (abgekürzt BB, für »Burned Building«) durch mehrere hintereinandergestaffelte Zugänge geschützt. Im Nordwesten lag das Eliteanwesen BB III, im Süden bildeten mehrere monumentale Gebäude, jeweils mit einer Säulenhalle, ein Geviert um einen unregelmäßigen offenen Hof, den sogenannten Unteren Hof. Der Zugang erfolgte über den Oberen Hof zwischen den Gebäuden BB I Ost und

303

304

142

BB I, die vermutlich als Arsenal oder auch Schatzhaus dienten, jedoch durch die spätere Anlage einer urartäischen Festung gestört sind. BB II war vermutlich ein Tempel: Hierfür sprechen die Architektur mit einem kleinen separierten Innenraum, der Fund von mehreren Einlagen für die Augen von Kultstatuen sowie die Reste einer Trommel. BB IV war mit mehreren großen anikonischen Stelen versehen, doch BB V diente in der letzten Nutzungsphase als Stall. Bei dem Brand stürzten die Gebäude ein und begruben das reiche Inventar, Bewohner und Soldaten unter sich. Dramatische Szenen müssen sich im Hof von BB II abgespielt haben: Dort wurden 62 Skelette gefunden, unter ihnen viele Frauen und Kinder, die wohl vergeblich versucht hatten, sich im Tempel in Sicherheit zu bringen. Mit ihnen starben auch einige Angreifer, die versucht hatten, eine goldene Schale *(S. 181)* in ihren Besitz zu bringen.

Nach einer längeren Siedlungsunterbrechung wurde die Oberstadt unter den Urartäern zu einer Festung ausgebaut (Hasanlu IIIB) und nach einer weitere Pause auch in der achämenidischen und parthischen Zeit weiter genutzt.

Die Herrscher von Hasanlu IVB hatten in ihren Schatzkammern außergewöhnliche Reichtümer angehäuft, die von weitreichenden Handelsbeziehungen mit Assur und Westsyrien zeugen. Sie fanden sich in den Trümmern der verbrannten Schicht IVB.

Der bekannteste Fund ist die Goldschale *(S. 181)*. Die getriebenen Reliefdarstellungen zeigen mythische Einzelszenen, deren Bedeutung die zeitgenössischen Betrachter sicher kannten, die sich heute aber nur indirekt erschließen lässt. Der obere Bildstreifen gibt die Anbetung mehrerer Gottheiten wieder. Diese fahren in Wagen und sind durch ihre Kopfbedeckung mit den Hörnern als Götter zu erkennen. Der erste Gott in der Reihe trägt Flügel, sein Wagen wird von wasserspeienden Stieren gezogen. Das untere Register zeigt Kampfszenen, an denen Götter und Monster beteiligt sind, aber auch andere mythische Szenen wie die Übergabe eines Kindes und eine auf einem Adler fliegende Frau. Edith Porada hat als Interpretation dieses Bildzyklus die Darstellung von Kämpfen zwischen einer alten und der neuen Ordnung unter den Göttern vorgeschlagen.

146

149

145

Zahlreiche Schmuckstücke bestanden aus Gold, etwa eine Kette mit Perlen aus Karneol und Gold *(S. 274, Kat.-Nr. 151)*. Ebenfalls aus Gold ist die Manschette *(Kat.-Nr. 142)*, die ursprünglich um das Ende eines heute verlorenen Elfenbeinobjekts, vielleicht einer kleinen Statue, gelegt war; möglicherweise diente die recht grob gearbeitete Manschette der Reparatur dieses fragilen Stücks. Das Goldblech ist mit einem Relief verziert, das einen Jäger zwischen zwei zähnefletschenden Löwen zeigt. Ein kleiner Elfenbeinwidder mit beweglichen Goldhörnern *(Kat.-Nr. 146)* ist ein weiteres Beispiel für die Kombination dieser Materialien.

Zahlreiche Beispiele für Elfenbeinschnitzereien aus Hasanlu IVB zeigen einmal mehr die weitreichenden Fernverbindungen des Ortes. Kleine Frauenköpfe, die eine zylindrische Kappe, einen Polos, trugen *(Kat.-Nr. 147; S. 274, Kat.-Nr. 148)*, gehörten wohl zu Möbelstücken. Ein liegendes Kalb mit elegant gelocktem Fell *(Kat.-Nr. 149)* war wohl ursprünglich der Deckelgriff einer Dose. Stilistische Kriterien sprechen dafür, dass all diese Elfenbeinarbeiten aus Werkstätten in Nord- und Westsyrien stammen. Als Handelsgut oder diploma-

150

tische Geschenke kamen sie wohl über Assur nach Hasanlu. Hingegen stammt die kleine Dose *(Kat.-Nr. 145)*, die stark verkürzt das beliebte Bankettthema zeigt, wohl aus einer lokalen Produktion.
Wie Elfenbein wurde auch Holz geschnitzt und zu kunstvollen Objekten verarbeitet, die sich jedoch nur sehr selten im archäologischen Befund erhalten haben. Eine Ausnahme ist der mit einem hohen Polos bekleidete Frauenkopf *(Kat.-Nr. 150)*, wohl Teil einer Statuette. Das schmale Gesicht mit den betonten Wangenknochen gilt als typisch iranisch.

153

Ein besonderes Objekt, das assyrische Einflüsse zeigt, ist die bronzene Henkelattasche *(Kat.-Nr. 153)*. Das durchbrochen gearbeitete Stück umrahmt einen typisch assyrischen laufenden Helden, der links und rechts zwei Tiere an den Hinterbeinen hochhebt.
Eine weitere typische Fundgruppe in Hasanlu sind Löwennadeln mit einem rundplastischen Körper aus Bronze und einem Eisenschaft *(Kat.-Nr. 143)*. In der Mehrzahl entdeckte man sie zusammen mit den Skeletten im großen Hof, aber auch in anderen Befunden. Die Löwennadeln wurden wohl am Oberkörper, vielleicht auf der Schulter, getragen. Löwen sind in den Kulturen des alten Vorderasien gemeinhin ein Ausdruck für königliche Macht, so sicher auch diese Löwennadeln. Eine glasierte

147

Knaufkachel, die in einem Löwenkopf endet *(S. 246, Kat.-Nr. 144)*, ist ein weiteres Beispiel für die Löwenikonografie.

Die Zucht von Pferden spielte in Hasanlu eine wichtige Rolle und war Grundlage für seine geschäftlichen Beziehungen zu den Assyrern, die einen enormen Bedarf an Pferden für ihr Militär hatten. In Hasanlu fanden sich

154

Teile von Pferdegeschirr und Zaumzeug, etwa kugelförmige hohle Rasseln *(S. 174, Abb. 3)*, die dort befestigt waren. Auch Perlen gehörten zum Zaumzeug, manche davon aus Fritte *(Kat.-Nr. 154)*. Der Kopf eines Pferdes aus Bronzeblech *(Kat.-Nr. 152)* war Teil eines Trinkgefäßes, eines Rhytons.

Da Hasanlu IVB bei einer kriegerischen Auseinandersetzung zerstört wurde, überrascht die große Anzahl von Waffenfunden nicht weiter. Typisch sind Geschossspitzen aus Bronze *(S. 274, Kat.-Nr. 156 und 157)* in unterschiedlicher Form. Der Eisendolch *(S. 246, Kat.-Nr. 158)* ist ein frühes Beispiel für die neue Technologie der

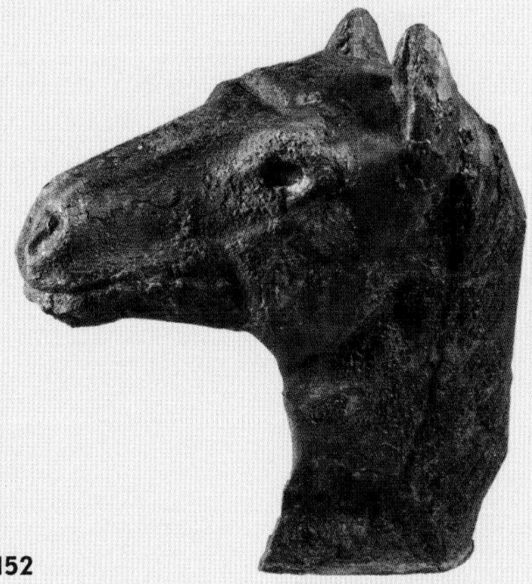

152

158

144

139

Eisenverarbeitung, die ab dem 8. Jh. das Militärwesen verändern sollte.

R. H. J. Dyson/M. M. Voigt (Hrsg.), *East of Assyria: The highland settlement of Hasanlu, Expedition* 31, 1989, Bd. 2–3
Dyson, R. H./M. M. Voigt, A temple at Hasanlu, in: *Yeki bud, yeki nabud: essays on the archaeology of Iran in honor of William M. Sumner*, hrsg. N. F. Miller und K. Abdi, Los Angeles: Cotsen Institute of Archaeology at UCLA, 2003, S. 219–236
M. de Schauensee (Hrsg.), *Peoples and crafts in period IVB at Hasanlu, Iran*, Philadelphia: University of Pennsylvania Museum, 2011 (Hasanlu special studies, 4)
M. I. Marcus, *Emblems of identity and prestige: The seals and sealings from Hasanlu, Iran. Commentary and Catalogue*, Philadelphia: University of Pennsylvania Museum, 1996 (Hasanlu Special Studies, 3)
I. Winter, *A decorated breastplate from Hasanlu, Iran*, Philadelphia: University of Pennsylvania Museum, 1980 (Hasanlu Special Studies, 1)

Tappe Rabat

Tappe Rabat liegt im nördlichen Zagros am Oberlauf des Kleinen Zab und kontrolliert eine Verbindungsroute zwischen Assyrien und dem Iranischen Hochland. Die Ruine umfasst mehrere Bereiche: einen großen, seit prähistorischer Zeit besiedelten konischen Hügel (Rabat I), und etwas flachere Areale (II bis V) jeweils an der Geländekante zum Tal des Kleinen Zab, wo eisenzeitliche Keramik gefunden wurde (1. Hälfte 1. Jt. v. Chr.). Nachdem 2004 bekannt wurde, dass im Bereich Rabat II Raubgrabungen stattgefunden hatten, gab es dort seit 2005 mehrere Grabungskampagnen im östlichen Teil, zunächst unter der Leitung von B. Kargar, seit 2006 unter Reza Heydari. Sie erfassten Schichten der Eisenzeit II (8.–7. Jh. v. Chr.) und legten auf großer Fläche einen Hof mit einem Fußbodenmosaik aus Kieseln frei, wie man es ähnlich auch aus Assur und anderen Orten im Tiefland kennt. Innerhalb des Kieselmosaiks waren an zwei Stellen rechteckige Felder (2,2 x 1,1 m; 11, 5 x 3,3 m) ausgespart worden, dort standen möglicherweise ursprünglich separate Strukturen.

Mehr als tausend Ziegelfragmente fanden sich in sekundärer Lage als Bauschutt vergraben in Tappe Rabat II. 165 dieser Fragmente waren glasiert und figürlich bemalt oder mit Inschriften versehen. Sie können keinem dokumentierten Gebäude zugewiesen werden, möglicherweise gehörten sie zu einem der Bauwerke in den Leerstellen des Kieselpflasters. J. Reade und I. Finkel schlagen eine Rekonstruktion als Altar vor.

Bei den Ziegeln gibt es langrechteckige, riemchenartige Exemplare, die innerhalb eines Mauerverbandes waagerecht angeordnet waren. Einige tragen eine schematische Rosettenzier *(Kat.-Nr. 253)*, insgesamt fünf andere sind mit Keilschriftinschriften versehen. Deutlich größer ist ein quadratischer Bildziegel wie auch einige Ziegel mit zinnenartig getrepptem oberem Abschluss, einer davon aus einer Eckverbindung *(Kat.-Nr. 251)*. Die Darstellungen sind entweder floral, in Form eines Lebensbaumes, oder figürlich, so dass man den oberen Abschluss des Bauwerkes wohl mit figürlichen Szenen rekonstruieren kann, die mit Lebensbäumen alternierten.

251

Die figürlichen Motive zeigen auf dem quadratische Ziegel einen menschenköpfigen geflügelten Löwen *(S. 178)*, wie er als monumentale Wächterfigur aus assyrischen Palästen bekannt ist. Die Zinnenziegeln tragen einzelne anthropomorphe Gestalten, deren Köpfe sich jeweils in der obersten Zinne befinden, während die Arme auf Höhe der zweiten Zinne ausgebreitet sind. Ein geflügeltes weibliches Wesen mit hängenden Brüsten und einem von Hungerlinien gezeichneten Bauch *(S. 248)* trägt ein Haarband; ein anderes mit geflecktem

253

Kleid und Kopfputz, das aufgrund der kleinen Hörner als göttlich identifiziert werden kann, meint vielleicht den Skorpionmann *(S. 249)*. Lebensbaum und geflügelter Wächterstier verweisen auf eine Herkunft der Motive aus dem assyrischen Bereich, während die beiden anthropomorphen Figuren vielleicht assyrische und lokale Elemente verbinden. Die Reihenfolge der Inschriftziegel ist noch unbekannt. Von den beiden hier gezeigten nennt einer *(S. 179, Abb. 3)* einen gewissen »Ata« mit Besitzangabe, und der andere *(S. 179, Abb. 2)* einen »sangu« von Bel/Marduk und Nabu. Es könnte sich um Fragmente einer Inschriftformel handeln, die einen König (hier: Ata) einführt und ihn als Diener verschiedener Gottheiten bezeichnet; ein weiteres Ziegelfragment nennt einen Ort, der vielleicht als Arzizu gelesen werden kann. Möglicherweise handelte es sich bei Arzizu um Tappe Rabat oder einen Ort in seiner Nähe.

B. Kargar/A. Binandeh, A Preliminary Report of Excavations at Rabat Tepe, Northwestern Iran, in: *Iranica Antiqua* 44, 2009, S. 113–129
J. E. Reade/I. Finkel, Between Carchemish and Pasargadae. Recent Iranian discaveries at Rabat, in: *From source to history: studies on ancient Near Eastern worlds and beyond; dedicated to Giovanni Battista Lanfranchi on the occasion of his 65th birthday on June 23, 2014*, hrsg. von Salvatore Gaspa, Alessandro Greco, Daniele Morandi Bonacossi, Simonetta Ponchia, und Robert Rollinger, Münster: Ugarit-Verlag, 2014, S. 581–596, Taf. S. 806–810 (Alter Orient und Altes Testament, 412)

Sorchdom-e Lori

Sorchdom-e Lori ist eine ausgedehnte Ansammlung von Mauern aus Geröllsteinen an einem Felsabhang am Ostrand der Ebene von Kuh-Dascht in Lorestan, die ursprünglich zu einem Bergheiligtum gehörten. Erich Schmidts Lorestan-Expedition untersuchte 1938 den Ort und dokumentierte eine in der Spätbronzezeit einsetzende und, mit mehreren Bauschichten, bis in das 7. Jh. v. Chr. fortdauernde Nutzung des Platzes. Bemerkenswert sind besonders die in den Mauern versteckten Horte von Votivgaben aus Bronze und anderen kostbaren Materialien. Unter ihnen befinden sich Rollsiegel, die zum Zeitpunkt ihrer Niederlegung schon über 1000 Jahre alt

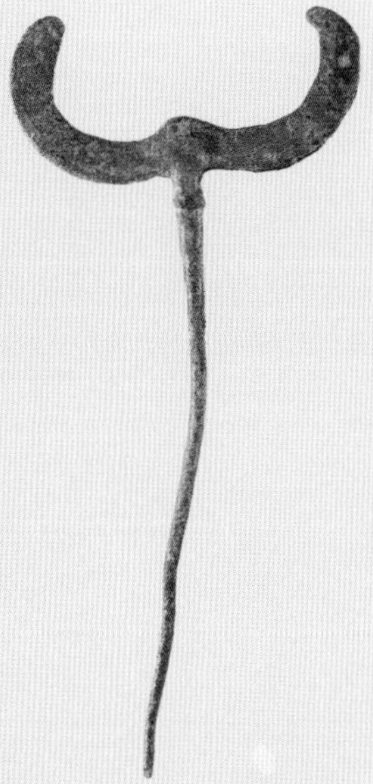

313

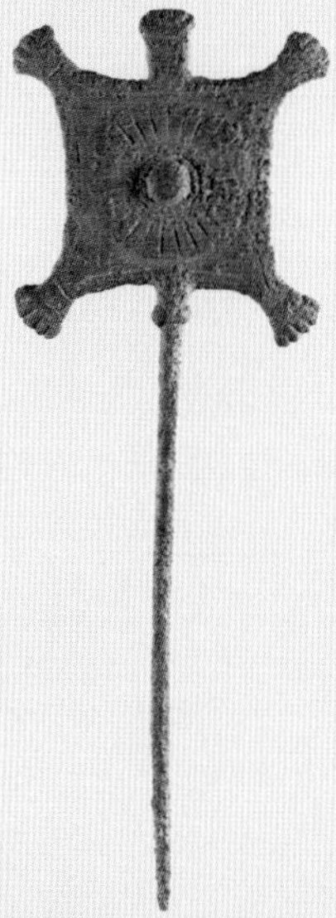

312

waren, wie das akkadische Siegel *(Kat.-Nr. 308)*, Gegenstände aus persönlichem Besitz wie die Schmucknadeln *(Kat.-Nr. 312; S. 282, Kat.-Nr. 310)*, Anhänger *(S. 250, Kat.-Nr. 315)* und Stempelsiegel *(S. 250, Kat.-Nr. 316)* sowie kleine Tierfiguren *(S. 250, Kat.-Nr. 311 und 314)*. Ein steinerner Stößel mit Tierkopf *(S. 250, Kat.-Nr. 309)* gehörte vermutlich zum Tempelinventar.

M. van Loon, Surkh Dum-i Luri, in: *The Holmes expeditions to Luristan*, hrsg. von E. F. Schmidt, Maurits van Loon, und H. H. Curvers, Chicago: Oriental Institute of the University of Chicago, 1989, S. 49–60 (Oriental Institute Publications, 108)

Tappe Baba Dschan

Clare Goff untersuchte von 1966 bis 1969 den Doppelhügel von Tappe Baba Dschan in der Ebene von Delfan in Lorestan. Der Ort war seit dem 4. Jt. v. Chr. besiedelt (Baba Dschan V) und diente im 3. Jt. alternierend als Siedlungs- und als Bestattungsplatz (Baba Dschan IV). Die Hauptbesiedlung von Baba Dschan III datiert in das 8. Jh. v. Chr. Mehrere Bauphasen lassen sich im »Herrenhaus« (»manor house«) auf dem Zentralhügel unterscheiden: Zu Beginn war das Gebäude mit Ecktürmen versehen; in

249

250

315

311

8

316

314

309

10

11

12

der zweiten Bauphase entstand eine Säulenhalle. Ein bemaltes Ausgussgefäß in Form eines stehenden Mannes *(Kat.-Nr. 8)* stammt vom Zentralhügel aus der Schicht II. Einige Zeit nach der Errichtung des Herrenhauses wurde auf dem Osthügel ein Fort mit bis zu 4 m hohen Wänden errichtet; an dieses wurde anschließend die sogenannte »Bemalte Kammer« (»painted chamber«) mit bemalten Wänden und bemalten Ziegeln an der Decke als Zeremonialraum angebaut *(Kat.-Nr. 10–12)*. Dieser östliche Komplex ging gegen Ende des 8. Jhs. v. Chr. in einer Feuersbrunst zugrunde, gefolgt von einer bescheidenen Nachnutzung in der späten Eisenzeit und der achämenidischen Zeit (Baba Dschan II–I).

C. Goff Meade, Luristan in the first half of the first millennium B.C. A preliminary report on the first season's excavations at Baba Jan, and associated surveys in the eastern Pish-i Kuh, in: *Iran* 6, 1968, S. 105–134
C. Goff Meade, Excavations at Baba Jan, 1967, in: *Iran* 7, 1969, S. 115–130
C. Goff Meade, Excavations at Baba Jan, 1968, in: *Iran* 8, 1970, S. 141–155
C. Goff, Excavations at Baba Jan: The Bronze Age occupation, in: *Iran* 14, 1976, S. 19–40
C. Goff, Excavations at Baba Jan: The pottery and metal from levels III and II, in: *Iran* 16, 1978, S. 29–66

Nusch-e Dschan

Auf einem natürlichen Hügel in der Ebene von Jowar, ca. 60 km südlich von Hamedan in Lorestan, liegt die medische Festung Tappe Nusch-e Dschan. Sie wurde von 1967 bis 1974 durch David Stronach umfassend erforscht. Die Anlage war seit dem späten 8. Jt. v. Chr. in Benutzung und wurde zu Beginn des 6. Jts. v. Chr. verlassen; dabei hat man die Räume geleert und mit sauberem Schotter bis zur Oberkante der Mauern verfüllt. So sind zwar nur wenige Funde überliefert, wie die kleine Knochenbüchse *(Kat.-Nr. 246)*, aber die Erhaltung der Architektur ist außergewöhnlich gut.

Die Festung hatte eine starke Umfassungsmauer, die den Konturen des steilen Hügels folgte; im Osten stand das eigentliche mehrstöckige Fort, im Westen ein als Palast oder Residenz interpretiertes Gebäude und eine Halle mit zwölf Säulen. Zwischen diesen beiden Bereichen liegen ein kleiner kreuzförmiger Tempel und ein Tunnel, der zu einer Quelle führt. Alle Mauern sind noch mehr als 5 m hoch erhalten und durchgehend mit Vor- und Rücksprüngen gegliedert. Ein kleiner Silberhort mit über 200 Drahtspiralen *(Kat.-Nr. 247)* war in einer Bronzeschale am Fuß der Rampe des Forts versteckt. Silber diente bereits seit dem späten 3. Jt. v. Chr. als Währung, der Hort stellte sicherlich ein Vermögen dar.

A. D. H. Bivar, A hoard of ingot-currency of the Median period from Nûsh-i Jan, near Malayir, in: *Iran* 9, 1971, S. 97–111
J. Curtis, *Nush-i Jan III: the small finds*, London: British Institute of Persian Studies, 1984
P. Vargyas, The silver hoard from Nush-i Jan revisited, in: *Iranica Antiqua* 43, 2008, S. 167–183

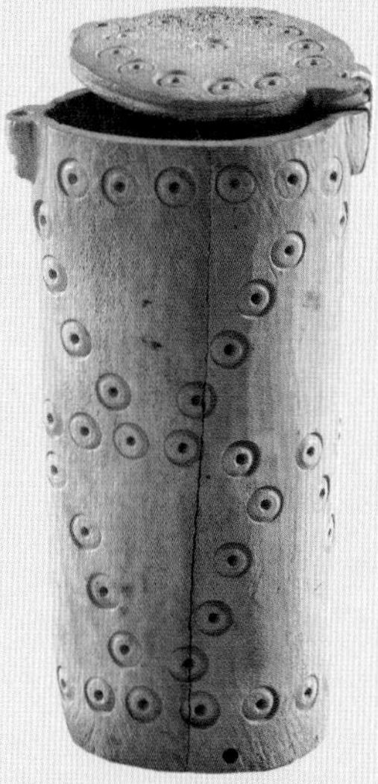
246

»Ziwiye«

Ziwiye ist der Name einer Burg im nördlichen Zagros, etwa 40 km östlich der Stadt Saqqiz über einem Quellfluss des Zarineh Rud und damit im Gebiet der aus Inschriften von Sargon II. (722–705 v. Chr.) bekannten Mannäer gelegen. Die über ein massiv gesichertes Tor zugängliche Festung barg eine Halle mit Holzsäulen und Resten von Wandmalerei sowie weitere Gebäude. Ein eisenzeitlicher Friedhof lag im Tal jenseits des modernen Dorfes.

Die unter dem Namen »Ziwiye« bekannte Fundgruppe umfasst Gold-, Silber- und Elfenbeinarbeiten, die angeblich in den 1940er Jahren am Fuß der Festung in einem Grab entdeckt wurden. Die einzelnen Objekte sind aufgrund verschiedener stilistischer Einflüsse – assyrisch, skythisch – für Kunsthistoriker interessant, doch ist der archäologische Kontext nicht zu rekonstruieren. Ein Teil des Materials gelangte in das Nationalmuseum Teheran und wurde 1950 durch seinen Direktor André Godard publiziert. Aus dieser Gruppe stammen auch die hier gezeigten Objekte. Später tauchten weitere Funde mit der Herkunftsbezeichnung »Ziwiye« auf und gelangten in Sammlungen auf der ganzen Welt. Weder die Zuordnung der Funde zu der Bergfestung Ziwiye noch die Zugehörigkeit der Objekte zu einem einzigen Befund ist gesichert.
Die große Silberschale *(S. 182, 183)* vereint skythische und westasiatische Elemente in einem Stück. Sie besteht aus Silber, die Verzierung befindet sich innen und ist in konzentrischen Ringen angeordnet. Sie besteht aus jeweils gleichartigen gepunzten Motiven, die mit Goldblech belegt sind. Rund um eine zentrale Rosette gruppieren sich in gleichartigen Reihen kauernde Raubkatzen, Raubvogelköpfe im Profil und springende Hasen, schließlich eine Reihe blattförmige Elemente, ganz außen eine Reihe goldbesetzter Punktbuckel. Die Gestaltung der Raubkatzen, deren Körper in separate Segmente unterteilt sind und deren Tatzen und Schwanz in ösenartigen Kreisen enden, ist eng mit skythischen Formen verwandt, wie auch das Motiv des Hasen.

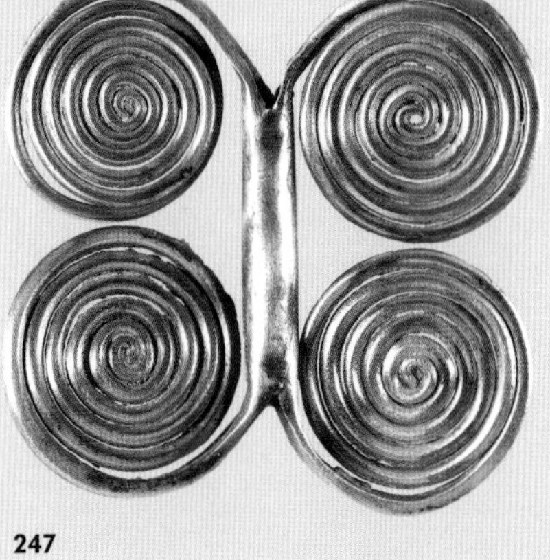
247

In eine ähnliche Richtung weisen auch zwei Goldbeschläge, die ehemals wohl den Abschluss von Stäben, Reibsteinen oder ähnlichem bildeten. Der eine *(S. 185, unten)* stellt einen kauernden Löwen dar, der andere einen Löwengreif mit geöffnetem Schnabel und spitzen Ohren *(S. 185, oben)*. Eindrucksvoll ist auch die große goldene Armspange *(S. 184)*, auf deren Schauseite sich zwei Paare kauernder Löwen mit gefletschten

Zähnen und heraushängender Zunge gegenübersitzen.

A. Godard, *Le trésor de Ziwiyé (Kurdistan)*, Haarlem: J. Enschedé, 1950
O. W. Muscarella, ›Ziwiye‹ and Ziwiye: The forgery of a provenience, in: *Journal of Field Archaeology* 4, 1977, S. 197–219

Dschubadschi

Im Jahr 2007 wurde bei Baggerarbeiten nahe dem Dorf Dschubadschi auf einer Uferterrasse, die den Fluss überblickt, eine neuelamische königliche Gruft entdeckt (6. Jh. v. Chr.). Leider war das Grab schon weitgehend zerstört, bevor archäologische Rettungsarbeiten einsetzen konnten (vgl. Shishegar, hier S. 202ff.). Der Befund kann als eine aus Steinen erbaute Ost-West orientierte unterirdische Grabkammer von 4,5 m Länge und 2,2 m Breite rekonstruiert werden, die über eine Treppe im Westen zugänglich war. Wahrscheinlich war der Raum nach oben durch ein Gewölbe abgeschlossen, doch lässt sich diese Vermutung nicht verifizieren. Die Gruft enthielt zwei Bronzewannen, in denen zwei Frauen von etwa 17 und 35 Jahren, Mitglieder einer königlichen Familie, zusammen mit einer reichen Grabausstattung beigesetzt waren. Die Inschrift auf einem großen Goldreif *(S. 205, Abb. 4)* nennt in elamischer und babylonischer Sprache »Shutur-Nahhunte, Sohn des Indada«. Die Form des Reifs, dessen zwei Enden sich trompetenförmig erweitern, ist typisch elamisch und symbolisiert die königliche Macht. Ein ähnlicher Ring ohne Inschrift war aus Goldblech gefertigt *(S. 205, Abb. 5)*. Ein mit den Namen »La-ar-na« beschrifteter Armreif *(S. 213)* besteht aus Goldblech und ist an den Enden mit auswechselbaren Löwenköpfen aus vergoldetem Elfenbein besetzt, die kunstvoll mit Karneol eingelegt und mit Goldgranulat verziert waren. Eine Armspange *(S. 206, Abb. 6)* ist mit einer runden Scheibe besetzt, auf der ein zentraler Achat ebenfalls eine Beschriftung trägt, wohl einen

104

Namen, »Nu-ma/ku«. Hingegen ist ein kleiner Skarabäus *(Kat.-Nr. 104)* als reines Schmuckelement und nicht als Schriftzeugnis zu verstehen.

Armreife und Schmuckscheiben wurden in der Regel paarweise getragen. Bei den Armreifen gibt es einfache glatte *(S. 270, Kat.-Nr. 84–86)* und durchbrochen gearbeitete Exemplare mit blattförmigen Enden mit verschiedenfarbigen Einlagen *(S. 212)*. Auch Armreife mit Tierkopfenden *(S. 206, Abb. 7)* kommen vor. Bei den Broschen finden sich Paare mit einem großen zentralen Achat *(S. 206, Abb. 8 und 9)* und solche, die mit zahlreichen kleinen Steinen besetzt sind *(S. 211, unten)*, sowie durchbrochen gearbeitete radförmige Scheiben *(S. 211, oben)*. Die Trageweise der Nadeln kann nicht rekonstruiert werden. Sie haben einen Schaft aus Eisen und einen Kopf aus Goldblech, das einen Bitumenkern umhüllt und teilweise mit Golddraht umwickelt ist *(S. 210, Kat.-Nr. 95,98 und 101)*. Auch eine Kombination mit länglichen *(S. 210, Kat.-Nr. 95 und 96)* oder runden *(S. 210, Kat.-Nr. 99 und 100)* Achatperlen kommt vor. Eine Kette aus geflochtenem Golddraht endet in winzigen Karneolperlen *(Kat.-Nr. 103)*, andere weisen Goldblechelemente mit Granulation auf, wie die Schieberperlenkombination *(S. 210, unten)*.
Deckeldosen aus Fritte enthielten vermutlich Kosmetika *(Kat.-Nr. 109)*, und ein Dolchgriff *(Kat.-Nr. 82)* gehörte wohl ebenfalls zum persönlichen Besitz.
Neben persönlichen Gegenständen fand sich im Grab auch Geschirr, jeweils in Silber und Bronze, das beim Kult für die Verstorbenen verwendet wurde. Hierzu gehören eine silberne und mehrere Bronzepfannen mit langstieligem Griff, auf dem eine fischschwänzige Frau sitzt, vielleicht eine Priesterin *(S. 208)*. Auch

82

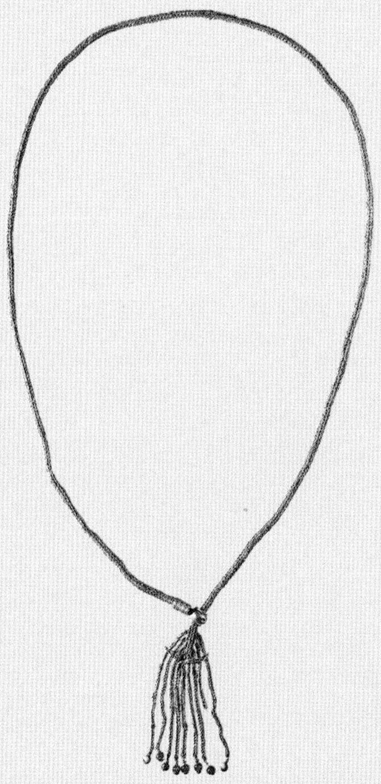

82

108

109

105

Kannen aus Silber *(Kat.-Nr. 105)* und Bronze waren vorhanden. Eine Steinschale *(Kat.-Nr. 108)* diente vielleicht als Mörser. Ein hoher Kandelaber wird elegant von drei springenden Kälbchen getragen, eine kleine bronzene Frauenfigur *(S. 209)* war wohl ein Spiegelgriff.

Das Fundensemble aus Dschubadschi lässt sich mit dem eines Grabes in Arzhan in der Nähe von Behbahan vergleichen; in beiden Komplexen fanden sich große »Machtringe« und elegante Kandelaber, die bereits die Formensprache der wenig später beginnenden achämenidischen Zeit vorwegnehmen.

A. Shishegar, *Aramgah-ye do banu-ye ilami. Az chandan-e shah-e Shutur-nahuntepesar-e Indada. Dore ilam-e no, marhale 3B (hodud 585 ta 539 p. m.)/Tomb of the two Elamite princesses of the house of King Shutur-Nahunte son of Indada. Neo-Elamite period, Phase IIIB (ca. 585–539 B.C.),* Teheran: Iranian Center for Archaeological Research, 2015

»Kalmakarre«

Die Höhle Kalmakarre liegt am Südhang des Mahleh Kuh in Rumischgan, inmitten der Berglandschaft Lorestans, etwa 10 km nördlich des Zusammenflusses von Seimarreh und Kaschgar. Die Höhle war seit 1989 Ziel von Raubgräbern, aber erst 1992 erlaubten archäologische Ausgrabungen die Dokumentation von vier Kammern in der Höhle. Der Name (»westliche Schatzhöhle«) steht deshalb für ein Ensemble von Objekten ohne gesicherte Fundbeobachtung, das zwischen 1989 und 1992 in mehreren Konvoluten von Raubgräbern konfisziert wurde und dessen Zusammen- und Ortszugehörigkeit nicht verifiziert werden kann. Insgesamt sind etwa 80 Stücke, vor allem Silbergerät und -gefäße sowie einige Goldmasken, in iranische Museen gelangt. Mehrere Silberschalen tragen Inschriften, die einer elamischen

Dynastie im Land Samati zugerechnet werden. Die Funde, falls sie überhaupt zusammengehören, repräsentieren einen Satz erlesenes zeremonielles Tafelgeschirr.

Die Silberphiale *(S. 150)* ist außen vollständig mit Appliken besetzt, die in einem netzartigen Muster flächig rund um eine Rosette am Boden angeordnet sind. Nach einem ersten Ring aus Blütenknospen folgen weitere Reihen von dreiblättrigen Blüten. Am Gefäßabsatz sind frontal ausgerichtete kleine Figuren von Lamassu-Stieren angebracht, die Inschrift befindet sich direkt am Rand. Die große reliefierte Schmuckscheibe *(S. 151)* war wohl ursprünglich auf einer Scheibe aus Holz oder einem anderen Material befestigt. Hier steht in einem Kreis aus Lotusblüten ein heraldisches Paar von Ibexen (Steinböcke), die jeweils auf einer Sphinx stehen. Die Köpfe der Ibexe sind rundplastisch gearbeitet und ragen aus dem Relief heraus. Ein umgekehrt wappenförmiger reliefierter Beschlag *(Kat.-Nr. 184)* ist umlaufend mit Löchern versehen, in dreien steckten noch silberne Niete. Die Darstellung zeigt ein geflügeltes Fabelwesen mit gepunktetem Fell, einem gehörnten Löwenkopf und Greifenklauen. Der mit einem Fischrelief dekorierte große Beschlag *(Kat.-Nr. 185)* zierte möglicherweise einmal einen Köcher.

Auch wenn es sich um elamisches Material handelt, so weisen doch alle Objekte Elemente auf, die auch aus dem assyrischen Bereich bekannt sind. Die Lotosblüten, die Lamassu-Stiere und das löwenköpfige Monster lassen sich am ehesten mit Motiven auf assyrischen Reliefs vergleichen, während die Ibexe und die Fische ebenso im elamischen Bereich und darüber hinaus anzutreffen sind. »Kalmakarre« scheint demnach einerseits eine Akkulturation zwischen Bergbewohnern und Assyrien, andererseits aber auch die sich anbahnende neue Ära der Achämeniden anzuzeigen.

R. Bashash Kanzagh, *Whispering of treasury. Objects attributed to Kalma Kare Cave*, Tehran: Iranian Cultural Heritage Organisation, 2000

Wouter F. M. Henkelman, Persians, Medes and Elamites. Acculturation in the Neo-Elamite period, in: *Continuity of Empire(?): Assyria, Media, Persia*, hrsg. von G. Lanfranchi, M. Roaf und R. Rollinger, Padua: Sargon, 2004, S. 73–123 (History of the Ancient Near East, Monographs)

185

184

ANHANG

ANMERKUNGEN

MOHSEN MAKKI
IRAN: EIN HOCHLAND AM PERSISCHEN GOLF

1 O. G. Meder, *Klimaökologie und Siedlungsgang auf dem Hochland von Iran in vor- und frühgeschichtlicher Zeit*, hrsg. von C. Schott, Marburg/Lahn: Geographisches Institut der Universität Marburg, 1979; E. Ehlers, *Iran – Grundsätze einer geographischen Landkunde*, Darmstadt: Wissenschaftliche Buchgesellschaft, 1980.
2 M. Kehl, Quaternary climate change in Iran – the state of knowledge, in: *Erdkunde* 63,1, 2009, S. 1–17. doi:10.3112/erdkunde.2009.01.01.; M. D. Jones, Key questions regarding the paleoenvironment of Iran, in: *The Oxford Handbook of Ancient Iran*, hrsg. von Daniel T. Potts, Oxford: Oxford University Press, 2013, S. 17–28.
3 B. Behruzirad, *Feuchtgebiete des Irans. Geographische Organisation der Militär*, Teheran 2008.
4 Vgl. Boucharlat, hier S. 228ff.
5 M. Berberian/C. A. Petrie/D. T. Potts/A. Asgari Chaverdi/A. Dusting/A. Sardari Zarchi/L. Weeks/P. Ghassemi/R. Noruzi, Archaeoseismicity of the mounds and monuments along the Kazerun Fault (Western Zagros, SW Iranian Plateau) since the Chalcolithic period, in: *Iranica Antiqua* 49, 2014, S. 1–81; M. Berberian/S. M. Shahmirzadi/J. Nokandeh/M. Djamali, Archeoseismicity and environmental crises at the Sialk Mounds, Central Iranian Plateau, since the Early Neolithic, in: *Journal of Archaeological Science* 39,9, September 2012, Sp. 2845–2858. doi:10.1016/j.jas.2012.04.001.
6 M. Ghorbani, *The Economic Geology of Iran*, Dordrecht: Springer Netherlands, 2013. http://link.springer.com/10.1007/978-94-007-5625-0.
7 M. Momenzadeh, Metallische Bodenschätze in Iran in antiker Zeit. Ein kurzer Überblick, in: *Persiens antike Pracht*, hrsg. von T. Stöllner, R. Slotta, und A. Vatandoust, Bochum: Deutsches Bergbau-Museum, 2004, S. 8–21.
8 B. Helwing, Trade in metals in Iran and the neighboring areas, a reflection based on results of the excavations at Arisman (Iran), in: *Les produits de luxe au Proche-Orient ancien, aux âges du Bronze et du Fer*, hrsg. von Michèle Casanova und Marian Feldman, Paris: Éditions de Boccard, 2014, S. 73–84 (Travaux de la Maison de l'Archéologie et de l'Ethnologie, René-Ginouvès, 19).
9 G. Weisgerber, Schmucksteine im Alten Orient (Lapislazuli, Türkis, Achat, Karneol), in: *Persiens antike Pracht*, hrsg. von T. Stöllner, R. Slotta und A. Vatandoust, Bochum: Deutsches Bergbau-Museum, 2004, S. 64–74.

BARBARA HELWING
HASSAN FAZELI NASHLI
JÄGER, SAMMLER, BAUERN UND HIRTEN: DIE JUNGSTEINZEIT IN IRAN

1 B. Helwing, Archäologie Irans bis 2000 v. Chr., in: *Handbuch der Iranistik*, hrsg. von Ludwig Paul, Wiesbaden: Reichert, 2013, S. 371–382.
2 S. Riehl/M. Zeidi/N. J. Conard, Emergence of Agriculture in the Foothills of the Zagros Mountains of Iran, in: *Science* 341/6141, 5. Juli 2013, S. 65–67. doi:10.1126/science. 1236743.
3 S. Naderi/H.-R. Rezaei/F. Pompanon/M. G. B. Blum/R. Negrini/H.-R. Naghash/Ö. Balkız, u.a., The goat domestication process inferred from large-scale mitochondrial DNA analysis of wild and domestic individuals, in: *Proceedings of the National Academy of Sciences* 105,46, 18. November 2008, S. 17659–17664. doi:10.1073/pnas.0804782105.
4 B. S. Arbuckle/M. D. Price/H. Hongo/B. Öksüz, Documenting the initial appearance of domestic cattle in the Eastern Fertile Crescent (northern Iraq and western Iran), in: *Journal of Archaeological Science* 72, August 2016,, S. 1–9. doi:10.1016/j.jas.2016.05.008.
5 Zur Ausgrabung in Scheich-e Abad: R. Matthews/Y. Mohammadifar/W. Matthews/A. Motarjem, Investigating the neolithisation of society in the Central Zagros of Western Iran, in: *The Neolithisation of Iran: the formation of new societies*, hrsg. von Roger J. Matthews und Hassan Fazeli Nashli, Oakville: Oxbow Books 2013, S. 14–34 (Themes from the ancient Near East BANEA publication series, 3, Oxford).
6 V. Broman Morales, *Figurines and other clay objects from Sarab and Cayönü*, hrsg. von T. A. Holland, Chicago, IL: The Oriental Institute of the University of Chicago 1990 (Oriental Institute Communications, 25); A. Daems, On prehistoric human figurines in Iran: Current knowledge and some reflections, in: *Iranica Antiqua* 39, 2004, S. 1–31.

BARBARA HELWING
JEBRAEL NOKANDEH
TÖPFER, HANDWERKER UND HÄNDLER IN DER KUPFERSTEINZEIT

1 A. Marciniak, The Secondary Products Revolution: Empirical Evidence and its Current Zooarchaeological Critique, in: *Journal of World Prehistory* 24, 2–3, 1. Juni 2011, S. 117–130. doi:10.1007/s10963-011-9045-7.
2 H. Fazeli/R. A. E. Coningham/R. L. Young/G. K. Gillmore/M. Maghsoudi/H. Raza, Socio-economic transformations in the Tehran Plain: Final season of settlement survey and excavations at Tepe Pardis, in: *Iran* 45, 2007, S. 267–286, Abb. 2.
3 B. Helwing, Archäologie Irans bis 2000 v. Chr., in: *Handbuch der Iranistik*, hrsg. von Ludwig Paul, Wiesbaden: Reichert 2013, S. 371–382.
4 V. C. Pigott, A heartland of metallurgy. Neolithic/Chalcolithic metallurgical origins on the Iranian Plateau, in: *The Beginnings of Metallurgy. Proceedings of the International Conference «The Beginnings of Metallurgy", Bochum 1995*, hrsg. von A. Hauptmann, E. Pernicka, T. Rehren, und Ü. Yalçın, Bochum: Deutsches Bergbau-Museum 1999, S. 107–120 (Der Anschnitt, Beiheft 9).
5 Auch nach mehr als 50 Jahren noch hochaktuell: K. Polanyi, *The great transformation: politische und ökonomische Ursprünge von Gesellschaften und Wirtschaftssystemen*, Frankfurt/M.: Suhrkamp, 201411. Für eine anthropologische Verfeinerung des Ansatzes vgl. M. D. Sahlins, *Stone Age economics*, London: Tavistock 1974.
6 E. O. Negahban, A brief report on the Painted Building of Zaghe (Late 7th – early 6th

millennium B.C.), in: *Paléorient* 5, 1979, S. 239–250.

7 S. H. Katz/M. M. Voigt, Bread and beer: the early use of cereals in the human diet, in: *Expedition* 28,2, 1986, S. 23–34.

ABBAS ALIZADEH
DIE PROTOELAMISCHE ZIVILISATION IM ANTIKEN IRAN

1 P. Delougaz/H. J. Kantor/A. Alizadeh, *Choga Mish*, Bd. 1: *The first five seasons of excavations, 1961-1971*, Chicago: The Oriental Institute, 1996 (Oriental Institute Publications, 101). A. Alizadeh, *Chogha Mish*, Bd. 2: *A prehistoric regional center in lowland Susiana, southwestern Iran. Final report on the last six seasons, 1972-1978*, Chicago: The Oriental Institute, 2008 (Oriental Institute Publications, 130).

2 J.-V. Scheil, *Documents archaiques en écriture proto-élamite*, Paris: Librairie Paul Geuthner, 1905 (Mémoires de la Délégation en Perse, 6).

3 D. E. McCown, The Iranian Project, in: *American Journal of Archaeology* 53, 1949, S. 54–59.

4 J. Caldwell, s.v. »Ghazir, Tell-i«, in: *Reallexikon der Assyriologie und Vor-derasiatischen Archäologie*, hrsg. von E. Weidner und W. von Soden, Berlin/New York: De Gruyter, 1968, S. 348–355.

5 C. C. Lamberg-Karlovsky, *Excavations at Tepe Yahya, Iran, 1967-1969, Progress Report 1*, Cambridge: Harvard University Press, 1970 (Bulletin of the American School of Prehistoric Research, 27).

6 A. Alizadeh/L. Ahmadzadeh/M. Omidfar, Reflections on the longterm socioeconomic and political development in the Ram Hormuz Plain, a high-land-lowland buffer zone, in: *Archäologische Mitteilungen aus Iran und Turan* 45, 2013, S. 113–148. A. Alizadeh/L. Ahmadzadeh/M. Omidfar, *Ancient Settlement Systems and Cultures in the Ram Hormuz Plain, Southwestern Iran: Excavations at Tall-e Geser and Regional Survey of the Ram Hormuz Area*, Chicago: The Oriental Institute of the University of Chicago, 2013 (Oriental Institute Publications, 140).

7 P. Amiet, *Glyptique susienne, des origines à l'époque des Perses Achéménides. Cachets, sceaux-cylindres et empreintes antiques découverts à Suse, de 1913 à 1967*, Paris: Geuthner, 1972, S. 109-145.

8 P. Delougaz/H. J. Kantor/A. Alizadeh, *Choga Mish*, Bd. 1: *The first five seasons of excavations, 1961-1971*, Chicago: The Oriental Institute, 1996 (Oriental Institute Publications, 101).8 Ein seltenes Beispiel bei Amiet (wie Anm. 7), Taf. 25, 1013.

9 P. O. Harper/J. Aruz/F. Tallon (Hrsg.), *The royal city of Susa: Ancient Near Eastern treasures in the Louvre*, New York: The Metropolitan Museum of Art, 1992, S. 75, Taf. 47.

10 J. L. Dahl, Animal husbandry in Susa during the Proto-Elamite period, in: *Studi Micenei Ed Egeo-Anatolici* 47, 2005, S. 81–134.

11 P. Damerow/R. Englund, *The proto-elamite texts from Tepe Yahya*, Cambridge 1989 (Bulletin of the American School of Prehistoric Research, 39). Dahl (wie Anm. 10); J. L. Dahl, The production and storage of food in Early Iran, in: *Origini* 37, 2015, S. 67–72.

12 Dahl (wie Anm. 11).

13 Lamberg-Karlovsky in: Damerow/Englund (wie Anm. 11).

HOLLY PITTMAN
BRONZEZEITLICHE KULTUREN IN OSTIRAN

1 Für einen allgemeinen Überblick siehe: Christopher Thornton, The Bronze Age in northeastern Iran, in: *The Oxford Handbook of Ancient Iran*, hrsg. von D. T. Potts, Oxford: Oxford University Press, 2013, S. 179–202.

2 Ein allgemeiner Überblick bei Holly Pittman, Eastern Iran in the Early Bronze Age, in: *The Oxford Handbook of Ancient Iran*, hrsg. von D. T. Potts, Oxford: Oxford University Press, 2013, S. 304–324.

3 Pierre Amiet, *L'age des échange inter-iranienne* 3500–1700 J.C., Paris 1986.

4 Maurizio Tosi, Development, continuity and cultural change in the stratigraphical sequence of Shahr-i Sokhta, in: *Prehistoric Sistan* 1, hrsg. von M. Tosi, Rom 1983, S. 127–171 (IsMEO Reports and Memoirs, 19).

5 L. Mugaverol/M. Vidale, The use of polychrome containers in the Hilmand civilization: A female function, in: *East and West* 2003, Bd. 53, S. 67–94.

6 Yousef Madjidzadeh, *Jiroft. The earliest Oriental civilization*, Teheran: Druck- und Verlagsorganisation des Ministeriums für Kultur und Islamische Führung, 2003.

7 Yousef Madjidzadeh, Excavations at Konar Sandal in the region of Jiroft in the Halil Basin. First preliminary report (2002–2008), with a contribution on glyptic art by Holly Pittman, in: *Iran* 46, 2008, S. 69–104.

8 D. T. Potts, Excavations at Tappe Yahya, Iran 1967–1975. The third Millennium, in: *ASPR Bulletin* 45, Cambridge/MA 2001.

9 R. Ciarla, The manufacture of alabaster vessels at Schahr-e Suchte and Mundigak in the 3rd millennium BC. A problem of cultural identity, in: *Iranica*, hrsg. von G. Gnoli und A. V. Rossi, Neapel 1979, S. 319–335 (Istituto Universitario Orientale, Seminario di Studie Asiatici, Series Minor, 10).

10 Ali Hakemi, *Shahdad: Archaeological excavations of a Bronze Age centre in Iran*, Rom 1997 (IsMEO. Reports and memoires, 27).

BENJAMIN MUTIN
OST-IRAN UND DER OSTEN IN DER BRONZEZEIT

1 Etwa 2500 Jahre nach Herodots *Historien* und den achämenidischen Quellen, durch Berichte über die Eroberungen Alexanders des Großen im 4. Jahrhundert v. Chr., die Zeit der Parther und Sassaniden, die Ausbreitung des Islam im 7. Nachchristlichen Jahrhundert, die Invasion der Mongolen im 13. Jahrhundert und den Aufstieg und Fall der Seidenstraße(n) genannten Handelsrouten auf dem Landweg, um einige wenige berühmte Orientierungspunkte zu nennen, wie auch durch die zeitgenössische Forschung.

2 Allgemein: David W. Anthony, *The Horse, the Wheel, and Language. How Bonze-Age Riders from the Eurasian Steppes shaped the Modern World*, Princeton 2010; Pierre Briant, *Histoire de l'Empire perse de Cyrus à Alexandre*, Paris 1996; Joseph R. Caldwell (Hrsg.), *Investigations at Tal-i Iblis*, Springfield 1967 (Illinois State Museum Preliminary Reports, 9); Harriet Crawford (Hrsg.), *The Sumerian World*, New York 2013; Aurore Didier, *La production céramique du Makran (Pakistan) à l'âge du Bronze ancien*, Paris 2013 (Mémoires des Mission Archéologiques Françaises en Asie Centrale et en Asie Moyenne, 14); Henri-Paul Francfort, *Fouilles de Shortughai. Recherches sur l'Asie centrale protohistorique*, Paris 1989 (Mémoires de la Mission Archéologique Française en Asie Centrale, 2); Ute Franke/Elisa Cortesi (Hrsg.), *Lost and Found. Prehistoric Pottery Treasures from Baluchistan*, Berlin 2015; Ali Hakemi, *Shahdad. Archaeological Excavations of a Bronze Age Center in Iran*, Rom 1997 (IsMEO Reports and Memoirs, 27); Herodot, *Historien*; Catherine und Jean-François Jarrige/Richard H. Meadow/Gonzague Quivron, *Mehrgarh. Field Reports 1974–1985. From Neolithic times to the Indus Civilization*, Karachi 1995; Jean-François Jarrige/Gonzague Quivron/Catherine Jarrige, *Nindowari. La culture de Kulli. Ses origines et ses relations avec la civilisation de l'Indus*, Paris 2011; C. C. Lamberg-Karlovsky, *Beyond the Tigris and Euphrates. Bronze Age Civilizations*, Beer Sheva 1996 (Studies by the Department of Bible and Ancient Near East, 9); Bertille Lyonnet, *Sarazm (Tadjikistan). Céramiques (Chalcolithique et Bronze Ancien)*, Paris 1996 (Mémoires de la Mission Archéologique Française en Asie Centrale, 7); Sophie Méry, *Les céramiques d'Oman et l'Asie moyenne: une archéologie des échanges à l'âge du Bronze*, Paris 2000; Benjamin Mutin, *The Proto-*

Elamite Settlement and its Neighbors. Tepe Yahya Period IVC, Oxford/Oakville 2013 (American School of Prehistoric Research Monograph Series); Cameron A. Petrie (Hrsg.), *Ancient Iran and Its Neighbours. Local Developments and Long-range Interactions in the Fourth Millennium BC*, Oxford 2013 (British Institute for Persian Studies, Archaeological Monograph Series III); Gregory L. Possehl, *The Indus Civilization: A Contemporary Perspective*, Walnut Creek 2002; Daniel T. Potts, *Excavations at Tepe Yahya, Iran 1967–1975. The Third Millennium*, Cambridge 2001 (American School of Prehistoric Research Bulletin, 45); Daniel T. Potts (Hrsg.), *A companion to the Archaeology of the Ancient Near East*, Bd. I, New York 2012; Daniel T. Potts (Hrsg.), *The Oxford Handbook of Ancient Iran*, Oxford 2015; Jean-Paul Roux, *Histoire de l'Iran et des iraniens. Des origines à nos jours*, Paris 2006; Sandro Salvatori/Massimo Vidale, *Shahr-i Sokhta 1975-1978: Central Quarters Excavations. Preliminary Report*, Rom 1997 (IsIAO Reports and Memoirs, Serie Minor I); Maurizio Tosi (Hrsg.), *Prehistoric Sistan 1*, Rom 1983 (IsMEO Reports and Memoirs, 19,1); Bryan K. Wells, *Epigraphic Approaches to Indus Writing*, Oxford/Oakville 2011 (American School of Prehistoric Research Monograph Series); Rita P. Wright, *The Ancient Indus. Urbanism, Society, and Economy*, Cambridge 2009 (Case Studies in Early Societies).

BARBARA HELWING
DIE FRÜHE BRONZEZEIT IM HOCHLAND VON IRAN

1 G. G. Summers, The Early Bronze Age in northwestern Iran, in: *The Oxford Handbook of Ancient Iran*, hrsg. von Daniel T. Potts, Oxford: Oxford University Press, 2013, S. 163–180.
2 Für einen Überblick vgl. E. Haerinck/B. Overlaet, The Chalcolithic and Early Bronze Age in Pusht-i Kuh, Luristan (West-Iran): Chronology and Mesopotamian contacts, in: *Akkadica* 123, 2002, S. 163–181, und D. T. Potts, Luristan and the Central Zagros in the Bronze Age, in: *The Oxford Handbook of Ancient Iran*, hrsg. von Daniel T. Potts, Oxford: Oxford University Press 2013, S. 203–216.
3 BK. Alizadeh/H. Eghbal/S. Samei, Approaches to social complexity in Kura-Araxes culture a view from Köhne Shahar (Ravaz) in Chaldran, Iranian Azerbaijan, in: *Paléorient* 41,1, 2015, S. 37–54. Vgl. W. Kleiss/S. Kroll, Ravaz und Yakhvali, zwei befestigte Plätze des 3. Jahrtausends, in: *Archäologische Mitteilungen aus Iran und Turan* 12, 1979, S. 27–47.
4 N. Boroffka, Gonur Depe. Eine bronzezeitliche Königsstadt in Mittelasien, in: *Mitteilungen der Berliner Gesellschaft für Anthropologie, Ethnologie und Urgeschichte* 15, 2015, S. 15–24. Vgl. auch C. P. Thornton, The Bronze Age in Northeastern Iran, in: *The Oxford Handbook of Ancient Iran*, hrsg. von Daniel T. Potts, Oxford: Oxford University Press 2013, S. 181–204.

INGO SCHRAKAMP
IRAN IN DEN FRÜHESTEN KEILSCHRIFTQUELLEN MESOPOTAMIENS

Literatur

Katrien De Graef/Jan Tavernier (Hrsg.), *Susa and Elam. Archaeological, Philological, Historical and Geographical Perspectives*, Proceedings of the International Congress held at Ghent University, December 14–17, 2009, Leiden 2013 (Mémoires de la Délégation en Perse, 58)

Daniel T. Potts, *The Archaeology of Elam. Formation and Transformation of an Ancient Iranian State*, Cambridge 2016[2]

Walther Sallaberger/Ingo Schrakamp (Hrsg.), *History & Philology*, Turnhout 2015 (ARCANE, 3)

BARBARA HELWING
DIE MITTEL- UND SPÄTBRONZEZEIT IM HOCHLAND VON IRAN

1 Daten nach: M. D. Danti, The Late Bronze and Early Iron Age in northwestern Iran, in: *The Oxford Handbook of Ancient Iran*, hrsg. von Daniel T. Potts, S. 327–376, Oxford: Oxford University Press 2013.
2 R. C. Henrickson, The Godin period III town, in: *On the High Road: The history of Godin Tepe, Iran*, hrsg. von Hilary Gopnik und Mitchell S. Rothman, Costa Mesa: Mazda Publishers in association with Royal Ontario Museum, 2011, S. 209–283, hier S. 223 (Bibliotheca Iranica: archaeology, art & architecture, series 1).
3 Ebda.
4 M. van Loon, Surkh Dum-i Luri, in: *The Holmes expeditions to Luristan*, hrsg. von E. F. Schmidt, Maurits van Loon und H. H. Curvers, Chicago: Oriental Institute of the University of Chicago 1989, S. 49–60 (Oriental Institute Publications, 108).
5 H. Thrane/J. Clutton-Brock/V. Alexandersen/J. B. Jørgensen, *Excavations at Tepe Guran in Luristan: the Bronze Age and Iron Age periods*, hrsg. von J .A. Society, Højbjerg/Aarhus: Aarhus University Press 2001.
6 Vgl. Danti (wie Anm. 1).
7 D. B. Stronach, From Cyrus to Darius: notes on art and architecture in early Achaemenid palaces, in: *The royal palace institution in the first millennium BC: regional development and cultural interchange between East and West*, hrsg. von, Inge Nielsen, Athen: Danish Institute at Athens 2001, S. 95–111 (Monographs of the Danish Institute at Athens, 4).
8 E. Roßberger, *Schmuck für Lebende und Tote: Form und Funktion des Schmuckinventars der Königsgruft von Qatna in seinem soziokulturellen Umfeld*, Wiesbaden: Harrassowitz Verlag 2015, S. 151–157 (Qatna-Studien, 4).

ELIZABETH CARTER
ANSCHAN UND ELAM

1 Die Bedeutung der Begriffe Elam und Elamer wechselte im Lauf der Zeit. Definitionen, die in erster Linie auf politischer Geografie basierten, begrenzten das Territorium der Elamer auf das Hochland im südlichen Zentral-Zagros (vgl. Daniel T. Potts, *The Archaeology of Elam*, Cambridge 2016[2], S. 1-13, mit vollständiger Erörterung).
2 P. Steinkeller, New Light on Šimaški and Its Rulers, in: *Zeitschrift für Assyriologie* 97, 2007, S. 215-232; M. W. Stolper, On the Dynasty of the Šimaški and the Early Sukkalmahs, in: *Zeitschrift für Assyriologie* 72, 1982, S. 42-67.
3 http://etcsl.orinst.ox.ac.uk/cgi-bin/etcsl.cgi?text=t.2.2.3#), Klage über die Zerstörung von Sumer und Ur.
4 M. W. Stolper, *Texts from Tall-i Malyan: Elamite Administrative Texts (1972-1974)*, Bd. 1, University of Pennsylvania Museum, 1984, S. 6-15.
5 Naomi Miller, Archaeobotanical Perspectives on the rural-urban connection, in: N. Miller (Hrsg.), *Economy and Settlement in the Near East: Analyses of ancient sites and materials*, Philadelphia, University of Pennsylvania, MASCA Research Papers in Science and Archaeology 1990, Supplement zu Bd. 7, S. 79-83; Melinda Zeder, *Feeding Cities: Specialized Animal Economy in the Ancient near East*, Washington D. C. 1991.
6 Maurice Pézard, *Mission À Bender-Bouchir*, Paris 1914; R. Carter et al., The Bushehr Hinterland: Results of the First Season of the Iranian-British Archaeological Survey of Bushehr Province, November-December 2004, in: *Iran* 44, 2006, S. 63-103.
7 William Sumner, The Proto-Elamite City Wall at Tal-i Malyan, in: *Iran* 23, 1985, S. 153-161.
8 William Sumner, Anshan in the Kaftari phase: patterns of settlement and land use, in: L. De Mayer/E. Heinrich (Hrsg.), *Archaeologia Iranica Et Orientalia: Miscellanea in Honorem Louis Vanden Berghe*, Leuven 1989, S. 135-161.
9 John Alden et al., Fars Archaeology Project 2004: Excavations at Tal-e Malyan, in: *Iran* 43, 2005, S. 39-47.
10 E. Carter, Elamite Pottery, ca. 2000-1000 B. C., in: *Journal of Near Eastern Studies* 38,2, 1979, S. 111-128; Carter, Elizabeth, »Archaeology«, in: E. Carter/M. W. Stolper, *Elam: Surveys of Political History and Archaeology*, California 1984, S. 152, Abb. 10.

11 Daniel T. Potts, *The Archaeology of Elam*, Cambridge 2016^{2}, S. 158-159, Taf. 6.2.
12 Cameron Petrie, et al., From Anshan to Dilmun and Magan: The Spatial and Temporal Distribution of Kaftari and Kaftari-Related Ceramic Vessels, in: *Iran* 43, 2005, S. 49-86.
13 Daniel T. Potts et al., *The Mamasani Archaeological Project Stage One : A Report on the First Two Seasons of the Iranian Center for Archaeological Research-University of Sydney Expedition to the Mamasani District, Fars Province, Iran*, Oxford 2009 (Bar International Series, S2044); B. McCall, *The Mamasani archaeological survey: Epipaleolithic to Elamite settlement patterns in the Mamasani district of the Zagros Mountains, Fars Province, Iran*, University of Sydney, unpublizierte Dissertation 2009.
14 Ursula Seidl, *Die Elamischen Felsreliefs Von Kūrāngūn Und Naqš-E Rustam*, Berlin 1986, S. 6-13.
15 Ebda., S. 14-23.
16 P. de Miroschedji, Le Dieu Élamite Au Serpent Et Au Eaux Jaillissantes, in: *Iranica Antiqua* 16, 1981, S. 1-25.
17 Daniel T. Potts, *The Archaeology of Elam*, Cambridge 2016^{2}, S. 176-248.
18 P. de Miroschedji, Susa and the Highlands: Major Trends in the History of Elamite Civilization, in: N. Miller/K Abdi (Hrsg.), *Yeki Bud, Yeli Nabud: Essays on the Archaeology of Iran in Honor of William M. Sumner*, Los Angeles 2003, S. 33-34, Abb. 3.4, S. 29.
19 E. Carter/Ken Deaver, *Excavations at Anshan (Tal-e Malyan): The Middle Elamite Period*, Philadelphia 1996, S. 49-51 (Malyan Excavation Reports, II).
20 A. J. Brinkman, A Political History of Post-Kassite Babylonia, 1158-722 B.C., in: *Analecta Orientalia* 1968, S. 260-284.
21 P. de Miroschedji, Susa and the Highlands: Major Trends in the History of Elamite Civilization, in: N. Miller/ K Abdi (Hrsg.), *Yeki Bud, Yeli Nabud: Essays on the Archaeology of Iran in Honor of William M. Sumner*, Los Angeles 2003, S. 34-36, Abb. 3.3.
22 M. W. Waters, *A Survey of Neo-Elamite History*, State Archives of Assyria Studies, Helsinki: Neo-Assyrian Text Corpus Project, 2000, S. 111-116.
23 M. W. Stolper, The Written Record, in: P. O. Harper et al. (Hrsg.), *The Royal City of Susa*, New York 1992, S. 259-260.
24 Waters (wie Anm. 22), S. 106.
25 E. Carter, Bridging the Gap between the Elamites and the Persians in Southeastern Khuzistan in: H. Sancisi-Weerdenburg/H. A. Kuhrt/M. Cool Root (Hrsg.). *Achaemenid History VIII, Continuity and Change*, Leiden 1994, S. 65-95.
26 P. de Miroschedji, La localisation de Madaktu et l'organisation politique de l'Élam à l'époque Néo-Élamite, in: Leon de Meyer/ Hermann Gasche/François Vallat (Hrsg.), *Fragmenta Historiae Elamicae, Mélanges offerts à M. J. Stéve*, Paris 1986, S. 209-225, plädiert für Tepe Patak in der Deh-Luran-Ebene, 60 km nordwestlich von Susa, doch eine Lokalisierung in der südlichen Pish-i Kuh oder in Tepe Senjar, KS 7, am nördlichen Ende der Susiana-Ebene, wäre auch möglich. Siehe Daniel T. Potts, Madaktu und Badace, in: *Isimu* 2, 1999, S. 13-28.A. Kuhrt/M. Cool Root (Hrsg.). *Achaemenid History VIII, Continuity and Change*, Leiden 1994, S. 65-95.
27 E Carter, Resisting Empire: Elam in the First Millennium B.C., in: E. C. Stone (Hrsg.), *Settlement and Society: Essays Dedicated to Robert McCormick Adams*, Los Angeles 2007, S. 139-156.
28 B. McCall, Re-assessing Elamite highland boundaries: New Evidence for Middle and Neo Elamite periods in the Mamasani valleys, in: K. De Graef/Jan Tavernier (Hrsg.), *Susa and Elam*, Leiden 2013, S. 191-205.
29 É. de Waele, Travaux archéologiques à Šekāf-e Salmān et Kūl-e Farah près d'Iẕeh (Mālamir), in: *Iranica Antiqua* 16, 1981, S. 45-60; P. Calmeyer, s.v. »Mālamīr. A. Lage und Forschungsgeschichte«, »C. Archäologisch«, in: *Reallexikon der Assyriologie* 7, Nr. 3/4, 1988, Sp. 275-276, 281-287; M. W. Stolper, s.v. »Mālamīr. B. Philologisch«, in: *Reallexikon der Assyriologie* 7, Nr. 3/4, 1988, Sp. 276-281.
30 Pierre Amiet, Disjecta Membra Aelamica. Le décor architectural en brique émaillés à Suse, in: *Arts Asiatique* 32, 1976, S. 13.
31 J. Alvarez-Mon, Elam in the Iron Age, in: Daniel T. Potts (Hrsg.). *Oxford Handbook of Ancient Iran*, Oxford 2013, S. 465-467.
32 Abbas Alizadeh et al., *Ancient Settlement Systems and Cultures in the Ram Hormuz Plain, Southwestern Iran*, Chicago 2014, S. 41-42 (Oriental Institute Publication, 140).
33 Arman Shisegar, *Tomb of the Elamite Princesses of the House of King Shutur-Nahunte Son of Indada, Neo Elamite Period, Phase IIIb (ca. 585-539)*, Teheran 2015. Persisch mit englischer Zusammenfassung, detaillierte Beschreibung der Ausgrabungen und Katalog der Funde.
34 J. Álvarez-Mon, *The Arjan Tomb: At the Crossroads of the Elamite and the Persian Empires*,Leuven oAusführlicheBeschreibung des Grabes und der Beigaben.
35 Erich Schmidt/Maurits Nanning van Loon/Hans H. Curvers, *The Holmes Expeditions to Luristan*, 2 Bde., Chicago 1989 (Oriental Institute Publications, 108); B. Overlaet/Louis Vanden Berghe, Rijksuniversiteit te Gent, Musées royaux d'art et d'histoire (Belgien), The Early Iron Age in the Pusht-I Kuh, Luristan, in: *Acta Iranica* 40, Leuven 2003, S. 34-37.
36 O. Oudbashi, et al.. Archaeometallurgical studies on the bronze vessels from »Sangtarashan«, Luristan, *Iranica Antiqua* 48, 2013, S. 147-174.
37 Schmidt/Nanning/van Loon/ Curvers (wie Anm. 35), Bd. 2, Taf. 210a.
38 E. Porada, *Tchoga Zanbil (Dur-Untash)*, Bd. IV: *La glyptique*, Paris 1970, S. 3-5 (Mémoires de la délégation archéologique en Iran, 42).
39 W. Henkelman, Persians, Medes and Elamites: Acculturation in the Neo-Elamite Period, in: *Continuity of Empire, Assyria, Media, Persia*, Padua 2003, S. 181-231.
40 Marian H. Feldman, *Communities of Style: Portable Luxury Arts, Identity, and Collective Memory in the Iron Age Levant*, Chicago 2014.

JAVIER ÁLVAREZ-MON
ELAMISCHE FELSRELIEFS

Literatur

Javier Álvarez-Mon, *The Monumental Highland Reliefs of Elam*, Eisenbrauns: Winona Lake (im Druck)

Wouter F. M. Henkelman/ Sepideh Khaksar, Elam's Dormant Sound: Landscape, Music and the Divine, in: *Ancient Iran. Archaeoacoustics: The Archaeology of Sound*, Tagungsbericht, 19.–22. Februar 2014, Balzan, Malta, 2014, S. 211–231

Ursula Seidl, *Die Elamischen Felsreliefs von Kurangūn und Naqsh-e Rustam*, Berlin 1986 (Iranische Denkmäler, II 12)

Louis Vanden Berghe, *Reliefs Rupestres de L'Iran Ancien*, Brüssel: Musées Royaux d'art et d'Histoire, 1984

YOUSEF HASSANZADEH
DIE MANNÄER UND DIE URARTÄER IN NORDWESTIRAN

1 Zi-ir-ta: A. Kirk Grayson, *Assyrian rulers of the early first millennium BC*, Bd. 2: *858-745 BC*, Toronto [u.a.]: University of Toronto Press, 1996, S. 70, A.0.102.14, S. 166, 828/827 BC; I-Zir/Zi-ir-ti/tu: A. Fuchs, *Die Inschriften Sargons II. aus Khorsabad*, Göttingen 1994, S. 439; I-zir-te: G. B. Lanfranchi/S. Parpola, *The correspondence of Sargon II*, Bd. 2: *Letters from the Northern and Northeastern provinces*, State archives of Assyria 5, Helsinki: Helsinki University Press, 1990, S. 204.
2 L. D. Levine, Geographical studies in the Neo-Assyrian Zagros, in: *Iran* 12, 1974, S. 99–124.
3 K. Mollazadeh, Mannaean kingdom: a view on the cultural, social and political structures of Mannea on the basis of archaeological and historical geography information, *Bastanpazhuhi* 4, No. 7, 2009, S. 45-53 (persisch), 48, Abb. 1.
4 I. M. Diakonoff, *Tarikh Mad*, Teheran: Elmi va Farhangi, 1992 (1371), S. 156.
5 C. A. Burney/D. M. Lang, *The peoples of the hills. Ancient Ararat and Caucasus*, London:

Weidenfeld and Nicolson, 1971, S. 133, 144.
6 Raihane Afifi/Reza Heidari, Reflections on glazed bricks from Rabat tepe II, Iran, in: *Armenian Journal of Near Eastern Studies* V, 2. Bde., Bd. 2: *Urartu and its Neighbors*, hrsg. von Aram Kosyan, Armen Petrosyan und Yervand Grekyan, Yerevan 2010, S. 152-187; Y. Hassanzadeh/H.. Mollazalehi, New Evidence for Mannaean Art: An Assessment of Three Glazed Tiles from Qalaichi (Izirtu), in: *Elam and Persia*, hrsg. von Javier Alvarez-Mon und Mark B. Garrison, Winona Lake/IN: Eisenbrauns, 2011, S. 407-417, 414-415.
7 J. Nicholas Postgate, s.v. »Mannaer«, in: *Reallexikon der Assyriologie und Vorderasiatischen Archäologie* 7, hrsg. von Dietz O. Edzard, Berlin/New York: Walter de Gruyter , 1987-1990, S. 340; Ran Zadok, *The ethno-linguistic character of northwestern Iran and Kurdistan in the Neo-Assyrian period*, Jaffa: Archaeological Center Publications, 2002, S. 112-113.
8 S. Parpola, Sacas, India, Gobryas and the Median Royal court: Xenophon's Cyropaedia, in: G. Lanfranchi/M. Roaf/R. Rollinger (Hrsg.), *Continuity of Empire (?): Assyria, Media, Persia*, Symposion Padua 2001, Padua 2003, S. 339-350, hier S. 340 (History of the Ancient Near East Monographs, 5).
9 F. M. Fales/J. N. Postgate, *Imperial administrative records*, Teil 2: *Provincial and military administration*, State Archives of Assyria 12, Helsinki 1995, S. 31.
10 R. H. J. Dyson, Excavating the Mannean citadel of Hasanlu and new light on several millennia of Azerbaijan, in: *Illustrated London News* 30, September 1961, S. 534–537.
11 Mollahzadeh (wie Anm. 3), S. 53; Dyson (wie Anm. 10); R. H. Dyson, The Iron Age architecture at Hasanlu: An essay, in: *Expedition* 31(2–3), 1989, S. 107–127; R. H. Dyson/O. W. Muscarella, Constructing the Chronology and Historical Implications of Hasanlu IV, in: *Iran* 27, 1989, S. 1–28.
12 A. Lemaire, L'inscription araméenne de Bukân et son intérêt historique, in: *Comptes rendus de l'Academie des Inscriptions & Belles-lettres* 11, 1998, S. 293-301.
13 E. Yaghmaei, Discovery of a three thousand years old temple at Bukan, in: *Keyhan Newspaper* 1985, Thursday 21st Isfand, S. 6; E. Yaghmaei, A special interment in Tappe Qalaichi, Boukan, in: *Arje Varjavand: An essay to parviz Varjavand*, hrsg. von Shahin Aryamanesh, Teheran: Sahami-ye Enteshar, 2015, S. 191-208.
14 Bahman Kargar/Ali Binandeh, A Preliminary Report of Excavations at Rabat Tepe, Northwestern Iran, in: *Iranica Antiqua* 44, 2009, S. 113–129; Reza Heidari, Hidden aspects of the Mannean rule in northwest Iran, in: Kosyan/Petrosyan/Grekyan (wie Anm. 6), S. 147-151, Taf. XLVIII-LIV.
15 Julian E. Reade/Irving Finkel, Between Carchemish and Pasargadae. Recent Iranian discaveries at Rabat, in *From source to history: studies on ancient Near Eastern worlds and beyond; dedicated to Giovanni Battista Lanfranchi on the occasion of his 65th birthday on June 23, 2014*, hrsg. von Salvatore Gaspa, Alessandro Greco, Daniele Morandi Bonacossi, Simonetta Ponchia und Robert Rollinger, Münster: . Ugarit-Verlag, 2014, S. 581–596, 806–810 Taf. (Alter Orient und Altes Testament, 412).
16 S. Swiny, Survey in North-West Iran, 1971, in: *East and West* 25, 1–2, 1975, S. 77–98.
17 Naumann 1967; R. Naumann/H. H. v. d. Osten, *Takht-i Suleiman und Zendan-i Suleiman. Vorläufiger Bericht über die Ausgrabungen 1959. Translated into Persian by F. N. Sameyi*, Teheran: Iranian Cultural Heritage Organisation, 2003, S. 21; J. Thomalsky, Zendan-e Solaiman, in: B. Helwing/P. Rahemipour (Hrsg.), *Tehran 50. Ein halbes Jahrhundert deutsche Archäologen in Iran*, Ausstellungskatalog Berlin 2012, S. 104-106 (Ausstellung des Deutschen Archäologischen Instituts in Zusammenarbeit mit dem Museum für Inslamische Kunst, Staatliche Museen zu Berlin).
18 A. Godard, *Le trésor de Ziwiyé (Kurdistan)*, Haarlem: J. Enschedé, 1950; B. Helwing, Der Fund von Ziwiyeh, in: *Im Zeichen des Goldenen Greifen. Königsgräber der Skythen*, hrsg. von Wilfried Menghin and Hermann Parzinger, München/Berlin/London/New York: Prestel 2007, S. 228–235.
19 Erste Grabungen 1963: R. H. Dyson, Archaeological scrap: Glimpses of history at Ziwiye, in: *Expedition* 5, 1963, S. 32–37. Seit den 1970er Jahren Untersuchungen der Iranischen Behörde für Kulturerbe (1976-1998: N. M'otamedi, Ziwiye, A Mannaean – Median Castle, in: *History of Architecture and Urban congress* Bd. 1, Teheran: Ianian cultural organization 1995, S. 320-357 (persisch); N. M'otamedi, Ziwiye 1995: Architecture and Pottery, in: Archaeological Report of Iran, Bd. 1, S. 143-170 (persisch). 1999 bis 2002 Fortsetzung durch Simin Lakpur, vgl. Y. Hassanzadeh, Reviewing the archaeological researches in Ziwiye, in Y. Hassanzadeh/S. Miri (Hrsg.), *Eighty years of Iranian Archaeology* Bd. I, Teheran: Pazineh Press Center and National Museum of Iran, 2012, S. 435-457 (persisch). 2008 Nachgrabungen durch K. Abdi, ders., Archaeological activity in Ziwiye 2008, Kurdistan, *Abstracts of 11 archaeological annual in Iran*, Tehran: ICAR 2012, S. 312-314 (persisch). Untersuchungen zur Peripherie, vgl. A. Mohajerinezhad/N. Soraghi/M. Javidkhah, Ziwiye Determine privacy, *Abstracts of 12 archaeological annual in Iran*, Teheran: ICAR 2014, S. 416-418 (persisch).
20 Y. Hassanzadeh, Qal'e Bardine, a Mannaean local chiefdom in the Bukan area, North-Western Iran, in: *Archäologische Mitteilungen aus Iran und Turan* 41, 2009, S. 269–282.
21 A. Esmaili, Excavation at the Mannaean site of BardaKonta in Mahabad county, *Zagros research*, Bd. 2, No. 2-3, 2014, S. 87-96, hier S. 90 (persisch).
22 A. Binandeh/B. Kargar, *Ghour Ghaleh Jan Aqa: a Mannaean fortress in north-western Iran*, 2008. http://www.antiquity.ac.uk/projgall/binandeh315/.
23 A. S. Naghschineh/H. Talaei/K. Niknami, Changbar Iron Age Cemetery, in: *Namaye Bastanshenasi*, Bd. 1, No. 1, 2011, S. 105–122, hier S. 108.
24 H. Rezvani/K. Roustaei, A preliminary report on two seasons of excavations at Kul Tarike cemetery, Kurdistan, Iran, in: *Iranica Antiqua* 42, 2007, S. 139–184.
25 A. Hozhabri, Excavation in Mannaean cemetery of Kani Zêrin, ICAR Archive 2016 (unpubliziert, persisch).
26 H. Seyfnezhad, Grda Ghit Mannnaean Cemetery Destruction, in: *Bastanpazhuhi*, Bd. 4, No. 7, 2009, S. 30.
27 Theodore Burton Brown, *Excavations in Azarbaijan, 1948*, London: John Murray, 1951.
28 Wolfram Kleiss, Urartäische Plätze in Iran (Stand der Forschung Herbst 1975), in: *Archäologische Mitteilungen aus Iran* 9, 1976, S. 19–43.
29 C. A. Burney, Excavations at Haftavan Tepe 1968: First preliminary report, in: *Iran* 8, 1970, S. 157–172; ders., Excavations at Haftavan Tepe 1969: Second preliminary report, in: *Iran* 10, 1972, S: 127–142; ders., Excavations at Haftavan Tepe 1971: Third preliminary report, in: *Iran* 11, 1973, S. 153–172; ders., Excavations at Haftavan Tepe 1973: Fourth preliminary report, in: *Iran* 13, 1975, S. 149–164.
30 Dyson (wie Anm. 11).
31 Helwing/Rahemipour (wie Anm. 17), S. 208 (persisch).

HAMID FAHIMI

DIE EISENZEIT SÜDLICH UND SÜDWESTLICH DES KASPISCHEN MEERS

1 Hamid Fahimi, *Studien zur Eisenzeit im zentraliranischen Hochland unter besonderer Berücksichtigung der neuen Ausgrabung von Tepe Sialk (2001-2005)*, Oxford 2013, S. 18.
2 Roman Ghirshman, *Fouilles de Sialk, près de Kashan 1933, 1934, 1937*, Bd. II, Paris 1939; vgl. Fahimi (wie Anm. 1), S. 15.
3 Fahimi (wie Anm. 1), S. 157.
4 Ghirshman (wie Anm. 2), S. 4–5, Taf. I–V, XXXVII–XLVII.
5 Fahimi (wie Anm. 1), S. 19.

6 Seyf O'llah Kambakhsh Fard, *Tehran-e sehezar-o dewist sale bar asase kawoschhaje Bastanschenasi*, Teheran 1991, S. 35.
7 E. O. Negahban, *Marlik. The complete excavation report*, University of Pennsylvania, University Museum Monograph, Philadelphia 1996.
8 Negahban (wie Anm. 7).
9 Negahban (wie Anm. 7), Farbtaf. X, B; XI, A.
10 Kambakhsh Fard (wie Anm. 6), S. 127.
11 Fahimi (wie Anm. 1), S. 131.
12 Ezat O'llah Negahban, *Gozaresch-e moghaddamati-je hafrijat-e Marlik (Tscheraghali Tappeh); Hejat-e haffari-je Rudbar 1340-1341*, Teheran 1964, S. 12.
13 Mohammad Reza Khalatbari, Kawosch dar Kaluraz-e Gilan, in: *Jadname-je Gerdehamai-je Bastanschenasi-je Schusch* 1, 1997, S. 89–126, hier S. 93.
14 2002 unter der Bezeichnung »Tepe Dschalalijeh«, vgl. Tadahiko Ohtsu/Jebrael Nokandeh/Takuro Adachi, Excavation Research of Tappe Jalaliye, in: Tadahiko Ohtsu/Jebrail Nokandeh/Kazuya Yamauchi (Hrsg.), *Preliminary Report of the Iran Japan Joint Archaeological Expedition to Gilan, Second Season, 2002*, Tokio 2004, S. 48–83; Grabung 2005: Mohammad Reza Khalatbari, Tappe-je bastani-je Kaluraz, neheschtehaje memariri-je asr-e ahan-e Gilan, in: *Gozareschhaje bastanschenasi* 7-1, 2007, S. 231–253.
15 Jebrael Nokandeh/Hamid Fahimi, Pazhuheschhaje bastanschenasi heiat-e moschtarak-e Iran wa Zhapon dar karanehaje gharbi-je sepidrud, Gilan 1380–81, in: *Gozareschhaje Bastanschenasi* 2, 2004, S. 27–66, hier S. 42; Takuro Adachi, The Iron Age Pottery from Tappe Jalaliye, Layer II, III, in: Tadahiko Ohtsu/Jebrael Nokandeh/Kazuya Yamauchi (Hrsg.), *Preliminary Report of the Iran Japan Joint Archaeological Expedition to Gilan, Fourth Season*, Tokio 2005, S. 69–95, hier S. 69.
16 Shuichi Noshio, Identification of Charcoal Samples Excavated from Teppe Jalaliye Layer II, III, in: Ohtsu u.a. (wie Anm. 15), S. 122. Ohtsu u.a. (wie Anm. 14), S. 61; Khalatbari (wie Anm. 14), S. 236. Die stratigrafischen Befunde werden von den jeweiligen Ausgräbern unterschiedlich interpretiert: Nach Khalatbari können die vierte und die fünfte Schicht an den Anfang des 1. Jahrtausends v. Chr. datiert werden.
17 Hamid Fahimi, Observations on the distribution of Iron Age sites on the Sefidrud river west bank, in: Ohtsu u.a. (wie Anm. 15), S. 44–49; Hamid Fahimi/Kazuya Yamauchi, The Fourth Season of Archaeological Survey on the West Bank of the Sefidrud (from the Sorkhan Valley to the River Qezel- Owzan), in: Ohtsu u.a. (wie Anm. 15), S. 7–11.
18 Namio Egami/Shinji Fukai/Seiichi Masuda, *Dailaman I, The Excavation at Ghale Kuti and Lasulkan 1960*, Tokio 1965.
19 Egami u.a. (wie Anm. 18), S. 28.
20 AFahimi (wie Anm. 1), S. 130.
21 Habib O'llah Samadi, Gandschine-je Kelardascht, in: *Gozāreschhaje Bastanschenasi* 3, Teheran 1955, S. 117.
22 Louis Vanden Berghe, *Archéologie de l'Iran ancient*, Bd. 2, Leiden 1966.
23 Ulrike Löw, *Figürlich verzierte Metallgefäße aus Nord- und Nordwestiran*, Münster 1998, S. 65 (Altertumskunde des Vorderen Orients, 6).
24 Prospektionen in den Jahren 1950–1953 durch Habib O'llah Samadi und Ezat O'llah Negahban.
25 Ezat O'llah Negahban, *Moruri bar pandschah sal bastanschenasi-je Iran*, Teheran 1997, S. 467.
26 Seyed Mehdi Mousavi/Rahmat Abbas Nezhad/Mahmoud Heydariyan, Gozaresch-e moghaddamati-je kawoschhaje bastanschenakhti dar Tappeh Kelar, Kelar Dascht (Fasl-e awwal, 1385), in: *Gozareschhaje bastanschenasi* 7-1, 2007, S. 473–509, hier S. 484.
27 Ezat O'llah Negahban, Mohrhaje Marlik, in: *Marlik* 2, 1977, S. 1–31, hier S. 24.
28 R. Bashshash Kanzaq, Reading the inscription on the bronze bracelet at Toul-e Gilan, in: *Excavations at Toul-e Gilan* 2004, hrsg. von M. R. Khalatbari, S. 95–100 (Archaeological investigations in Talesh, Gilan, Tehran: Archaeological Research Center, Gilan ICHTO). S. Razmjou, A bronze bracelet with Urartian inscription at Toul-e Gilan, in: ebda., S. 101–107.
29 Jean Gabus/Roger-Louis Junod, *Amlach-Kunst*, Bern 1967; Roman Ghirshman, *PERSE, Proto-iraniens, Mèdes Achéménides*, Marseille 1963.
30 Hamid Fahimi, *Farhang-e asr-e ahan dar karanehaje jonub-e gharbi-je darjaje khazar, az didgah-e bastanschenasi*, Teheran 2012, S. 65.

ARMAN SHISHEGAR
ZWEI NEUELAMISCHE PRINZESSINNEN UND IHRE KÖNIGLICHEN BESTATTUNGEN

1 P. de Miroschedji, Fouilles du chantier Ville Royale II à Suse (1975–1977). I. niveaux élamites. Cahiers de la délégation archéologique française, in: *Iran* 12, 1981, S. 9–136, hier S. 39–40, Taf. 2, S. 94–113, Abb. 30–40.
2 Zusammenfassend: Y. Wicks, *Bronze »bathtub« coffins in the context of 8th-6th century bc Babylonian, Assyrian and Elamite practices*, Oakville 2015.
3 C. L. Woolley/B. Museum (Hrsg.), *The Neo-Babylonian and Persian Periods*, London 1962, Taf. 18; J. Curtis, Late Assyrian Bronze Coffins, in: *Anatolian Studies* 33, 1983, S. 85–95, hier S. 89; R. Ghirshman, *Tchoga Zanbil (Dur-Untash)*, Bd. II: *Témenos, temples, palais, tombes*, Paris 1968, Abb. 368 (Mémoires de la Mission archéologique en Iran, 40).
4 M. S. B. Damerji, Gräber assyrischer Königinnen aus Nimrud, in: *Bericht des Römisch-Germanischen Zentralmuseums* 45, 1998, Nr. 1, S. 1–83; M. M. Hussein, Nimrud. The Queens' Tombs, in: *Oriental Institute Miscellancellous Publications* 2016.
5 W. Andrae/F. von Luschan (Hrsg.), Ausgrabungen in Sendschirli V. *Die Kleinfunde von Sendschirli*, Berlin 1943, S. 171, S3809, S. 118–119, Taf. 57b–d (Mittheilungen aus den orientalischen Sammlungen, 15); Curtis (wie Anm. 3), S. 86; R.-B. Wartke (Hrsg.), *Samal: ein aramäischer Stadtstaat des 10. bis 8. Jhs. v. Chr. und die Geschichte seiner Erforschung*, Mainz 2005, Abb. 83; J. Álvarez-Mon, The Arjan Tomb: At the Crossroads of the Elamite and the Persian Empires, in: *Acta Iranica* 49, Leuven 2010, S. 29–30.
6 F. Tohidi/A. M. Khalilian, Gozaresh-e Barresi ashya aramgah-e Arjan-e Behbahan, in: *Athar* 7–9, 1361/1982, S. 232–286 (persisch).
7 S. Alibaigi/S. Khosravi, The Neo-Assyrian Bronze Coffin discovered in Sarāb-e Qareh Dāneh, Kouzarān, Kermānshāh: A Clue to an Important Burial in Western Irān, in: *Ancient Near Eastern Studies* 53, 2016, S. 113–124.
8 J. Adeli/A. Nori/L. Latifi, Gozaresh-e Moghadamati taboot bronzi makshofe az mohavate bastani Choubtarash-e Khoramabad, in: *Abstract of Symposium on Iranian Archaeology: Western Region, Kermanshah*, 1–3 November 2006, S. 211–212, Tehran: Iranian Center for Archaeological Research; Shishegar, persönliche Beobachtung der Grabungsleitung.
9 J. de Morgan, Découverte d'une sépulture achémenide à Suse, in: M. J. De Morgan (Hrsg.), *Recherches Archéologiques. Mémoires de la Délégation en Perse* 8, Paris 1905, S. 29–58, Abb. 66–67, Taf. 2.
10 M. J. Mellink, Archaeology in Asia Minor, in: *American Journal of Archaeology* 88, S. 441–459, hier S. 448–449, Taf. 57, Abb. 4.
11 Sousan Mo'taghed, Textiles Discovered in the Bronze Coffin of Kitin Hutran in Arjan, Behbahan, (Parcheh makshofeh az tabot-e bronzi Kidin Hotran dar Arjan-e Behbahan), in: Sondernummer von Athâr, Arjan, *Athar* 17, 1990/1369, S. 62–147 (persisch), hier S. 74, 77, Abb. 11b.
12 Álvarez-Mon (wie Anm. 5, S. 74–75, 226–227) datierte die Zeit von Hanni und Schutur Nahhunte, Sohn des Indada, in die Jahre 585 bis 539 v. Chr., ebenso wie F. Vallat, Atta-hamiti-Inšušinak, Shutur-Nahhunte et la chronology néo-elamite, in: *Akkadica* 127, 2006, S. 59–62; J. Tavernier, Some Thoughts on Neo-Elamite Chronology, in: *Achaemenid Research on Texts and Archaeology* (ARTA) 2004/003,

S. 19, 21, schlägt das letzte Viertel des 7. Jahrhunderts v. Chr. vor, W. F. M. Henkelman, The other gods who are: Studies in Elamite-Iranian acculturation based on the Persepolis fortification texts, Leiden 2008 (Achaemenid History, 14), die Zeit von 750 bis 550 v. Chr.

13 Matthew W. Waters, A Survey of Neo-Elamite History, in: *State Archives of Assyria Study* XII, *The Neo- Assyrian Text Corpus Project*, Helsinki 2000, S. 137–143, 188–198.

14 D. T. Potts, *The archaeology of Elam. Formation and transformation of an ancient Iranian State*, Cambridge 1999, S. 268–269, 272.

15 Zusammenfassung bei Álvarez-Mon (wie Anm. 5), S. 22–23.

16 R. de Mecquenem, The Early Cultures of Susa, in: A. U. Pope (Hrsg.), *A Survey of Persian Art* I, Teheran: Soroush, 1977, S. 135–136, und P. de Miroschedji, Prospections Archeologique au Kuzistan en 1977, in: *Cahiers de la Delegation Archeologique Francaise en Iran* 12, 1981, S. 169–192, hier S. 172–174, Taf. XX, Abb. 55, 60, schlagen vor, Madaktu mit dem Tappe Patak im Nordwesten der Ebene von Chusistan zu identifizieren.

17 V. Scheil, *Textes élamites-anzanites*, Paris 1907 (Mémoires de la Délégation en Perse, 9); F. Vallat, *Les noms geographiques des sources Suso-Elamites*, Wiesbaden 1993, S. 96 (Répertoire Géographique des Textes Cunéiformes, 11); Álvarez-Mon (wie Anm. 5), S. 20.

18 Vallat (wie Anm. 17), Waters (wie Anm. 13).

19 G. Cameron, *History of Early Iran*, Chicago 1936, S. 168, 188–190, 202–206, 209; E. Carter/M. W. Stolper, *Elam: Survey of Political History and Archaeology*, Berkeley/Los Angeles/London 1984, S. 47–48 (Near Eastern Studies, 25); Vallat (wie Anm. 17), S. 96; F. Vallat, Sutruk-Nahunte, Sutur-Nahunte et l'imbroglio neo-elamite, in: *Nouvelles Assyriologiques Breves et Utilitaires* 44, 1995; Potts (wie Anm. 14), S. 259, 275, 280–281, 284; Álvarez-Mon (wie Anm. 5), S. 19–23.

20 Zur achämenidischen Proviantversorgung vgl. M. Brosius, *The persian empire from Cyrus II to Artaxerxes I*, London 2000, S. 189 (The London Association of Classical Teachers, 56); Henkelman (wie Anm. 12), S. 69; Abdolmajid Arfaee, *The Geographical background of the Persepolis Tablets*, unpublizierte PhD. Diss., University of Chicago, 2008, S. 106.

WOUTER F. M. HENKELMAN
TIRUTIRS LANGER NACHHALL: VON ELAM BIS PERSIEN

1 Sargons achter Feldzugsbericht Z. 403f., Übers. W. Mayer.

2 Siehe hierzu Luras W. King/ Reginald C. Thompson, *Sculptures and Inscription of Darius the Great on the Rock of Behistūn in Persia*, London 1907, S. XIV-XVI; Ernst E. Herzfeld, *Am Tor von Asien – Felsdenkmale aus Irans Heldenzeit*, Berlin 1920, S. 22.

3 Dass sich die Erhebungen von Āssina, Naditabaira und auch von Vahyazdāta nicht gegen Dareios, sondern gegen Gaumāta richteten, hat W. Vogelsang, Medes, Scythians and Persians: The Rise of Darius in a North-South Perspective, in: *Iranica Antiqua* 33, 1998, S. 195-224, dargelegt.

4 Zur Bedeutung Auramazdās für das Achämenidenhaus siehe B. Jacobs, Die ikonographische Angleichung von Gott und König in der achämenidischen Kunst, in: Wouter F. M. Henkelman/Céline Redard (Hrsg.), *La religion perse à l'époque achéménide*, Wiesbaden 2016, S. 247-272 (Classica et Orientalia, 16).

5 Weitere Reliefs mit ähnlicher Thematik nennen Ursula Seidl in Aaron Shaffer/Nathan Wasserman/Ursula Seidl, Iddi(n)-Sîn, King of Simurrum. A New Rock Relief Inscription and a Reverential Seal, in: *Zeitschrift für Assyriologie* 93, 2003, S. 44f., und Robert Rollinger, The Relief at Bisitun and its Ancient Near Eastern Setting: Contextualizing the visual vocabulary of Darius' triumph over Gaumata, in: Carsten Binder/Henning Börm/ Andreas Luther (Hrsg.), *Diwan – Festschrift für Josef Wiesehöfer zum 65. Geburtstag*, Duisburg 2016, S. 7-22.

6 Mario Liverani, Model and Actualization – The Kings of Akkad in the Historical Tradition, in: Mario Liverani (Hrsg.), *Akkad – The First World Empire*, Padua 1993, S. 48-50 (History of the Ancient Near East/Studies – V).

7 Hanspeter Schaudig, Nabonid, der »Archäologe auf dem Königsthron«, in: Gebhard J. Selz (Hrsg.), *Festschrift für Burkhart Kienast*, Münster 2003, S. 456-461 (Alter Orient und Altes Testament, 274).

8 Paris, Louvre Sb 52: Winfried Orthmann, *Der Alte Orient*, Berlin 1975, S. 174 Taf. 51c (Propyläen Kunstgeschichte, 18); Douglas R. Frayne, *Sargonic and Gutian Periods* (2334-2113 BC), Toronto 1993, E2.1.4.13; vgl. E2.1.4.9 (The Royal Inscriptions of Mesopotamia – Early Periods Vol. 2).

9 Claus Wilcke, Amar-girids Revolte gegen Narām-Su'en, in: *Zeitschrift für Assyriologie* 87, 1997, S. 11-32.

10 Ursula Seidl, Ein Monument Darius' I. aus Babylon, in: *Zeitschrift für Assyriologie* 89, 1999, S. 101–114.

11 Jonas C. Greenfield/Bezalel Porten, *The Bisitun Inscription of Darius the Great, Aramaic Version*, London 1982 (Corpus Inscriptionum Iranicarum I.V.I).

BRUNO JACOBS
DAS MONUMENT VON BISOTUN UND SEINE VORGESCHICHTE

1 Es gibt keine aktuelle Bearbeitung der Inschrift (bekannt als EKI 75), die Übersetzungen stammen vom Autor. Eine versuchsweise Interpretation in: Walther Hinz, Die Elamischen Inschriften des Hanne, in: W. B. Hennig/ E. Yarshater (Hrsg.), *A Locust's Leg: Studies in Honour of S. H. Taqizadeh*, London 1962, S. 105–116.

2 Siehe die verschiedenen Beiträge in: J. Álvarez-Mon/M. B. Garrison (Hrsg.), *Persia and Elam*, Winona Lake 2011. Eine Übersicht über die Diskussion in: Wouter F. M. Henkelman, Cyrus the Persian and Darius the Elamite: a case of mistaken identity, in: R. Rollinger/B. Truschnegg/R. Bichler (Hrsg.), *Herodot und das persische Weltreich*, Wiesbaden 2011, S. 577–634 (Classica et Orientalia, 3).

3 Neuere Untersuchungen von Kul-e Farah in: Javier Álvarez-Mon, Braids of glory, Elamite sculptural reliefs from the Highlands: Kūl-e Farah IV, in: K. de Graef/J. Tavernier (Hrsg.), *Susa and Elam: archaeological, philological, historical and geographical perspectives*, Leiden 2013, S. 207–248 (Mémoires de la Délégation en Perse, 58); ders., Platforms of exaltation: Elamite sculptural reliefs from the Highlands: Kūl-e Farah VI, in: *Elamica* 4, 2014, S. 1–50; Wouter F. M. Henkelman/Sepideh Khaksar, Elam's dormant sound: landscape, music, and the divine in ancient Iran, in: L. C. Eneix (Hrsg.), *Archaeoacoustics: the Archaeology of Sound*, Myakka City 2014, S. 211–231.

4 Zu *kitin* und zur Daiva-Inschrift siehe: Wouter F. M. Henkelman, *The Other Gods Who Are: Studies in Elamite-Iranian acculturation based on the Persepolis Fortification texts*, Leiden 2008, S. 8–10, 364–371 (Achaemenid History, 14); ders., Parnakka's Feast: *šip* in Pārsa and Elam, in: Álvarez-Mon/ Garrison (wie Anm. 2), S. 89–166.

5 Aktuell siehe: Wouter F. M. Henkelman, Humban & Auramazdā: royal gods in a Persian landscape, in: W. F. M. Henkelman/C. Redard (Hrsg.), *La religion perse à l'époque achéménide*, Wiesbaden, im Druck (Classica et Orientalia); der Band enthält eine Reihe von Beiträgen zur achämenidischen Religion in größerem Zusammenhang. Henkelman, *Other Gods* (wie Anm. 4), untersucht die Kultpraxis im Fortification Archive. Zum Archive siehe ebda., S. 65–179, und Matthew W. Stolper, Case in point: the Persepolis Fortification archive, in: M. T. Rutz/M. M. Kersel (Hrsg.), *Archaeologies of text: archaeology, technology, and ethics*, Oxford 2014, S. 14–30.

6 Zu Napirischa und Kurangun siehe: Ursula Seidl, *Die Elamischen Felsreliefs von Kūrāngūn und Naqš-e Rustam*, Berlin 1986 (Iranische Denkmäler, 12, Iranische

Felsreliefs, IIh); Daniel T. Potts, The Numinous and the Immanent: some thoughts on Kurangun and the Rudkhaneh-e Fahliyan, in: K. von Folsach/H. Thrane/I. Thuesen (Hrsg.), *From handaxe to khan: essays presented to Peder Mortensen on the occasion of his 70th birthday*, Aarhus 2004, S. 143–156; Henkelman, Humban & Auramazdā (wie Anm. 5).

7 Siehe Henkelman, Parnakka's Feast (wie Anm. 4); das Bankett wird bei Diodor erwähnt, *Bibliotheca* XIX. 22.1–3.

8 Zur neuelamischen Chronologie siehe: Jan Tavernier, Some Thoughts on Neo-Elamite Chronology, in: *ARTA* 2004.003, und ders., Elam: Neo-Elamite Period (ca. 1000–530 B.C.), in: W. Eder/J. Renger (Hrsg.), *Chronologies of the Ancient World. Names, Dates and Dynasties*, Leiden 2006, S. 22–24 (Brill's New Pauly, Suppl. 1). Zum Grab von Ardschan: Javier Álvarez-Mon, *The Arjān Tomb: At the crossroads of the Elamite and Persian empires*, Leuven 2010 (Acta Iranica, 49); zu den Gräbern von Dschubadschi: Arman Shishegar, *Tomb of the two Elamite princesses of the House of King Shutur-Nahunte son of Indada, Neo-Elamite period, phase IIIb (ca. 585–539 B.C.)*, Tehran 1393/2015; zu »Kalmakarra«: Wouter F. M. Henkelman, Persians, Medes and Elamites: acculturation in the Neo-Elamite period, in: G. Lanfranchi/M. Roaf/R. Rollinger (Hrsg.), *Continuity of Empire (?): Assyria, Media, Persia*, Padua 2003, S. 181–231, hier S. 106–119 (History of the Ancient Near East Monographs, 5). Zur Einführung der Baumwolle: Javier Álvarez-Mon, The Introduction of cotton in the Near East: a view from Elam, in: K. Abdi (Hrsg.), *Draya tya hacâ Pârsâ aitiy: essays on the archaeology and history of the Persian Gulf littoral*, im Druck. Die Hypothese der sich entwickelnden Handelsrouten wird diskutiert in: Wouter F. M. Henkelman, Imperial signature and imperial paradigm: Achaemenid administrative structure and system across and beyond the Iranian plateau, in: B. Jacobs/W. F. M. Henkelman/M. W: Stolper (Hrsg.), *The administration of the Achaemenid Empire: tracing the imperial signature*, Wiesbaden, im Druck, §1.3 (Classica et Orientalia).

9 Zur Verwendung und Umbildung des Elamischen durch die Perser siehe: Henkelman, Cyrus (wie Anm. 2), S. 586–595, 614–622. Zu Martiya, Atschina: Henkelman, Medes (wie Anm. 8), S. 183f. Zur Verwaltungsterminologie: Matthew W. Stolper, *šarnuppu, in: Zeitschrift für Assyriologie* 68, 1978, S. 261–269; Gian Pietro Basello, Elamite as administrative language: from Susa to Persepolis, in: Álvarez-Mon/Garrison (wie Anm. 2.), S. 61–88.

10 Zu Irdabama: Henkelman, Cyrus (wie Anm. 2), S. 613f. Zu den Siegeln als Erbstücke: Mark B. Garrison, The Seal of »Kuraš the Anšanite, Son of Šešpeš« (Teispes), PFS 93*: Susa – Anšan – Persepolis, in: Álvarez-Mon/Garrison (wie Anm. 2), S. 375–405. Zu Kurasch und Scheschpesch: Wouter F. M. Henkelman, Teispès et les Perses, in: *Annuaire de l'École Pratique des Hautes Études, Section des sciences historiques et philologiques* 145, 2014, S.19–21; ders., Medes (wie Anm. 8), S.194–196 (mit Bibliografie).

11 Pierre de Miroschedji, La fin du royaume d'Anšan et de Suse et la naissance de l'Empire perse, in: *Zeitschrift für Assyriologie* 75, 1985, S. 265–306; ders., La fin de l'Élam: essai d'analyse et d'interprétation, in: *Iranica Antiqua* 25, 1990, S. 47–95. Eine Synopsis der Diskussion in: Henkelman, Other Gods (wie Anm. 4) S. 1–63, und Cyrus (wie Anm. 2), S. 582–586.

RÉMY BOUCHARLAT

WASSERVERSORGUNG UND GÄRTEN IM IRAN

Literatur

Ariel Bagg, *Assyrische Wasserbauten. Landwirtschaftliche Wasserbauten in Kernland Assyrien zwischen der 2. Häfte des 2. und der 1.Häfte der 1. Jahrtausends v. Chr.*, Berlin 2000 (Baghdader Forschungen, 24)

Rémy Boucharlat, *Qanat* and *Falaj*: Polycentric and Multi-Period Innovations : Iran and the United Arab Emirates as Case Studies, in: A. N. Angelakis/E. Chiotis/S. Eslamian/H. Weingartner (Hrsg.), *Underground Aqueducts Handbook*, Taylor & Francis: Abingdon U.K., 2017, S. 279–301

Pierre Briant, Polybe X.28 et les qanats: le témoignage et ses limites, in: P. Briant (Hrsg.), *Irrigation et drainage dans l'Antiquité, qanats et canalisations souterraines en Iran, en Egypte et en Grèce*, Paris 2001, S. 15–40 (Persika, 2)

Günther Garbrecht, Historische Wasserbauten in Ost-Anatolien - Königsreich Urartu, 9.–7. Jh. v. Chr., in: Ch. Ohlig (Hrsg.), *Wasserbauten im Königsreich Urartu und weitere Beiträge zur Hydrotechnik in der Antike*, Seidburg 2004, S. 1–103 (Schriften der Deutschen Wasserhistorischen Gesellschaft/DWhG e.V, 5)

Carl Friedrich Lehmann-Haupt, *Armenien einst und jetzt*, 3 Bde., Berlin 1910–1926

Mirjo Salvini, Pas de qanats en Urartu!, in: P. Briant (Hrsg.), *Irrigation et drainage dans l'Antiquité, qanats et canalisations souterraines en Iran, en Egypte et en Grèce*, Paris 2001, S. 143–155 (Persika, 2)

Gerd Weisgerber, Käris und Qanat. Irans wichtigste traditionelle Methode der Wasserproduktion/Mining for Water – Kaeris and Qanat. Iran's Most Important Traditional Method of Water Production, in: Th. Stoellner/R. Slotta/A.Vatandoust (Hrsg.), *Persiens Antike Pracht. Bergbau, Handwerk, Archäologie*, Ausst.-Kat. Deutsches Bergbau-Museum Bochum, Bochum 2004, S. 532–543

Karl Wittfogel, *Oriental Despotism: A Comparative Study of Total Power*, Yale University Press 1957

M. Wuttmann, Les qanats de 'Ayn Manâwîr (oasis de Kharga, Égypte), in: P. Briant (Hrsg.), *Irrigation et drainage dans l'Antiquité, qanats et canalisations souterraines en Iran, en Egypte et en Grèce*, Paris 2001, S. 109–136 (Persika, 2)

VERZEICHNIS DER AUSGESTELLTEN WERKE

Die Sortierung des Verzeichnisses folgt dem Alphabet entsprechend den Namen der Fundorte; dabei sind Namenszusätze wie Tappe, Tschogha oder Tschigha, Tal- und Tol-, als regional unterschiedliche Ausdrücke für »Siedlungshügel«, nicht berücksichtigt.

»Dschiroft«, »Kalmakarre« und »Ziwiye« sind keine präzisen Fundorte. Bei diesen Angaben handelt es sich um Zuschreibungen an Gegenden, aus denen undokumentiertes Material aus Raubgrabungen stammt. Deshalb stehen diese Namen in Anführungszeichen.

Der Leihgeber aller hier aufgelisteten Exponate ist das National Museum of Iran in Teheran.

ARISMAN

1
Rollsiegel
Arisman, protoelamisch, spätes 4. Jt. v. Chr.
Transluzenter grüner Chalzedon, H 1,6 cm, Ø 0,7 cm
Inv.-Nr. 9787
Abb. S. 107

Helwing 2011a, 274–275 Abb. 55, 285 Abb. 99, 506; Stöllner et al. 2004, 657 Nr. 248

2
Rollsiegel
Arisman, protoelamisch, spätes 4. Jt. v. Chr.
Steatit, gebrannt, H 2,75 cm, Ø 1,3 cm
Inv.-Nr. 9786
Abb. S. 107
Helwing 2011a, 275 Abb. 57, 285 Abb. 99, 508; Stöllner et al. 2004, 657 Nr. 247

3
Anhänger
Arisman, wohl aus einem erodierten Grab, protoelamisch, spätes 4. Jt. v. Chr.
Silber mit Einlagen, 0,6 x 3,4 x 4 cm
Inv.-Nr. 9779
Abb. S. 106

Helwing 2011a, 272 Abb. 49; 284 Abb. 96, 421; Stöllner et al. 2004, 656 Nr. 244

4
Gefäß in Form eines Vogels
Arisman, Areal C45, aus einem protoelamischen Grab, protoelamisch, spätes 4. Jt. v. Chr.
Keramik, 14,5 x 21,8 x 10,2 cm
Inv.-Nr. 9766
Abb. S. 106

Helwing 2011b, 203; 207 Abb 8; 222, 236 Abb. 24, 108; Stöllner et al. 2004, 654 Nr. 240

5
Grabgefäß
Arisman, Areal C45, protoelamisch, spätes 4. Jt. v. Chr.
Keramik, H 50,5 cm, Ø 73,2 cm
Inv.-Nr. 3
Abb. S. 66

Helwing 2011b, 200 Abb. 1, 1; 220, 226 Abb. 14, 1.

6
Armreif
Arisman, aus einem protoelamischen Grab, protoelamisch, spätes 4. Jt. v. Chr.
Kupfer, H 1,5 cm, Ø 4,6 cm
Inv.-Nr. 9765
Abb. S. 106

Helwing 2011a, 271 Abb. 48; 284, 324 Abb. 96, 416; Stöllner et al. 2004, Nr. 224a.

7
Armreif
Arisman, Areal C45, aus einem protoelamischen Grab, protoelamisch, spätes 4. Jt. v. Chr.
Kupfer, H 1,4 cm, Ø 4,3 cm
Inv.-Nr. 9765
Abb. S. 106

Helwing 2011a, 271 Abb. 48; 284, 324 Abb. 96, 414; Stöllner et al. 2004, Nr. 224b

---

TAPPE BABA DSCHAN

8
Anthropomorphe Libationskanne
Tappe Baba Dschan, Zentraler Hügel F, 800–700 v. Chr.
Keramik, 21,5 x 13 x 16,5 cm
Inv.-Nr. 2093
Abb. S. 250

Goff 1969, 122–123 Taf. III a und b; Goff 1978, 38 Abb. 13, 1; Bleibtreu 2000, 94–97 Nr. 18

9
Ziegel
Tappe Baba Dschan, Osthügel, »Painted Chamber«, 1. Jt. v. Chr.
Terrakotta, 6 x 47,5 x 42 cm
Inv.-Nr. 6735
Abb. S. 250

Goff 1970, 148 wheel design, Taf. III, b; Goff 1977, 123 Taf. XIX, b; Nunn 1988, 139; Kargar 2007, Nr. 4

10
Ziegel
Tappe Baba Dschan, Osthügel, »Painted Chamber«, 1. Jt. v. Chr.
Terrakotta, 7,2 x 48 x 42,3 cm
Inv.-Nr. 6741
Abb. S. 250

Goff 1970, 144–148 Taf. III, c; Nunn 1988, 139; Kargar 2007, Nr. 5

11
Ziegel
Tappe Baba Dschan, Osthügel, »Painted Chamber«, 1. Jt. v. Chr.
Terrakotta, 6,5 x 41,5 x 47 cm
Inv.-Nr. 157
Abb. S. 250

Goff 1969, 128 Taf. IV, c; Nunn 1988, 139

Aus der Gegend von BABA DSCHAN

12
Gefäß
Region von Baba Dschan, konfisziert, 1. Jt. v. Chr.
Keramik, 24,5 x 26,7 cm
Inv.-Nr. 2402
Nicht ausgestellt

TAL-E BAKUN

13
Konische Schale
Tal-e Bakun A, level III, 4500–4050 v. Chr.
Keramik, H 16,2 cm, Ø 22,6 cm
Inv.-Nr. 16
Abb. S. 53

Langsdorff McCown 1942 Taf. 1, 11; Porada 1965, 29–30 Taf. 4; Alizadeh et al. 2001a, 68.

14
Konische Schale
Tal-e Bakun A, Level III, 4500–4050 v. Chr.
Keramik, H 11,5 cm, Ø 18 cm
Inv.-Nr. 865
Abb. S. 44

Bleibtreu 2000, Kat. Nr. 51; Alizadeh et al. 2001a, 68–69; Alizadeh 2006, 184 Fig. 26,c.

TSCHOGHA BONUT

15
T-förmige Figur
Tschogha Bonut, Gebäude III, Phase „Middle Susiana", 5400–4800 v. Chr.
Ton, gebrannt, hellgrau, etwas gebrannt, 2,1 x 0,9 x 2,4 cm
Inv.-Nr. 13209
Abb. S. 50

Alizadeh 2003, 22, 67, 72–76 Abb. 30, 1A; 73A.

CHATUN BAN

16
Axt
Chatun Ban, 3. Jt. v. Chr.
Bronze, 7,6 x 14 x 3,2 cm
Teheran, National Museum of Iran
Inv.-Nr. 4080

DOM'AVIZE

17
Grabgefäß
Dom'avize, Plot B, Grab x 1, -2,05, 3. Jt. v. Chr.
Keramik, grau, Ø 29,3 cm
Inv.-Nr. 1230
Abb. S. 101

Schmidt et al. 1989 Taf. 88, a.

TACHT-E DSCHAMSCHID

18
Rollsiegel
Tacht-e Dschamschid, Schatzhaus, Raum 83, a
chämenidisch, 6.–5. Jh. v. Chr.
Dunkelgrauer Kalkstein, H 1,9 cm, Ø 1 cm
Inv.-Nr. 771

Schmidt 1957, pl. 15. p. 43; Bleibtreu 2000, 212 Nr. 125, mit älterer Literatur

---

»DSCHIROFT«

19
Becher, Tierkampf
»Dschiroft«, 3. Jt. v. Chr.
Chlorit, H 9,5 cm, Ø 15,8 cm
Inv.-Nr. 10715
Abb. S. 87

Piran 2012, 45 Nr. 11, 86–87

20
Becher, Tierkampf
»Dschiroft«, 3. Jt. v. Chr.
Chlorit, H 18,9 cm
Inv.-Nr. 9967
ohne Abb.

Piran/Hessari 2005, 38 Nr. 5; Piran 2012, 46, 96–97

21
Becher, Tierkampf
»Dschiroft«, 3. Jt. v. Chr.
Chlorit, H 20,5 cm
Inv.-Nr. 10707
Abb. S. 89
Piran 2012, 45 Nr. 2, 90–91; Biglari/Abdi 2014, 58

22
Gefäß, Tierkampf
»Dschiroft«, Mitte 3. Jt. v. Chr.
Chlorit, H 17,5 cm, Ø 6,5 cm
Inv.-Nr. 189
Abb. S. 84

Majidzadeh 2003, 188 Abb. S. 87–88; Perrot 2003a, 34; Perrot 2003b, 102; Pittman 2003, 86 oben links

---

23
Fußbecher, Schlangenkampf
»Dschiroft«, Mitte 3. Jt. v. Chr.
Chlorit, H 11,5 cm, Ø 13,3 cm
Inv.-Nr. 8736
Abb. S. 87

Majidzadeh 2003, 191 Abb. S. 105; Perrot 2003a, 51

24
Gefäß, Tierkampf
»Dschiroft«, Mitte 3. Jt. v. Chr.
Chlorit, H 11,3 cm, Ø 9 cm
Inv.-Nr. 8732
Abb. S. 89

Majidzadeh 2003, 187 Abb. S. 76–77.

25
Fußbecher, Stiermensch im Tierkampf
»Dschiroft«, Mitte 3. Jt. v. Chr.
Chlorit, Karneol H 14,7 cm, Ø 11,8 cm
Inv.-Nr. 197
Abb. S. 116

Majidzadeh 2003, 175 Abb. S. 11–12; Perrot 2003a, 36–37; Perrot 2003b, 99, 110; Forest 2003, 132

26
Gefäß, Held im Tierkampf
»Dschiroft«, Frühbronzezeit, Mitte 3. Jt. v. Chr.
Chlorit, Ø 9,9 cm
Inv.-Nr. 8733
Abb. S. 84

Majidzadeh 2003, 175 Abb. S. 13–14; Perrot 2003a, 36–37; Perrot 2003b, 99, 110; Forest 2003, 132; Stöllner et al. 2004, 784 Nr. 494

27
Becher, Skorpionmann
»Dschiroft«, Mitte 3. Jt. v. Chr.
Chlorit, H 5,1 cm, Ø 5,7 cm
Inv.-Nr. 8247
Abb. S. 113

28
Schale, mythische Szene, Mensch in Bottich vor Schlangen
»Dschiroft«, Frühbronzezeit,
Mitte 3. Jt. v. Chr.
Chlorit, Ø 20,5 cm
Inv.-Nr. 25
Abb. S. 114

Majidzadeh 2003, 183 Abb. S. 54–56; Perrot 2003a, 53; Perrot 2003b, 98

29
Becher, Reihen von Rindern
»Dschiroft«, 3. Jt. v. Chr.
Chlorit, H 14,4 cm
Inv.-Nr. 9970
Abb. S. 115

Piran/Hessari 2005, 37 Nr. 4; Piran 2012, 47, 102–105

30
Fußbecher, Capriden in Landschaft
»Dschiroft«, Mitte 3. Jt. v. Chr.
Chlorit, H 18,8 cm, Ø 15 cm
Inv.-Nr. 8707

Majidzadeh 2003,177 Abb. S. 24; Perrot 2003a, 41; Perrot 2003b, 100–101

31
Becher, schuppiger Palmenstamm
»Dschiroft«, 3. Jt. v. Chr.
Chlorit, H 21,6 cm
Inv.-Nr. 9964

Piran 2012, 43, 74 unten

32
Gefäß, Palmen
»Dschiroft«, 3. Jt. v. Chr.
Chlorit, H 23 cm
Inv.-Nr. 9961
Abb. S. 32

Piran/Hessari 2005, 40 Nr. 7; Piran 2012, 44, 79

33
Becher, Skorpione
»Dschiroft«, Mitte 3. Jt. v. Chr.
Chlorit, H 8 cm, Ø 11,8 cm
Inv.-Nr. 166
Abb. S. 114

Majidzadeh 2003, 193, Abb. S. 114 Mitte links; Perrot 2003a, 54

34
Becher, Architekturdarstellung
»Dschiroft«, Frühbronzezeit,
Mitte 3. Jt. v. Chr.
Chlorit, H 6,8 cm, Ø 10,5 cm
Inv.-Nr. 8334

35
Becher, Architekturdarstellung
»Dschiroft«, Mitte 3. Jt. v. Chr.
Chlorit, H 5,5 cm, Ø 9,5 cm
Inv.-Nr. 74
Abb. S. 86

Majidzadeh 2003, 185 Abb. S. 71; Vallat 2003a, 91; Vallat 2003b, 92

36
Gefäß in Hausform
»Dschiroft«, Frühbronzezeit,
Mitte 3. Jt. v. Chr.
Chlorit, 11 x 11 x 8,5 cm
Inv.-Nr. 10945
Abb. S. 86

37
Gewicht, Held im Tierkampf
»Dschiroft«, 3. Jt. v. Chr.
Chlorit, 5,5 x 32,5 x 30,9 cm
Inv.-Nr. 10723
Abb. S. 112

Piran 2012, 40, 65 Nr. 18; Biglari/Abdi 2014, 58

38
Gewicht, Tierkampf
»Dschiroft«, Frühbronzezeit,
Mitte 3. Jt. v. Chr.
Chlorit, 11 x 24 x 11 cm
Inv.-Nr. 127
Abb. S. 112

Majidzadeh 2003, 200, Abb. S. 126; Perrot 2003a, 63; Perrot 2003b, 105, 107

39
Gewicht, Palmen
»Dschiroft«, Mitte 3. Jt. v. Chr.
Chlorit, 18,4 x 18,1 x 3,7 cm
Inv.-Nr. 8475
Abb. S. 112

40
Spielbrett
»Dschiroft«, 3. Jt. v. Chr.
Chlorit, 10 x 34 x 13 cm
Inv.-Nr. 9929
Abb. S. 113

Piran/Hessari 2005, 52 Nr. 24

41
Spielbrett, Skorpionmensch
»Dschiroft«, Frühbronzezeit,
Mitte 3. Jt. v. Chr.
Chlorit, 27 x 14,5 x 1 cm
Inv.-Nr. 28
Abb. S. 82

Majidzadeh 2003, 201, Abb. S. 135; Perrot 2003a, 51

42
Spielbrett in Form eines Greifvogels
»Dschiroft«, Frühbronzezeit,
Mitte 3. Jt. v. Chr.
Chlorit, 36 x 17,2 x 1,5 cm
Inv.-Nr. 92
Abb. S. 82

Majidzadeh 2003, 200 Abb. S. 130; Perrot 2003a, 58

43
Spielbrett
»Dschiroft«, Frühbronzezeit,
Mitte 3. Jt. v. Chr.
Chlorit, 12,5 x 37 x 13,6 cm
Inv.-Nr. 053
Abb. S. 113

Majidzadeh 2003, 192 Abb. S. 108; Perrot 2003a, 50

44
Maske
»Dschiroft«, Mitte 3. Jt. v. Chr.
Chlorit, 3,6 x 3,1 x 3 cm
Inv.-Nr. 8127
Abb. S. 113

45
Dose in Form eines kauernden Widders
»Dschiroft«, Frühbronzezeit,
Mitte 3. Jt. v. Chr.
Chlorit, 7,2 x 12,7 x 3,8 cm
Inv.-Nr. 29
ohne Abb.

Majidzadeh 2003, 201 Abb. S. 134; Perrot 2003b, 100

46
Überarbeitetes Gefäß
»Dschiroft«, Mitte 3. Jt. v. Chr.
Chlorit, H 20,4 cm, Ø 16 cm
Inv.-Nr. 8485
Abb. S. 117

47
Quadratische Deckeldose
»Dschiroft«, Mitte 3. Jt. v. Chr.
Chlorit, 5,4 x 5,3 x 5,3 cm
Inv.-Nr. 8704
Abb. S. 88

48
Teller, Schlangenkampf
»Dschiroft«, Mitte 3. Jt. v. Chr.
Chlorit, H 4,3 cm, Ø 31,5 cm
Inv.-Nr. 8706
Abb. S. 78

49
Figurine, Büste
»Dschiroft«, Frühbronzezeit,
Mitte 3. Jt. v. Chr.
Alabaster, 9,5 x 6,5 x 4,8 cm
Inv.-Nr. 8754
Abb. S. 80

50
Kopf
»Dschiroft«, Frühbronzezeit,
Mitte 3. Jt. v. Chr.
Alabaster, 12,1 x 7,5 x 8,5 cm
Teheran, National Museum of Iran
Inv.-Nr. 8752
Abb. S. 80

51
Anthropomorpher Griff
»Dschiroft«, Mitte 3. Jt. v. Chr.
Alabaster, 4,8 x 2,9 x 1,7 cm
Inv.-Nr. 8119
Abb. S. 80

52
Becher
»Dschiroft«, Mitte 3. Jt. v. Chr.
Alabaster, H 8,8 cm, Ø 6,9 cm
Inv.-Nr. 8741
Abb. S. 81

53
Gefäß
»Dschiroft«, Mitte 3. Jt. v. Chr.
Alabaster, H 8,4 cm, Ø 11,2 cm
Inv.-Nr. 8229
Abb. S. 81

54
Gefäß
»Dschiroft«, Mitte 3. Jt. v. Chr.
Alabaster, H 25,8 cm, Ø 11,8 cm
Inv.-Nr. 8593
Abb. S. 81

55
Kette
»Dschiroft«, Mitte 3. Jt. v. Chr.
Gold, Karneol, Achat,
24 x 7 x 1 cm
Inv.-Nr. 8075

56
Nadel mit Scheibenkopf
»Dschiroft«, Frühbronzezeit,
Mitte 3. Jt. v. Chr.
Kupfer, Lapislazuli,
13,3 x 3,4 x 1 cm
Inv.-Nr. 1019
Abb. S. 113

57
Nadel
»Dschiroft«, Mitte 3. Jt. v. Chr.
Kupfer, 13,5 x 3,8 cm
Inv.-Nr. 1026
Abb. S. 113

58
Nadel
»Dschiroft«, Mitte 3. Jt. v. Chr.
Kupfer, 12,9 x 3,7 cm
Inv.-Nr. 1029
Abb. S. 113

59
Nadel
»Dschiroft«, Mitte 3. Jt. v. Chr.
Kupfer, L 12,9 cm
Inv.-Nr. 1032
Abb. S. 113

60
Becher
»Dschiroft«, Mitte 3. Jt. v. Chr.
Alabaster, H 12,4 cm
Inv.-Nr. 8231
Abb. S. 81

61
Nadel
»Dschiroft«, Mitte 3. Jt. v. Chr.
Kupfer, 41 x 5 x 1,1 cm
Inv.-Nr. 1015
Abb. S. 113

62
Nadel
»Dschiroft«, Mitte 3. Jt. v. Chr.
Kupfer, Lapislazuli,
37,3 x 2,6 x 1,4 cm
Inv.-Nr. 1016
Abb. S. 113

63
Nadel
»Dschiroft«, Mitte 3. Jt. v. Chr.
Kupfer, Lapislazuli,
15,9 x 2,2 x 1,2 cm
Inv.-Nr. 997
Abb. S. 113

64
Nadel
»Dschiroft«, Mitte 3. Jt. v. Chr.
Kupfer, Stein,
11,2 x 2,5 x 0,9 cm
Inv.-Nr. 1064
Abb. S. 113

65
Standartenaufsatz in Vogelform
»Dschiroft«, Mitte 3. Jt. v. Chr.
Kupfer, 6 x 6,7 cm
Inv.-Nr. 1484
Abb. S. 113

66
Frauenfigurine
»Dschiroft«, Frühbronzezeit,
Mitte 3. Jt. v. Chr.
Kupfer, 9 x 5,4 x 3,5 cm
Inv.-Nr. 1482
Abb. S. 113

67
Figürlich verzierte Axt
»Dschiroft«, 3. Jt. v. Chr.
Kupfer, 9,5 x 4,9 x 2,4 cm
Inv.-Nr. 933
Abb. S. 118

68
10 Schlangen
»Dschiroft«, Frühbronzezeit,
Mitte 3. Jt. v. Chr.
Kupfer, 6,8 x 1,3 x 0,1 cm
Inv.-Nr. 1548
Abb. S. 118

69
Tier- und Menschenfiguren
»Dschiroft«, Frühbronzezeit,
Mitte 3. Jt. v. Chr.
Kupfer, H zwischen 3 und 6,3cm
Inv.-Nr. 1426-1431

70
Schale
»Dschiroft«, Mitte 3. Jt. v. Chr.
Keramik, H 20,1 cm, Ø 33 cm
Inv.-Nr. 225

71
Gefäß
»Dschiroft«, 3. Jt. v. Chr.
Keramik, H 12,5 cm, Ø 14 cm
Inv.-Nr. 10270

72
Fußbecher
»Dschiroft«, Frühbronzezeit, Mitte 3. Jt. v. Chr.
Keramik, H 13 cm, Ø 13,6 cm
Inv.-Nr. 69
Abb. S. 95

73
Gefäß
»Dschiroft«, Frühbronzezeit, Mitte 3. Jt. v. Chr.
Keramik, H 16 cm, Ø 17,5 cm
Inv.-Nr. 68
Abb. S. 95

74
Schale
»Dschiroft«, Mitte 3. Jt. v. Chr.
Keramik, H 12,5 cm, Ø 21,3 cm
Inv.-Nr. 10954
Abb. S. 92

75
Gefäß in Form eines Widders
»Dschiroft«, Mitte 3. Jt. v. Chr.
Keramik, 20,5 x 15 x 28 cm
Inv.-Nr. 10045

76
Polychrom bemalter Topf
»Dschiroft«, Mitte 3. Jt. v. Chr.
Keramik, H 42,4 cm, Ø 44,4 cm
Inv.-Nr. 0232

DSCHUBADSCHI

77
Armreif mit Inschrift: »Schutur-Nahhunte, Sohn des Indada«
Dschubadschi, Prinzessinnengrab, neuelamisch, 1. Hälfte 6. Jh. v. Chr.
Gold, Ø außen 9,2 x 9,5 cm
Inv.-Nr. 2665
Abb. S. 205

Shishegar 2015, pers. 144–145 Nr. 2.1, Abb. 4, 2.2A, Taf. 4-2-2; engl. 20–21 Abb. 10, 2.1

78
Armreif
Dschubadschi, Prinzessinnengrab, neuelamisch, 1. Hälfte 6. Jh. v. Chr.
Gold, Ø außen 8 x 7,6 cm
Inv.-Nr. 2666
Abb. S. 205

Shishegar 2015, pers. 146–147 Abb. 4,2.2A, Taf. 4-2-3 rechts; engl. 21 Abb. 10, 2.2

79
Armreif mit drei Löwenköpfen und Inschrift
Dschubadschi, Prinzessinnengrab, neuelamisch, 1. Hälfte 6. Jh. v. Chr.
Gold, Löwenköpfe Elfenbein, teilweise vergoldet, Einlagen Bitumen, Karneol, Lapislazuli,
Ø außen 9 x 5,2 cm
Inv.-Nr. 2669
Abb. S. 213

Shishegar 2015, pers. 149, 153 Abb. 3.2, Taf. 4-2-5A; engl. 20–21 Abb. 10, 3.2

80
Armreif mit Tierköpfen
Dschubadschi, Prinzessinnengrab, neuelamisch, 1. Hälfte 6. Jh. v. Chr.
Gold, Einlagen Karneol, Lapislazuli, Kalkstein, Ø außen 8,7 x 6,9 cm
Inv.-Nr. 2670
Abb. S. 206

Shishegar 2015, pers. 149, 154 Abb. 4-2-6, Nr. 3/4; engl. 20–21 Abb. 10, 3.4

81
Armspange mit Inschrift
Dschubadschi, Prinzessinnengrab, neuelamisch, 1. Hälfte 6. Jh. v. Chr.
Gold, Einlagen aus Onyx,
Ø außen 6,9 x 6 cm
Inv.-Nr. 2672
Abb. S. 206

Shishegar 2015, pers. 149, 159–160 Abb. 4-2-10; 4-2-11, Nr. 4/1; engl. 20–21 Abb. 10, 4.1

82
Schwertgriff
Dschubadschi, Prinzessinnengrab, neuelamisch, 1. Hälfte 6. Jh. v. Chr.
Gold, Eisen, 3,6 x 12 x 4,8 cm
Inv.-Nr. 2664
Abb. S. 252

Shishegar 2015, pers. 138–139 Abb. 4-2-1, 1/1; Abb. 4-2-1; engl. 20–21 Abb. 10, 1.1

83
Armreif
Dschubadschi, Prinzessinnengrab, neuelamisch, 1. Hälfte 6. Jh. v. Chr.
Gold, Ø außen 7,2 x 5,6 cm
Inv.-Nr. 2677
ohne Abb.

Shishegar 2015, pers. 166 Abb. 4-2-15 Nr. 5/5; engl. 21 Abb. 10, 5.5

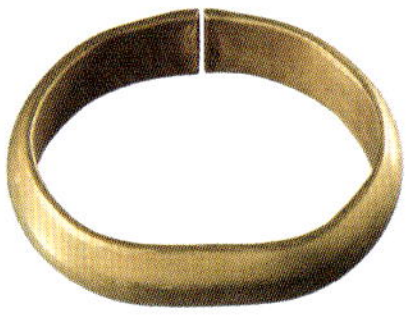

84
Armreif
Dschubadschi, Prinzessinnengrab, neuelamisch, 1. Hälfte 6. Jh. v. Chr.
Gold, H 1,6 cm
Inv.-Nr. 2673

Shishegar 2015, pers. 162, 164 Abb. 4-2-13, 5/1; Abb. 3-2-13, 5/1; engl. 20–21 Abb. 10, 5.1

85
Armreif
Dschubadschi, Prinzessinnengrab, neuelamisch, 1. Hälfte 6. Jh. v. Chr.
Gold, H 1,5 cm
Inv.-Nr. 2674

Shishegar 2015, pers. 162, 165 Abb. 4-2-14, 5/3; Abb. 3-2-14, 5/3; engl. 20–21 Abb. 10, 5.3

86
Armreif
Dschubadschi, Prinzessinnen-grab, neuelamisch, 1. Hälfte

6. Jh. v. Chr.
Gold, H 1,6 cm
Inv.-Nr. 2682

Shishegar 2015, 162, 168 Abb. 4-2-17 Nr. 5/9; Abb. 4-2-16, 5/9; engl. 21, Abb. 10, 5.9

87
Armreif
Dschubadschi, Prinzessinnengrab, neu-elamisch, 1. Hälfte 6. Jh. v. Chr.
Gold, Ø außen 6,8 x 5,5 cm
Inv.-Nr. 2684
Abb. S. 212

Shishegar 2015, 162, 169 Abb. 4-2-18 Nr. 5/12; engl. 21 Abb. 10, 5.12

88
Armreif
Dschubadschi, Prinzessinnengrab, neuelamisch, 1. Hälfte 6. Jh. v. Chr.
Gold, H 3,6 cm
Inv.-Nr. 2683
Abb. S. 212

Shishegar 2015, 162, 169 Abb. 4-2-18 Nr. 5/11; 4-2-18, 5/11; engl. 21 Abb. 10, 5.11

89
Schmuckscheibe
Dschubadschi, Prinzessinnengrab, neu-
elamisch, 1. Hälfte 6. Jh. v. Chr.
Gold, Einlagen, Steine, Ø 7,8 cm
Inv.-Nr. 2827
Abb. S. 211

Shishegar 2015, pers. 238, 242 Abb. 4-2-65, 14/2; engl. 20, 25 Abb. 41, 14.2

90
Schmuckscheibe
Dschubadschi, Prinzessinnengrab, neu-elamisch, 1. Hälfte 6. Jh. v. Chr.
Gold, Einlagen, Steine, Ø 7,6 cm
Inv.-Nr. 2828
Abb. S. 211

Shishegar 2015, pers. 238, 242 Abb. 4-2-65, 14/2;1; Abb. 4-2-65, 14/1; engl. 20, 25 Abb. 41, 14.1

91
Schmuckscheibe
Dschubadschi, Prinzessinnengrab, neu-elamisch, 1. Hälfte 6. Jh. v. Chr.
Gold, Einlagen, Steine, Ø 4,8 cm
Inv.-Nr. 2830
Abb. S. 206

Shishegar 2015, pers. 239, 242 Abb. 4-2-65, 14/5; Abb. 4-2-65, 14/5; engl. 20, 25 Abb. 14, 14.5

92
Schmuckscheibe
Dschubadschi, Prinzessinnengrab, neu-elamisch, 1. Hälfte 6. Jh. v. Chr.
Gold, Einlagen, Steine,
Ø 4,8 cm
Inv.-Nr. 2829
Abb. S. 206

Shishegar 2015, pers. 239, 242 Abb. 4-2-65, 14/4; Abb. 4-2-65, 14/4; engl. 20, 25 Abb. 14, 14.4

93
Schmuckscheibe
Dschubadschi, Prinzessinnengrab, neu-elamisch, 1. Hälfte 6. Jh. v. Chr.
Gold, Ø 4,9 cm
Inv.-Nr. 2833
Abb. S. 211

Shishegar 2015, pers. 239, 242 Abb. 4-2-65, 14/6 (1); Abb. 4-2-65, 14/6 (1); engl. 20, 25 Abb. 14, 14.6(1)

94
Schmuckscheibe
Dschubadschi, Prinzessinnengrab, neu-elamisch, 1. Hälfte 6. Jh. v. Chr.
Gold, Ø 5 cm
Inv.-Nr. 2832
Abb. S. 211

Shishegar 2015, pers. 239, 242 Abb. 4-2-65, 14/6 (4); Abb. 4-2-65, 14/6 (4); engl. 20, 25 Abb. 14, 14.6(4)

95
Nadelkopf
Dschubadschi, Prinzessinnengrab, neu-elamisch, 1. Hälfte 6. Jh. v. Chr.
Gold, L 11,2 cm
Inv.-Nr. 2685
Abb. S. 210

Shishegar 2015, 172, 182 Abb. 6/7; engl. 6.7

96
Nadelkopf
Dschubadschi, Prinzessinnengrab, neu-elamisch, 1. Hälfte 6. Jh. v. Chr.
Gold, Karneol, L 5 cm
Inv.-Nr. 2702
Abb. S. 210

Shishegar 2015, pers. 172, 183 Abb. 4-2-23, 6/18; Abb. 4-2-23, 6/18 engl. 20, 22 Abb. 11, 5.18

97
Nadelkopf
Dschubadschi, Prinzessinnengrab, neu-elamisch, 1. Hälfte 6. Jh. v. Chr.
Gold, Karneol, Silber, L 3,6 cm
Inv.-Nr. 2703
Abb. S. 210

Shishegar 2015, pers. 172, 183 Abb. 4-2-23, 6/19; Abb. 4-2-23, 6/19 engl. 20, 22 Abb. 11, 5.19

98
Nadelkopf
Dschubadschi, Prinzessinnengrab, neu-elamisch, 1. Hälfte 6. Jh. v. Chr.
Gold, Silber, L 3,3 cm
Inv.-Nr. 2707
Abb. S. 210

Shishegar 2015, pers. 172, 183 Abb. 4-2-23, 6/23; engl. 20, 22 Abb. 11, 6.23

99
Nadel
Dschubadschi, Prinzessinnengrab, neu-elamisch, 1. Hälfte 6. Jh. v. Chr.
Gold, Karneol, Silber, L 6,5 cm
Inv.-Nr. 2716
Abb. S. 210

Shishegar 2015, pers. 173, 184 Abb. 4-2-24, 6/33; Abb. 4-2-34, 6/33; engl. 20, 22 Abb. 11, 6.33

100
Nadel
Dschubadschi, Prinzessinnengrab, neuelamisch, 1. Hälfte 6. Jh. v. Chr.
Gold, Achat, Silber, L 7,6 cm
Inv.-Nr. 2718
Abb. S. 210

Shishegar 2015, pers. 173, 184 Abb. 4-2-24, 6/34; Abb. 4-2-34, 6/34; engl. 20, 22 Abb. 11, 6.34

101
Nadel
Dschubadschi, Prinzessinnengrab, neuelamisch, 1. Hälfte 6. Jh. v. Chr.
Gold, Silber, L 11,6 cm
Inv.-Nr. 2709
Abb. S. 210

Shishegar 2015, pers. 173, 183 Abb. 4-2-24, 6/25; Abb. 4-2-34, 6/25; engl. 20, 22 Abb. 11, 6.25

102
Perlen
Dschubadschi, Prinzessinnengrab, neu-elamisch, 1. Hälfte 6. Jh. v. Chr.
Gold, 11 Teile, 2,4 x 0,6 x 0,5 cm
Inv.-Nr. 2807
Abb. S. 210

Shishegar 2015, pers. 201, 221 Abb. 4-2-53, 9/31; Abb. 4-2-53; engl. 20, 23 Abb. 12, 9.31

103
Schmuckkette
Dschubadschi, Prinzessinnengrab, neu-elamisch, 1. Hälfte 6. Jh. v. Chr.
Gold, Halbedelstein, L 35 cm
Inv.-Nr. 2809
Abb. S. 253

Shishegar 2015, pers. 224, 227 Abb. 4-2-57, 11/1; Abb. 4-2-56; engl. 20, 24 Abb. 13, 11.1

104
Skarabäus
Dschubadschi, Prinzessinnengrab, neu-elamisch, 1. Hälfte 6. Jh. v. Chr.
Kalkstein, 0,6 x 1,2 x 0,9 cm
Inv.-Nr. 1386
Abb. S. 252

Shishegar 2015, pers. 472–473 Abb. 4-3-1; Abb. 4-3-1C; engl. 33, Abb. 21, 1

105
Kanne
Dschubadschi, Prinzessinnengrab, neu-elamisch, 1. Hälfte 6. Jh. v. Chr.
Silber, H 22 cm
Inv.-Nr. 2911
Abb. S. 253

Shishegar 2015, pers. 378 Abb. 4-2-4c, 1-2; 4-2-5, 2; engl. 30 Abb. 18, 2

106
Figur, Teil eines Ständers
Dschubadschi, Prinzessinnengrab, neu-elamisch, 1. Hälfte 6. Jh. v. Chr.
Bronze, 24,3 x 7,5 x 5,9 cm
Inv.-Nr. 2915
Abb. S. 209

Shishegar 2015, pers. 311–312 Abb. 4-2-12, 2; Abb. 4-2-12, 2; engl. 27–28 Abb. 16, 2

107
Kandelaber
Dschubadschi, Prinzessinnengrab, neu-elamisch, 1. Hälfte 6. Jh. v. Chr.
Bronze, H 62 cm
Inv.-Nr. 2905
Abb. S. 209

Shishegar 2015, pers. 324–325 Abb. 4-2-13; Abb. 4-2-13, 3/1; engl. 27–28 Abb. 16, 3.1

108
Fußschale
Dschubadschi, Prinzessinnengrab, neu-elamisch, 1. Hälfte 6. Jh. v. Chr.
Stein, Bitumenmastix,
H 8,8 cm, Ø 11,8 cm
Inv.-Nr. 2871
Abb. S. 253

Shishegar 2015, pers. 459–460 Abb. 4-3-2, 1; Abb. 4-3-2, 1; engl. 33 Abb. 21, 1

109
Deckeldose, Kosmetikbehälter
Dschubadschi, Prinzessinnengrab, neu-elamisch, 1. Hälfte 6. Jh. v. Chr.
Terrakotta, glasiert, H 5 cm, Ø 8 cm
Inv.-Nr. 2875
Abb. S. 253

Shishegar 2015, pers. 396, 405 Abb. 3-4-3A, 29; Abb. 3-4-4A, 29; engl. 32 Abb. 20, 29

TAPPE ESMAILABAD

110
Gefäß
Tappe Esmailabad,
5200–4800 v. Chr.
Keramik, H 42 cm, Ø 50 cm
Inv.-Nr. 3723

111
Fußschale
Tappe Esmailabad, 5. Jt. v. Chr.
H 17,5 cm, Ø 22 cm
Inv.-Nr. 5377
Abb. S. 48

Ardakani o. J., Abb. S. 15

112
Gefäß auf hohem Fuß
Tappe Esmailabad, 5. Jt. v. Chr.
Keramik, rot, H 30,2,
Ø 35,2 cm
Inv.-Nr. 5379
Abb. S. 44

TOL-E GAP

113
Gefäß mit Zylinderhals
Tol-e Gap A, 5. Jt. v. Chr.
Keramik, H 47 cm, Ø 33,4 cm
Inv.-Nr. 8960
Abb. S. 53

Egami/Sono 1962, 10 Abb. 25, 2; Taf. XXV, 1a, 1b

114
3 Spinnwirtel
Tol-e Gap, 5. Jt. v. Chr.
Ton, H 4,4/4,8 cm, Ø 5 cm
Inv.-Nr. 1957, 1958, 1959
Abb. S. 45

Egami/Sono 1962, 10

GARMABAK

115
Tierrhyton
Garmabak, 1. Jt. v. Chr.
Keramik, 17 x 23,6 x 10 cm
Inv.-Nr. 1681
Abb. S. 195

Samadi 1959; Vanden Berghe 1959, 5–6 Taf. III,a; Ghirshman 1961, Nr. 38 ohne Abb.; Bleibtreu 2000, 163, 167 Nr. 93; Kambakhsh Fard 2001, Farbseiten Nr. 71

TAPPE GHABRESTAN

116
Becher
Tappe Ghabrestan, frühes 4. Jt. v. Chr.
Keramik, H 15,8 cm, Ø 16,9 cm
Inv.-Nr. 11074
Abb. S. 53
Fazeli 2006, Nr. 19 Abb. 4-42, S. 168

117
Becher
Tappe Ghabrestan, frühes 4. Jt. v. Chr.
Keramik, H 32,4 cm,
Ø 38,2 cm
Inv.-Nr. 11070
Abb. S. 53

Fazeli 2006, Nr. 18, Abb. 4-1; 4-41, S. 167

GHEITARIYEH

118
Kanne
Gheitariyeh, Grab 219,
spätes 2. – frühes 1. Jt. v. Chr.
Keramik, H 16,7 cm, Ø 18 cm
Inv.-Nr. 2049

119
Henkelbecher
Gheitariyeh, Grab 72,
spätes 2. – frühes 1. Jt. v. Chr.
Keramik, H 17,1 cm, Ø 11,6 cm
Inv.-Nr. 4854
Abb. S. 188

Kambakhsh-Fard 1991, 78 Nr. 1554

120
Flasche mit Öse
Gheitariyeh, Grab 286,
spätes 2. – frühes 1. Jt. v. Chr.
Keramik, H 19 cm, Ø 14,2 cm
Inv.-Nr. 3837
Abb. S. 239

121
Flasche mit Henkeltülle
Gheitariyeh, Grab 22,
spätes 2. – frühes 1. Jt. v. Chr.
Keramik, H 14,5 cm, Ø 12,4 cm
Inv.-Nr. 3693
Abb. S. 239

Kambakhsh Fard 2001, 65 oben rechts

122
Schnabelkanne
Gheitariyeh, spätes 2. – frühes 1. Jt. v. Chr.
Keramik, 20 x 32,5 cm,
Ø 19,4 cm
Inv.-Nr. 6636

123
Topf mit Tüllenausguss
Gheitariyeh, spätes 2. – frühes 1. Jt. v. Chr.
Keramik, 19,2 x 28,2 cm
Inv.-Nr. 4027
Abb. S. 239

Kambakhsh Fard 1991, 83

124
Schale mit 3 Beinen
Gheitariyeh, spätes 2. – frühes 1. Jt. v. Chr.
Keramik, 25,2 x 33 cm, Ø 30,5 cm
Inv.-Nr. 4546
Abb. S. 239

Kambakhsh Fard 1991, 74

TAPPE GIYAN

125
Topf
Giyan, 3. Jt. v. Chr.
Keramik, H 45,7 cm, Ø 34,1 cm
Inv.-Nr. 3573
Abb. S. 111

Contenau/Ghirshman 1935, pl. XI

GODIN TAPPE

126
Numerische Tontafel
Godin Tappe, aus dem »Oval«, Godin VI:1, spätes 4. Jt. v. Chr.
Ton, 1,7 x 4 x 2,6 cm
Inv.-Nr. 3724
Abb. S. 58

Weiss/Young 1975, 89, 3; Schmandt-Besserat 1992, 136 Abb. 89; Hallo 2011, Fig. 4.43c

127
Rollsiegel
Godin Tappe, spätes 4. Jt. v. Chr.
Stein, H 3,2 cm, Ø 2,7 cm
Inv.-Nr. 15138
Abb. S. 57

Weiss/Young 1975, Taf. IVa, Abb. 5, 8; Pittman 2011, 113–115, Fig. 4.42, Gd. 73-210 und 104 Fig 4.35

128
Topf
Godin Tappe, 3. Jt. v. Chr.
Keramik, H 13 cm, Ø 14 cm
Inv.-Nr. 6009
Abb. S. 98

Henrickson 1986, Fig. 4,2

129
Anhänger in Form eines Widders
Godin Tappe, Godin III, 3. Jt. v. Chr.
Stein, 3 x 1,7 x 5,3 cm
Inv.-Nr. 2004
Abb. S. 111

Cuyler Young/Levine 1974, 112–113 Abb. 35, 10

TAPPE GURAN

130
Gefäß
Tappe Guran, 2. Jt. v. Chr.
Keramik, rot, H 10,7 cm, Ø 10,5 cm
Inv.-Nr. 2968
Abb. S. 132

131
Gefäß
Tappe Guran, 2. Jt. v. Chr.
Keramik, rot, H 10,7 cm, Ø 10,5 cm
Inv.-Nr. 2970
Abb. S. 132

HAFT TAPPE

132
Kopf
Haft Tappe, Terrassenkomplex I, »Künstlerwerkstatt«, mittelelamisch, 2. Jt. v. Chr.
Keramik, 29 x 19,5 x 17,5 cm
Inv.-Nr 700
Abb. S. 162

Negahban 1991, 37–38 Taf. 24, 167 und Farbtaf. im Umschlag vorn; Álvarez-Mon 2005, 116 Nr. 6

133
Maske
Haft Tappe, Terrassenkomplex I, »Künstlerwerkstatt«, mittelelamisch, 2. Jt. v. Chr.
Ton, 21 x 17 x 9 cm
Inv.-Nr. 702
Abb. S. 162

Negahban 1991, 38 Abb. 1; Taf. 24, 168, Farbtafel 3, 168; Negahban 1993, 557 Fig. 21; Álvarez-Mon 2005, 116 ohne Nr.

134
Axt mit Weihinschrift
Haft Tappe, Terrassenkomplex I, Quadrant XXXIV, 2. Jt. v. Chr.
Bronze, 6,5 x 3,8 x 18 cm
Inv.-Nr. 5571/41137
Abb. S. 163

Negahban 1991, 48 Taf. 31, 217 Farbtaf. 3A; Anm. 3 zur Inschriftlesung

135
Schrifttafel mit drei Siegelabrollungen
Haft Tappe, mittelelamisch, 2. Jt. v. Chr.
Ton, 6,4 x 7,5 x 4,5 cm
Inv.-Nr. 798
Abb. S. 163

Siegelabrollungen: Negahban 1991, 73 Nr. 310 Ill. 25; 73–74 Nr. 314 Ill. 26; 58–59 Nr. 256. Ill. 9, Taf. 40; Amiet 1996, 140 Abb. 5–7; Mofidi Nasrabadi 2011, H.T.S. 4 A–C
Texte: Herrero 1991, 93–94, 108 Text Nr. 9 Fig. 22, Taf. 40; Glassner/Grillot 1991, 121–122

HAFTAWAN TAPPE

136
Schüssel
Haftawan Tappe, Schicht VIB spät, 2. Jt. v. Chr.
Keramik, H 8,2 cm, Ø 19,4 cm
Inv.-Nr. 6043
Abb. S. 162

Edwards 1981, Abb. 19; Edwards 1983, b. 101, 8

137
Topf
Haftawan Tappe, Schicht VIB spät, 2. Jt. v. Chr.
Keramik, H 23 cm, Ø 29,3 cm
Inv.-Nr. 2280
Abb. S. 132

Burney 1973, 161 Taf. III, d; Edwards 1983, Farbtaf. III

138
Gussform
Haftawan Tappe, Schicht VIB, 2. Jt. v. Chr.
Steatit, 3,2 x 8,5 x 15 cm
Inv.-Nr. 2049
Abb. S. 162

Burney 1975, 159 Taf. IV, c; Edwards 1983, Taf. 13,b; Stöllner et al. 2004, 713 Nr. 367

TAPPE HASANLU

139
Schale
Hasanlu, spätes 2./frühes 1. Jt. v. Chr.
Keramik, H 4 cm, Ø 14,4 cm
Inv.-Nr. 11504
Abb. S. 246

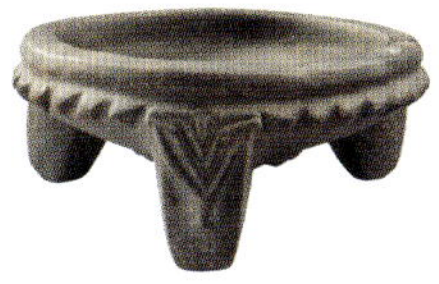

140
Schale mit drei Beinen
Hasanlu, spätes 2./frühes 1. Jt. v. Chr.
Stein, H 8,5 cm
Inv.-Nr. 120

141
Schale mit Repousséverzierung
Hasanlu, Schicht IV B, 900–800 v. Chr.
Gold, 24,5 x 27,8 x 4,5 cm
Inv.-Nr. 3712
Abb. S. 181

Illustrated London News 27.9.1958, 509; Dyson 1959 (Exp.), 12–14; Porada 1959, 18–22; Löw 1998, 85–95 Nr. 1.a; Taf. 1; 2, mit Literatur bis 1998; Negahban 2001, 91; Kargar 2004, 18–19; Ardakani 2010a; Biglari/Abdi 2014, 87

142
Manschette mit Reliefdekor
Hasanlu, Schicht IVB, Burned Building II, Raum 7, aus dem 1. Stockwerk, 900–800 v. Chr.
Gold, H 3,6 cm, Ø 6,3 cm
Inv.-Nr. 8742
Abb. S. 244

Muscarella 1980, 84–85 Nr. 175; Ardakani 2010a

143
Nadel mit Kopf in Form eines Löwen
Hasanlu, Schicht IVB, 900–800 v. Chr.
Bronze, 6 x 14,2 x 3,5 cm
Teheran, National Museum of Iran
Inv.-Nr. 2776
ohne Abb.

Ardakani 2010a

144
Kachel mit Löwenkopf
Hasanlu, Schicht IVB, 900–800 v. Chr.
Keramik, glasiert, 22,7 x 23,5 x 17 cm
Inv.-Nr. 8744
Abb. S. 246

145
Kosmetikdose
Hasanlu, Schicht IVB, Große Halle, Raum V, 900–800 v. Chr.
Elfenbein/Knochen, 7,2 x 3 x 2,5 cm
Inv.-Nr. 7187
Abb. S. 244

Dyson 1963, 132; Dyson 1964a Abb. 1; Muscarella 1980, 38–39 Nr. 73; Ardakani 2010a

146
Widder mit beweglichen Goldhörnern
Hasanlu, Schicht IVB, 900–800 v. Chr.
Stein, Gold, 4,5 x 4,5 x 3,5 cm
Inv.-Nr. 4552
Abb. S. 244

147
Frauenkopf
Hasanlu, Schicht IVB, Burned Building V, Raum 3, aus dem oberen Stockwerk, 900–800 v. Chr.
Elfenbein, 2,6 x 1,6 x 1,7 cm
Inv.-Nr. 11620
Abb. S. 245

Muscarella 1980, 132–133 Nr. 250; Kargar 2007, Nr. 11; Ardakani o. J., 30

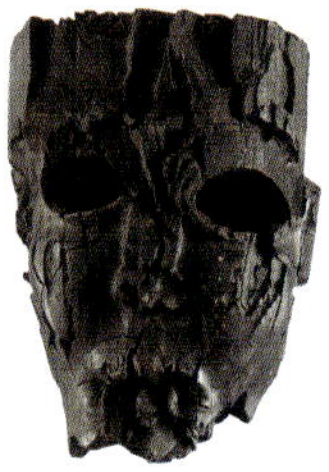

148
Frauenkopf
Hasanlu, Schicht IVB, 900–800 v. Chr.
Elfenbein, verbrannt, 5,8 x 4,1 x 2,3 cm
Inv.-Nr. 8854

Muscarella 1980 Nr. 126

149
Tierfigur
Hasanlu, Schicht IVB, 900–800 v. Chr.
Elfenbein, 1,8 x 4,6 x 2,5 cm
Inv.-Nr. 8845
Abb. S. 244

Muscarella 1980, 124–125 Nr. 242

150
Frauenkopf
Hasanlu, Schicht IVB, Burned Building II, Raum 6, aus dem 1. Stockwerk, 900–800 v. Chr.
Holz, stark verbrannt, 6,9 x 4,5 x 4,4 cm
Inv.-Nr. 8748
Abb. S. 245

Dyson 1964b; Dyson 1965, Abb. 6A; Muscarella 1980, 62–62 Nr. 127

151
Perlen einer Kette
Hasanlu, Schicht IVB, 900–800 v. Chr.
Gold, Karneol, 39,5 x 2,8 cm
Inv.-Nr. 2752

152
Pferdekopfrhyton
Hasanlu, Schicht IVB, 900–800 v. Chr.
Bronze, 15,5 x 14,2 x 6 cm
Inv.-Nr. 4516
Abb. S. 245

Porada 1965, 118 Taf. 32, rechts; de Schauensee 1989, 40 Abb. 5; Biglari/Abdi 2014, 82

153
Henkelattasche
Hasanlu, Schicht IVB, 900–800 v. Chr.
Bronze, 15,5 x 14,9 x 3,2 cm
Inv.-Nr. 5935
Abb. S. 245

Winter 1980, 92 Abb. 63

154
Perlen
Hasanlu, Schicht IVB, 900–800 v. Chr.
Fritte, glasiert, 23,3 x 25 cm
Inv.-Nr. 985
Abb. S. 245

155
Zwei Rasseln
Hasanlu, Schicht IVB, 900–800 v. Chr.
Bronze, H 8,5 und 7 cm, Ø 7,2 und 6,2 cm
Inv.-Nr. 11552
Abb. S. 175

de Schauensee/Dyson 1983, Fig. 19, b

156
Geschossspitze
Hasanlu, 900–800 v. Chr.
Bronze, 0,6 x 2,7 x 9,7 cm
Inv.-Nr. 11526

157
Geschossspitze
Hasanlu, 900–800 v. Chr.
Bronze, 1,1 x 1,2 x 4,1 cm
Inv.-Nr. 11527

158
Dolch
Hasanlu, 900–800 v. Chr.
Eisen, 3 x 5,3 x 37,5 cm
Inv.-Nr. 11617
Abb. S. 246

Thornton/Pigott 2011, 160 Taf. 6.1, 2. von links; Abb. 6.29, Typ IIB

TAPPE HESAR

159
Fußbecher
Tappe Hesar, Periode IC,
4. Jt. v. Chr.
Keramik, H 16,5 cm
Inv.-Nr. 321
Abb. S. 73

Schmidt 1937, 48–49 Abb. 38; Taf. 7, H.3366; Biglari/Abdi 2014, 50

160
Becher auf hohem Fuß
Tappe Hesar, Periode IC,
Grab X-9, 4. Jt. v. Chr.
Keramik, H 18,6 cm, Ø 15,3 cm
Inv.-Nr. 395
Abb. S. 70

Schmidt 1933, 344 Taf. LXXXIII; 362 und Taf. XCV, B für Grabplan; Schmidt 1937, 50 Taf. X, H 802

161
Stempelsiegel
Tappe Hesar, Periode IC–IIA,
3750–3350 v. Chr.
Stein, H 1,9 cm, Ø 3,7 cm
Inv.-Nr. 745
Abb. S. 47

Schmidt 1933, 357 Taf. XCI; Schmidt 1937, 55, 118, 396, ohne Abb.

162
Stempelsiegel
Tappe Hesar, Periode IIA,
3750–3350 v. Chr.
Bläulicher Stein, 2,4 x 2,8 x 1,5 cm
Inv.-Nr. 743
Abb. S. 58

163
Stempelsiegel
Tappe Hesar, Periode IIA,
3750–3350 v. Chr.
Stein, H 1,5 cm, Ø 2,4 cm
Inv.-Nr. 741
Schmidt 1937, Taf. XXVIII, A

164
Becher auf hohem Fuß
Tappe Hesar, Periode IIB,
spätes 4. Jt. v. Chr.
Keramik, H 14 cm, Ø 12,2 cm
Inv.-Nr. 358
Abb. S. 59

Schmidt 1937, Taf. XXVI H.2208

165
Becher auf hohem Fuß
Tappe Hesar, Periode IIB,
spätes 4. Jt. v. Chr.
Keramik, H 11,3 cm, Ø 11,6 cm
Inv.-Nr. 5054
Abb. S. 59

166
Becher
Tappe Hesar, spätes
4. Jt. v. Chr.
Keramik, H 10 cm, Ø 11,8 cm
Inv.-Nr. 12064
Abb. S. 58

167
Fußbecher
Tappe Hesar, 3. Jt. v. Chr.
Keramik, H 9,5 cm, Ø 8,8 cm
Inv.-Nr. 11454
Abb. S. 108

Harris 1989, 146; Howard 1989, Ausgrabung

168
Rhyton
Tappe Hesar, aus einem Kindergrab,
3. Jt. v. Chr.
Keramik, 7 x 5 x 9 cm
Inv.-Nr. 12533
Abb. S. 108

Schmidt 1937, 189, 191 Taf. 46, H.2785, Abb. 113; Gürsan-Salzmann 2016, Fig. 5.17

169
Flasche
Tappe Hesar, 3. Jt. v. Chr.
Keramik, H 31,5 cm,
Ø 14,5 cm
Inv.-Nr. 12147
Abb. S. 70

170
Figurine
Tappe Hesar, Periode III, Treasure Hill Hoard II,
3. Jt. v. Chr.
Alabaster, 19 x 12 x 3cm
Inv.-Nr. 11877
Abb. S. 69

Schmidt 1933, Taf. 132, 134; Schmidt 1937, 191, 193–194 Taf. 47, H.3500, Abb. 99, 114

171
Becher
Tappe Hesar, Periode IIIA,
3. Jt. v. Chr.
Keramik, H 5,7cm
Inv.-Nr. 12067

172
Becher
Tappe Hesar, Periode IIIC, Main Mound, Burned Room of level 2,
Beginn 2. Jt. v. Chr.
Keramik, H 15,1 cm
Inv.-Nr. 12115

Schmidt 1933, 399 Taf. CXVII, H 1115

173
Becher
Tappe Hesar, Periode IIIC, »Warrior Burial«, Beginn
2. Jt. v. Chr.
Alabaster, H 8,1 cm
Inv.-Nr. 12149
Abb. S. 109

Schmidt 1933, Taf. CXLI, H783; Gürsan-Salzmann 2016, 346

174
Vogelfigur
Tappe Hesar, Periode IIIC, »Warrior Burial«, Beginn
2. Jt. v. Chr.
Alabaster, 4 x 2 x 3,2 cm
Inv.-Nr. 390
Abb. S. 109

Schmidt 1933, Taf. cxxxiii; Schmidt 1937, Taf. XXXIII; Gürsan-Salzmann 2016, 245 Fig. 5.20

175
Zylindrisches Gefäß
Tappe Hesar, Periode IIIC,
Beginn 2. Jt. v. Chr.
Alabaster, H 7,5 cm
Inv.-Nr. 882
Abb. S. 109

Schmidt 1937, 256 Abb. 160

176
Topf
Tappe Hesar, Periode IIIC,
Beginn 2. Jt. v. Chr.
Alabaster, H 14,9 cm,
Ø 14,6 cm
Inv.-Nr. 1243
Abb. S. 109

Schmidt 1933, Taf. CXXXVIII; CXL, H181

177
Säule
Tappe Hesar, Periode IIIC, Treasure Hill Hoard I, Beginn
2. Jt. v. Chr.
Alabaster, H 27,7 cm, Ø 11 cm
Inv.-Nr. 1249
Abb. S. 110

Schmidt 1937, 218 Taf. LXI, H.3250

178
Steinplatte mit Öffnungen
Tappe Hesar, Periode IIIC,
Beginn 2. Jt. v. Chr.
Alabaster, H 5 cm, Ø 23,9 cm
Inv.-Nr. 1378
Abb. S. 109

Schmidt 1937, 219 Taf. LXII

179
Teller auf hohem Fuß
Tappe Hesar, Periode IIIC,
Beginn 2. Jt. v. Chr.
Alabaster, H 9 cm, Ø 26,8 cm
Inv.-Nr. 1236
Abb. S. 109

Schmidt 1937, 212 Taf. LIX, H3506

180
Quadratische Schale
Tappe Hesar, Periode IIIC,
Beginn 2. Jt. v. Chr.
Alabaster, 5,9 x 12,5 x 10,4 cm
Inv.-Nr. 374
Abb. S. 109

Schmidt 1937, 217 Abb. 131.

181
Schnabelkanne
Tappe Hesar, Periode IIIC,
Beginn 2. Jt. v. Chr.
Keramik, 17,4 x 26,4 cm,
Ø 15,7 cm
Inv.-Nr. 350
Abb. S. 133

Schmidt 1937, 181 Taf. 41, H.3511;
Stöllner et al. 2004, 626 Nr. 155.

»KALMAKARRE«

182
Schmuckscheibe
»Kalmakarre«, Mitte
1. Jt. v. Chr.
Silber, H 5 cm, Ø 33,5 cm
Inv.-Nr. 9755
Abb. S. 151

Ardakani o. J., 49; Kargar 2004,
34–35; Overlaet 2011, 125 Abb. 13;
Khosravi 2013, 156 fig. 135, 2

183
Schale
»Kalmakarre«, Mitte 1. Jt. v. Chr.
Silber, H 8 cm, Ø 18 cm
Inv.-Nr. 9725
Abb. S. 150

Ardakani 2010c, Abb. S. 40

184
Beschlag
»Kalmakarre«, Mitte
1. Jt. v. Chr.
Bronze, 20 x 15,7 x 2 cm
Inv.-Nr. 9671
Abb. S. 255

Khosravi 2013, 160

185
Beschlag
»Kalmakarre«, Mitte
1. Jt. v. Chr.
Silber, 27,1 x 6,5 x 4,5 cm
Inv.-Nr. 9666
Abb. S. 254

Khosravi 2013, 144

KALURAZ

186
Schnabelkanne
Kaluraz, Gräberfeld,
frühes 1. Jt. v. Chr.
Keramik, 12,3 x 23,6 x 9,8 cm
Inv.-Nr. 9633
Abb. S. 191

Hakemi 1973, Taf. 4, oben rechts;
Kambakhsh Fard 2001, 273-B

187
Schnabelkanne
Kaluraz, Gräberfeld,
frühes 1. Jt. v. Chr.
Keramik, 18,4 x 22,2 x 10,2 cm
Inv.-Nr. 9619
Abb. S. 190

188
Weibliche Figurine
Kaluraz, Gräberfeld,
frühes 1. Jt. v. Chr.
Keramik, 38,6 x 14 x 10,4 cm
Inv.-Nr. 9936
Abb. S. 240

Hakemi 1973, zur Grabung;
Yamauchi 1998, 20

189
Rhyton
Kaluraz, frühes 1. Jt. v. Chr.
Keramik, 20 x 21 x 34 cm
Inv.-Nr. 2102
Abb. S. 191

Kambakhsh Fard 2001, 273-B;
Ardakani 2010, 17; Ohtsu 2012

190
Reliefbecher
Kaluraz, Grab 8a/67,
frühes 1. Jt. v. Chr.
Gold, H 13,3 cm, Ø 8,1 cm
Inv.-Nr. 6394
Abb. S. 199

Löw 1998, 200–201, Nr. 17.a, Taf. 19,
20a–b; Ohtsu 2012; Stöllner et al.
2004, 756, Nr. 440

KAMTARLAN

191
Grabgefäß
Kamtarlan I, Lorestan, Plot B, Grab
x1, -5,80, 3. Jt. v. Chr.
Keramik, H 31,5 cm, Ø 34,7 cm
Inv.-Nr. 1021
Abb. S. 102

Schmidt et al. 1989, Taf. 87, c

KELARDASCHT

192
Dolch
Kelardascht, »Zufallsfund«
zusammen mit 193, 1. Jt. v. Chr.
Gold, 38 x 5 x 1,7 cm
Teheran, National Museum of Iran
Inv.-Nr. 1687
Abb. S. 189

Samadi 1959, Abb. 11; Kargar 2004,
22; Babak Rafie, im Druck a, Abb. 7

193
Becher mit Repousséverzierung
Kelardascht, »Zufallsfund«
zusammen mit 192,
1. Jt. v. Chr.
Gold, H 10 cm
Inv.-Nr. 1688
Abb. S. 200

Samadi 1959, Abb. 12–13; Porada
1965, 91, 94 Abb. 61; Löw 1998,
196–199, Nr. 16.a; Taf. 16a–b; Kargar
1380, 50 unten; Kargar 2004, 22;
Biglari/Abdi 2014, 91

TAL-E MALYAN

194
Löwenfigur
Malyan, ABC surface,
4. Jt. v. Chr.
Goldblech, 2,1 x 2,6 cm
Inv.-Nr. 10891
Abb. S. 67

Sumner 2003, Taf. 21c;
Biglari/Abdi 2014, 51

195
Becher
Malyan, Kaftari-Zeit,
2. Jt. v. Chr.
Keramik, H 12,5 cm, Ø 6 cm
Inv.-Nr. 125
Abb. S. 143

MARLIK

196
Becher mit Repousséverzierung
Marlik, Grab 26, s
pätes 2. – frühes 1. Jt. v. Chr.
Gold, H 18,6 cm
Inv.-Nr. 7708
Abb. S. 197

Negahban 1962a, Taf. III, H;
Negahban 1996, 57 Nr. 8; Farbtafel
XII B während der Freilegung; XIII,
A–C; Taf. 19, 8; Löw 1998, 177–179
Nr. 13.e, Taf. 15, a–b; 16a, mit älterer
Literatur; Kargar 1380, 50 oben;
Stöllner et al. 2004, 752–753, Nr.
436; Kargar 2004, 13; Biglari/Abdi
2014, 88

197
Becher mit Repousséverzierung
Marlik, Grab 2, spätes
2. – frühes 1. Jt. v. Chr.
Gold, 19,6 x 13,7 x 8,5 cm
Inv.-Nr. 7699
Abb. S. 198

Negahban 1964 exc, Abb. 113; 141;
Taf. IV; Negahban 1996, 75–77

Farbtaf. XVII, A und B; Taf. 22, 14; Löw 1998, 130–140 Nr. 6.a, Taf. 5b; Taf. 6, a–b Details; 130 mit älterer Literatur; Kargar 1380, 51 unten; Kargar 2004, 31; Biglari/Abdi 2014, 74

198
Becher mit Repousséverzierung
Marlik, Grab 36, spätes
2. – frühes 1. Jt. v. Chr.
Gold, 8,7 x 11,2 x 9 cm
Inv.-Nr. 7701
Abb. S. 200

Negahban 1962a, Taf. III, G; Negahban 1996, 69–71, Taf. Farbtafel XIV, D, Taf. 21, 11; Löw 1998, 175–177, Nr. 13.d, Abb. 53, Taf. 14; mit älterer Literatur; Kargar 2004, 33; Biglari/Abdi 2014, 72

199
Becher
Marlik, Grab 45, spätes
2. – frühes 1. Jt. v. Chr.
Gold, H 18 cm
Inv.-Nr. 7698
Abb. S. 196

Negahban 1962a, Taf. 1 Abb. A; Negahban 1996, 63–67 Taf. 20, 9; Farbtaf. XIV, B; Löw 1998, 115–121 Nr. 4.a, Abb. 23; Taf. 5a.; S. 115–116 ältere Literatur; Bleibtreu 2000, 76 Nr. 78; 150–152, mit Literatur

---

200
Endbeschlag in Form eines Löwenkopfs
Marlik, Grab 26, spätes
2. – frühes 1. Jt. v. Chr.
Gold, 4 x 2,5 x 2,3 cm
Inv.-Nr. 7693
Abb. S. 237

Negahban 1996, 134 Nr. 153; Taf. 48, 153, Farbtaf. XXVI, A

201
Rhyton in Form eines Buckelrindes
Marlik, Grab 18, spätes
2. – frühes 1. Jt. v. Chr.
Keramik, Gold, 19,5 x 26 x 11 cm
Inv.-Nr. 7669
Abb. S. 194

Negahban 1996, 118 Nr. 87, Taf. 36, 87; Bleibtreu 2000, 156–157 Nr. 83, mit älterer Literatur; Biglari/Abdi 2014, 78

202
Rhyton in Form eines Buckelrindes
Marlik, Grab 18,
spätes 2. – frühes 1. Jt. v. Chr.
Ton, 24 x 29 x 9,2 cm
Inv.-Nr. 7679
Abb. S. 194

Negahban 1996, 117–118 Nr. 86, Taf. 36, 86

203
Hirschrhyton
Marlik, Grab 36, Schnitt XVIII C,
spätes 2. – frühes 1. Jt. v. Chr.
Keramik, 29,5 x 27,5 x 13,5 cm
Inv.-Nr. 7678
Abb. S. 194

Negahban 1996, 121 Taf. 39, 103; Farbtaf. XXIVB

204
Wagenmodell mit zwei Buckelrindern, Joch und Deichsel
Marlik, Grab 52, spätes
2. – frühes 1. Jt. v. Chr.
Bronze, 9 x 10,5 x 5,9 cm
Inv.-Nr. 8120
Abb. S. 238

Negahban 1996, 129, Nr. 131; Taf. 44, 131; Biglari/Abdi 2014, 80; Nr. 8120

205
Dolch
Marlik, Grab 29, spätes
2. – frühes 1. Jt. v. Chr.
Bronze, 5,8 x 8,9 x 39 cm
Inv.-Nr. 7582
Abb. S. 189

Negahban 1996, 260 Nr. 699, ohne Abb.

206
Dolch
Marlik, Grab 29, spätes
2. – frühes 1. Jt. v. Chr.
Bronze, 1,9 x 6 x 47 cm
Inv.-Nr. 7583
Abb. S. 136

Negahban 1996, 272 Nr. 814, Taf. 125, 814

207
Speerspitze
Marlik, Grab 1, spätes 2. – frühes 1. Jt. v. Chr.
Bronze, 2,2 x 5,1 x 45,6 cm
Inv.-Nr. 7611
Abb. S. 136

Negahban 1996, 272 Nr. 809, ohne Abb.

208
Speerspitze
Marlik, Grab 2, spätes
2. – frühes 1. Jt. v. Chr.
Bronze, 1,6 x 5 x 48 cm
Inv.-Nr. 7616
Abb. S. 238

Negahban 1996, 267 Nr. 748, ohne Abb.

209
Dolch
Marlik, Grab 44, spätes
2. – frühes 1. Jt. v. Chr.
Bronze, 2,8 x 5,6 x 42,8 cm
Inv.-Nr. 7645
Abb. S. 238

Negahban 1996, 262 Nr. 713, ohne Abb.; Rafie, im Druck b, Abb. 5, links

---

210
Lanzenspitze
Marlik, Grab 47, spätes
2. – frühes 1. Jt. v. Chr.
Bronze, 1,1 x 10,4 x 54 cm
Inv.-Nr. 7640
Abb. S. 238

Negahban 1996, 270, Nr. 777, ohne Abb.

211
Dolch
Marlik, Grab 47, spätes
2. – frühes 1. Jt. v. Chr.
Bronze, 6,5 x 9,5 x 49 cm
Inv.-Nr. 8220
Abb. S. 136

Negahban 1996, 260 Nr. 690, Taf. 120, 690

212
Nadel
Marlik, Grab 50, spätes
2. – frühes 1. Jt. v. Chr.
Gold, L 11 cm
Inv.-Nr. 7817
Abb. S. 237

Negahban 1996, 187 Nr. 457, Taf. 94, 457

213
Nadel
Marlik, Grab 10, spätes 2. Jt. v. Chr.
Gold, L 11,1 cm, Ø 1 cm
Inv.-Nr. 7818
Abb. S. 237

Negahban 1996, 187 Nr. 458; Taf. 94, 458

214
Schmuckkette
Marlik, Grab 16, spätes 2. – frühes 1. Jt. v. Chr.
Karneol, Achat, Gold, 17,5 x 11,6 cm
Inv.-Nr. 8700
Abb. S. 201

Negahban 1996, 151–152 Nr. 216, Taf. 59, 216

215
Schmuckkette
Marlik, Grab 32, spätes 2. – frühes 1. Jt. v. Chr.
Karneol, Gold, 16 x 17,5 cm, Ø 16 cm
Inv.-Nr. 8163
Abb. S. 201

Negahban 1996, 155–156 Nr. 254, Taf. 66, 254

216
Schmuckkette
Marlik, Grab 32, spätes 2. – frühes 1. Jt. v. Chr.
Karneol, Gold, L 26,8 cm
Inv.-Nr. 7831
Abb. S. 201

Negahban 1996, 150–151 Taf. 58, 210

217
Anhänger
Marlik, Grab 26, spätes 2. – frühes 1. Jt. v. Chr.
Gold, Ø 5,3 cm
Inv.-Nr. 7718
Abb. S. 137

Negahban 1996, 146 Nr. 183, Taf. 53, 183

218
Ohrring
Marlik, Grab 26, spätes 2. – frühes 1. Jt. v. Chr.
Gold, H 8 cm
Inv.-Nr. 7689
Abb. S. 237

Negahban 1996, 149 Nr. 202, Taf. 56, 202, Farbtaf. XXVID

219
Schmuckscheibe
Marlik, spätes 2. – frühes 1. Jt. v. Chr.
Gold, H 2,2 cm, Ø 7,6 cm
Inv.-Nr. 7759
Abb. S. 238

Nicht aufgenommen in Negahban 1996, gelistet S. 341

220
Schmuckscheibe
Marlik, Grab 45, spätes 2. – frühes 1. Jt. v. Chr.
Gold, H 3 cm, Ø 8,5 cm
Inv.-Nr. 7763
Abb. S. 238

Negahban 1996, 179 Nr. 417, Taf. 89, 417

221
Schmuckscheibe
Marlik, Grab 24, spätes 2. – frühes 1. Jt. v. Chr.
Gold, H 2,2 cm, Ø 6,9 cm
Inv.-Nr. 7771
Abb. S. 238

Negahban 1996, 180 Nr. 419, Taf. 90, 419

222
Schmuckscheibe
Marlik, Grab 45, spätes 2. – frühes 2. Jt. v. Chr.
Gold, H 2 cm, Ø 7,6 cm
Inv.-Nr. 7766
Abb. S. 238

Negahban 1996, 179 Nr. 414, Taf. 89, 414

TSCHOGHA MISCH

223
Schale
Tschogha Misch, Early Susiana, 5800–5400 v. Chr.
Keramik, H 7,6 cm, Ø 19,3 cm
Inv.-Nr. 12636
Abb. S. 54

Alizadeh 2008, Abb. 62, F (als Deckel)

224
Schale
Tschogha Misch, Middle Susiana, 5400–4800 v. Chr.
Keramik, H 10,9 cm, Ø 29,6 cm
Inv.-Nr. 13139
Abb. S. 54

Alizadeh 2008, Abb. 37, D

225
Becher
Tschogha Misch, Late Middle Susiana, 5000–4800 v. Chr.
Keramik, H 16 cm, Ø 23,9 cm
Inv.-Nr. 13136
Abb. S. 54

Alizadeh 2008, Fig. 38, H

226
Zählsteine (»Token«)
Tschogha Misch, spätneolithisch, Ende 6./Anfang 5. Jt. v. Chr.
Ton, gebrannt, H 1,5–3 cm, B 1,2–2 cm
Inv.-Nr. 1984–1990

227
Zählsteine (»komplexe Token«)
Tschogha Misch, Osthügel, protoliterate, 4. Jt. v. Chr.
Ton, 22 Teile, 2,7 x 3,2 x 1,2 cm
Inv.-Nr. 029
Abb. S. 55

228
Zählsteine (»Token«)
Tschogha Misch, »Middle Susiana«, 5. Jt. v. Chr.
Ton, 2 Teile, größte H 1,6 cm, größter Ø 2,9 cm
Inv.-Nr. 1963, 1966, 1967, 1970, 1971, 1975, 1978, 1983
Abb. S. 55

229
Zählsteine (»Token«)
Tschogha Misch, Osthügel, protoliterate, 4. Jt. v. Chr
Ton, 4 Teile, H 0,7 cm, Ø 2,7 cm
Inv.-Nr. 029
Abb. S. 55

230
Spinnwirtel
Tschogha Misch, protoliterate, 4. Jt. v. Chr.
Ton, H 1,6 cm, Ø 2,5 cm
Inv.-Nr. 161
Abb. S. 45

231
Spinnwirtel
Tschogha Misch, protoliterate, 4. Jt. v. Chr.
Ton, H 1,5 cm, Ø 2,8 cm
Inv.-Nr. 170
Abb. S. 45

232
Spinnwirtel
Tschogha Misch, protoliterate, 4. Jt. v. Chr.
Ton, H 1,7 cm, Ø 3,1 cm
Inv.-Nr. 26
Abb. S. 45

233
Flasche mit Krummtülle
Tschogha Misch, 4. Jt. v. Chr.
Keramik, Ø 13,5 cm
Inv.-Nr. 8546
Abb. S. 49

Delougaz et al. 1996, Taf. 111, D; Taf. 23, E

234
Gefäß mit Tülle
Tschogha Misch, 4. Jt. v. Chr.
Keramik, H 15,2 cm, Ø 16,5 cm
Inv.-Nr. 13144

235
Zählsteine (»Token«)
Tschogha Misch, Ost, protoliterate, 4. Jt. v. Chr.
Ton, 22 Teile, H 1,2 cm, Ø 0,9 cm
Inv.-Nr. 029
Abb. S. 55

236
Tonkugel mit Rollsiegelabdruck
Tschogha Misch, spätes
4. Jt. v. Chr.
Ton, Ø 6,2 cm
Inv.-Nr. 2749
Abb. S. 54

237
Tonkugel mit Rollsiegelabdruck
Tschogha Misch, spätes
4. Jt. v. Chr.
Ton, Ø 7 cm
Inv.-Nr. 2741
Abb. S. 47

Delougaz et al. 1996, Taf. 35, A–B

238
Teil einer Tonkugel mit Rollsiegelabdruck
Tschogha Misch, spätes
4. Jt. v. Chr.
Ton, 5,3 x 2,8 cm
Inv.-Nr. 2727
Abb. S. 54

239
Zwei Zählsteine (»komplexe Token«)
Tschogha Misch, 4. Jt. v. Chr.
Ton, Ø 1,7 und 2 cm
Inv.-Nr. 2532, 17099
Abb. S. 55

240
Teil einer Tonkugel mit Rollsiegelabdruck
Tschogha Misch, spätes 4. Jt. v. Chr.
Ton, 6,2 x 6,2 x 2,2 cm
Inv.-Nr. 2730
Abb. S. 54

241
Siegelabdruck
Tschogha Misch, spätes 4. Jt. v. Chr.
Ton, 8,6 x 5 x 3,4 cm
Inv.-Nr. 2420/2
Abb. S. 54

Delougaz et al. 1996, Taf. 44, G; Taf. 146, E

242
Siegelabrollung
Tschogha Misch, spätes 4. Jt. v. Chr.
Ton, 4,8 x 5,1 x 1,7 cm
Inv.-Nr. 2420/6
Abb. S. 54

Delougaz et al. 1996, Taf. 33, A; für die Rekonstruktion des Motivs, Taf. 144, C; 145, C; Biglari/Abdi 2014, 46

243
Gefäß mit Griff in Form eines Ziegenbocks
Tschogha Misch, High Mound, wohl aus einem Grab, alt-elamisch,
2. Jt. v. Chr.
Bitumen, 16,8 x 7,4 x 15,8 cm,
Ø 6,2 cm
Inv.-Nr. 5559
Abb. S. 129

Alizadeh 2008, Taf. 26, B–C

TAPPE NURABAD

244
Rollsiegel
Nurabad, Schnitt III, Schicht 2,
2. Jt. v. Chr.
Stein, H 2,6 cm, Ø 1cm
Inv.-Nr. 14878
Abb. S. 133

Sajjadi/Samani 1999, Taf. 8, 1.

245
Rollsiegel
Nurabad, Grab 11, spätes 2. oder frühes 1. Jt. v. Chr.
Chalzedon, H 2,4 cm, Ø 0,9 cm
Inv.-Nr. 14879
Abb. S. 133

Sajjadi/Samani 1999, Taf. 21, 4

TAPPE NUSCH-E DSCHAN

246
Dose
Nusch-e Dschan, 1. Jt. v. Chr.
Knochen, H 11,2 cm, Ø 5,9 cm
Inv.-Nr. 5461
Abb. S. 251

Curtis 1984, Abb. 16 Nr. 429

247
2 Silberspiralen
Nusch-e Dschan, Hortfund, Nusch-e Dschan Phase 1, um 600 v. Chr.
Silber (gesamter Fund ca. 200 Teile),
3 x 3 x 1 cm, 2,4 x 2,5 x 1 cm
Inv.-Nr. 1524
Abb. S. 251

Stronach 1968; Bivar 1971; Curtis 1984, Taf. III

TAPPE PARDIS

248
Gefäß auf hohem Fuß
Tappe Pardis, Trench III,
5200–4800 v. Chr.
Keramik, H 77 cm, Ø 74 cm
Inv.-Nr. 216
Abb. S. 52

Fazeli et al. 2007, Abb. 14

TAPPE RABAT

249
Bildkachel
Tappe Rabat, spätes 8. Jh. v. Chr.
Terrakotta, glasiert, 52 x 57 x 12 cm
Inv.-Nr. 11655
Abb. S. 248

250
Bildkachel
Tappe Rabat, spätes 8. Jh. v. Chr.
Terrakotta, glasiert, 33,5 x 34 x 11 cm
Inv.-Nr. 11658
Abb. S. 249

Kargar/Binandeh 2009, 126, Taf. 7; Heidari 2010, 337, Tab. L.1; Reade/Finkel 2014, Abb. 6A

251
Bildkachel
Tappe Rabat, spätes
8. Jh. v. Chr.
Terrakotta, glasiert,
48 x 25 x 21 cm
Inv.-Nr. 11660
Abb. S. 246

252
Bildkachel
Tappe Rabat,
spätes 8. Jh. v. Chr.
Terrakotta, glasiert,
47 x 37 x 7 cm
Inv.-Nr. 11661
Abb. S. 178

Heidari 2007, 225, Abb. 14; Reade/Finkel 2014, Abb. 8

253
Bildkachel
Tappe Rabat, 2008,
spätes 8. Jh. v. Chr.
Terrakotta, glasiert,
10 x 34 x 34 cm
Inv.-Nr. 11657
Abb. S. 247

Afifi/Heidari 2010, 169–171, Abb. 5–10

254
Bildkachel mit Schriftzeichen
Tappe Rabat, spätes
8. Jh. v. Chr.
Terrakotta, glasiert,
9 x 33 x 23 cm
Inv.-Nr. 11659
Abb. S. 179

Reade/Finkel 2014, Abb. 13B

255
Bildkachel mit Schriftzeichen
Tappe Rabat, spätes 8. Jh. v. Chr.
Terrakotta, glasiert,
10 x 34 x 33,5 cm
Inv.-Nr. 11656
Abb. S. 179

Reade/Finkel 2014, Abb. 13A

TSCHIGHA SABZ

256
Scherbe, Tanzszene
Tschigha Sabz,
5200–4500 v. Chr.
Keramik, 9,2 x 7,7 x 1,3 cm
Inv.-Nr. 1919
Abb. S. 57

257
Schale, Tanzszene
Tschigha Sabz, 5. Jt. v. Chr.
Keramik, H 8,2 cm
Inv.-Nr. 01
Abb. S. 48

Schmidt et al. 1989, 75–76 Taf. 67, a

TAPPE SANG-E TSCHACHMAQ

258
Figurine, Widder
Sang-e Tschachmaq Ost, Schicht II, 6200–5300 v. Chr.
Kalkstein, 5,8 x 3 x 7,9 cm
Inv.-Nr. 11411
Abb. S. 51

Kargar 2007, Nr. 18; Masuda u.a. 2013, 231–233 Abb. 14.20, 7 (Furusato); Thornton 2013, Abb. 15.7 D; Furusato 2014, Abb. 1, 1

259
Kopf einer Figurine
Sang-e Tschachmaq Ost, Schicht I, 6200–5300 v. Chr.
Terrakotta, 3,5 x 2,1 x 2,5 cm
Inv.-Nr. 11425
Abb. S. 51

Masuda et al. 2013, 231–233 Abb. 14.20, 1 (Furusato); Furusato 2014, 26 Fig. 2

260
Schüssel
Sang-e Tschachmaq Ost, Schicht I–II, 6. Jt. v. Chr.
Keramik, H 21,4 cm, Ø 33,4 cm
Inv.-Nr. 11350
Abb. S. 51

Masuda et al. 2013, Abb. 14.7, 5; Tsuneki 2014, 15 Fig. 5

261
Hausmodell
Sang-e Tschachmaq Ost, Schicht III, neolithisch,
6. Jt. v. Chr.
Keramik, 58 x 80 x 41 cm
Inv.-Nr. 9698
Abb. S. 39

Masuda et al. 2013, 233 Abb. 14. 21; Thornton 2013, Abb. 15.7, F

TAPPE SARAB

262
Figurine, Wildschwein
Tappe Sarab, 7000–6100 v. Chr.
Ton, gebrannt, 3,4 x 1,8 x 5,4 cm
Inv.-Nr 4568
Abb. S. 39

Porada 1965, 20–21 Taf. I, unten; Broman Morales 1990, 5 Taf. 2, a; 6, a; Alizadeh et al. 2001b, 70–71

263
Figurine, Frau
Tappe Sarab,
7000–6100 v. Chr.
Ton, gebrannt,
6,5 x 3,3 x 6,5 cm
Inv.-Nr. 4560
Abb. S. 41

Porada 1965, 20–21 Taf. I, oben; Broman Morales 1990, 10–11 Taf. 6, d; Alizadeh et al. 2001b, 72

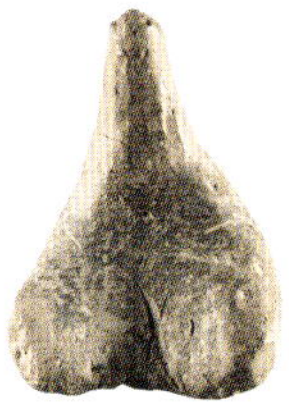

264
Figurine, Mensch
Tappe Sarab, 7000–6100 v. Chr.
Ton, gebrannt,
3,1 x 3,2 x 3,5 cm
Inv.-Nr. 4570

Broman Morales 1990, 10–11, Taf. 6, f

265
Figurine, Hund
Tappe Sarab, Operation I, 7000–6100 v. Chr.
Ton, gebrannt, 2,1 x 1,5 x 4,3 cm
Inv.-Nr. 4566
Abb. S. 39

Broman Morales 1990, 4–5, Taf. 1, c; Taf. 4, a

SCHAHDAD

266
Becken
Schahdad, Friedhof A,
Grab 232, 3. Jt. v. Chr.
Kupfer, H 5 cm, Ø 33 cm
Inv.-Nr. 9376
Abb. S. 77

Hakemi 1997, 401–402 Obj. Nr. 2890; 648, Gs. 7; Kargar 2007, Nr. 47

267
Becken
Schahdad, Friedhof A, Grab 115, 3. Jt. v. Chr.
Kupfer, H 5,7 cm, Ø 36,4 cm
Inv.-Nr. 7744
Abb. S. 120

Hakemi 1997, 272–273 Obj. Nr. 1070, 647 Gs. 6

268
Schale mit der Darstellung von Fischen
Schahdad, Friedhof A,
Grab 122, 3. Jt. v. Chr.
Kupfer, H 6,4 cm, Ø 40,3 cm
Inv.-Nr. 9737
Abb. S. 76

Hakemi 1997, 282 Obj. Nr. 1219, 284 Abb. Farbtafel 4; 646, Gs. 5

269
Axt
Schahdad, Friedhof A, Grab 363, 3. Jt. v. Chr.
Kupfer, 13,8 x 6,1 x 3 cm
Inv.-Nr. 7745
Abb. S. 119

Hakemi 1997, 540–542 Obj. Nr. 4302, 638 Gp. 9

270
Nadel
Schahdad, Friedhof A, Grab 212, 3. Jt. v. Chr.
Kupfer, L 27 cm, Ø 2 cm
Inv.-Nr. 9318
Abb. S. 119

Hakemi 1997, 376–377 Obj. Nr. 2577

271
Nadel
Schahdad, aus Oberflächenbegehung,
3. Jt. v. Chr.
Silber, 0,7 x 8,2 x 20,1 cm
Inv.-Nr. 9374
Abb. S. 119

Hakemi 1997, 708, 715, Xf. Nr. 4506; Kargar 2007, Nr. 46

272
Steinsäule
Schahdad, Friedhof A, Grab 60, 3. Jt. v. Chr.
Stein, H 32 cm, Ø 13 cm
Inv.-Nr. 8842

Hakemi 1997, 224 Obj. Nr. 546, 625, Fr. 1

273
Kosmetikbehälter
Schahdad, Friedhof A, Grab 122, 3. Jt. v. Chr.
Chlorit, 7,8 x 3 x 2,8 cm
Inv.-Nr. 9814

Hakemi 1997, 282–283 Obj. Nr. 1214, 622 Fp. 3; Stöllner et al. 2004, 592 Nr. 67

274
Schale
Schahdad, Friedhof A, Grab 33,
3. Jt. v. Chr.
Alabaster, H 11 cm, Ø 17,5 cm
Inv.-Nr. 10013

Hakemi 1997, 188 Obj.Nr. 238, 608 Ff. 3

275
Schale
Schahdad, Friedhof A, Grab 263,
3. Jt. v. Chr.
Waagenophilum-(Korallen-)Kalkstein, H 4,2 cm, Ø 8,8 cm
Inv.-Nr. 9625
Abb. S. 118

Hakemi 1997, 428–429 Obj. Nr. 3157; 608, Ff. 2; Kargar 2007, Nr. 45

276
Rollsiegel
Schahdad, Friedhof A, Grab 163,
3. Jt. v. Chr.
Weißlicher Marmor, H 3,8 cm, Ø 2,3 cm
Inv.-Nr. 15139
Abb. S. 119

Hakemi 1972, Taf. XXVI, Cat.-Nr. 323; Hakemi 1997, 320 Obj. Nr. 1792,661, lb. 2; Bleibtreu 2000, 140–141 Nr. 65 mit älterer Literatur; Ardakani o. J., 24; Sadegh 2001, 76, 78–79

277
Stempelsiegel
Schahdad, Friedhof A, Grab 163,
3. Jt. v. Chr.
Kupfer, H 1,9 cm, Ø 5 cm
Inv.-Nr. 15173
Abb. S. 94

Hakemi 1972, Taf. XXI, A, Kat.-Nr. 317; Hakemi 1997, 320 Obj. Nr. 1791, 660, la. 9; Baghestani 1997, 210–211 Taf. 40, Nr. 145

278
Stempelsiegel
Schahdad, Friedhof A, Grab 296,
3. Jt. v. Chr.
Stein, 1,2 x 1,7 x 1,7 cm
Inv.-Nr. 15153
Abb. S. 119

Hakemi 1997, 474 Nr. 3582; 660, la. 17

279
Rollsiegel
Schahdad, Friedhof A, Grab 94,
3. Jt. v. Chr.
Stein, H 2,8 cm, Ø 1,1 cm
Inv.-Nr. 15151
Abb. S. 119

Hakemi 1997, 254 Obj. Nr. 882, 661 lb. 3

280
Büste einer Frau
Schahdad, Friedhof A, Grab 187b,
3. Jt. v. Chr.
Ton, ungebrannt, 55,4 x 30,5 x 18,5 cm
Inv.-Nr. 10122
Abb. S. 121

Hakemi 1997, 346–347 Obj. Nr. 2162; 664, La. 5; Kargar 2007, Nr. 49; Ardakani o. J., 26–27

281
Büste eines Mannes
Schahdad, Grab 291, 3. Jt. v. Chr.
Ton, ungebrannt,
56,5 x 26,5 x 18 cm
Inv.-Nr. 10123
Abb. S. 121

Hakemi 1997, 466, 469 Obj. Nr. 3520, 664 La. 18; Kargar 2007, Nr. 51

282
Kniende Figur
Schahdad, Friedhof A, Grab 192,
3. Jt. v. Chr.
Ton, ungebrannt, 52 x 26,8 x 28,5 cm
Inv.-Nr. 10118
Abb. S. 78

Hakemi 1997, 352–353 Nr. 2229. 664, La. 7

283
Kopf eines Mannes
Schahdad, 3. Jt. v. Chr.
Ton, 10,5 x 6,5 x 9,5 cm
Inv.-Nr. 7780

Kargar 1380, 22

284
Bemalter Wandverputz
Schahdad, Grab 359,
3. Jt. v. Chr.
Ton, Farbe, 26,4 x 18 x 2,9 cm
Inv.-Nr. 7781

Hakemi 1997, 535, Obj. Nr. 4259, 663, Ka. 1

285
Topf
Schahdad, 3. Jt. v. Chr.
Keramik, H 17,2 cm, Ø 14,3 cm
Inv.-Nr. 8391
Abb. S. 119

Hakemi 1972, Taf. III, A, Kat.-Nr. 106; Hakemi 1997, 253 Obj. Nr. 0854, 602 Eq. 1

SCHAHR-E SUCHTE

286
Schale mit Fischdekor
Schahr-e Suchte, Grab 731, 3. Jt. v. Chr.
Keramik, Ø 14,5 cm
Inv.-Nr. 13247
Abb. S. 123

Piperno/Salvatori 2007, 288, 291 Abb. 681; Kargar 2007, Nr. 31; Biglari/Abdi 2014, 61

287
Becher mit Pflanzendekor
Schahr-e Suchte, Grab 731,
3. Jt. v. Chr.
Keramik, Ø 9,1 cm
Inv.-Nr. 13248
Abb. S. 123

Piperni/Salvatori 2007, 289 Fig. 674; Kargar 2007, Nr. 25

288
Fußschale mit Tierdekor
Schahr-e Suchte, Grab 725,
3. Jt. v. Chr.
Keramik, H 18,2 cm, Ø 19,5 cm
Inv.-Nr. 12947
Abb. S. 123

Piperno/Salvatori 2007, 273, 276–277 Abb. 637; Biglari/Abdi 2014, 54

289
Gefäß mit polychromer Bemalung
Schahr-e Suchte, Grab, 723, 3. Jt. v. Chr.
Keramik, H 23,5 cm, Ø 23,7 cm
Inv.-Nr. 12948
Abb. S. 72

Piperno/Salvatori 2007, 267–268, Abb. 618; Kargar 2007, Nr. 32

290
»Vogel«
Schahr-e Suchte, 3. Jt. v. Chr.
Marmor, 24,2 x 41 x 16 cm
Inv.-Nr. 2073
Abb. S. 122

291
3 Anhänger
Schahr-e Suchte, Grab 725,
3. Jt. v. Chr.
Lapislazuli, 2,2/1,9/1,6 x 2,1/1,8/1,2 x 0,5/0,5/0,5 cm
Inv.-Nr. 13016
Abb. S. 92

Piperno/Salvatori 2007, 270–271 Abb. 625

292
Dolch
Schahr-e Suchte, Grab 712,
3. Jt. v. Chr.
Bronze, 0,2 x 2,5 x 14 cm
Inv.-Nr. 13009
Abb. S. 122

Piperno/Salvatori 2007, 251, 254
Abb. 581

293
Dolch
Schahr-e Suchte, Grab 754,
3. Jt. v. Chr.
Bronze, 0,5 x 4,9 x 13,8 cm
Inv.-Nr. 13259
Abb. S. 122

Piperno/Salvatori 2007, 324–325,
Abb. 775

294
Textilrest
Schahr-e Suchte, 3. Jt. v. Chr.
Textil in Stoffbett, 44 x 43,6 x 4 cm
Inv.-Nr. 13285
Abb. S. 122

295
Textilrest
Schahr-e Suchte, 3. Jt. v. Chr.
Textil in Stoffbett, 24x
19,2 x 4 cm
Inv.-Nr. 13284
Abb. S. 122

TAPPE SIALK

296
Sichelgriff
Tappe Sialk Nord, Periode Sialk I/II,
6. Jt. v. Chr.
Elfenbein/Knochen, 2,6 x
13 x 2 cm
Inv.-Nr. 138
Abb. S. 39

Ghirshman 1938, 17, 183 Nr. S.1344
Taf. VII; LIV, I; Porada 1965, 21–22
Abb. 1; Kargar 1380, 17

297
Stempelsiegel
Tappe Sialk Süd, Periode Sialk III,
4300–3950 v. Chr.
Stein, 1,9 x 1,5 x 1 cm
Inv.-Nr. 796
Abb. S. 52

298
Stempelsiegel
Tappe Sialk Süd, Periode Sialk III,
3950–3750 v. Chr.
Stein, H 0,8 cm, Ø 2,4 cm
Inv.-Nr. 796
Abb. S. 47

Rashad 1990, Nr. 390; Ghirshman
1938, 57, 142, Taf. XXIII, 2 = Taf.
LXXXVI, S. 232

299
Becher
Tappe Sialk Süd, Periode Sialk III, 4.
Jt. v. Chr.
Keramik, H 16,5 cm
Inv.-Nr. 6021
Abb. S. 47

Kargar/Loyrette 2001, 144 Nr. 55,
hier als Nr. 2021; Kambakhsh Fard
2001, Farbseiten Nr. 35; Stöllner
et al. 2004, 616 Nr. 121; nicht in
Ghirshman 1938

300
Becher
Tappe Dizche Kaschan,
4. Jt. v. Chr.
Keramik, H 20,3 cm, Ø 16,1 cm
Inv.-Nr. 3210
Abb. S. 52

Biglari/Abdi 2014, 49

301
Vorratsgefäß
Tappe Sialk, Schnitt K12, Periode
Sialk III, 4. Jt. v. Chr.
Keramik, H 105,5 cm,
Ø 75,4 cm
Inv.-Nr. 21823
Abb. S. 52

Nokandeh/Helwing 2004, Abb. 2

Eisenzeit

302
Schnabelkanne
Tappe Sialk, Nekropole B, Grab 98,
1. Jt. v. Chr.
Keramik, 17,7 x 28,3 cm,
Ø 15,3 cm
Inv.-Nr. 180
Abb. S. 193

Ghirshman 1939, 250 Taf. XI, 3

303
Schnabelkanne
Tappe Sialk, Nekropole B,
1. Jt. v. Chr.
Keramik, 17,4 x 33 cm,
Ø 18,5 cm
Inv.-Nr. 176
Abb. S. 242

Ghirshman 1939, 248 pl. IX, 1–2;
Biglari/Abdi 2014, 81

304
Schnabelkanne
Tappe Sialk, Nekropole B,
1. Jt. v. Chr.
Keramik, 18,5 x 22,8 cm,
Ø 20,5 cm
Inv.-Nr. 208
Abb. S. 243

Ghirshman 1939, 254 Taf. XV, 3

305
Henkelbecher
Tappe Sialk, Nekropole B,
1. Jt. v. Chr.
Keramik, 8,3 x 12,3 x 9,8 cm,
Ø 9,8 cm
Inv.-Nr. 199
Abb. S. 240

306
Henkelbecher
Tappe Sialk, Nekropole B, 1. Jt. v. Chr.
Keramik, H 7,6 cm, Ø 10,5 cm
Inv.-Nr. 12449
Abb. S. 188

307
Deformierte Schale
Tappe Sialk, Nekropole B, 1. Jt. v. Chr.
Keramik, 7,6 x 16,3 x 9,6 cm
Inv.-Nr. 198
Abb. S. 241

Ghirshman 1939, 254 Taf. XV, 3;
Kargar/Loyrette 2001, 146 Nr. 59;
Stöllner et al. 2004, 706 Nr. 356

SORCHDOM-E LORI

308
Rollsiegel
Sorchdom-e Lori, Akkad III, spätes
3. Jt. v. Chr.
Stein, H 2,5 cm, Ø 1,5 cm
Inv.-Nr. 1497
Abb. S. 100

Schmidt et al. 1989, 214 Taf. 132, 18;
Boehmer 1965, 38, 42, 44–46 Nr.
758, Taf. XXII,

309
Stößel mit zoomorphem Griff (Widderkopf)
Sorchdom-e Lori, Plot II, 1. Jt. v. Chr.
Stein, 5 x 34,5 x 6 cm
Inv.-Nr. 1336
Abb. S. 250

Schmidt et al. 1989, Taf. 216, f

310
Nadel
Sorchdom-e Lori, 1. Jt. v. Chr.
Bronze, L 20,5 cm, Ø 1,5 cm
Inv.-Nr. 2190

Schmidt et al. 1989, 267 Taf. 165, r

311
Tierfigur
Sorchdom-e Lori, 1. Jt. v. Chr.
Bronze, 3,3 x 1,3 x 4,5 cm
Inv.-Nr. 1375
Abb. S. 250

Schmidt et al. 1989, 273 Taf. 186, m

312
Nadel
Sorchdom-e Lori, 1. Jt. v. Chr.
Bronze, 20,3 x 7,5 x 0,9 cm
Inv.-Nr. 1314
Abb. S. 247

Schmidt et al. 1989, 272 Taf. 184, b

313
Nadel
Sorchdom-e Lori, 1. Jt. v. Chr.
Bronze, 12,2 x 5,5 x 0,6 cm
Inv.-Nr. 1372
Abb. S. 247

Schmidt et al. 1989, 271 Taf. 173, c

314
Tierfigur
Sorchdom-e Lori, 1. Jt. v. Chr.
Bronze, 4,8 x 0,9 x 4,1 cm
Inv.-Nr. 1317
Abb. S. 250

Schmidt et al. 1989, 270 Taf. 180, d

315
Vogelförmiger Anhänger
Sorchdom-e Lori, 1. Jt. v. Chr.
Bronze, 2,7 x 1,4 x 3 cm
Inv.-Nr. 1316
Abb. S. 250

Schmidt et al. 1989, 273-274 Taf. 175, d; 188, i

316
Stempelsiegel in Vogelform
Sorchdom-e Lori, 1. Jt. v. Chr.
Bronze, 1,7 x 1,1 x 2,1 cm
Inv.-Nr. 1358
Abb. S. 250

Schmidt et al. 1989, 451 Taf. 252, xxxii

SUSA

317
Gefäß mit vier Schnurösen
Susa, Akropolis II, Nekropole, 4300-4000 v. Chr.
Keramik, H 9,2 cm, Ø 14 cm
Inv.-Nr. 4181/90
Abb. S. 55

de Mecquenem 1912, Taf. F.XIII, 3; Taf. XX, 1

318
Becher
Susa, 4300-4000 v. Chr.
Keramik, H 24,5 cm, Ø 12,6 cm
Inv.-Nr. 412
Abb. S. 49

Alizadeh et al. 2001a, 65

319
Becher
Susa, 5. Jt. v. Chr.
Keramik, H 23,8 cm, Ø 17,2 cm
Inv.-Nr. 4183/90
Abb. S. 55

Alizadeh et al. 2001a, 65

320
Scherbe mit der Darstellung eines Jägers und eines Jagdhundes
Susa, spätes 5. Jt. v. Chr.
Keramik, 13,4 x 22 x 3,3 cm
Inv.-Nr. 1956
Abb. S. 56

de Mecquenem 1934, 184, Abb. 11

321
Stempelsiegel
Susa, 4300-4000 v. Chr.
Rosa Marmor, H 1,5 cm, Ø 3,5 cm
Inv.-Nr. 799
Abb. S. 56

de Mecquenem 1928, Nr. 29; Amiet 1972, 48, 54 Taf. 54 Nr. 299

322
Stempelsiegel
Susa, 4300-4000 v. Chr.
Rosa Kalkstein, H 1,5 cm
Inv.-Nr. 799
Abb. S. 56

Amiet 1972, 48, 54 Taf. 54, Nr. 300

323
Stempelsiegel
Susa, 4300-4000 v. Chr.
Brauner Sandstein, Radiolarit?, 3,3 x 1,5 x 0,5 cm
Inv.-Nr. 800
Abb. S. 56

Amiet 1972, 6, 7, Taf. 38 Nr. 2

324
Siegelabdruck
Susa, 5. Jt. v. Chr.
Ton, 4 x 5,2 x 1,1 cm
Inv.-Nr. 2514/119
Abb. S. 56

325
Siegelabdruck
Susa, 5. Jt. v. Chr.
Ton, H 1,9 cm, Ø 3,2 cm
Inv.-Nr. 2514/40
Abb. S. 56

326
Stempelsiegel
Susa, 3600-3300 v. Chr.
Rosa Marmor, H 1,7 cm, Ø 4 cm
Inv.-Nr. 801
Abb. S. 56

Amiet 1972, 49, 50, 60 Nr. 382 Taf. 57

327
Stempelsiegel
Susa, 3600-3300 v. Chr.
Stein, H 1,8 cm, Ø 3,5 cm
Inv.-Nr. 1442
Abb. S. 56

Amiet 1972, 48-49, 60 Taf. 57 Nr. 380

328
Stempelsiegel
Susa, 3600-3300 v. Chr.
Stein, 3,2 x 3,4 x 1,2 cm
Inv.-Nr. 801

329
Stempelsiegel
Susa, 4. Jt. v. Chr.
Stein, H 1,9 cm, Ø 4,7 cm
Inv.-Nr. 790
Abb. S. 45

330
Stempelsiegel
Susa, 3600-3300 v. Chr.
Rötlich-crèmefarbener Kalkstein, 4,9 x 4,2 x 1,9 cm
Inv.-Nr. 798
Abb. S. 56

Amiet 1972, 45, 52 Taf. 53, Nr, 277

331
Figur
Susa, Akropolis, Sondage 1, oberhalb Niveau Susa I, 3. Jt. v. Chr.
Stein, 5 x 1,3 x 0,3 cm
Inv.-Nr. 5532
Abb. S. 56

de Mecquenem 1934, 186 Abb. 14, 1; de Mecquenem 1949, 16 Fig. 13 (als Vergleich zu einem Schriftzeichen); Spycket 1992, Nr. 46 als früher Vergleich zum Adorationsgestus

332
Schrifttafel
Susa, spätes 4. Jt. v. Chr.
Ton, 2 x 8,1 x 4,8 cm
Teheran, National Museum of Iran
Inv.-Nr. 713
Abb. S. 65

Scheil 1935, Taf. 22, No. 194; Kargar/Loyrette 2001, 111-112 Nr. 5

333
Rollsiegel
Susa, Ville Royale, Chantier IV, spätes 4. Jt. v. Chr.
Grauer Marmor, H 5 cm, Ø 2,7 cm
Inv.-Nr. 1427
Abb. S. 103

Zum Fund de Mecquenem 1943, 67 Abb. 58, 3; Amiet 1972, 131–132, 137 Nr. 974, Taf. 104, 974 Abrollung; Amiet 1980, Taf. 38 bis, F; Bleibtreu 2000, 121, 123 Nr. 45

3. Jahrtausend v. Chr.

334
Bemaltes Gefäß mit Zylinderhals
Susa, frühes 3. Jt. v. Chr.
Keramik, H 41 cm, Ø 34,9 cm
Inv.-Nr. 1557
Abb. S. 104

335
Anthropomorphe Figur
Susa, 2. Hälfte 3. Jt. v. Chr.
Stein, grau, 2 x 2,1 x 0,4 cm
Inv.-Nr. 4780
Abb. S. 103

336
Figurine, Schwein
Susa, Akropolis, Sondage 2, aus einem Kindergrab, Anfang 3. Jt. v. Chr.
Marmor, 5,2 x 2,5 x 6,5 cm
Inv.-Nr. 429
Abb. S. 56

Amiet 1966, 127 Abb. 90 (dort als »Elefant« bezeichnet); ohne Abb. in de Mecquenem 1943, 26

337
Figurine, Frau
Susa, Chantier B, Schicht VI/13, 2. Hälfte 3. Jt. v. Chr.
Terrakotta, 10,2 x 6,7 x 2,1 cm
Inv.-Nr. 12283
Abb. S. 160

Ghirshman 1968b, 8, 33 Abb. 22; Spycket 1992, 39–41, 45 Nr. 182, Taf. 28

338
Relief
Susa, akkadisch, spätes 3. Jt. v. Chr.
Diorit, 14,5 x 7,8 x 9,5 cm
Inv.-Nr. 252
Abb. S. 105

Amiet 1966, 218 Abb. 160A–B

339
Zweiteilige Gussform
Susa, Ur III-Zeit, spätes 3. Jt. v. Chr.
Stein, 3,7 x 12 x 7,4 cm und 3,3 x 12 x 7,4 cm
Inv.-Nr. 522
Abb. S. 104

Tallon 1987, Bd. 1, 151, 348, Nr. XVI; Bd. 2, 133 Abb. 350d

340
Keulenkopf mit Stacheln
Susa, spätes 3. v. Chr.
Bronze, 18,9 x 5,5 cm, Ø 5,5 cm
Inv.-Nr. 4122/90
Abb. S. 106

341
Keulenkopf mit Noppen
Susa, spätes 3. Jt. v. Chr.
Bronze, L 15,2 cm, Ø 5,5 cm
Inv.-Nr. 4121/90
Abb. S. 106

342
Lanzenspitze
Susa, spätes 3. Jt. v. Chr.
Bronze, L 33,5 cm, Ø 2,5 cm
Inv.-Nr. 4129/90
Abb. S. 159

343
Figurine ohne Kopf
Susa, Akropolis, Grube 8 locus 228, spätes 3. Jt. v. Chr.
Terrakotta, 15,9 x 7,8 x 2 cm
Inv.-Nr. 12285
Abb. S. 106

Stève-Gasche 1971, Taf. 1, 3 ; 64, 3; S. 47; Spycket 1992, 47–48, 51 Nr. 213, Taf. 32

344
Gewicht
Susa, elamisch, spätes 3.–frühes 2. Jt. v. Chr.
Stein, 7,1 x 2,6 cm
Inv.-Nr. 8976
Abb. S. 104

Belaiew 1934, Abb. 1; Taf. IX, 1

345
Gewicht in Form eines schlafenden Vogels
Susa, elamisch, spätes 3. – frühes 2. Jt. v. Chr.
Stein, grau, 4 x 2,7 x 2,1 cm
Inv.-Nr. 5429
Abb. S. 104

Belaiew 1934, Abb. 1; Taf. IX

346
Rollsiegel
Susa, Ende 3./Beginn 2. Jt. v. Chr.
Muschel, H 3,3 cm, Ø 1,9 cm
Inv.-Nr. 625(7)
ohne Abb.

Amiet 1972, 205 Taf. 152 Nr. 1617

347
Protom in Form eines Widders
Susa, Donjon, Südseite, Beginn 2. Jt. v. Chr.
Bitumenmastix, 17 x 6,2 x 11 cm
Inv.-Nr. 506
Abb. S. 32

de Mecquenem 1943, 113 unten; 111 Abb. 83, 4; Porada 1965, 49 Taf. 8, oben; 52; Amiet 1966, 282 Abb. 211; Connan/Deschesne 1996, 257 Abb. 54; Kargar/Loyrette 2001, 113 Nr. 8; Biglari/Abdi 2014, 53

348
Humbaba-Maske
Susa, Sukkalmah-Periode, Beginn 2. Jt. v. Chr.
Keramik, , modelgeformt, 6,8 x 4,6 x 1,2 cm
Inv.-Nr. 555
Abb. S. 160

de Mecquenem 1932; Spycket 1992, 142 Nr. 860, Taf. 101, 860

349
Schultafel
Susa, 2. Jt. v. Chr.
Ton, 2 x 8 cm, Ø 7,7 cm
Inv.-Nr. 2546
Abb. S. 159

van der Meer 1935, 89 Nr. 242 Abb. S. 92; Tanret 1986, 149 Anm. 11; Malayeri 2014, 318–319

350
Ziegel mit Inschrift
Susa, aus dem Schutt des Inschuschinak-Tempels, 2. Jt. v. Chr.
Ton, 10,5 x 21 x 19,5 cm
Inv.-Nr. 45
Abb. S. 161

Zur Tempelfassade: Amiet 1966, 396–397 Abb. 299
Zu den Inschriften des Schilhak-Inschuschinak: Malbrant-Labat 1995, 88–106, 126–127

351
Gewicht in Form eines schlafenden Vogels
Susa, elamisch, 2. Jt. v. Chr.
Stein, rot, 1,1 x 1,9 x 1,1 cm
Inv.-Nr. 4757
Abb. S. 104

Belaiew 1934, Abb. 1

352
Gewicht in Form eines schlafenden Vogels
Susa, elamisch, 2. Jt. v. Chr.
Stein, Hämatit, 0,9 x 1,4 x 0,65 cm
Inv.-Nr. 4754
Abb. S. 104

Belaiew 1934, Abb. 1

353
Gewicht in Form eines schlafenden Vogels
Susa, elamisch, 2. Jt. v. Chr.
Stein, Hämatit, 0,8 x 1,7 x 1 cm
Inv.-Nr. 901
Abb. S. 104

Soutzo 1911, 14 Abb. 18; Belaiew 1934, Abb. 1; Taf. IX, 7

354
Gewicht in Form eines schlafenden Vogels
Susa, elamisch, 2. Jt. v. Chr.
Stein, Hämatit, 1,1 x 2,2 x 1 cm
Inv.-Nr. 900
Abb. S. 104

Soutzo 1911, 14 Abb. 12; Belaiew 1934, Abb. 1; Taf. IX, 7

355
Gewicht in Form eines schlafenden Vogels
Susa, elamisch, 2. Jt. v. Chr.
Stein, Hämatit,
1,9 x 3,7 x 2,2 cm
Inv.-Nr. 898
Abb. S. 104

Soutzo 1911, 14; Belaiew 1934, Abb. 1; Taf. IX, 7

356
Gewicht in Form eines schlafenden Vogels
Susa, elamisch, 2. Jt. v. Chr.
Stein, Hämatit, 1 x 2,4 x 1,2 cm
Inv.-Nr. 5182
Abb. S. 104

Belaiew 1934, Abb. 1; Taf. IX, 7

357
Protom in Form eines Widders
Susa, Donjon, Südseite,
2. Jt. v. Chr.
Bitumenmastix, 4,7 x
8 x 7,8 cm
Inv.-Nr. 509
Abb. S. 159

Connan/Deschesne 1996, 267 Abb. 57

358
Kopf
Susa, Grab T.C.3 in der Ville Royale, altelamisch, 1. Hälfte 2. Jt. v. Chr.
Ton, 23,1 x 13,6 x 17,2 cm
Inv.-Nr. 3284
Abb. S. 161

Ghirshman/Stève 1966, 9 Abb. 20; Álvarez-Mon 2005, 115 Nr. 2; Ardakani 2010b, 31

359
Wasserspeier
Susa, Grabung Mecquenem 1934,
Sukkalmah-Zeit,
1900–1600 v. Chr.
Terrakotta, 20,2 x 19,3 x
13,5 cm
Inv.-Nr. 704
Abb. S. 161

Alizadeh 2015

360
Figurine
Susa, Chantier A, aus einem Grab,
Mitte 2. Jt. v. Chr.
Terrakotta, 10,3 x 2,8 x 2,6 cm
Inv.-Nr. 8486
Abb. S. 160

Ghirshman 1964a, S. 7 Fig. 18; Amiet 1966, 326 Abb. 245 A; Spycket 1992, 183–184, 186 Nr. 1158 Taf. 132; Ardakani o. J., 42

361
Kopf
Susa, Grabung Mecquenem 1933,
Donjon, aus einem Grab, mittelelamisch,
2. Hälfte 2. Jt. v. Chr.
Keramik, 3 x 2,5 x 3,1 cm
Inv.-Nr. 499/1
Abb. S. 159

Spycket 1992, 194 Nr. 1207 Taf. 138, mit älterer Literatur

362
Kopf
Susa, Grabung Mecquenem 1933,
Donjon, aus einem Grab,
mittelelamisch,
2. Hälfte 2. Jt. v. Chr.
Keramik, 3,2 x 2,5 x 2,9 cm
Inv.-Nr. 499/2
Abb. S. 159

Spycket 1992, 194 Nr. 1208 Taf. 138, mit älterer Literatur

363
Figurine, Lautenspieler
Susa, Grabung Mecqenem 1929,
mittelelamisch, 2. Hälfte 2. Jt. v. Chr.
Keramik, modelgeformt,
8,9 x 6,2 x 1,7 cm
Inv.-Nr. 539
Abb. S. 160

Spycket 1992, 208–209 Nr. 1306, Taf. 149, mit älterer Literatur

---

364
Kopf
Susa, aus einer Gruft in der Ville Royale, mittelelamisch,
2. Hälfte 2. Jt. v. Chr.
Ton, 11,5 x 11,2 x 14,2 cm
Inv.-Nr. 476
Abb. S. 161

Amiet 1966, 462–463 Abb. 353A–B; Álvarez-Mon 2005, 117 Nr. 12; Ardakani o. J., 45

365
Model und moderner Abdruck
Susa, 2. Jt. v. Chr.
Terrakotta, 4 x 10,2 x 6,3 cm
Inv.-Nr. 570
Abb. S. 159

366
Geschossspitze
Susa, 2. Jt. v. Chr.
Bronze, 6,8 x 1,8 x 0,3 cm
Inv.-Nr. 4137-90

367
Geschossspitze
Susa, 2. Jt. v. Chr.
Bronze, 17,5 x 4,9 x 0,4 cm
Inv.-Nr. 4173-90

368
Geschossspitze
Susa, 2. Jt. v. Chr.
Bronze, 6,7 x 3 x 0,3 cm
Inv.-Nr. 4115-90

369
Säge mit Inschrift
Susa, 2. Jt. v. Chr.
Bronze, 57,7 x 9,7 x 0,5 cm
Inv.-Nr. 4119-90
Abb. S. 159

370
Dolch
Susa, 2. Jt. v. Chr.
Bronze, 47,2 x 9,1 x 1,1 cm
Inv.-Nr. 4124-90
Abb. S. 159

371
Knaufziegel
Susa, 14. Jh. v. Chr.
Ton, 35,5 x 20 cm, Ø 20 cm
Inv.-Nr. 090
Abb. S. 164

Samandehi 2016, Taf. 66

372
Knauf/Pilz
Susa, ohne Dokumentation, spätes 2. – 1. Jt. v. Chr.
Stein, H 11 cm, Ø 11,5 cm
Inv.-Nr. 123

373
Vase
Susa, 1. Jt. v. Chr.
Terrakotta, glasiert, H 13 cm,
Ø 7,4 cm
Inv.-Nr. 2031

374
Reliefplatte
Susa, Akropolis, aus einem sassanidischen Brunnen, 1. Jt. v. Chr.
Kalkstein, 8,8 x 10,9 x 4,3 cm
Inv.-Nr. 5604

Kargar/Loyrette 2001, 71 Abb. 5; 115 Nr. 11; Álvarez-Mon 2010, 92–94, 280–281 und Taf. 47

375
Geschossspitze
Susa, spätes 2. Jt. v. Chr.
Bronze, 14,5 x 2,6 x 0,3 cm
Inv.-Nr. 4117/90

376
Geschossspitze
Susa, spätes 2. Jt. v. Chr.
Bronze, 14 x 3,1 x 0,6 cm
Inv.-Nr. 4116/90

377
Dolch
Susa, spätes 2. Jt. v. Chr.
Bronze, 39,2 x 5,5 x 1,6 cm
Inv.-Nr. 4123/90

TAPPE TULA'I

378
T-förmige Figurine
Tappe Tula'i, Level 5,
6800–6500 v. Chr.
Ton, gebrannt, 2 x 4,2 x 1,3 cm
Inv.-Nr. 1890
Abb. S. 39

Hole 1974, 235 Abb. 15 l

TAPPE YAHYA

379
Schrifttafel
Tappe Yahya, Periode IVC,
spätes 4. Jt. v. Chr.
Ton, 1,3 x 9,2 x 8 cm
Inv.-Nr. 4065
Abb. S. 92

Damerow/Englund 1989, 53–57 Taf. 2a, 2b, Nr. TY 11; Bleibtreu 2000, 128, 133, 134 Nr. 56, mit älterer Literatur

380
Schrifttafel
Tappe Yahya, Periode IVC, Areal C
Raum 1a, spätes 4. Jt. v. Chr.
Ton, 1,5 x 6,8 x 4,7 cm
Inv.-Nr. 8662
Abb. S. 92

Damerow/Englund 1989, 41–43, Taf. 3a, 3b, Nr. TY 14; Stöllner et al. 2004, 589 Nr. 59

381
Rollsiegel
Tappe Yahya, Periode IVB, »Persian Gulf Room«, 3. Jt. v. Chr.
Stein, H 3,3cm, Ø 1,6 cm
Inv.-Nr. 15141
Abb. S. 107

Lamberg-Karlovsky 1973, Taf. 26d; Potts 1981, 137 Abb. 2; Amiet 1986, 132.9; Pittman 2001, 244–245, 262 Abb. 10.48

TAPPE ZAGHEH

382
Korbgefäß
Tappe Zagheh, 5. Jt. v. Chr.
Keramik, H 21,4 cm,
Ø 29,3 cm
Inv.-Nr. 11120

Kargar 2007, Nr. 56; Shahmirzadi 1977, 344, 347–348 Taf. 16, Z40227

383
Fußschale
Tappe Zagheh, 5. Jt. v. Chr.
Keramik, H 14,7 cm, Ø 19,5 cm
Inv.-Nr. 11118

Shahmirzadi 1977, 343, 347–348 Taf. 16, Z40232

TSCHOGHA ZANBIL

384
Votivgaben
Tschogha Zanbil, T. B. Ia,
aus dem Bereich des Pinikir-Tempels,
2. Jt. v. Chr.
Keramik, Ø 14 cm
Inv.-Nr. 12384
Abb. S. 164

385
Stäbe
Tschogha Zanbil, Kiririscha-Tempel,
13. Jh. v. Chr.
Glas, L 26 cm, Ø 1,6 cm
Inv.-Nr. 5599
Abb. S. 164

Ghirshman 1966, Taf. LII, 3; Amiet 1966, 354–355 Abb. 262; Kargar/Loyrette 2001, 135 Nr. 42; Stöllner et al. 2004, 773 Nr. 477

386
Hausmodell – Räuchergefäß
Tschogha Zanbil, Pinikir-Tempel,
hinter der südöstlichen Mauer,
2. Jt. v. Chr.
Terrakotta, 27 x 20,5 x
27,5 cm
Inv.-Nr. 7108
Abb. S. 164

Ghirshman 1968a, 22–24 Abb. 7, Taf. XVIII, 3–4; Kargar/Loyrette 2001, 135 Nr. 41

387
Gefäß in Form eines Kopfes
Tschogha Zanbil, aus dem Pinikir-Tempel in der Nähe des Altars,
13. Jh. v. Chr.
Fritte, 8,5 x 5,3 x 6,5 cm
Inv.-Nr. 3799
Abb. S. 164

Ghirshman 1959, 268 Abb. 12; Ghirshman 1968a, 13; Taf. VIII, 1-2-3; Taf. LXX; Ardakani o. J., 46

388
Paneel mit Elfenbeineinlagen, Teil eines Möbelstücks
Tschogha Zanbil, Palast, Hypogaeum,
13. Jh. v. Chr.
Elfenbein, aufmontiert,
53,7 x 35,7 cm
Inv.-Nr. 250
Abb. S. 165

Ghirshman 1968a, 53 Abb. 22 Taf. XXXIV, 2; LXXXII, G.T.Z.721-722; Kargar/Loyrette 2001, 134 Nr. 40

389
Ziegel mit Standardinschrift TZ 4, nennt Untasch-Napirischa als Bauherrn
Tschogha Zanbil, 2. Jt. v. Chr.
Ton, 16,3 x 28,5 x 12 cm
Inv.-Nr. 178
Abb. S. 164

Scheil 1935, 15, 19–20 TZ 4A. Taf. III,1; Stève 1967, 19–20 Nr. 4 Taf. III, 1-2

390
Zebu
Tschogha Zanbil, Ostkomplex, hinter dem Tempel von Schimut und NIN-ali, mittelelamisch, 2. Hälfte 2. Jt. v. Chr.
Terrakotta, 38,3 x 14,9 x 33,2 cm
Inv.-Nr. 4180/90
Abb. S. 163

Ghirshman 1968a, 22 Taf. XX, 1,3; LXXVIII, G.T.Z. 962

391
Kopf eines Zebu-Bullen
Tschogha Zanbil, Tempel für IM und Schala, 13. Jh. v. Chr.
Keramik, 42,5 x 18,9 x 39,5 cm
Inv.-Nr. 095
Abb. S. 164

Ghirshman 1968a, Taf. XIV, 3; LXXV, G.T.Z. 1151

392
Knaufziegel mit Inschrift
Tschogha Zanbil, 13. Jh. v. Chr.
Ton, glasiert, 36,2 cm
Inv.-Nr. 280
Abb. S. 164

Ghirshman 1966, Taf. XIX

393
Knaufziegel
Tschogha Zanbil, Zikkurat, 13. Jh. v. Chr.
Ton, glasiert, 23 x 37,3 x 37,7 cm
Inv.-Nr. 285
Abb. S. 164

Ghirshman 1966, Taf. XIX; Kargar/Loyrette 2001, 137 Nr. 45 und 46

»ZIWIYE«

394
Löwenprotom
»Ziwiye«, 1. Jt. v. Chr.
Gold, 6,5 x 7,5 x 3,8 cm
Inv.-Nr. 2706
Abb. S. 185

Ghirshman 1961, 88 Nr. 522, pl. 42

395
Greifenprotom
»Ziwiye«, 1. Jt. v. Chr.
Gold, 8,7 x 6,7 x 4,5 cm
Inv.-Nr. 4604
Abb. S. 185

Godard 1950, 40 Abb. 30, 45; Ghirshman 1961, 88 Nr. 521, pl. 42; Porada 1965, 134–135 Taf. 38 oben; Bleibtreu 2000, 184–185 Nr. 109, mit älterer Literatur

---

396
Armreif
»Ziwiye«, 1. Jt. v. Chr.
Gold, 8,5 x 9,5 x 6,8 cm, Ø innen 6,4 cm
Inv.-Nr. 5500
Abb. S. 184

Godard 1950, 50–52 Abb. 40–42; Porada 1965, 134–136 Taf. 39; Bleibtreu 2000, 181–183 Nr. 108 mit älterer Literatur

---

397
Schale
»Ziwiye«, 1. Jt. v. Chr.
Silber, Gold, H 5,8 cm, Ø 38 cm
Inv.-Nr. 5498
Abb. S. 182/183

Godard 1950, 110 Fig. 94; Ghirshman 1961, 87 Nr. 519, pl. 43

SAR-E POL-E ZAHAB

398
Kudurru
Sar-e Pol-e Zahab (King Marduk Apalidina), neubabylonisch, 1100 v. Chr.
Kalkstein, 61 x 36 x 17 cm
Inv.-Nr. 5596
Abb. S. 166/167

Borger 1970; Paulus 2014, 455-459; Seidl 1989, 222

LITERATUR

Afifi/Heidari 2010
Afifi, R./Heidari, R., Reflections on glazed bricks from Rabat Tepe II, Iran, in: *Aramazd: Armenian Journal of Near Eastern Studies* 5, 2, 2010, S. 152–187

Alizadeh 2003
Alizadeh, A, *Excavations at the prehistoric mound of Chogha Bonut, Khuzestan, Iran. Seasons 1976/77, 1977/78, and 1978/79*, Chicago: The Oriental Institute of the University of Chicago, 2003 (Oriental Institute Publications 120)

Alizadeh 2006
Alizadeh, A., *The origins of state organizations in Prehistoric Highland Fars, Southern Iran. Excavations at Tall-e Bakun*, Chicago: The Oriental Institute of the University of Chicago, 2006 (Oriental Institute Publications 128)

Alizadeh 2008
Alizadeh, A., *Chogha Mish II. A prehistoric regional center in lowland Susiana, southwestern Iran. Final report on the last six seasons, 1972–1978*, Chicago: The Oriental Institute, 2008 (Oriental Institute Publications 130)

Alizadeh 2015
Alizadeh, A., Tarkh-e jame' ta'asis markaz-e beyn-e almaali pazhohesh Shush va mo'arefi-ye yek navadan-e ilami ba sar-e shir, Vortrag, Young Archaeologists Symposium 2015, Teheran 2015

Alizadeh/Majidzadeh/Malek Shamirzadeh 2001a
Alizadeh, A./Majidzadeh, Y./Malek Shamirzadeh, S., Prehistoric Iran. Ceramics, in: *The splendour of Iran*, Bd. I: *Ancient Times*, hrsg. von N. Pourjavady und A. Shapour Shahbazi, S. 58–69, London: Booth-Clibborn Editions, 2001

Alizadeh/Majidzadeh/Malek Shamirzadeh 2001b
Alizadeh, A./Majidzadeh, Y./Malek Shamirzadeh, S., Prehistoric Iran. Sculpture, in: *The splendour of Iran*, Bd. I: *Ancient Times*, hrsg. von N. Pourjavady and A. Shapour Shahbazi, S. 70–75, London: Booth-Clibborn Editions, 2001

Álvarez-Mon 2005
Álvarez-Mon, J., Elamite Funerary Clay Heads, in: *Near Eastern Archaeology* 68, 3, 2005, S. 114–122

Álvarez-Mon 2010
Álvarez-Mon, J., *The Arjan Tomb: At the Crossroads of the Elamite and the Persian Empires*, Leuven: Peeters, 2010 (Acta Iranica, 49)

Amiet 1966
Amiet, P., *Élam*, Auvers-sur Oise: Archée, 1966

Amiet 1972
Amiet, P., *Glyptique susienne, des origines à l'époque des Perses Achéménides. Cachets, sceaux-cylindres et empreintes antiques découverts à Suse, de 1913 à 1967*, Paris: Geuthner, 1972

Amiet 1980
Amiet, P., *La glyptique mésopotamienne archaïque*. Paris: Éditions du Centre national de la recherche scientifique, 1980

Amiet 1986
Amiet, P., *L'âge des échanges inter-iraniens. 3500-1700 avant J.C.*, Paris: Editions de la réunion des musées nationaux, 1986

Amiet 1996
Amiet, P., Observations sur les sceaux de Haft Tépé (Kabnak), in: *Revue d'Assyriologie* 90, 1996, S. 135–143

Ardakani o. J.
Ardakani, A. (Hrsg.), *Zanan dar gozare zenan/Women in the course of history*, Teheran: Muze-ye Melli-e Iran, o. J.

Ardakani 2010a
Ardakani, A. (Hrsg.), *Urmia, the treasure of art and civilization of North West of Iran*, Teheran: Touring and Automobile Club of the Islamic Republic of Iran, 2010

Ardakani 2010b
Ardakani, A. (Hrsg.), *Yadegarhaye kudakane/Memories of Childhood*, Teheran: Muze-ye Melli-e Iran, 2010

Ardakani 2010c
Ardakani,, A. (Hrsg.), *Mard dar ōfōghi-e tarikh*, Tehran: Muze-ye Melli-e Iran, 2010

Baghestani 1997
Baghestani, S., *Metallene Compartimentsiegel aus Ost-Iran, Zentralasien und Nord-China*, Rahden/Westfalen: Leidorf, 1997 (Archäologie in Iran und Turan, 1)

Belaiew 1934
Belaiew, N. T., Métrologie Élamite. Examen des documents pondéraux. Fouilles de Suse 1921–1933, in: *Mission en Susiane. Archéologie, métrologie et numismatique susiennès*, hrsg. von R. de Mecquenem und V. Scheil, Paris: Ernest Leroux, 1934, S. 134–176 (Mémoires de la Mission archéologique en Perse, 25)

Biglari/Abdi 2014
Biglari, F./Abdi, K., *Evidence for Two Hundred Thousand years of Human-Animal Bond in the land of Iran*, Teheran: National Museum of Iran, 2014

Bivar 1971
Bivar, A. D. H., A hoard of ingot-currency of the Median period from Nûsh-i Jan, near Malayir, in: Iran 9, 1971, S. 97–111

Bleibtreu 2000
Bleibtreu, E., Iran in prähistorischer und frühgeschichtlicher Zeit. Katalognummern 1–109, in: *7000 Jahre persische Kunst. Meisterwerke aus dem iranischen Nationalmuseum in Teheran*, hrsg. von Wilfried Seipel, Mailand: Skira editore, 2000

Boehmer 1965
Boehmer, R. M., *Die Entwicklung der Glyptik während der Akkadzeit*, Berlin: De Gruyter, 1965 (Untersuchungen zur Assyriologie und Vorderasiatischen Archäologie, 4)

Borger 1970
Borger, R., Vier Grenzsteinurkunden Merodachbaladans I. von Babylonien. Der Teheran-Kudurru, SB 33, SB 169 und SB 26, in: *Archiv für Orientforschung* 23, 1970, S. 1–26

Broman Morales 1990
Broman Morales, V., *Figurines and other clay objects from Sarab and Cayönü*, Chicago: The Oriental Institute of the University of Chicago, 1990 (Oriental Institute Communications, 25)

Burney 1973
Burney, C. A., Excavations at Haftavan Tepe 1971: Third preliminary report, in: *Iran* 11, 1973, S. 153–172

Burney 1975
Burney, C. A., Excavations at Haftavan Tepe 1973: Fourth preliminary report, in: *Iran* 13, 1975, S. 149–164

Connan/Deschesne 1996
Connan, J./Deschesne, O., *Le bitume a Suse: collection du Musee du Louvre/Bitumen at Susa: the Louvre Museum collection*, Pau/Paris: Coédition Elf Aquitaine – Reunion des musees nationaux, 1996 (Collection Monographies)

Contenau/Ghirshman 1935
Contenau, G./Ghirshman, R., *Fouilles de Tépé Giyan, près du Nehavend*, 1931 et 1932, Paris: Librairie Orientaliste Paul Geuthner, 1935

Curtis 1984
Curtis, J., *Nush-i Jan III : the small finds*, London: British Institute of Persian Studies, 1984

Cuyler Young/Levine 1974
Cuyler Young Jr. T./Levine, L. D. *Excavations of the Godin Project: Second Progress Report*, Ontario: Royal Ontario Museum, 1974 (Art and Archaeology Division Occasional paper, 26)

Damerow/Englund 1989
Damerow, P./Englund, R., *The proto-elamite texts from Tepe Yahya*, Cambridge 1989 (Bulletin of the American School of Prehistoric Research, 39)

Delougaz/Kantor/Alizadeh 1996
Delougaz, P./Kantor, H. J./Alizadeh, A., *Choga Mish*, Bd. 1: *The first five seasons of excavations, 1961–1971*, Chicago: Oriental Institute, 1996 (Oriental Institute Publication, 101)

Dyson 1959
Dyson, R. H., Digging in Iran: Hasanlu 1958, in: *Expedition* 1, 3, 1959, S. 4–18

Dyson 1963
Dyson, R. H., Hasanlu Discoveries, in: *Archaeology* 16, 2, 1963, S. 131–133

Dyson 1964a
Dyson, R. H., Ninth century men in Western Iran, in: *Archaeology* 17, 1, 1964, S. 3–11

Dyson 1964b
Dyson, R. H., A stranger from the East, in: Expedition, Herbst 1964, S. 32–33

Dyson 1965
Dyson, R. H., Iran, 1956, in: *University Museum Bulletin* 21, 1, 1965, S. 27–39

Edwards 1981
Edwards, M. R., The pottery of Haftavan VIB (Urmia Ware), in: *Iran* 19, 1981, S. 101–140

Edwards 1983
Edwards, M. R., *Excavations in Azerbaijan 1 (North-western Iran). Haftavan, Period VI*, Oxford: B.A.R, 1983 (British Archaeological Reports International Series, 182)

Egami/Sono 1962
Egami, N./Sono, T., *Marv-Dasht II. The excavation at Tall-i Gap 1959*, Tokio: The Yamakawa Publishing Co., Ltd., 1962 (The Tokyo University Iraq-Iran Archaeological Expedition Report)

Fazeli/Coningham/Young/Gillmore/Maghsoudi/Raza 2007
Fazeli, H./Coningham, , R. A. E./Young, R. L./Gillmore, G. K./Maghsoudi, M./Raza, H., Preliminary report of excavations at Tepe Pardis, in: *Archaeological Reports. On the occasion of the 9th annual symposium on Iranian Archaeology* 7, 1, 2007. S. 35–57

Fazeli Nashli 2006
Fazeli Nashli, H., *Socioeconomic transformation of the Qazvin Plain: Excavations of Tepe Ghabristan report 2006. Season Three*, Teheran: Iranian Center for Archaeological Research, 2006 (Archaeological Reports Monograph Series)

Forest 2003
Forest, J. D., La Mésopotamie et les échanges à longue distance aux IVe et IIIe millénaires, in: *Dossiers d'Archéologie* 287, Oktober 2003, S. 126–133

Furusato 2014
Furusato, S., Figurines of Tepe Sange Chakhmaq, in: *The first farming village in Northeast Iran and Turan. Sang-e Chakhmaq and beyond. February 10–11 2014. Program and abstracts*, hrsg. von A. Tsuneki, Tsukuba: University of Tsukuba, Research Center for West Asian Civilization, 2014, S. 23–26

Ghirshman 1938
Ghirshman, R., *Fouilles de Sialk, près de Kashan 1933, 1934, 1937 (I)*, Paris: Geuthner, 1938

Ghirshman 1939
Ghirshman, R., *Fouilles de Sialk, près de Kashan 1933, 1934, 1937 (II)*, Paris: Geuthner, 1939

Ghirshman 1955
Ghirshman, R., The Ziggurat of Choga-Zanbil, in: *Archaeology* 8, 4, 1955, S. 260–263

Ghirshman 1959
Ghirshman, R., Tchoga-Zanbil: Rapport préliminaire de la VIIe campagne (1958–1959), in: *Arts Asiatiques* 6, 4, 1959, S. 259–282

Ghirshman 1961
Ghirshman, R., *Sept mille ans d'art en Iran: [exposition] Petit Palais, Paris, oct. 1961–janv. 1962*, 1961

Ghirshman 1964a
Ghirshman, R., Suse. Campagne de fouilles 1962–1963. Rapport préliminaire, in: *Arts asiatiques* 10, 1, 1964, S. 3–20

Ghirshman 1964b
Ghirshman, R., *Iran. Protoiranier, Meder, Achämeniden*. München: C. H. Beck, 1964

Ghirshman 1966
Ghirshman, R., *Tchoga Zanbil (Dur-Untash)*, Bd.I: *La Ziggurat*, Paris: Geuthner, 1966 (Mémoires de la Mission archéologique en Iran, 39)

Ghirshman 1968a
Ghirshman, R., *Tchoga Zanbil (Dur-Untash)*, Bd. II: *Témenos, temples, palais, tombes*, Paris: Geuthner, 1968 (Mémoires de la Mission archéologique en Iran, 40)

Ghirshman 1968b
Ghirshman, R., Suse au tournant des IIIe au IIe millénaires avant notre ère, in: *Arts Asiatiques* 17, 1968, S. 3–44

Godard 1950
Godard, A., *Le trésor de Ziwiyé (Kurdistan)*, Haarlem: J. Enschedé, 1950

Goff 1969
Goff, C., Excavations at Bābā Jān, 1967: Second preliminary report, in: *Iran* 7, 1969, S. 115–130

Goff 1970
Goff, C., Excavations at Bābā Jān, 1968: Third preliminary report, in: *Iran* 8, 1970, S. 141-156

Goff 1977
Goff, C., Excavations at Bābā Jān: The architecture of the East mound, levels II and III, in: *Iran* 15, 1977, S. 103-130

Goff 1978
Goff, C., Excavations at Bābā Jān: The pottery and metal from levels III and II, in: *Iran* 16, 1978, S. 29-66

Grillot/Glassner 1991
Grillot, F./Glassner, J.-J., Problèmes de succession et cumuls de pouvoirs: une querelle de famille chez les premiers sukkalmah, in: *Iranica Antiqua* 26, . 1991, S. 85-99

Gürsan-Salzman 2016
Gürsan-Salzman, A., *The new chronology of the Bronze Age settlement of Tepe Hissar, Iran*, Philadelphia: University Museum, 2016 (University Museum Monograph, 142)

Hakemi 1972
Hakemi, A. (Hrsg.), *Lut: Shahdad »Xabis«; catalogue de l'exposition*, Teheran: Symposium de la Recherche Archéologique en Iran 1, 1972

Hakemi 1997
Hakemi, A., *Shahdad: Archaeological excavations of a Bronze Age center in Iran*, Rom: IsMEO, 1997

Hallo 2011
Hallo, W. W., The Godin period VI tablets, in: *On the High Road: The history of Godin Tepe, Iran*, hrsg. von H. Gopnik und M. S. Rothman, Costa Mesa: Mazda Publishers in association with Royal Ontario Museum, 2011, S. 116-118 (Bibliotheca Iranica: archaeology, art & architecture series, 1)

Harris 1989
Harris, M. V., Hesar Preliminary Report: Objects by Materials (1976), in: *Tappeh Hesar: Reports of the Restudy Project, 1976*, hrsg. von R. H. Dyson und S. M. Howard, 145-148, Florenz: Casa Editrice Le Lettre, 1989 (Monografie di Mesopotamia, II)

Heidari 2007
Heidari, R., Results of the 2nd series of investigations in site Rabat of Sardasht, in: *Archaeological Reports (The 9th annual congress of Iranian Archaeologists I)* 7, 1, 2007, S. 203-229

Heidari 2010
Heidari, R., Hidden aspects of the Mannean rule in Northwestern Iran, in:*Aramazd: Armenian Journal of Near Eastern Studies* 5, 2, 2010, S. 147-151, 287, 334-341

Helwing 2011a
Helwing, B., The small finds from Arisman, in: *Early mining and metallurgy on the western Central Iranian Plateau. Report on the first five years of research of the Joint Iranian-German Research Project*, hrsg. von A. Vatandoust, H. Parzinger und B. Helwing, Mainz: Philipp von Zabern, 2011, S. 254-327 (Archäologie in Iran und Turan, 9)

Helwing 2011b
Helwing, B., Proto-Elamite pottery from area A, C, D, and E, in: *Early mining and metallurgy on the western Central Iranian Plateau. Report on the first five years of research of the Joint Iranian-German Research Project*, hrsg. von A. Vatandoust, H. Parzinger und B. Helwing, Mainz: Philipp von Zabern, 2011, S. 196-253 (Archäologie in Iran und Turan, 9)

Helwing/Nokandeh 2004
Helwing, B./Nokandeh, J., Sofalgaran-e Sialk: Homre ha-ye bozorg dar Sialk jenoubi. *The potters of Sialk:* Big vessels from Sialk South (in Persian), in: The potters of Sialk, hrsg. von S. Malek Shahmirzadi, Teheran: Iranian Cultural Heritage Organisation, 2004, S. 25-41 (Report of the Sialk Reconsideration Project, 3)

Henrickson 1986
Henrickson, R. C., A regional perspective on Godin III cultural development in Central Western Iran, in: *Iran* 24, 1986, S. 1-55

Herrero 1991
Herrero, P., Appendix IV. Tablettes administratives de Haft-Tépé, in: *Excavations at Haft Tappeh, Iran*, hrsg. von E. O. Negahban, Philadelphia: University Museum, University of Pennsylvania, 1991, S. 127-152 (University Museum Monograph, 70)

Hessari/Piran 2005
Hessari, M./Piran, S., *Cultural around Halil Roud and Jiroft. The catalogue of exhibition of select restituted objects*, Teheran: Iran Bastan Museum, 2005

Hole 1974
Hole, F., Tepe Tula'i, an early campsite in Khuzistan, Iran, in: *Paléorient* 2, 1974, S. 219-242

Howard 1989
Howard, S. M., VI. Sequence of the main mound, in: *Tappeh Hesar: Reports of the Restudy Project, 1976*, hrsg. von R. H. Dyson and S. M. Howard, Florenz: Casa Editrice Le Lettre, 1989, S. 55-68 (Monografie di Mesopotamia, II)

Villa Hügel 1962
7000 Jahre Kunst in Iran. Ausstellung 16. Februar bis 24. April 1962 in der Villa Hügel, Essen, Essen: Villa Hügel e. V., 1962

Kambakhsh Fard 2001
Kambakhsh Fard, S., *A Glance at Tehran 3000 years ago*, The National Museum of Iran, Teheran: Presentation and Education Vice-directorate, 2001

Kambakhsh-Fard 1370
Kambakhsh-Fard, S., *Tehran-e se hezar o devist sal-e bar asase kavosh-haye bastanshenasi/Tehran 3200 years ago in the light of archaeological excavations (in Persian).* Teheran: Faza, 1370

Kargar/Binandeh 2009
Kargar, B./Binandeh, A., A preliminary report of excavations at Rabat Tepe, Northwestern Iran, in: *Iranica Antiqua* 44, 2009, S. 113-129

Kargar 2004
Kargar, M. R., *Katalog-e namayesh-ga-he gozidehi-ye az asare zarin wa simine muzeh melli Iran/Catalogue of a selective exhibition of the gold and silver objects in the National Museum of Iran*, Teheran: Iran National Museum, 2004

Kargar 2007
Kargar, M. R., *Selection of Ten Thousand Years of Art and Civilization of Iran*, Tehran: Iran National Museum, 2007

Kargar/Loyrette 2001
Kargar, M. R./Loyrette, H., *Les recherches archéologiques francaises en Iran*, Teheran: Iran National Museum, 2001

Khosravi 2013
Khosravi, L., *Ghanjineh-ye ghar-e Kalmakarra/Treasure of Kalmakarra Cave (in Persian)*, Teheran: Research Center of the Iranian Organisation for Cultural Heritage and Tourism (RICHT), 2013

Lamberg-Karlovsky 1973
Lamberg-Karlovsky, C. C. Urban interaction on the Iranian Plateau: excavations at Tepe Yahya, 1967-1973, in: *Proceedings of the British Academy* 59, 1973, S. 282-319

Langsdorff/McCown 1942
Langsdorff, A./McCown, D. E., *Tall-i Bakun A: Season of 1932*, Chicago: The University of Chicago Press, 1942 (Oriental Institute Publications, 59)

Löw 1998
Löw, U., *Figürlich verzierte Metallgefäße aus Nord- und Nordwestiran*, Münster: Ugarit-Verlag, 1998 (Altertumskunde des Vorderen Orients, 6)

Majidzadeh 2003
Majidzadeh, Y., *Jiroft. The earliest oriental civilization*, Teheran: Printing and Publishing Organization of the Ministry of Culture and Islamic Guidance, 2003

Malayeri 2014
Malayeri, M., *Schülertexte aus Susa*, Diss. Tübingen, Eberhard-Karls-Universität Tübingen, 2014

Malbran-Labat 1995
Malbran-Labat, F., *Les inscriptions royales de Suse: briques de l'époque paléo-élamite à l'Empire néo-élamite*, Paris: Réunion des musées nationaux, 1995

Malek Shahmirzadi 1977
Malek Shahmirzadi, S., *Tepe Zagheh: A sixth millennium B.C. village in the Qazvin Plain of the Central Iranian Plateau*, Diss. Philadelphia, University of Pennsylvania, Department of Anthropology, 1977

Masuda 2013
Masuda, S.-I., Tappe Sang-e Chakhmaq: investigations of a neolithic site in northeastern Iran, in: *The Neolithisation of Iran: the formation of new societies*, hrsg. von R. J. Matthews and H. Fazeli Nashli, Oxford/Oakville: Oxbow Books, 2013, S. 201–240 (Themes from the ancient Near East BANEA publication series, 3)

De Mecquenem 1912
De Mecquenem, R., Catalogue de la céramique peinte susienne conserve au Musée du Louvre, in: *Ceramique peinte de Suse et petits monuments de l'époque archaique*, hrsg. von J. de Morgan, Paris: Ernest Leroux, 1912, S. 105–158 (Mémoires de la Délégation en Perse, 13)

De Mecquenem 1934
De Mecquenem, R., Fouilles de Suse 1929–1933, in: *Mission en Susiane. Archéologie, métrologie et numismatique susiennès*, hrsg. von R. de Mecquenem und V. Scheil, Paris: Ernest Leroux, 1934, S. 177–237 (Mémoires de la Mission archéologique en Perse, 25)

De Mecquenem 1943
De Mecquenem, R., Fouilles de Suse, 1933–1939, in: *Mission de Susiane*, hrsg. von R. de Mecquenem und G. Contenau, Paris: Presses Universitaires de France, 1943, S. 3–161 (Mémoires de la Mission archéologique en Perse, 29)

De Mecquenem 1949
De Mecquenem, R., Contribution à l'étude des textes proto-élamites, in: *Mission de Susiane*, hrsg. von R. de Mecquenem and G. Contenau, Paris: Presses Universitaires de France, 1949, S. 5–150 (Mémoires de la Mission archéologique en Iran, 31)

Van der Meer 1935
Van der Meer, P. E., *Mission en Susiane. Textes scolaires de Suse*, hrsg. von R. de Mecquenem und V. Scheil, Paris: Ernest Leroux, 1935 (Mémoires de la Mission archéologique de Perse, 27)

Mofidi-Nasrabadi 2011
Mofidi-Nasrabadi, B., *Die Glyptik aus Haft Tappeh: interkulturelle Aspekte zur Herstellung und Benutzung von Siegeln in der Anfangsphase der Mittelelamischen Zeit*, Hildesheim [u.a.]: Franzbecker, 2011 (Elamica, 1)

Muscarella 1980
Muscarella, O. W., *The catalogue of ivories from Hasanlu, Iran*, Philadelphia: University Museum, University of Pennsylvania, 1980 (Hasanlu Special Studies, 2/ University Museum monograph, 40)

Negahban 1962a
Negahban, E. O., The wonderful gold treasures of Marlik: A first report from a newly discovered 1st Millennium B. C. mound in Northern Iran, in: *Illustrated London News* 28.4.1962, S. 663–667

Negahban 1962b
Negahban, E. O., Further finds from Marlik: Animal figures and other objects, in: *Illustrated London News* 5.5.1962, S. 663–664

Negahban 1964a
Negahban, E. O., A brief report on the excavation of Marlik Tepe and Pileh Qal'eh, in: *Iran* 2, 1964, S. 13–19

Negahban 1964b
Negahban, E. O., *A preliminary report on Marlik excavation, Gohar Rud expedition, Rudbar, 1961-1962*, Joint publication of the Iranian Archaeological Service and the Institute of Archaeology, University of Teheran, Teheran: Ministry of Education, 1964

Negahban 1991
Negahban, E. O., *Excavations at Haft Tappeh, Iran*, Philadelphia: University Museum, University of Pennsylvania, 1991 (University Museum Monograph, 70)

Negahban 1996
Negahban, E. O., *Marlik. The complete excavation report*, Philadelphia: University Museum, University of Pennsylvania, 1996 (University Museum Monograph, 87)

Negahban 2001
Negahban, E. O., Prehistoric Iran. Major sites, in: *The splendour of Iran*, Bd. I: *Ancient Times*, hrsg. von N. Pourjavady und A. Shapour Shahbazi, London: Booth-Clibborn Editions, 2001, 90–107

Nunn 1988
Nunn, A., *Die Wandmalerei und der glasierte Wandschmuck im alten Orient*, Handbuch der Orientalistik, Siebente Abteilung, Kunst und Archäologie 1. Bd., Der Alte Vordere Orient, 2. Abschnitt, Die Denkmäler, B, Vorderasien, Lfg. 6, Leiden/New York: E. J. Brill, 1988

Ohtsu 2012
Ohtsu, T., Kaluraz, in: *Encyclopedia Iranica online*, 2012, http://www.iranicaonline.org/articles/kaluraz

Overlaet 2011
Overlaet, B., Čāle Ğār (Kāšān Area) and votives, favissae and cave deposits in pre-Islamic and Islamic traditions, in: *Archäologische MItteilungen aus Iran und Turan* 43, 2011, S. 113–140

Paulus 2014
Paulus, S., *Die babylonischen Kudurru-Inschriften von der kassitischen bis zur frühneubabylonischen Zeit: untersucht unter besonderer Berücksichtigung gesellschafts- und rechtshistorischer Fragestellungen*, Münster: Ugarit-Verlag, 2014 (Alter Orient und Altes Testament, 51)

Perrot 2003a
Perrot, J., Jiroft, un nouveau regard sur les origines de la civilisation orientale, in: *Dossiers d'Archéologie* 287, Oktober 2003, S. 2

Perrot 2003b
Perrot, J., L'iconographie de Jiroft, in: *Dossiers d'Archéologie* 287, Oktober 2003, S. 96–113

Piperno/Salvatori 2007
Piperno, M./Salvatori, S., *The Shahr-i Sokhta graveyard (Sistan, Iran): Excavation campaigns 1972–1978*, Rom: Istituto Italiano per l'Africa e l'Oriente, 2007

Piran 2012
Piran, S., *Objects from Jiroft treasure*, Teheran: Pazhineh, 2012

Pittman 2001
Pittman, H., Glyptic art of period IV, in: *Excavations at Tepe Yahya, Iran, 1967–1975 : the third millennium*, hrsg. von C. C. Lamberg-Karlovsky und D. T. Potts, Cambridge, Mass.: Peabody Museum of Archaeology and Ethnology, Harvard University, 2001, S. 231–268 (Bulletin of the American School of Prehistoric Research, 45)

Pittman 2003
Pittman, H., La culture du Halil Roud, in: *Dossiers d'Archéologie* 287, Oktober 2003, S. 78–87

Pittman 2011
Pittman, H., The seals of Godin Period VI, in: *On the High Road: The History of Godin Tepe, Iran*, hrsg. von H. Gopnik and M. S. Rothman, Toronto: Mazda Press, 2011, S. 113–115

Porada 1959
Porada, E., The Hasanlu-Bowl, in: *Expedition* 1, 3, 1959, S. 18–22

Porada 1965
Porada, E., *The art of ancient Iran; pre-Islamic cultures*, New York: Crown Publishers, 1965

Potts 1981
Potts, D. T., Echoes of Mesopotamian divinity on a cylinder seal from Southeastern Iran, in: *Revue d'Assyriologie et d'Archeologie Orientale* 75, 1981, S. 135–142

Rafiei Alavi im Druck a
Rafiei Alavi, B., The Biography of a Dagger Type: The Diachronic Transformation of the Daggers with the Crescent-Shaped Guard, in: *Proceedings of the Conference: Urbanisation, Trade, Subsistence and Production during the Bronze Age on the Iranian Plateau, 29–30 April 2014, Lyon (France)*, hrsg. von M. Casanova, Lyon: Maison de l'Orient et de la Méditerranée

Rafiei Alavi im Druck b
Rafiei Alavi, B., The contact between the Khuzestan Plain and the West/North of the Iranian Plateau in the Middle Elamite period, in the mirror of stylistic and typological similarities in metal artifacts, *Präsentation, 9. ICAANE, 9.–13. Juni 2014*, Basel, Schweiz

Rashad 1990
Rashad, M., *Die Entwicklung der vor-und frühgeschichtlichen Stempelsiegel in Iran im Vergleich mit Mesopotamien, Syrien und Kleinasien. Von ihren Anfängen bis zum Beginn des 3. Jahrtausends v. Chr.*, Berlin: Reimer, 1990 (Archäologische Mitteilungen aus Iran, Ergänzungsband 13)

Reade/Finkel 2014
Reade, J. E./Finkel, I., Between Carchemish and Pasargadae. Recent Iranian discoveries at Rabat, in: *From source to history: studies on ancient Near Eastern worlds and beyond; dedicated to Giovanni Battista Lanfranchi on the occasion of his 65th birthday on June 23, 2014*, hrsg. von S. Gaspa, A. Greco, D. Morandi Bonacossi, S. Ponchia und R. Rollinger, Münster: Ugarit-Verlag 2014, S. 581–596, 806–810 Tafeln (Alter Orient und Altes Testament, 412)

Samandehi 2016
Samandehi, in: Alizadeh, A. (Hrsg.), *Selected objects from the Museum Storage Organization Project. Exhibition Catalogue, 17 May – 17 June 2016, National Museum of Iran*, Teheran: Research Institute for Cultural Heritage and Tourism (RICHT) and National Museum of Iran, 2016, S. 66

Sadegh 2001
Sadegh, M., Prehistoric Iran. Seals, in: The splendour of Iran, Bd. I: Ancient Times, hrsg. von N. Pourjavady und A. Shapour Shahbazi, London: Booth-Clibborn Editions, 2001, S. 76–79

Sajjadi/Samani 1999
Sajjadi, M./Samani, A., Excavations at Tappeh Nourabad, Lurestan, in: *The Iranian World. Essays on Iranian Art and Archaeology presented to Ezat O. Negahban*, hrsg. von A. Alizadeh, Y. Majidzadeh und S. Malek Shahmirzadeh, Teheran: Iranian University Press, 1999, S. 85–130 (in Persian)

Samadi 1959
Samadi, H., Les découvertes fortuites, in: *Arts Asiatiques* 6, 3, 1959, S. 175–194

De Schauensee/Dyson 1983
De Schauensee, M./Dyson, R. H., Hasanlu horse trappings and Assyrian reliefs, in: *Essays on Near Eastern art and archaeology in honor of Charles Kyrle Wilkinson*, hrsg. von P. O. Harper und H. Pittman, New York: Metropolitan Museum of Art, 1983, S. 59–77

Scheil 1935
Scheil, V., *Mission en Susiane. Textes de comptabilité proto-élamites*, hrsg. von R. de Mecquenem und V. Scheil, Paris: Ernest Leroux, 1935 (Mémoires de la Mission archéologique de Perse, 26)

Schmandt-Besserat 1992
Schmandt-Besserat, D., *Before Writing. From Counting to Cuneiform*, Austin 1992

Schmidt 1933
Schmidt, E. F., Tepe Hissar Excavations 1931, in: *The Museum Journal* 23, 4, 1933, S. 323–483

Schmidt 1937
Schmidt, E. F., *Excavations at Tepe Hissar, Damghan*, Philadelphia: University of Pennsylvania Press for the University Museum, 1937

Schmidt 1957
Schmidt, E. F., *Persepolis II. Contents of the treasury and other discoveries*, Chicago: University of Chicago Press, 1957 (Oriental Institute Publications, 69)

Schmidt/van Loon/Curvers 1989
Schmidt, E. F./van Loon, M. N./Curvers, H. H., *The Holmes expeditions to Luristan*, Chicago: Oriental Institute of the University of Chicago, 1989 (Oriental Institute Publication, 108)

Seidl 1989
Seidl, U., *Die babylonischen Kudurru-Reliefs: Symbole mesopotamischer Gottheiten*, Freiburg/Schweiz: Universitäts-Verlag, 1989 (Orbis biblicus et orientalis 87)

Shishegar 2015
Shishegar, A., *Aramgah-ye do banu-ye ilami. Az chandan-e shah-e Shutur-nahuntepesar-e Indada. Dore ilam-e no, marhale 3B (hodud 585 ta 539 p. m.)/Tomb of the two Elamite princesses of the house of King Shutur-Nahunte son of Indada. Neo-Elamite period, Phase IIIB (ca. 585–539 B.C.)*, Teheran: Iranian Center for Archaeological Research, 2015

Soutzo 1911
Soutzo, M., Etude des monuments ponderaux de Suse, in: *Recherches archéologiques*, hrsg. von J. de Morgan, Paris: Ernest Leroux, 1911, S. 1–50 (Mémoires de la Délégation en Perse, 12)

Spycket 1992
Spycket, A., *Les figurines de Suse 1: Les figurines humaines, IVe – IIe millenaire av J.-C.*, Bd. 1, Paris: Gabalda, 1992 (Mémoires de la Délégation archéologique en Iran, 52)

Stève 1967
Stève, M.-J., *Tchoga Zanbil (Dur Untash) III. Textes élamites et accadiens de Tchoga Zanbil*, Paris: Geuthner, 1967

Stève/Gasche 1971
Stève, M.-J./Gasche, H., L'acropole de Suse: Nouvelles fouilles, in: *Mission de Susiane*, hrsg. von R. Ghirshman, Leiden/Paris: E. J. Brill/Geuthner, 1971, S. 7–212 (Mémoires de la Délégation archéologique en Iran, 46)

Stève/Ghirshman 1966
Stève, M.-J./Ghirshman, R., Suse. Campagne de l'hiver 1964–65. Rapport préliminaire, in: *Arts asiatiques* 13, 1, 1966, S. 3–32

Stöllner/Slotta/Vatandoust 2004
Stöllner, T./Slotta, R./Vatandoust, A. (Hrsg.), *Persiens antike Pracht*, Bochum: Deutsches Bergbau-Museum, 2004

Stronach 1968
Stronach, D., Tepe Nush-i Jan: a mound in Media, in: *Bulletin of the Metropolitan Museum of Art* 27, 1968, S. 177–186

Sumner 2003
Sumner, W. M., *Early urban life in the land of Anshan: Excavations at Tal-e Malyan in the highlands of Iran*, Philadelphia: University of Pennsylvania Museum of Archaeology and Anthropology, 2003 (Malyan Excavation Reports, 3/University Museum Reports, 117)

Tallon 1987
Tallon, F., *Métallurgie Susienne I. De la fondation de Suse au XVIIIe avant J.-C.*, Paris: Editions de la Réunion des musées nationaux, 1987 (Notes et Documents des Musées de France, 15)

Tanret 1986
Tanret, M., *Fragments de tablettes pour des fragments d'histoire, in: Fragmenta historiae Elamicae. Mélanges offerts à M.-J. Stève*, hrsg. von L. de Meyer, H. Gasche und F. Vallat, Paris: Editions Recherche sur les Civilisations, 1986, S. 139–150

Thornton 2013
Thornton, C. P., Tappeh Sang-e Chakhmaq: a new look, in: *The Neolithisation of Iran: the formation of new societies*, hrsg. von R. J. Matthews and H. Fazeli Nashli, Oxford/Oakville: Oxbow Books, 2013, S. 241–255 (Themes from the ancient Near East BANEA publication series, 3)

Thornton/Pigott 2011
Thornton, C. P./Pigott, V. C., Blade-type weaponry of Hasanlu period IVB, in: *Peoples and crafts in period IVB at Hasanlu, Iran*, hrsg. von M. de Schauensee, Philadelphia: University of Pennsylvania Museum, 2011, S. 135–182 (Hasanlu special studies, 4/University of Pennsylvania, Museum Monograph, 132)

Tsuneki 2014
Tsuneki, A., The site of Tepe Sange Chakhmaq, in: *The first farming village in Northeast Iran and Turan. Sang-e Chakhmaq and beyond. February 10–11 2014. Program and abstracts*, hrsg. von A. Tsuneki, Tsukuba: University of Tsukuba, Research Center for West Asian Civilization, 2014, S. 5–8

Vallat 2003a
Vallat, F., La civilisation proto-élamite 3100–2600, in: *Dossiers d'Archéologie* 287, Oktober 2003, S. 88–91

Vallat 2003b
Vallat, F., L'origine orientale de ziggurat, in: *Dossiers d'Archéologie* 287, Oktober 2003, S. 92–95

Vanden Berghe 1959
Vanden Berghe, L., *Archéologie de l'Iran ancient*, Leiden: Brill, 1959

Weiss/Cuyler Young 1975
Weiss, H./Cuyler Young, T., The merchants of Susa: Godin V and plateau-lowland relations in the late fourth millenium B.C., in: *Iran* 13, 1975, S. 1–17

Winter 1980
Winter, I., *A decorated breastplate from Hasanlu, Iran*, Philadelphia: University of Pennsylvania Museum, 1980

Yamauchi 1998
Yamauchi, E. M., *Gilan. The other side of Iran, the evergreen land*, Japan 1998

Datum	Archäologische Periode	Südwest- und Süd-Iran	Nord- und Zentral-Iran
10000–7000 v. Chr.	Frühneolithikum	Neolithisierung im »Fruchtbaren Halbmond«	
7000–5600 v. Chr.	Spätneolithikum		Aufsiedlung Zentral- und Nord-Iran
5600–3700 v. Chr.	Chalkolithikum	Erste zentrale Orte	Erste zentrale Orte
3700–3350 v. Chr.	Spätchalkolithikum	Erste Staaten	Zentralorte Handwerkerviertel
3350–2900 v. Chr.	Frühe Frühbronzezeit	»Protoelamische« Zeit	Kura-Araxes-Kultur im NW/ sonst »Protoelamisch«
2900–2330 v. Chr.	Frühbronzezeit	Zentrum Susa	Friedhöfe und Dolmen im Zagrosgebirge
2330–2104 v. Chr.	Späte Frühbronzezeit	Akkadische Expansion Guti im Bergland Ur III-Expansion/Puzur-Inschuschinak	Friedhöfe und Dolmen im Zagrosgebirge
2104– um 1600 v. Chr.	Mittelbronzezeit	Altelamisch/ Sukkalmah-Zeit	
um 1600–1300 v. Chr.	Spätbronzezeit	Mittelelamisch	Mittelasiatische Einflüsse über die Seidenstraße
um 1300–1000 v. Chr.	Spätbronzezeit	Mittelelamisch	Internationales Netzwerk
um 1000–725 v. Chr.	Eisenzeit I	Neuelamisch I	Kleinstaaten im Zagros
725–646 v. Chr.	Eisenzeit II	Neuelamisch II	Assyrische Expansion, Formierung der Meder
646–589 v. Chr.	Eisenzeit III	Neuelamisch IIIa	Nach 614: Babylonien
585–539v. Chr.	Eisenzeit IIIb	Neuelamisch IIIb	Kambyses führt die Meder gegen Assur
552–332 v. Chr.	Achämenidisch	Achämenidisches	

Ost-Iran	Innovationen
	Sesshaftigkeit Domestikation von Tieren und Pflanzen Hausbau
	Keramik Stempel
Akeramisches Neolithikum	Töpferöfen Kupfer, Silber, Gold Wollschaf
	Domestizierte Esel Rollsiegel Schrift
»Protoelamisch«	Rad Urbane Siedlungen
Oasenstädte in Ost-Iran/ »Mittelasiatischer Interaktionsraum«	Steinindustrie: Chlorit-, Alabastergefäße
Akkad greift aus bis Marhaschi Niedergang der Oasenstädte	Territorialstaat Zentralisierte Verwaltung
	Reitpferde
	Graue Ware Indoeuropäische Sprachen
1200–1000 v. Chr. Eisenzeit I	Glas und Glasur
1000–800 v. Chr. Eisenzeit II	Eisen
800–600 v. Chr. Eisenzeit III	
Reich	

The National Museum of Iran/ Kunst-und Ausstellungshalle der BundesrepublikDeutschlandGmbH, Fotos: Neda Hossein Tehrani, Nima Mohammadi Fakhoorzadeh
S. 26, 32, 36, 39, 41, 42, 44, 45, 47–59, 62, 65 unten, 66 links, 67–70, 72, 73, 76–78, 80–89, 92, 94–96, 98, 100 unten –123, 126, 129, 130, 132, 133, 136–138, 143, 150, 151, 159–167, 174–176, 178, 179, 181–186, 188–191, 193–202, 205, 206, 208–213, 237–255, 267–270, 272–278, 280, 281

Umzeichnungen der Siegel: Marziyeh Zarekhalili
S. 45, 47, 52, 54, 56, 57, 58, 90, 94, 100 unten, 103, 107, 108, 119, 133, 163

Karten: Architectura Virtualis, Darmstadt
S. 5, 27, 64, 128, 139, 142 unten, 177, 187

Fotos: Barbara Helwing
S. 14/15 (Tschogha Zanbil, Provinz Chusistan, 2002), 16/17 (Blick von der Hadschi-Bahrami-Höhle über das Bolaghi-Tal, Fars), 18/19 (Die antike Gavmischan-Brücke in der Provinz Lorestan), 24/25 (Lorestan, Tal des Saimarreh-Flusses, 2007), 34/35 (West-Aserbaidschan, Tal des Simineh-Flusses, 2007), 43, 124/125 (Tschogha Zanbil, Provinz Chusistan, 2002), 135, 168/169 (West-Aserbaidschan, Urartäische Burg von Bastam, 2004)

ICHTO, Foto: Alireza Amrikazemi
S. 20/21 (Wüste Lut, Kalute, 2014); Foto: Saeed Hassan Rashedi S. 228, 232, 235; Foto: Hamzeh Eyni Nejad S. 256/257 (Tacht-e Suleiman in West-Aserbaidschan, 2012)

Fotos: Mohsen Makki
S. 28, 33 oben

NASA/GSFC/MITI/ERSDAC/ JAROS, and the U.S./Japan ASTER Science Team
S. 29 oben
NASA
S. 29 unten

Foto: Mohammad Karami
S. 33 unten

Foto: Central Zagros Archaeological Project, University of Reading, UK
S. 38

Foto: Baoquan Song/ Ruhr-Universität Bochum
S. 46 oben

Courtesy of the Oriental Institute of the University of Chicago
S. 46 unten, 99 oben, 145 unten

Foto: Peter Pfälzner/Universität Tübingen Projekt SOIAS (Southeast of Iran Archaeological Survey), 2014
S. 60/61 (Provinz Kerman, Palmenoase, 2014)

Fotos: Abbas Alizadeh
S. 65 oben, 66 rechts

The National Museum of Iran/ Kunst-und Ausstellungshalle der BundesrepublikDeutschlandGmbH, Foto: Ibrahim Khadem Bayat
S. 79

Belgian Archaeological Mission to Iran, 1967
S. 99 unten

Aus: W. Kleiss, Geschichte der Architektur Irans, *Archäologie in Iran und Turan* 15, Berlin, Reimer, S. 45 Abb. 120
S. 100 oben

Foto: SOJAS (South of Jiroft Archaeological Surveys) 2016, ICHTO and Tübingen University Joint Project
S. 112 oben

Courtesy of University of Pennylvania Museum of Archaeology and Anthropology, image # 95264 S. 134; image # 78138 S. 180

bpk/RMN – Grand Palais/Franck Raux
S. 140, 225 rechts
Fotos: bpk/RMN – Grand Palais/ Franck Raux und Zeichnung: Nachdruck von P. de Miroschedji, Le dieu élamite au serpent et aux eaux jaillissantes, *Iranica Antiqua* XVI, 1980, pl. VIII, mit freundlicher Genehmigung des Autors, Foto: Musée du Louvre/Daniel Ladiray
S. 145 oben
bpk/The Trustees of the British Museum
S. 224 rechts

Courtesy W. M. Sumner
S. 141

Aus: E. Carter/M. W. Stolper, *Kaftari painted buff wares*, 1983, fig. 10
S. 142 oben links

Fotos/Umzeichnung: Holly Pittman
S. 142 oben rechts und Mitte links

Aus: J. Aruz, Seal and modern impression from Susa, *The Royal City of Susa*, 1992, p. 115
S. 142 Mitte rechts

Aus: E. Carter/M. W. Stolper, *Middle Elamite Malyan, Expedition (Winter 1976)*, fig. 8, Foto: M. W. Stolper
S. 144 oben

Foto: M. W. Stolper
S. 144 unten

Foto: Patrick Charlot
S. 146

Fotos: Neda Hossein Tehrani
S. 153, 154 oben

Zeichnung und Fotos: Javier Alvaréz-Mon
S. 152, 154 unten, 155 oben, 155 unten rechts, 156

Fotos: Wouter F. M. Henkelman
S. 155 unten links, 157, 214, 216, 217, 220

Aus: A. H. Layard, *Nineveh And Its Remains: With An Account Of A Visit To The Chaldaean Christians Of Kurdistan, And The Yezidis, Or Devil-worshippers, And An Enquiry Into The Manners And Arts Of The Ancient Assyrians*, 2 Bde., London 1849, Taf. 11
S. 170, 173

Aus: P. E. Botta/E. Flandin, Assyrische Palastreliefs, Zagrosbewohner mit Felljacken, in: *Monuments de Ninive*, Osnabrück 1972
S. 172, 231

Fotos: Arman Shishegar
S. 203, 204

Courtesy Mark B. Garrison
S. 219

Foto: Jörg Breitenfeldt
S. 222 oben

Fotos: Bruno Jacobs
S. 222 unten rechts, 224 links, 226

Nach François Vallat, Darius the Great King, in: Jean Perrot (Hrsg.), *The Palace of Darius at Susa – The Great Royal Residence of Achaemenid Persia*, London 2013, S. 30 Abb. 15
S. 223

Pierre de la Coste-Messelière/ Georges de Miré, *Delphes*, Vanves 1957, Taf. 70
S. 222 unten links

Aus: Eva Strommenger, Das Felsrelief von Darband-i Gaur, *Baghdader Mitteilungen* 2, 1963, Taf. 15A, Foto: Werner Tschink
S. 225 links oben

Aus: Behzad Mofidi Nasrabadi, Beobachtungen zum Felsrelief Anubaninis, *Zeitschrift für Assyriologie* 94, 2004, S. 293 Abb. 2, Foto: B. Grunewald (DAI Teheran)
S. 225 links unten

Aus: R. D. Barnett/A. Lorenzini, *Assyrische Skulpturen im British Museum*, Recklinghausen 1975, Taf. 39
S. 227

Nach J. Charbonnier, Groundwater management in Southeast Arabia from the Bronze Age to the Iron Age: a critical reassessment, *Water History* 7, 2014, No. 1, 39–71, fig. 1
S. 233

Aus: R. Ghirshman, Tchoga Zanbil (Dur-Untash) Vol. II: Témenos, temples, palais, tombes, *Mémoires de la Mission archéologique en Iran* 40, Paris 1968, Abb. 38
S. 234 oben

Rekonstruktionen: Farzin Rezaeian
S. 234 unten, 236

Trotz intensiver Recherche war es nicht in allen Fällen möglich, die Rechteinhaber der Abbildungen ausfindig zu machen. Berechtigte Ansprüche werden selbstverständlich im Rahmen der üblichen Vereinbarungen abgegolten.